〈제3판 보정판〉

새 법과 생활

강 대 성

탑 북 스

머 리 말

'법과 생활'이란 이름으로 책을 낸 지 올해로 벌써 28년이 되었고, 지난해 나는 대학을 정년퇴임 하였다. 그동안 독자들의 과분한 사랑으로 '새 법과 생활' 이란 이름으로 판을 거듭하여 오늘에 이르게 되었으니 그저 감사할 따름이다.

대학에서 '생활법률', '법과 생활', '법과 사회' 등 다양한 이름으로 개설되어 있는 과목들은 대체로 법학전공 여부와 관계없이 학생들에게 법의 기초적인 원리나 개념 등을 교양차원에서 강의하는 것을 주된 목적으로 하고 있을 것이다. 이 책은 그러한 목적에 따라 간단한 사례와 해설을 소개하고 관련 법 규정의 실제 모습을 보여 줌으로써 학생들이 법에 조금이라도 친숙해 질 수 있도록 유념하였다.

코로나사태 이후 사회 각 분야는 그야말로 이전에 경험해 보지 못한 엄청난 변화를 받아들일 수밖에 없다고 본다. 대학의 강의도 당연히 변할 수밖에 없고, 법학교육도 이러한 변화를 빗겨갈 수 없을 것이다. 하지만 그러한 변화의 모습이 어떠할 지에 대해서는 예측만 할 따름이지 누구도 구체적인 모습을 그려 보기에 아직은 너무 이른 것 같다. 앞으로 닥칠 이러한 변화가 궁금하기도 하지만, 한편으로는 솔직히 두렵기도 하다.

최근 임대차관련 법과 다른 법령의 개정에 따라 내용을 수정 보완하여 보정판으로 이름을 붙였다. 보정작업은 법조문을 일일이 확인해야 하는 번거롭고 지루한 작업인데, 부산경상대학교의 이창섭 교수가 맡아서 해 주었다.

2021. 1. 6.

강 대 성

이 책의 특징

이 책은 대학의 교양과목 교재로서 다음과 같은 특징을 가지고 있다.

첫째, 법에 관한 일반적이고 기초적인 고민거리를 법의 일반론으로서 쉽게 설명하였다.

둘째, 여행계약, 상가건물의 권리금보호, 친권의 일부제한 등의 제도가 최근 민법 및 관련법의 개정으로 도입됨에 따라 그 내용을 간단하게 소개하고 사례도 덧붙였다.

셋째, 사례의 해설에 적용되는 법률이나 시행령의 규정을 발췌하여 소개함으로써 법이 어떠한 모습으로 존재하고 있는지 쉽게 알 수 있도록 하였다.

넷째, 민사문제에 관한 민법이나 민사소송법의 기본내용을 주로 사례중심으로 설명하였다.

다섯째, 실제생활에서 빈번하게 이용되는 각종 서식이나 문서를 소개하고, 이들 문서에 관해서 주의할 점 등을 간단하게 소개하였다.

차 례

제1편 법의 일반론

제1장 법의 본질과 이념

제2장 법의 적용과 해석

제 2 편 재산관계와 법

제1장 권리와 법률행위

제2장 물권이란 무엇인가?

제3장 채권이란 무엇인가?

제 3 편 가족관계와 법

제1장 가족법은 어떠한 법인가?

제2장 약혼과 혼인

제3장 이 혼

제4장 부모와 자

제5장 상속에 관한 약간의 문제

제6장 유 언

제4편 민사분쟁과 법

제1장 민사소송이란 어떤 제도인가?

제2장 민사소송의 기본원리

제3장 민사소송의 진행과정

제4장 소송의 종료

제5편 생활과 문서

제1장 재산관계에 관한 문서

제 1 편
법의 일반론

제1장 법의 본질과 이념

제 1 절 법이란 무엇인가?

제1장 법의 본질과 이념

우리가 '법'이란 용어를 사용할 때에는 크게 두 가지 용례가 있다. 하나는 자연법칙이라는 의미로 사용하는 경우이고, 다른 하나는 사회규범이라는 의미로 사용하는 경우이다. 자연법칙이란 그야말로 자연계에 두루 '존재'하고 있는 법칙적인 현상을 말한다. 가령 봄이 되면 꽃이 피는 법, 물은 위에서 아래로 흐르는 법 등의 용례에 등장하는 법이란 용어가 바로 그러한 예이다. 자연법칙이란 인간의 의지나 능력으로는 어쩔 수 없는 자연계에 그저 존재하는 법이다.

이에 비하여 사회규범이란, 사람이 사회생활을 하는데 마땅히 지켜야 할 '당위'의 법이다. 가령 인사를 하는 법, 책을 읽는 법, 헌법, 민법 등의 용례에 등장하는 법이란 용어가 바로 그러한 예이다. 사회규범은 자연법칙과 달리, 인간이 사회생활을 하는데 요구되는 법으로서 인간이 인위적으로 만든 법이다. 법학은 사회규범의 의미로 사용되고 있는 '법'을 연구대상으로 하는 학문이다.

사례

우리 이웃에는 훌륭한 인품을 가진 덕망 높은 분들이 있고, 이 분들을 일컬어 흔히 "법 없이 살 수 있는 사람"이라고 표현하기도 합니다. 과연 이들은 법 없이 살아 갈 수 있을까요?

해설

흔히 "법 없이 살 수 있는 사람"이란 말은 인품이 훌륭하여 주위 사람들로부터 존경받는 분에 대하여 사용하는 표현입니다. 동양사회에서는 옛날부터 사람 사이에 갈등이 생길 경우, 이를 해결하는데 관습이나 도덕, 예의, 전통 등을 규범으로 내세웠지, 법을 먼저 들이 대지는 않았습니다. 그래서 동양에서는 군자는 결코 법을 가까이 하지 않는 사람이라는 말까지 있었습니다.[1] 사정은 서양사회에서도 마찬가지입니다. 서양속담 중에 "법률가는 좋은 이웃이 아니다(Lawyer is not a good neighbor.)"라는 말은 바로 이러한 사정을 잘 말해 주는 것이라 할 수 있습니다. 하지만 법 아닌 다른 규범을 가지고 분쟁이 원만하게 해결되지 않을 경우에는 부득이 법을 최후의 규범으로서 적용하였습니다. 그런 의미에서 고대사회에서도 법은 최후적이고 보충적인 규범이었습니다.

그런데 오늘날과 같이 복잡하고 변화가 빠른 현대사회에서는 사정이 옛날과 다릅니다. 즉, 현대사회에서는 법은 모든 사람들에게 점점 필수적이고 일차적인 규범이 되고 있습니다. 예를 들어 아무리 고매한 인격의 소유자라 하더라도 그 분들도 집을 사고판다든지, 임대차한다든지 하는 일을 할 수밖에 없습니다. 뿐만 아니라 그 분들도 소비자로서 매일 매일 일상적인 소비생활을 피할 수 없고, 이러한 일들과 관련하여 만약 갈등이 생긴다면, 결국 법으로써 문제를 해결할 수밖에 다른 도리가 없는 것이 현실입니다. 즉, 훌륭한 인품의 소유자라도 특히 민사법률관계의 당사자가 되는 일을 피할 수 없는 것이 오늘날의 사회입니다. 지금은 "법 없이 살 수 있는 사람"은 더 이상 아무도 없는 세상이라고 말할 수 있습니다.

1) 중국의 법가들은 국가를 통치하는데 법을 최고의 수단으로 삼아야 한다고 주장하였지만, 그것은 진나라 당시에 있었던 주장에 불과하고, 이러한 주장이 동양사회의 주류를 이루지는 못하였다. 한국, 중국, 일본에서는 오래전부터 국가의 기본구조나 통치수단으로서 법이 존재하긴 하였으나, 오늘날과 같은 의미의 법이 존재한 것은 아니었다. 또 법이란 주로 통치의 수단이라는 의미가 강한, 오늘날의 의미로는 공법이 주를 이루었고, 사법에 해당하는 법은 그 양이나 질의 측면에서 미미하였을 따름이었다. 근대화되기 이전의 사회에서는 오늘날 사법에 해당하는 법규범은 공법규정의 일부를 이루는 형태로, 즉 미분화된 상태로 존재하는 것에 불과하였다.

제2절 법과 다른 사회규범

사회규범에는 법 이외에도 도덕, 관습, 종교, 전통 등 여러 가지가 있다. 사회규범은 본질적으로 '강제성'을 가지고 있다. 대체로 말하자면 강제성이란 무엇을 하고 싶은데도 할 수 없는 심리상태, 혹은 무엇을 하기 싫은데도 해야만 하는 심리상태라고 할 수 있다. 사회규범은 이러한 의미의 강제성을 모두 가지고 있다는 뜻이다. 그런데 법이라고 하는 사회규범은 다른 사회규범과 달라서 그 강제성을 국가가 보장해 주고 있다는 점에서 다른 사회규범과 구별이 된다. 즉, 다른 사회규범도 강제성을 가지고 있긴 하지만, 그들에 대하여는 국가가 강제성을 보장해 주지 않으며, 이 점이 법이라는 사회규범과 구별되는 점이다. 아래에서는 법의 개념을 보다 충실하게 이해하기 위하여 여러 가지 사회규범 중에서 특히 도덕, 관습, 종교 등의 사회규범과 법은 어떠한 차이가 있으며, 어떠한 관계에 있는지 보도록 한다.

Ⅰ. 법과 도덕

도덕이란 간단히 말하자면 인간이 지켜야 할 도리 또는 바람직한 행동기준이라 할 수 있다. 도덕은 원시사회부터 인간이 사회의 구성원으로서 척박한 자연환경이나 사회환경에서 살아남기 위한 방식이나 지혜, 생활관습의 경험을 바탕으로, 구성원의 생존을 위해 자연스럽게 합의한 규범이라 할 수 있다. 그것이 세월이 지나면서 점차 사회의 질서로 엄격하게 지켜지기 시작하였고, 만약 이를 위반한 사람에 대해서는 상응하는 사회의 비난이 가해지면서 하나의 규범으로 확고하게 자리를 잡게 된 것이다. 이러한 점에서 도덕과 법은 그 근원이 같다고 할 수 있다.

고대사회에서는 법과 도덕이 미분화된 개념이었으나 사회생활이 복잡해짐에 따라 법이 도덕으로부터 분화되었다고 볼 수 있다. 아무튼 법과 도덕을 구분하는 입장에서는 대체로 법은 외면적·타율적·현실적·양면적 규범인데 대하여, 도덕은 내면적 · 자율적 · 이상적 · 편면적 규범이라고 한다. 그러나 이러한 구분이 언제나 타당한 것인지에 대하여는 여러 가지 의문을 제기할 수 있다는 점을 지적해 둔다.

사례

저에게는 고등학교 동창인 친구가 한명 있습니다. 그는 주위 사람들로부터 거짓말을 잘하고 약속을 지키지 않는 사람으로 평이 나 있습니다. 하루는 그가 급하다고 하면서 돈 만원을 빌려 달라고 하였습니다. 미심쩍은 마음이 있었습니다만 약속한 날짜에 틀림없이 갚겠다는 말만 믿고 빌려 주었습니다. 그런데 약속날짜가 한참이 지났는데도 아직 돈을 갚지 않고 있습니다. 돈을 빌려 줄 때 아무도 본 사람이 없고 또 증서도 받아 두지 않았는데, 돈을 돌려받을 수 있는지요?

해설

사람 사이에 갈등이 생길 때 이를 해결하기 위한 규범으로는 법, 도덕, 종교 등 여러 가지가 있습니다. 친구 사이의 갈등은 먼저 우정이나 윤리의 차원에서 푸는 것이 바람직하다고 하겠습니다. 하지만 더 이상 우정이나 윤리, 도덕 등에 기대어 갈등을 해소하기 어려운 지경이라면, 이제는 마지막으로 법규범으로써 문제를 해결할 수 있습니다. 그렇게 되면 친구 사이라는 아름다운 관계는 끝이 나고 말 것입니다. 사례의 경우 친구가 거짓말을 잘하고 약속을 지키지 않는 사람이라면, 그와의 관계는 심각하게 재고할 필요가 있다고 보입니다. 만약 친구 사이를 더 이상 유지할 필요가 없다고 판단한다면, 법적으로는 당연히 돈을 돌려받을 방법이 마련되어 있습니다. 법적으로 말하자면, 위의 관계는 금전소비대차관계이고, 돈을 빌려 간 친구는 채무자로서 당연히 돈을 갚아야 할 의무가 있습니다. 돈을 갚지 않고 있는 상태를 법적으로는 채무불이행이라고 하는데, 돈을 돌려받지 못하여 생긴 손해에 대하여 배상을 하라고 청구할 수 있습니다. 보다 자세한 내용은 제2편제3장 채권이란 무엇인가? 하는 부분의 설명을 참고하기 바랍니다.

참고조문

(이하 단순히 제○○조라고 표기하는 법은 민법을 가리킴)

제390조(채무불이행과 손해배상) 채무자가 채무의 내용에 좇은 이행을 하지 아니한 때에는 채권자는 손해배상을 청구할 수 있다. 그러나 채무자의 고의나 과실없이 이행할 수 없게 된 때에는 그러하지 아니하다.

제598조(소비대차의 의의) 소비대차는 당사자 일방이 금전 기타 대체물의 소유권을 상대방에게 이전할 것을 약정하고 상대방은 그와 같은 종류, 품질 및 수량으로 반환할 것을 약정함으로써 그 효력이 생긴다.

Ⅱ. 법과 관습

관습(혹은 관행)이란 일정한 부류의 사람이 일정한 시간과 장소에서 취하는 일정한 행동양식이다. 이러한 행동양식은 다수인에 의하여 반복하여 이루어짐으로써, 그 사회의 구성원에게 하나의 규범으로 인식되기에 이르른다.

관습도 사회규범의 하나임에는 틀림없으나 국가가 강제성을 보장해 주지 않는다는 점에서 법규범과 차이가 있다. 관습에 위반한 어떤 행위가 있을 때, 여기에 대하여 사회적 비난은 따르겠지만, 법적 비난이 가해지는 것은 아니다. 그러한 의미에서 관습은 법에 비하여 자주적인 사회규범이라고 할 수 있다. 즉, 사회적 비난 정도는 감당해낼 수 있다고 생각하는 사람 — 대체로 이러한 사람은 철면피할 것이다 — 은 관습을 사회규범으로 인정하지 않으려 할 것이다. 반대로 사회적 비난을 크게 걱정하는 사람에게는 관습은 법에 못지 않는 강력한 규범으로 작용할 것이다.

관습은 현실생활의 필요에 의하여 만들어지는 성질이 있기 때문에 그 내용이 불합리할 때도 있다. 그러나 관습은 다른 사회규범에 비하여 현실성이나 실제성이 현저하다는 특성을 가지고 있다. 주의할 점은 관습과 관습법은 서로 다른 개념이라는 사실이다. 관습법은 불문법[2]이긴 하나 엄연한 법의 일종이다. 일반적으로 관습에 법적 확신이 가하여지면 관습법이 된다고 본다.

사례

저희 학교의 점심시간 학교식당에서 일어난 일입니다. 많은 학생들이 식사를 하기 위하여 식권을 지정된 장소에서 구입하고 차례대로 식사를 받기 위하여 줄을 서고 있었는데, 한 학생이 새치기를 하였습니다. 뒤에서 기다리고 있던 학생들이 항의를 하였으나 그 학생은 못들은 척 그냥 그대로 서 있었습니다. 나중에는 시비가 붙었고 급기야는 줄을 서서 기다리던 학생들과 새치기한 학생 사이에 몸싸움이 일어났습니다. 여러 명의 학생들이 새치기한 학생을 학교 부근의 경찰지구대로 끌고 가서 경찰관에게 처벌을 요구하였습니다. 경찰관은 학교에서 일어난 일이니만큼 학생들이 자발적으로 해결할 것이지 경찰이 개입할 수는 없다고 합니다. 새치기한 학생에 대하여 법적으로 처벌을 할 수는 없습니까?

2) 법은 법전으로 구성되어 있는 성문법과 법전으로 구성되어 있지 않는 불문법으로 나누어진다. 우리나라는 성문법을 중심으로 하면서 불문법을 보충적으로 채택하는 소위 성문법주의 국가이다. 우리나라의 성문법으로는 최고 상위에 헌법이 있고, 그 아래로 법률, 명령, 자치법규 등이 차례로 있다. 하위법은 상위법을 위반해서는 안된다. 대표적인 불문법으로 관습법이 있다.

해설

위의 사례에서 학생들이 점심시간에 학교식당에서 식사를 하기 위해서 취하는 일정한 행동양식은 바로 관습(관행)의 일종이라 할 수 있습니다. 따라서 관행을 위반하였다고 해서 바로 국가가 그 강제성을 보장해주지는 않으므로, 경찰관이 줄서기라는 관행을 위반한 학생에 대하여 국가가 정해둔 일정한 제재를 가할 수는 없고, 단지 학생들이 구성하고 있는 그 사회에서의 강제성만이 보장되는 것입니다. 구체적으로는 학생들 사이에서 줄서기를 위반한 학생에 대하여 따가운 시선을 보낸다든지, 교양인으로서 지켜야 할 도리를 지키지 않은 것에 대하여 따지는 등의 조치를 함으로써, 줄서기를 위반하지 않도록 하는 등의 강제성만이 있을 따름입니다. 그러니까 이러한 정도의 강제성은 개의치 않겠다는 학생이 있다면, 그로서는 관행을 무시하는 일도 서슴치 않을 수도 있습니다. 우리 사회에서는 이런 철면피한 사람들을 가끔 볼 수 있습니다. 이러한 사람에 대해서는 그 사회에서 철면피하다는 비난 정도의 제재를 가할 수 있을 따름입니다. 이러한 비난을 법적 비난과 구별하여 사회적 비난이라고 합니다. 요약하면 관행은 사회적 비난이라는 약한 정도의 강제성을 가지고 있는 사회규범이라는 뜻이고, 이러한 비난을 개의치 않는 사람에게는 그 강제성이 별 의미가 없다는 뜻입니다.

같은 줄서기에 대한 위반이라 하더라도 위의 사례와 다른 경우도 있습니다. 가령 시내의 극장에서 상영되는 유명한 영화를 보기 위해서 시민들이 줄을 서고 있는데, 어떤 사람이 새치기를 한 경우를 생각해 봅시다. 결론적으로 말하자면 이 경우는 위의 학생들의 경우와는 달리 국가가 강제력을 발동할 수 있습니다. 왜냐 하면 극장에서의 줄서기에 대한 위반은 경범죄처벌법이라는 법에서 이를 명문으로 규정하고 있습니다. 극장의 경우는 단순히 관행으로 처리하기에 적절하지 않다는 판단에 따라 이와 같은 새치기는 법으로 금지하고 있고, 이를 위반한 경우에는 국가가 강제력을 발동하게 되는 것입니다.

참고조문

경범죄 처벌법

제3조(경범죄의 종류) ① 다음 각 호의 어느 하나에 해당하는 사람은 10만원 이하의 벌금, 구류 또는 과료(科料)의 형으로 처벌한다.

36. (행렬방해) 공공장소에서 승차·승선, 입장·매표 등을 위한 행렬에 끼어들거나 떠밀거나 하여 그 행렬의 질서를 어지럽힌 사람

Ⅲ. 법과 종교

인간이 삶의 필요에 의하여 초인간적 실재와 맺는 신앙관계를 일반적으로 종교라 한다. 원시사회에서는 신앙의 대상을 자연에서 찾는 경우가 많았다. 자연에서 인간의 존재와 능력을 초월하는 어떤 힘의 실재를 찾아서 그 초월적 능력의 실재와 신앙관계를 가지는 것이다. 신앙의 대상은 대자연일 수 있으며, 그것은 영적 존재로 나타나기도 하며, 유일신의 형태로 나타나기도 한다. 아무튼 인간은 자신에 비하여 탁월한 능력이 있다고 믿는 어떤 실재 앞에서 두려움과 신뢰의 감정을 느끼게 되어 종교는 시작된다고 할 수 있다.

원시사회에서는 법과 종교는 미분화상태에 있었다. 원시인들에게는 금기(Taboo), 정령숭배(Animism), 토테미즘(Totemism) 등이 그들 사회의 규범이었고, 이들은 한편으로는 종교이면서 다른 한편으로는 법적 규범이기도 하였다. 따라서 이들에 대한 위반이 있으면 종교적인 차원의 비난은 물론이고, 법적 차원의 비난, 예컨대 사형이나 추방과 같은 제재도 가해졌다. 모세(Moses)의 십계명은 살인, 간음, 절도 등을 금지하고 있는데, 이는 종교적 계율이 동시에 법규범임을 보여주는 한 예라고 할 수 있다. 이러한 법과 종교의 미분화현상은 신라시대의 화랑오계에서도 볼 수 있다. 고대국가에서는 제정일치가 원칙이었으므로 법과 종교의 미분화현상은 당연한 일로 추측된다.

중세 서양사회는 소위 신 중심사회였으므로 법은 종교의 일부로서만 의미를 가지는 것에 불과하였다. 그러나 근세 이후 정교분리가 이루어지면서 교회법과 세속법의 분리가 이루어지게 되었다. 교회법은 종교 내부에서만 적용되고 세속법은 국가의 통치수단으로 그 기능을 하게 된 것이다. 그러나 오늘날에 있어서도 국가와 종교가 밀접한 관련을 맺고 있는 국가, 특히 국교를 가지고 있는 국가에서는 다른 국가에 비하여 상대적으로 법과 종교의 미분화현상을 많이 볼 수 있다.

법과 종교는 그 차원이나 적용되는 영역에 있어서 차이가 있지만, 양자는 사회정의와 평화를 구현한다는 측면에서 서로 조화를 이루어야 할 것이다. 문제는 양자가 서로 충돌할 경우 어느 규범이 우선적으로 적용되어야 하는가 하는 점이다.

예컨대 범죄인이 신부에게 고해성사를 한 경우, 신부는 교회법에 따라서 범죄사실에 대한 비밀을 지켜야 할 의무가 있겠지만, 실정법에 따르면 범죄사실을 국가에 고지해야 할 의무가 있는 경우가 있다. 이런 경우 신부는 과연 어느 규범에 따라야 할 것인지 하는 어려운 문제가 발생하게 된다. 만약 신부가 교회법에 따라 범죄사실을 국가에 고지하지 아니한 경우, 신부를 실정법에 따라 처벌할 수 있는 것인지?

법과 종교는 충돌하지 않도록 사전에 서로 조화를 이루는 일이 중요하겠지만, 실제로 양자가 충돌할 경우에는 특별한 사정이 없는 이상 법은 종교에게 자리를 양보해 주어야 한다고 본다. 왜냐하면 모든 분쟁은 자주적으로 해결하는 것이 이상적이고, 국가가 강제력을 발동할 수 있는 법규범에 의한 문제해결은 최후의 수단으로 이용되는 것이 바람직하기 때문이다. 그러나 법을 우선적으로 적용해야 할 상황, 예컨대 전시와 같은 비상사태나 특히 국가의 이익에 심대한 지장을 초래할 염려가 있다든지 하는 경우 등에는 법이 종교에 우선하여 적용될 수도 있을 것이다.

제 3 절 법은 무엇을 추구하는가?

제1장 법의 본질과 이념

법이 추구하는 바가 무엇인가 하는 문제는 법의 이념에 관한 문제이다. 법의 이념에 관하여는 라드브루흐(Gustav Radbruch ; 1878-1949)의 견해가 일반적으로 널리 알려져 있으므로 이를 중심으로 살펴보도록 한다. 그는 법의 이념으로서 정의, 합목적성, 법적 안정성의 세 가지를 들고 있다.

Ⅰ. 정 의

정의가 무엇인가 하는 문제는 법철학의 근본적인 문제이다. 이에 대하여는 로마시대 이래로 무수한 논의가 있어 왔고, 아직도 논쟁은 끝날 기미가 보이지 않고 있다. 그러나 법이 추구하는 최고의 이념이 정의라는 생각은 우선 법 혹은 정의라는 용어례를 보면 알 수 있다. 즉, 로마에서는 법(jus)은 정의(justitia)와 어원을 같이 하는 말로서, 양자는 모두 '옳은 것'을 의미한다고 한다. 소박하게 말하자면 정의란 '옳은 것', '바른 것'이라고 할 수 있다.

한편 무엇이 정의인가에 대하여는 대체로 로마시대의 법학자 키케로(Cicero ; B.C. 106-43)의 견해가 많이 인용되고 있다. 키케로는 정의를 '각자에게 그의 것을'(suum cuique) 주는 것이라고 하였다. 즉, 각자에게 그의 몫을 '평등하게 나누어 주는 것'이 정의라고 주장하였다. 그러한 의미에서 아리스토텔레스(Aristoteles ; B.C. 384-322)가 정의의 내용을 평등이라고 설파한 점은 이해가 된다. 아리스토텔레스는 정의를 평균적 정의와 배분적 정의로 나누어서, 전자는 절대적 평등을 의미하며, 후자는 비례적 평등을 의미한다고 하였다.

아무튼 정의는 본질적으로 평등과 같다고 할 수 있다. 따라서 정의는 같은 것은 같게, 다른 것은 다르게 취급하는 일반적 원칙이다. 그런데 '각자에게 그의 것을'이라는 표어에서 '그의 것'이 얼마만큼인지, 그리고 어떠한 기준에서 그의 것을 정할 것인지 하는 문제가 대두된다. 이것은 정의의 구체적인 내용에 관한 문제인데, 사실 정의에 관한 지금까지의 논쟁은 주로 이 문제에 관하여 있어 왔다.

정의는 결국 진, 선, 미 등과 같은 하나의 절대적 가치이긴 하지만, 그 내용을 어떻게 확정할 것인지는 여간 어려운 일이 아니다. 그런데 절대적 가치가 무엇인지에 대하여 최종적으로 판단할 주체는 판단자 자신이므로, 결국 정의의 내용을 결정하는 일은 지극히 추상적이고 상대적이며 형식적일 수밖에 없을 것이다. 이러한 정의의 추상성, 상대성, 형식성을 극복하기 위하여, 즉 정의의 내용을 보다 객관적으로 규명하기 위하여, 라드브루흐는 합목적성이란 개념을 제시하고 있다. 그러나 이것도 결국 뒤에서 지적하는 바와 같이 상대적인 개념에 불과하다는 비판을 면하기 어렵다.

사례

저는 6살과 4살된 사내아이의 엄마입니다. 사과 10개를 두 아이에게 공평하게 나누어 주고자 합니다. 나이에 따라 형에게 6개, 동생에게 4개씩 나누어 주었습니다. 그랬더니 동생이 따졌습니다. 다 같이 엄마의 자식인데 왜 차별을 하느냐는 것입니다. 그 말이 일리가 있다고 생각되어 형에게서 사과 1개를 빼앗아서 동생에 주었습니다. 그랬더니 이번에는 형이 따졌습니다. 같은 자식이긴 하지만, 자기는 형으로서 엄마의 심부름도 많이 하고 집안일도 많이 도왔으니 사과를 동생보다 많이 가져야 한다는 것입니다. 6개 받았을 때도 오히려 참고 있었는데, 집안일을 도운 것으로 치자면 7개를 받아도 모자란다고 주장합니다. 저는 아이들에게 공평한 엄마가 되고 싶은데, 그렇다면 과연 사과를 몇 개씩 나누어 주어야 합니까?

해설

본문에서도 본 바와 같이 법이 추구하는 최고의 이념은 정의입니다. 그리고 정의란 각자에게 그의 몫을 나누어 주는 것이라 할 수 있습니다. 사람을 아무런 차별 없이 똑같이 취급하여 그 몫을 똑같이 나누어 주는 것은 평균적 정의 혹은 절대적 평등에 따르는 것입니다. 한편 사람을 그의 능력이나 경력, 지위 등을 기준으로 하여 합리적으로 차별하는 것이 정의개념에 어울리는 경우도 있습니다. 이러한 경우를 배분적 정의 혹은 비례적 평등이라고 합니다. 가령 예를 들어서 선거권자가 가지는 투표권은 사람의 능력이나 사회적 지위 등에 관계없이 모두 한 표씩이라고 할 때의 평등은 평균적 정의 내지 절대적 평등에 따른 처리입니다. 한편 대학 입학시험에서 학력이 우수한 사람에게만 합격이라는 몫을 주고 학력이 모자라는 사람에게는 불합격이라는 몫을 주어서, 양자를 다르게 취급하는 것 또한 정의나 평등개념에 어울린다고 할 수 있습니다. 이런 경우의 정의나 평등은 배분적 정의 혹은 비례적 평등이라고 합니다. 이와 같이 우리 사회에서는 평균적 정의가 필요한 경우가 있는가 하면, 배분적 정의가 요구되는 경우도 있습니다. 사안에 따라 어떤 정의를 기준으로 할 것인지를 결정해야 합니다.

위의 사례 또한 엄마가 사과를 평균적 정의에 따라 나눌 것인가, 아니면 배분적 정의에 따라 나눌 것인가가 문제로 되고 있습니다. 즉, 아이들을 능력이나 집안일에 기여한 정도를 묻지 않고 평등하게 취급할 것인지, 아니면 이러한 기준을 고려하여 합리적인 차별을 하는 것이 오히려 정의관념에 어울리는 처리가 되는 것인지 잘 판단을 해야 합니다. 대개의 경우 형과 아우를 합리적으로 차별하더라도 그 자체가 불평등한 취급이라고 할 수는 없을 것입니다. 우리 사회에서도 개인이나 단체들이 서로 자신들의 몫을 많이 차지하려고 하는 갈등을 심심찮게 볼 수 있습니다. 그럴 때 어떤 정의에 따라 몫을 나눌 지가 항상 문제로 되고 있습니다.

Ⅱ. 합목적성

합목적성이란 정의의 내용을 구체화시키기 위해서 요구되는 이념이다. 위에서도 보았지만 정의란 결국 형식적인 이념에 지나지 않는 것이다. 껍데기에 불과한 정의란 이념에 알맹이를 채울 필요성이 있고, 이것이 바로 합목적성에 관한 논의이다. 라드브루흐는 어떤 법질서가 개인주의, 초개인주의, 문화주의의 세 가지 세계관 중에 그 어느 것의 실현을 목적으로 하는가에 따라 정의의 내용이 결정된다고 본다.

개인주의를 지향하는 법질서에 있어서는 개인이 가치의 궁극적인 기준이 되며, 단체는 개인의 행복을 위한 수단에 불과하다고 본다. 따라서 이러한 입장에서는 모든 개인은 아무런 차별없이 똑같이 존중되어야 하고, 소위 평균적 정의가 정의의 한가운데에 놓이게 된다.

초개인주의(일명 단체주의라고도 함)는 단체를 가치의 기준으로 삼으며, 개인은 단체를 위한 한 부분으로 취급한다. 이 입장에서는 단체의 유지 및 강화라는 목적이 중시되며, 소위 배분적 정의가 정의에 있어서 가장 중요한 평가를 받게 된다.

문화주의는 개인주의와 초개인주의의 중간 정도에 위치하는 입장인데, 이 견해에 의하면 법의 궁극의 목적은 문화라는 것이다. 즉, 개인이 단체 속에서 창조하는 문화를 가치의 기준으로 삼는다. 문화주의에 있어서는 배분적 정의에 의한 개인간의 차별을 인정하지만, 그 차별은 문화업적을 창조하는데에 어느 정도 공헌을 했느냐에 따라 정해진다고 한다.

라드브루흐는 위의 세 가지 입장 중에서 어느 것을 가치의 척도로 삼아야 하느냐, 법은 어느 것의 실현을 목적으로 해야 하느냐에 관하여 그것은 결국 주관적인 태도결정의 문제라고 한다. 이 점에 있어서 그의 견해는 상대주의라는 비판을 받고있다.

Ⅲ. 법적 안정성

법은 그 자체가 안정되어 있어야 한다. 그래야만 사람들이 그 법을 믿고 법에 따라 생활을 해 나갈 수 있게 된다. 따라서 법적 안정성은 법의 또 하나의 이념으로 요구된다. 그런데 법적 안정성이 확보되기 위해서는 다음과 같은 세 가지를 갖추어야 한다.

첫째, 법의 내용이 명확해야 한다. 법의 내용이 어렵거나 명확하지 않으면 사람들이 안심하고 활동하기 어려워질 수 있다. 이런 어려움을 피하기 위해 법조문은 될 수 있으면 알기 쉽고 간결한 문장으로 되어야 한다.

둘째, 법은 너무 쉽게 또는 자주 변경되어서도 안된다. 특히 입법자가 깊이 생각하지 않고 법을 제멋대로 만들거나 개정한다면 사회가 혼란에 빠질 위험이 있다. 따라서 아무리 법을 제정하고 개정할 합리적인 이유가 있다고 해도 엄격한 절차에 따라 신중하게 처리해야 한다. 근대국가가 권력분립을 통해 법의 변경을 대체로 어렵게 하고 있는 주된 이유도 법적 안정성을 제도적으로 보장하기 위함에 있다.

셋째, 법은 제대로 효력을 가지고 있어야 한다. 법의 내용이 아무리 훌륭하더라도 그 법이 타당성이나 실효성을 확보하지 못하여 실제 사회에서 적용되지 않는다면(이런 경우를 법이 사문화되었다고 한다.) 역시 법적 안정성에 문제가 생기게 된다.

Ⅳ. 정의와 법적 안정성의 관계

정의는 각자에게 그의 것을 주는 것이라고 하였다. 그런데 그의 것이 과연 얼마인지를 다음과 같은 경우를 통하여 생각해 보자. 예컨대 갑이 을에게 돈 100만원을 빌려주고 을은 3년 후에 이자 10만원을 합하여 돈 110만원을 갚기로 하였다. 갑이 돈을 빌려줄 당시의 돈 100만원의 경제적 가치는 순금 20돈에 해당하였다. 그런데 이러한 일이 있고난 뒤, 두 사람이 전혀 예측하지 못했던 격심한 인플레이션이 있어서, 약속한 변제일 현재 돈 100만원의 가치는 껌 10통의 가치에 불과하게 되었다. 이와 같은 경우 을은 껌 11통에 해당하는 돈 110만원을 갚으면 되는 것인지, 아니면 빌릴 당시의 경제적 가치를 기준으로 하여 순금 22돈에 해당하는 돈으로 환산한 금액을 갚아야 하는 것인지?[3)]

만약 정의만이 법이 추구해야 할 이념이라고 한다면, 갑이 가져야 할 실제의 몫이 순금 22돈이므로 을은 이를 환산한 금액을 갚아야 할 것이다. 그러나 그렇게 해결한다면 사회 전체의 채권관계가 한 순간에 마비되는 엄청난 혼란이 뒤따르게 될 것이다. 이와 같이 정의만을 고집한다면 법적 안정성이 치명적인 손상을 입을 염려가 있다. 그렇다고 해서 반대로 법적 안정성만을 추구한다면, 법은 '옳은 것', '바른 것'에 대해 눈감아도 괜찮다는 결과가 될 것인데, 이것도 결코 바

3) 위 사례는 실제로 있었던 격심한 인플레이션을 각색한 것이다. 제1차 세계대전에 패전한 독일은 연합국측에 물어야 하는 배상금 등으로 말미암아 1923년 경 엄청난 인플레이션을 겪게 된다. 예컨대 이 해 연말의 환율이 1달러당 4조2,000억 마르크가 넘었고, 빵 1킬로그램의 값이 4,000억 마르크가 넘는가 하면, 직장인이 월급을 받기 위해 손수레를 끌고 와서 줄을 서고 있는 장면이 사진으로 남아 있을 정도였다. 독일 외에도 남아메리카나 아프리카 국가들에서 단기간에 엄청난 인플레이션이 일어났다는 보도도 심심찮게 있다.

람직하지 않은 일이다.

여기에서 정의와 법적 안정성과의 관계가 문제로서 대두된다. 법적 안정성은 실정법이 설사 옳지 못하더라도 적용되어야 한다고 요구한다. '악법도 법이다.'라는 명제는 바로 이를 두고 하는 말이다. 이러한 법도 사회의 질서를 유지시킨다는 점에 있어서는 어느 정도 유익하다는 뜻이다. 그러나 실정법이 옳지 못한 정도가 매우 심각한 경우에는, 환언하면 정의의 이념을 지나치게 무시하는 실정법은 소위 법률적 불법(gesetzliches Unrecht)으로서 이제는 더 이상 법이라고 할 수 없게 된다.

위에서 보았듯이 정의와 법적 안정성은 어느 한 측면만을 고집할 수 없는 대립적인 관계에 있는 개념이라고 할 수 있다. 정의만을 고집한다면 결국 무정부주의에 빠질 염려가 있게 되고, 법적 안정성만을 내세우면 전체주의로 흐를 위험이 있다. 따라서 우리는 양 개념의 극단을 선택할 것이 아니라 이들의 조화를 모색해야 한다.

제4절 자연법론과 법실증주의

Ⅰ. 서 설

법학에서는 아주 오래되고 중요한 논쟁이 하나 있다. 이 논쟁은 아직까지도 지속되고 있으며, 아마 영원히 계속될 논쟁처럼 보인다. 바로 자연법론과 법실증주의의 논쟁이다. 이 논쟁을 조명해 봄으로써 법의 본질과 이념에 대하여 보다 가까이 접근할 수 있으리라 생각된다. 따라서 이 논쟁은 법철학의 또 하나의 주요한 관심사가 되어 있다.

법에 대한 사람들의 인식이 시작된 이후 법을 보는 시각은 크게 두 가지로 나뉘어져 왔다. 법실증주의와 자연법론이 바로 그것이다. 법실증주의(legal positivism)는 사람이 만든 법인 실정법(positive law)만이 법이며, 그 밖에 법은 존재하지 않는다는 생각을 말한다. 이에 대하여 자연법론(natural law theory)은 실정법보다 상위에 자연법(natural law)이 존재하며, 진정한 법은 자연법이라고 한다.

Ⅱ. 자연법론

소크라테스(Socrates ; B.C. 470?-399) 이전의 그리스 철학자들은 시간과 공간에 따라 변하는 실정법 외에 영원불변하는 자연법이 존재한다고 믿었다. 모든 사물과 현상에 본질이 있다고 믿는 이러한 사상은 이후 서양의 과학과 철학을 발전시키는 기초로 작용하게 된다.

종전의 소피스트(Sophist)들이 진리의 주관성 내지 상대성을 주장하는데 대하여, 소크라테스는 이성을 근거로 하는 객관적 지식의 중요성을 지적하였다. 그의 제자 플라톤(Platon ; B.C. 427-347)은 스승으로부터 영향을 받아서 객관적 지식의 중요성에 입각하여 이데아(idea)론을 구성하면서, 이를 바탕으로 이념적 자연법론을 주창하였다. 플라톤은 실정법은 법의 본질이라 할 수 있는 자연법의 가상에 불과한 것으로 보고, 자연법에 반하는 실정법은 법으로서의 가치가 없다고 하였다.

플라톤의 제자인 아리스토텔레스는 정치적 사회에는 자연적인 법(자연법)과 실정적인 법이 존재한다고 보았다. 그에 따르면 자연법은 보편타당한 법으로서, 어디서든지 동일한 효력을 가지는 법이다. 그리고 자연법은 사람에 의하여 그것이 어떻게 인정받는가에 상관없이 고유한 가치를 본래부터 가지고 있다고 주장했다.

중세에 들어와서 스토아(Stoa)학파의 전통을 이어받은 토마스 아퀴나스(Thomas Aquinas ; 1225-1274)는 법을 영구법(신정법), 자연법, 실정법(인정법)의 세 가지로 분류하여 체계화시켰다. 그에 따르면 영구법은 우주를 창조하고 지배하는 신의 이성 그 자체를 말하는 것으로 신의 법칙이다. 자연법은 이성을 통하여 인간에게 알려진 영구법의 일부이다. 자연법은 영구법의 일부이므로 그 내용은 영원불변이다. 그리고 인정법은 자연법을 구체적으로 적용하여 인간이 만든 법이다. 토마스 아퀴나스는 학문적으로 자연법론을 체계화시켰다는 공적을 인정받아, 법학에서는 토마스의 사상(Thomism)을 곧 자연법론이라고 부르기도 한다.

근세사회로 이행하면서 종전의 스토아학파류의 자연법론을 비판하는 새로운 자연법론이 등장한다. 근대자연법론의 시조라고 할 수 있는 그로티우스(Hugo Grotius ; 1583-1645)는 자연법의 내용은 자명한 것으로 인식할 수 있다고 하였다. 아퀴나스가 자연법의 근거를 영구법에서 찾은 것과는 달리, 그로티우스는 자연법을 인간의 이성으로 발견할 수 있다고 주장했다. 이러한 사상은 법, 국가, 권리 등 시민사회를 구성하는 가장 중요한 기본개념의 기초를 신비한 존재인 신에게 의탁하지 않고, 인간 자신의 냉철한 이성에서 구했다는 점에서, 당시로서는 획기적이면서도 한편으로 대단히 위험한 생각이었다. 그러나 그로티우스의 이러한 사상은 이후 계몽사상에 커다란 영향을 주게 되고, 나아가 시민사회를 성립시키는 중요한 사상적 단서가 되었다.

한편 종전의 자연법론이 영원불변의 자연법을 주장하는데 대하여 슈타믈러(Rudolf Stammler ; 1856-1938)는 의문을 제기하면서, 자연법의 내용도 시간, 장소, 상황에 따라 변할 수 있다는 '가변적 내용의 자연법'을 주장했다. 슈타믈러는 이 가변적 내용의 자연법을 정법(richtiges Recht)이라고 이름붙였다. 정법론은 뒤에서 보는 자연법론과 법실증주의의 조화를 촉진시키는 계기가 되었다.

Ⅲ. 법실증주의

법실증주의는 법을 실증적으로 고찰하는 태도이다. 실증의 대상으로 삼는 것은 실정법이다. 법실증주의는 실정법만이 법이며, 자연법의 존재를 부인하는 입장이다.

법실증주의도 상당히 오랜 역사를 가지고 있다. 예컨대, 고대 그리스의 소피스트 트라시마코스(Thrasimachos; B.C.459-400?)는 법(정의)은 강자의 이익에 불과하다고 주장하였는데, 이는 철저한 법실증주의의 입장이라고 할 수 있다. 자연과학의 발달과 경험주의 및 실증주의가 학문전반에 걸쳐 커다란 영향을 끼치던 19세기에 법실증주의는 많은 지지를 받았고, 지금도 유력한 견해로 인정되고 있다. 법실증주의자들의 견해는 그 모습이 매우 다양하지만, 여기서는 대표적인 법실증주의자인 베르보옴(Karl Bergbohm ; 1849-1927)과 켈젠(Hans Kelsen ; 1889-1973)의 견해를 중심으로 보기로 한다.

베르보옴은 다음과 같은 이유를 들어서 자연법은 불가능하다고 주장했다. 첫째, 자연법은 시간을 초월한 윤리규칙이라고 주장되지만 그러한 것은 존재하지 않는다(상대주의적 윤리관). 둘째, 모든 법은 일정한 역사적 산물이므로 항구적·보편적·절대적으로 타당한 법이란 존재하지 않는다(상황에 대한 법의 피구속성). 셋째, 실정법은 완전하며 흠결이 없다. 만약 실정법의 '규정'에 흠결이 있으면 법관이 ─ 자연법에 의해서가 아니라 ─ 유추해석을 통하여 보충할 것이다(실정법의 무흠결성).

그리고 베륵보옴은 자연법과 실정법의 단일성을 주장했다. 즉, 자연법이 실정법과 일치한다면 그러한 자연법은 불필요한 것이며, 반대로 자연법이 실정법과 배치된다면 그러한 자연법은 법이 될 수가 없고, 따라서 자연법과 실정법은 그것들이 모두 완결된 법체계로서 인정되는 한, 양립할 수 없다고 보았다.

켈젠은 규범논리주의를 채택하여 실정법의 이론으로서 순수법학을 확립했다. 그는 사실행위가 아무리 법적 의미를 가진다고 하더라도 그것은 단순한 사실에 불과하지 법이 아니고, 법이란 그러한 사실행위를 규율하는 법규범을 말한다고 한다. 규범과 사실, 당위와 존재에 관한 철저한 이원론을 펴는 것이다. 따라서 그는 법규범의 타당근거를 상위법규범으로부터 도출하는 법단계설을 주장하였다.

Ⅳ. 자연법론과 법실증주의의 조화

자연법론과 법실증주의 입장은 비교적 최근에 이르기까지 첨예하게 대립하여 왔다. 대립의 양상은 매우 복잡하고 다양하여 법철학의 가장 중요한 관심사가 되어 있다. 이 대립을 함축적으로 표현하자면 다음과 같이 말할 수 있다. 즉, 법실증주의는 '악법도 법이다.'라고 주장하는데 대해서 자연법론은 '악법은 법이 아니다.'라고 한다.

위 두 가지 입장 중 어느 하나만을 고집하면 바람직스럽지 못한 결과가 되고 만다. 악법도 법이라고 하는 법실증주의를 맹목적으로 신봉하게 되면 전체주의에 빠질 염려가 있다. 반대로 악법은 법이 아니라고 하는 자연법론만을 고집하면 무정부주의라는 바람직스럽지 못한 결론에 도달하게 된다. 왜냐하면 자연법론에서 말하는 악법이란 그 판단기준이 결국 주관적일 수밖에 없기 때문이다. 이미 살펴본 정의와 법적 안정성과의 관계에 있어서와 마찬가지로, 자연법론과 법실증주의도 어느 한 쪽만을 고집할 것이 아니라 적절한 조화를 모색해야 한다.

이러한 조화의 움직임은 2차 대전을 전후하여 서서히 나타나고 있다. 즉, 최근의 법실증주의는 '악법도 법이다. 그러나 법의 내용이 지극히 사악할 때에 이를 지킬 것인가 아닌가는 개인의 도덕적 양심의 문제이다.'라고 하여, 도덕적 양심(이는 자연법이라 할 수 있음)을 기준으로 법의 준수여부를 결정하도록 자연법론에로의 접근을 시도하고 있다. 한편 최근의 자연법론은 '악법은 법이 아니다. 따라서 지킬 필요가 없다. 하지만 악법인지의 여부를 판단하는 기준은 시대에 따라 체제에 따라 변할 수 있는 것이다.'라고 하여, 악법의 판단기준에 가변적이고 객관적인 실정법의 내용을 첨가하도록 하고 있다. 자연법론의 이러한 태도변화는 종전에 대립적인 법실증주의에 대하여 호의를 보이는 것으로 평가할 수 있다.

사례

고전 소설 홍길동전을 보면 홍길동은 탐관오리들을 습격하여 재물을 빼앗아 가난한 백성들에게 나누어 주었습니다. 그러한 과정에서 홍길동은 살인, 방화, 강도, 범죄단체의 조직 등 당시로서도 용납할 수 없는 엄청난 범죄행위를 저질렀습니다. 하지만 홍길동이 그런 행위를 한 것은 오로지 가난한 백성들을 구휼하기 위한 것이지 자신의 이익을 도모하기 위한 것은 아니었습니다. 그렇다면 홍길동은 당시의 법에 따라 처벌을 받아야 하는가요, 아니면 훌륭한 일을 하였다고 오히려 표창을 받아야 하는 것인가요?

해설

어떤 사람의 행위가 법에 비추어 보면 비난받아 마땅한 일일지라도, 도덕적인 관점에서 보면 오히려 정의로운 경우가 가끔 있습니다. 홍길동의 경우도 그러한 예에 해당한다고 봅니다. 이론적으로 말하자면 홍길동은 분명 당시의 실정법을 위반하였고 따라서 중죄인으로 마땅히 처벌을 받아야 할 것입니다. 하지만 홍길동은 가난한 백성을 구제하고 탐관오리들을 응징하는 등 국가가 해야 할 일을 대신했을 따름이지, 결코 자신의 사리사욕을 채우려고 한 일이 아니었습니다. 즉, 홍길동은 자연법에 따른 정의를 실현하기 위해서 부득이 당시의 실정법을 위반한 것입니다. 간단히 말하자면 홍길동의 행위는 실정법에는 위반되지만, 자연법에는 오히려 충실한 행위라는 뜻입니다. 그렇다면 자연법과 실정법 중 어느 법이 실제로 적용되어야 하는가가 문제로 됩니다. 실정법만을 고집한다면 전체주의에 빠질 위험이 있고, 자연법만을 고집한다면 무정부주의로 흐를 염려가 있습니다. 즉, 양극단으로 치우치지 말고 양자의 조화를 이루도록 하는 일이 중요합니다.

일반적으로 말하자면 평상시에는 실정법이 우선 적용되어야 한다고 생각합니다. 하지만 그 실정법이 자연법의 내용에 비추어 보아 형편없이 잘못되어 있거나, 실정법의 내용이 자연법의 내용을 충실히 반영하고 있다고 하더라도 제대로 적용이 되지 않는 경우도 있습니다. 이와 같은 경우는 대개 사회가 혼란에 빠져 있는 경우이고, 이때에는 자연법이 실정법을 대신하여 전면에 등장해야 할 것입니다. 국민들이 잘못된 실정법의 적용을 거국적으로 항의하여 나라 전체의 질서를 바로 잡는 일을 저항권의 발동이라고 합니다. 우리는 그러한 예를 현대 한국사회에서도 몇 차례 경험한 바가 있습니다.

결론적으로 말한다면, 홍길동에 대하여는 당시의 실정법을 그대로 적용하기 어려운 사정이 있다는 점을 소설 속에서 발견할 수 있습니다. 당시의 나라 사정으로는 국왕이 백성들의 가난을 구휼하기는커녕, 탐관오리들을 응징하는 일에도 그저 무력했다는 것이 소설의 시대배경입니다. 그러한 때에 홍길동의 행위가 비록 당시의 실정법에는 위반했을지라도 백성들의 절대적인 추앙을 받았다는 점을 미루어 본다면 홍길동에게 단순히 실정법을 들이 대는 것은 국민들의 저항권 발동을 불러 일으킬 수 있는 상황이었다고 할 수 있습니다. 소설은 홍길동이 그를 따르는 백성들을 멀리 데리고 나가 율도국이라는 나라를 세웠다는 내용으로 마무리를 하고 있는데, 이는 홍길동전의 저자가 실정법과 자연법의 내용에 대한 이해를 제대로 하고 있음을 보여 주는 한 가지 예라고 할 수 있습니다.

제2장 법의 적용과 해석

제 1 절　법의 적용

제2장 법의 적용과 해석

Ⅰ. 법의 적용은 어떻게 하는가?

법의 적용이라 함은 법의 내용 또는 효력을 구체적인 사실에 관하여 실현하는 작용을 말한다. 즉, 개별적인 사실에 대하여 법적 가치판단을 하는 작업이다. 전형적인 법의 적용과정은 사법부의 재판과정을 통하여 나타난다. 재판은 추상적인 법규를 대전제로 하고, 구체적인 사실을 소전제로 하여 판결이라는 결론을 도출해 내는 소위 삼단논법의 실현과정이라고 할 수 있다.

예컨대 '사람을 살해한 자는 사형, 무기 또는 5년 이상의 징역에 처한다.'라는 법규정은 대전제이고, '갑이 을을 살해하였다.'라는 구체적인 사실의 확정은 소전제이다. 따라서 '갑을 징역 10년에 처한다.'라는 결론을 도출하는 과정이 바로 법의 적용과정이다. 대전제로서 법은 이미 존재하고 있으므로, 법의 적용과정에서는 소전제인 사실을 확정하는 일이 선행되어야 한다.

Ⅱ. 사실의 확정

법의 적용과정에서 사실을 확정한다는 의미는 진실을 밝혀낸다는 뜻이다. 위의 예에서 과연 갑이 을을 살해했는지, 고의로 살해했는지 아니면 과실로 살해했는지,

살해의 동기는 무엇이었는지 하는 등의 사항이 진실하게 밝혀져야 결론을 내릴 수가 있다. 실제로 재판과정에서 대부분의 시간과 노력은 사실을 확정하는 일 즉, 진실을 밝혀내는데 쓰이고 있다. 진실을 발견해야 할 책무는 종국적으로는 법원에 부과되어 있다.

그런데 진실을 발견하는 일은 경우에 따라서는 대단히 어려운 작업이기도 하다. 어쩌면 신만이 진실을 발견할 수 있다고도 할 수 있다. 그러나 이러한 일이 어렵다고 하여 중단할 수는 없다. 법률규정은 사실을 확정하기 어려운 경우에 이를 타개하기 위하여 추정과 간주라는 제도를 두고 있다. 추정과 간주는 사실의 확정력에 있어서 다음에서 보는 바와 같이 차이가 있다.

1. 추　정

추정이란 법률규정에 '…한 것으로 추정한다.'라고 규정하는 경우이다. 추정은 어떤 사실이 불명확한 경우, 법률규정에 의하여 일단 어떠한 사실을 확정하고 결론을 내릴 수 있도록 하는 방법이다. 그러나 만약 추정된 사실과 반대되는 사실을 나타내는 증거가 있으면, 추정사실은 별도의 절차가 필요없이 번복되고 만다.

예컨대 민법 제197조 제1항은 '점유자는 소유의 의사로 선의, 평온 및 공연하게 점유한 것으로 추정한다.'라고 규정하고 있다. 이 규정에 의하여 점유라고 하는 사실상태는 일단 정당한 것으로 추정되기 때문에, 점유물에 대한 권리를 둘러싸고 법적 분쟁이 발생할 경우 점유자는 대단히 유리한 입장에 서게 된다.

2. 간　주

간주란 법률규정에 의하여 일정한 사실이 존재하는 것으로 또는 존재하지 않은 것으로 확정하는 방법인데 일명 의제라고 하기도 한다. 추정에 비하여 사실을 확정하는 효과가 강력하다. 간주는 법률규정에서 '…으로 본다.'라고 표현된다.

추정의 경우에는 반대사실의 증거만 있으면 별도의 절차가 필요없이 추정된 사실은 당연히 깨트려지지만, 간주의 경우는 반대사실의 증거가 있다고 하여 당연히 간주된 사실이 번복되는 것은 아니다. 그런 의미에서 추정보다 간주는 사실의 확정력이 강하다.

민법 제28조에서는 '실종선고를 받은 자는 전조의 기간(이를 실종기간이라 함)이

만료한 때에 사망한 것으로 본다.'고 규정하고 있다. 이 간주규정에 의하여 실종선고를 받은 자는 법률상 사망자와 동일한 취급을 받게 된다. 만약 실종기간만료일과 다른 날에 사망한 사실이 뒤에 밝혀진다든지, 실종자가 사실은 아직 생존하고 있다든지 하여, 간주사실과 반대되는 증거가 있다고 하더라도 간주사실이 당연히 번복되지는 않는다. 실종선고의 경우 간주사실을 뒤집기 위해서는 실종선고취소청구를 법원에 제기하여, 이에 대한 확정판결이 있어야 비로소 간주사실이 깨트려지게 된다.

제2절 법의 해석

법의 해석이란 추상적인 법규정의 의미나 내용을 구체적으로 밝히는 일을 말한다. 법이 아무리 간단하고 명료하게 되어 있다고 하더라도 본질적으로 법은 추상적일 수밖에 없으므로, 법의 적용을 위해서는 대전제인 법의 내용이나 의미를 규명하는 작업이 요청된다. 환언하면 법의 해석은 법이 지닌 객관적인 의미를 탐구하는 일이다.

법을 해석하는 방법으로는 크게 유권해석과 학리해석의 두 가지가 있다. 유권해석은 공권력으로써 하는 해석이다. 학리해석은 공권력에 의하지 않고 학술적으로 하는 해석방법으로, 일명 무권해석이라고 한다.

Ⅰ. 유권해석

1. 입법해석

입법부가 법으로써 법을 해석하는 방법이다. 민법 제98조는 '본법에서 물건이라 함은 유체물 및 전기 기타 관리할 수 있는 자연력을 말한다.'라고 규정하고 있는데, 이 규정은 물건이란 개념의 해석을 법조문으로써 하고 있는 입법해석의 한 모습이라고 할 수 있다. 입법해석은 예가 그리 많지 않다.

2. 사법해석

사법부가 재판을 통하여 하는 해석방법이다. 영미법계에서는 판례가 법원성을 가지므로 사법해석은 법적 구속력을 가진다. 그러나 대륙법계에서는 판례가 법적 구속력을 가지는 것이 아니라 사실상 구속력을 가지는데 불과하기 때문에, 사법해석은 유권해석이라 할 수 없다는 견해도 있다. 판례의 법적 구속력을 부인하는 입장에서 보면 이 견해는 타당하다. 그러나 판례는 사실상 구속력을 가지고 있고, 법원조직법에서는 '상급법원 재판에서의 판단은 해당 사건에 관하여 하급심을 기속한다.'고 규정하고 있으므로(법원조직법 제8조), 사법해석은 사실상 유권해석의 일종이라고 볼 수 있다.

3. 행정해석

행정관청이 법을 집행하기 위해 하는 해석방법이다. 행정해석은 상급관청의 하급관청에 대한 훈령, 지령, 회답 등의 형식으로 이루어지기도 한다. 하급관청은 행정법상 상급관청의 법해석에 구속되므로, 이에 반하여 법을 해석하거나 집행할 수 없다.

Ⅱ. 학리해석

학리해석이란 학술적으로 하는 해석을 말한다. 보통 법의 해석이라고 함은 학리해석을 가리킨다. 학리해석에는 법규의 문언이 나타내는 언어적인 의미를 중시하는 문리해석이라는 방법이 있고, 법규정의 문언에 구애받지 않고 논리적인 추리로 해석하는 논리해석이라는 방법이 있다.

1. 문리해석

법규정의 문언이나 자구를 언어학적인 의미에 충실하게 해석하는 방법이다.

문리해석은 법해석의 가장 기초적인 단계에서 이루어지는 해석방법이다. 그러나 법을 해석함에 있어서 법규정의 언어적인 측면에 얽매여서 문리해석만을 고집한다면, 이는 합리적인 해석방법이라고 할 수 없다.

2. 논리해석

법규정의 문언이나 자구에 구애받지 않고, 법규정 전체에 관하여 유기적, 논리적인 연관성에 입각하여 해석하는 방법이다. 논리해석을 할 때에는 입법의 목적, 배경, 연혁, 기타 제반사항을 고려하여 논리적으로 해석해야 한다. 따라서 논리해석은 해석하는 주체의 자의에 의한 임의해석과는 엄연히 구별되어야 한다. 논리해석은 논리의 방법에 따라 확장해석, 축소해석, 보정해석, 반대해석, 물론해석, 유추해석 등 여러 가지 방법이 있다.

1) 확장해석

법규정의 용어를 그 본래 의미보다 확장하여 해석하는 방법이다. 예컨대 어떤 공원에 '꽃을 꺾지 마시오.'라는 팻말이 있는 경우 이를 법이라 한다면, 나무는 꺾어도 되는가? 꽃을 꺾지 말라는 법은 공원을 보존하기 위함이 그 취지이므로, 꽃이라는 개념을 확장하여 나무도 꺾어서는 안된다고 해석하는 것은 확장해석의 한 예라고 할 수 있다.

2) 축소해석

확장해석과 반대로 법규정의 용어를 본래 의미보다 축소하여 해석하는 방법이다. 예컨대 '미성년자입장불가'로 되어 있는 극장에 대학생인 미성년자는 입장이 허용되는 경우가 있다. 대학생인 경우는 설사 미성년자라고 하더라도 사리분별력이 있는 지성인이므로, 관람을 허용해도 무방하다는 취지에서 입장이 허용되는 것이라고 할 수 있다. 이러한 경우 원래 미성년자는 만 19세에 미달한 사람을 말하지만, 대학생인 미성년자를 제외하는 것은 미성년자라는 개념을 축소해서 해석하는 한 예가 된다.

3) 보정해석

법규정의 문언이 법의 원래 목적이나 취지에 명백하게 반할 경우 이를 바로 잡아서 해석하는 방법이다. 일명 변경해석이라고도 한다. 민법 제7조는 '법정대리인은 미성년자가 아직 법률행위를 하기 전에는 전 2조의 동의와 허락을 취소할 수 있다.'라고 규정하고 있다. 즉, 미성년자가 장래에 단독으로 법률행위를 할 수 있도록 법정대리인이 동의나 허락을 해 주었더라도, 아직 미성년자가 법률행위를 하기 전에는 그 동의나 허락을 장래에 효력 없는 것으로 할 수 있다는 취지의 규정이다. 그렇다면 여기에서 '취소'는 '철회'로 보정하여 해석해야 한다는데 학설은 일치하고 있다. 왜냐하면 취소는 일정한 원인에 기하여 의사표시의 효과를 소급하여 소멸시키는 것인데 대하여, 철회는 장래에 대해서만 효력을 발생시키지 아니하는 효력만 있을 뿐이기 때문이다. 보정해석의 한 예이다.

4) 반대해석

법규정에 명시되어 있지 않은 사례에 대해 법규정을 반대로 해석하는 방법이다. 예컨대 '미성년자입장불가'의 규정으로부터 '성년자입장가'라는 해석을 도출하는 방법이다. 반대해석은 형식논리적으로 당연한 해석방법인 것처럼 보이나 이러한 해석이 절대적인 것은 아니다. 즉, 반대해석도 법의 일반적인 목적에 부합할 때에만 목적론적으로 허용되는 것이다.

5) 물론해석

법규정에 명시되어 있지 않은 사항에 대하여 사물의 성질상 당연히 그 규정에 해당하는 것으로 해석하는 방법이다. 예컨대 '10톤 이상 트럭 통행금지'라는 법이 있다면, 10톤 이상의 탱크는 물론 통행이 금지된다는 해석을 할 수 있고, 이는 물론해석의 한 예라고 할 수 있다.

6) 유추해석

유추해석이란 어떤 사실에 관하여 적용할 법규정이 없을 경우에 그와 유사한 사실에 관하여 규정하고 있는 법이 있으면, 이 법을 끌어와서 당해 사안에 적용하도록 하는 해석방법이다. 유추해석은 어떤 사안에 적용할 법규정이 존재하지 않은 경우 이를 보충하는 하나의 방법이므로, 위에서 본 일반적인 해석방법들과는 다른 특색이 있다.

가령 '말을 매지 마시오.'라는 법은 있는데, 소를 매어도 되는지에 관해서는 법이 없다고 치자. 그러면 소는 매어도 되는가? 소와 말은 가축이고, 그 성질이 비슷하여 사람들은 주로 그 축력을 이용하며, 덩치도 비슷하며 배설의 습성도 비슷하다는 등의 이유로, 말에 관한 법을 소의 경우에도 적용할 수 있고, 따라서 소도 매어서 안된다고 해석한다면, 이러한 해석을 유추해석이라고 한다.

유추해석은 이와 같이 법규정이 없을 경우 유용한 해석방법이지만, 형법규정의 해석에 있어서는 원칙적으로 금지된다. 죄형법정주의에 어긋나기 때문이다.

사례

저는 갑남과 결혼을 해서 살고 있으나 아직 혼인신고를 하지 않았습니다. 그런데 한달 쯤 전에 저의 남편이 아침에 출근을 하기 위해 건널목을 건너다가 신호위반의 차량에 치여 그만 사망을 하고 말았습니다. 사고차량은 종합보험에 가입이 되어 있어서 보험회사로부터 손해배상을 받게 되었습니다만, 남편의 사망으로 인한 저의 정신적인 손해는 혼인신고가 되어 있지 않다는 이유로 배상받을 수가 없다고 합니다. 과연 저는 정신적인 손해배상을 받을 수가 없는지요?

해설

우리 민법 제752조에서는 가해자의 행위로 사람이 사망한 경우에는 직계존속, 직계비속 및 배우자는 정신적인 손해배상(이를 위자료라 함)을 청구할 수 있다고 규정하고 있습니다. 이러한 규정을 두고 있는 이유는 피해자와 일정한 신분관계에 있는 사람은 사망으로 인해 정신적으로도 큰 상처를 입었을 것이고, 따라서 재산상 손해와 별도로 위자료청구권을 인정하고 있는 것입니다. 그런데 여기서 말하는 위자료청구권자는 사망자와 일정한 신분관계를 가지고 있는 사람에 한합니다. 피해자의 친구나 직장동료들도 피해자가 갑작스러운 사고로 사망했다는 소식을 듣고 정신적인 충격을 받았을 터이지만, 그러한 사람들에게까지 위자료청구권을 무한정 인정할 수는 없기 때문에, 위자료청구권자를 제한하고 있는 것입니다.

그런데 위자료청구권자로서 '배우자'라는 개념과 관련하여 문제가 있습니다. 즉, 학문적으로 배우자란 개념은 혼인에 있어서 타방 당사자를 말하고, 여기에서 혼인이라 함은 혼인신고가 되어 있는 혼인(이를 법률혼이라 함)을 말합니다. 혼인신고를 하지 않은 부부관계를 법학에서는 법률혼과 구별하여 사실혼이라고 합니다. 사실혼관계의 당사자는 엄밀히 말하자면 배우자라 하지 않습니다. 그러면 사실혼 당사자는 민법 제752조의 위자료청구권이 없는 것인가 하는 문제가 생기게 됩니다. 이 문제에 관하여 두 가지 해석론이 종전에 대립하고 있었습니다. 하나는 배우자란 '개념'을 충실하게 해석하자는 입장입니다. 이러한 해석론은 문리해석의 방법을 중시합니다. 한편 배우자란 개념에 억매일 것이 아니라 민법에서 배우자를 위자료청구권자로 규정하고 있는 입법의 배경이나 취지 등을 종합적으로 고려하여 사실혼 당사자도 법률혼의 배우자에 준하여 위자료청구권을 인정하자는 해석론도 있습니다. 이러한 해석론은 법규정의 문언이나 자구에 구속받지 않고 법규정 전체를 유기적인 연관성에서 논리적으로 해석하는 방법입니다. 이러한 해석론을 논리해석이라 합니다.

위의 두 가지 해석방법 중에서 어느 것을 선택할 것인지는 일장일단이 있는 문제입니다. 우선 보기에는 논리해석이 타당한 것처럼 보일는지 모르나, 문리해석의 방법도 그 나름대로는 의의가 있는 해석론입니다. 즉, 사실혼의 당사자를 언제나 법률혼의 당사자와 같이 취급한다면 혼인신고 자체가 쓸모없는 제도가 되어 버릴 염려가 있고, 이로 말미암아 우리나라 혼인질서가 근본적으로 흔들려 버리는 좋지 않은 결과가 생길지도 모릅니다. 따라서 결론적으로 말하자면 이 사례에서는 논리해석이 타당하겠지만, 그렇다고 문리해석이 언제나 잘못된 해석론이라고 말할 수는 없습니다. 참고로 이와 비슷한 사례에서 우리나라 대법원은 논리해석을 하여 사실혼 당사자에게도 위자료청구권을 인정하고 있음(대판, 1962.4.26. 62다72)을 알려 드립니다.

참고조문

제752조(생명침해로 인한 위자료) 타인의 생명을 해한 자는 피해자의 직계존속, 직계비속 및 배우자에 대하여는 재산상의 손해 없는 경우에도 손해배상의 책임이 있다.

제 2 편
재산관계와 법

제1장 권리와 법률행위

제 1 절 권리란 무엇인가?

제1장 권리와 법률행위

사람은 살아가는 동안 여러 종류의 관계를 맺게 된다. 관계를 떠난 인간의 존재는 생각할 수 없다고 할 수 있다. 사람이 살아가면서 맺는 온갖 관계를 법학에서는 생활관계라고 한다. 부모와 자식이라는 신분관계, 돈을 빌려주고 받는 재산관계, 친구와의 우정관계, 애인간의 애정관계, 종교관계 등 생활관계는 그 종류나 내용이 매우 다양하다.

그런데 이들 생활관계를 언제나 법이 규율하는 것은 아니다. 또 그렇게 할 필요도 없다. 하지만 여러 가지 생활관계 중에서 법이 규율하는 생활관계가 있다. 이를 우리는 특히 법률관계라고 부른다. 법률관계는 대개의 경우 권리와 의무로 구성되어 있다.

무릇 권리라 함은 법이 부여한 힘이라고 보는 것이 일반적인 견해이다. 따라서 권리를 가지고 있는 자는 법이 보호해 준다. 권리의 반대개념이 의무이다. 의무란 법에 의한 구속이다.

권리를 가질 수 있는, 누릴 수 있는 자격을 우리는 권리능력이라고 한다. 권리능력이 있다는 말은 실제로 어떠한 권리를 가지고 있다는 말과는 다르다. 실제로 어떤 권리를 가지기 위해서는 일정한 원인이 있어야 한다. 뒤에서 자세히 보겠지만, 이러한 원인을 법률요건이라 한다. 법률요건을 원인으로 하여 발생한 결과, 즉 어떠한 권리를 가지고 있다든지 가지게 되었다든지 하는 효과를 법률효과라고 한다. 여러 가지 법률요건 중에서 가장 전형적인 것이 바로 법률행위이다.

근대 시민사회가 성립된 이후로 권리의 주체는 자유로이 법률행위를 할 수 있게 되었다. 이를 법률행위자유의 원칙이라 한다. 법률행위자유의 원칙은 자본주의의 발달에 매우 중대한 영향을 끼친 원칙이다.

사례

저의 아버지는 저가 결혼을 하면 집을 한채 사주신다고 약속하셨습니다. 저는 아내가 될 사람에게 이러한 사실을 이야기 했고, 그녀도 그렇게 믿고 있습니다. 그런데 저희들이 결혼한 후에도 아버지는 약속을 지키지 않았고, 그러한 사유로 저희 부부는 자주 다투고 있습니다. 며칠전에도 아버지에게 집을 사달라고 말씀드렸더니, 결혼비용이 생각보다 너무 많이 들었고 지금은 형편이 어려워 곤란하다고 하십니다. 아마 앞으로도 사주실 뜻이 없는 것으로 보입니다. 저가 아버지에게 집을 사달라고 청구할 법적 권리는 없습니까?

해설

당사자의 일방이 재산을 상대방에게 무상으로 주기로 하고, 상대방이 이를 승낙하면 소위 민법상 증여계약이라는 재산에 관한 법률관계가 성립하고, 그에 따른 효력이 발생하게 됩니다. 그리고 재산에 관한 법률관계는 대체로 이해관계가 첨예하게 대립되어 나타난다는 특성이 있습니다.

그런데 이 사례의 경우 당사자가 아버지와 아들이라는 특수한 신분관계에 있는 사람들이기 때문에, 법이 엄격하게 적용되는 법률관계로 취급하는 것은 곤란한 점이 있습니다. 물론 부자간에도 증여계약이라는 법률관계가 얼마든지 성립될 수 있습니다만, "결혼하면 집을 사주겠다"는 아버지의 의사는 아들이 빨리 결혼하면 좋겠다는 뜻을 그렇게 표현한 것에 불과한 것이지, 엄격한 법률적 의미의 증여의사로 보는 것은 부자간이라는 신분관계의 입장에서 보아 부당하다는 뜻입니다.

그리고 아들의 입장에서도 설사 아버지가 그러한 약속을 하였다는 이유로 법적 권리 운운하는 것은 온당한 처사라고 보기 어렵습니다. 물론 아버지의 약속위반으로 말미암아 부부간의 불화가 있다는 점은 간과할 수 없겠으나, 이 문제는 먼저 대화와 설득으로 해결해야 할 문제이지 법적 문제로 다루는 것은 곤란하다고 봅니다.

위의 사례를 증여계약이라는 법률관계에 관한 문제로 인정한다고 하더라도, 그 증여계약이 문서로 작성되어 있지 않았다면 아버지는 증여계약을 해제할 수 있습니다. 그리고 증여계약이 문서로 작성되어 있었다고 하더라도, 아버지는 증여계약 후에 재산상태가 현저하게 악화되었음을 이유로 증여계약을 해제할 수 있으므로, 역시 아들에게 법적 권리를 인정하기 곤란합니다. 증여계약은 무상계약으로서 유상계약과 달리 이와 같은 특수한 효과가 인정됩니다.

이 사례를 통하여 알 수 있듯이, 생활관계는 생활관계에서 그쳐야 아름다운 일이지, 여기에 법이 간섭하게 되어 생활관계가 법률관계로 변하는 것은 바람직스럽지 못한 일입니다.

참고조문

제554조(증여의 의의) 증여는 당사자 일방이 무상으로 재산을 상대방에 수여하는 의사를 표시하고 상대방이 이를 승낙함으로써 그 효력이 생긴다.

제555조(서면에 의하지 아니한 증여와 해제) 증여의 의사가 서면으로 표시되지 아니한 경우에는 각 당사자는 이를 해제할 수 있다.

제557조(증여자의 재산상태변경과 증여의 해제) 증여계약후에 증여자의 재산상태가 현저히 변경되고 그 이행으로 인하여 생계에 중대한 영향을 미칠 경우에는 증여자는 증여를 해제할 수 있다.

제2절 권리의 주체와 능력개념

제1장 권리와 법률행위

권리의 주체란 권리능력이 있는 자를 말한다. 민법상 권리의 주체로는 자연인과 법인이 있다. 자연인이란 보통의 사람을 일컫는 법률용어이다. 법인이란 사람의 단체나 재산의 단체 중에서 법에 의해 권리능력을 인정받은 실체를 말한다. 자연인인 이상 권리능력을 가지는데는 아무런 제한이나 차등이 없다. 단, 외국인은 국내법상 권리능력을 제한받는 경우가 있다. 태아는 자연인은 아니지만, 태아를 보호하지 않으면 안되는 특별한 경우, 예외적으로 권리능력이 인정된다.

그런데 실제로 권리를 가지기 위해서는 그 이유 내지 경로가 있어야 한다. 누가 권리를 가지고 있다는 의미는, 법이 그러한 효과(이것을 법률효과라고 한다.)를 부여했다고도 할 수 있는데, 법률효과를 얻기 위해서는 그 전제로서 구비해야 할 요건이 있다. 이를 법률요건이라 한다. 법률요건에는 매우 다양한 사실들이 등장하게 된다. 이러한 사실들을 우리는 법률사실이라고 한다. 법률사실들 중에서 가장 전형적인 것이 법률행위이고, 법률행위 중에서 가장 중요한 것이 바로 계약이라는 것이다.

어떻든 자연인이 권리능력을 가지는데는 제한이 없지만, 실제로 권리를 얻기 위해 법률행위를 하는데에는 제한이 따른다. 즉, 일반인들은 혼자서 유효한 법률행위를 할 수 있는 능력이 인정되고 있다. 이러한 능력을 행위능력이라 한다. 그러나 미성년자, 피성년후견인은 원칙적으로 유효한 법률행위를 혼자서 할 수 없다. 이들 외에 피한정후견인, 피특정후견인은 후견인의 동의를 받아야 법률행위를 할 수 있는 경우가 있다. 이들을 아울러서 우리는 제한능력자라고 한다. 민법이 이들을 제한능력자로 규정하고 있는(민법 제5조 이하 제17조) 이유는 이들을 보호하기 위해서이다.

Ⅰ. 태아도 권리능력이 있는가?

태아는 법적으로 사람이 아니다. 따라서 태아는 원칙적으로 권리능력이 없고 권리를 가질 수 없다. 그러나 이 원칙을 그대로 적용한 결과 태아가 매우 불리한 취급을 당한다면 문제이다. 이러한 문제를 해결하기 위해서 몇 가지 특수한 경우에 태아에게 권리능력을 인정해 주기도 한다. 즉, 태아에게는 일반적으로 권리능력을 인정해 주지 않지만, 개별적인 경우 권리능력을 인정해 주는 경우가 있다는 말이다.

사례

저는 갑과 몇년 전에 혼인을 하였으나 아직 아이가 없습니다. 어느 날 남편이 출근하다가 교통사고를 당하여 현장에서 사망하고 말았습니다. 남편의 재산을 저가 상속받고자 하는데, 갑자기 묘령의 여인(을)이 나타나서 남편의 아이를 가졌다며 상속권을 주장합니다. 여러 가지 사정으로 미루어 보아 뱃속의 아이는 남편의 아이일 것으로 믿어집니다만, 아직 태어나지도 않은 태아가 상속권을 가질 수 있습니까?

해설

위 사례와 같은 상속의 경우 태아에게 권리능력을 인정해주지 아니하면 태아에게 매우 불리하게 될 것입니다. 따라서 상속의 경우 민법은 태아에게 권리능력을 부여하고 있습니다.

상속의 경우 이외에도 불법행위에 기한 손해배상, 유증, 인지 등의 경우에도 태아에게 권리능력이 인정되고 있습니다. 다만, 위와 같이 태아에게 권리능력이 인정된다 하더라도 그것은 태아가 살아서 출생할 것을 조건으로 합니다. 그러나 판례는 태아가 출생할 것을 조건으로 하여 상속시기에 권리능력을 소급하여 가지게 되는 것으로 해석하고 있습니다(대판, 1982.2.9. 81다534). 어떻든 태아는 상속권을 가지게 됩니다.

다음으로 법률상의 배우자가 아닌 을이 남편의 아이를 가진 경우에도 그 태아는 상속을 받을 수 있을까 하는 점에 관하여 설명합니다. 지금 우리 민법에서는 혼생자이든 혼외자이든 상속에 관하여 아무런 차별을 하지 않습니다. 따라서 을의 주장이 사실이라면 태아는 남편의 재산에 대하여 상속권을 가지게 됩니다. 그리고 질문에서는 언급을 하지 않았지만 태아는 교통사고의 가해자에 대하여 손해배상도 청구할 수 있다는 것을 덧붙여 둡니다. 다만 태아가 직접 상속권을 주장하거나 손해배상을 청구할 수는 없을 것이기 때문에 실제로는 을이 태아의 법정대리인으로서 이러한 권리를 주장할 것입니다.

참고조문

제3조(권리능력의 존속기간) 사람은 생존한 동안 권리와 의무의 주체가 된다.
제762조(손해배상 청구권에 있어서의 태아의 지위) 태아는 손해배상의 청구권에 관하여는 이미 출생한 것으로 본다.
제1000조(상속의 순위) ③ 태아는 상속순위에 관하여는 이미 출생한 것으로 본다.

Ⅱ. 미성년자의 행위능력

민법은 19세가 되지 아니한 자를 미성년자라고 한다. 미성년자도 성년자와 마찬가지로 권리를 취득하거나 의무를 부담할 수 있다. 그러기 위해서는 대체로 법률행위가 있어야 한다. 그런데 미성년자가 법률행위를 하기 위해서는 원칙적으로 법정대리인의 동의가 필요하다. 법정대리인의 동의없이 미성년자가 법률행위를 한 경우, 그 법률행위는 원칙적으로 취소할 수 있다. 미성년자를 보호하기 위한 조치이다.

사례

만 18세인 저는 아버지로부터 상속받은 시가 7,000만원 상당의 집이 한채 있습니다. 학교공부는 아무래도 흥미가 없어서 위 집을 밑천으로 하여 일찍이 장사길로 나서고 싶은데 어머니는 극구 반대를 하십니다. 할 수 없이 어머니 몰래 이 집을 갑에게 7,200만원에 팔기로 계약을 체결하고, 우선 선금으로 800만원을 받았습니다. 이런 사실을 나중에 아신 어머니가 펄쩍 뛰시며 갑에게 가서 저와 체결한 계약을 취소하시겠다고 합니다. 저는 장사를 꼭 하고 싶은데 어떻게 하면 됩니까?

해설

귀하는 법적으로 미성년자입니다. 따라서 유효한 법률행위를 하기 위해서는 법정대리인의 동의를 얻어야 하는 것이 원칙입니다.

미성년자의 친권자인 아버지와 어머니가 미성년자의 법정대리인이 되는데, 귀하의 경우 아버지가 안 계시기 때문에 어머니가 친권자이고 법정대리인이 됩니다. 따라서 귀하가 법률행위를 하기 위해서는 원칙적으로 어머니의 동의를 얻어야 합니다. 만약 어머니의 동의를 얻지 아니하고 법률행위를 하였을 경우에는 그 법률행위를 취소할 수 있습니다.

어떤 법률행위가 효력을 계속 발휘하는 것이 미성년자에게 오히려 도움이 되는 경우에도 그 법률행위는 취소할 수 있습니다. 다만 미성년자가 권리만을 얻거나 의무만을 면하는 경우에는 법정대리인의 동의없이 혼자서 유효한 법률행위를 할 수 있습니다.

따라서 귀하가 굳이 장사를 하기 위하여 집을 처분하고자 하면 어머니와 잘 상의하여 먼저 동의를 얻어야 할 것이지만, 이 사례와 같이 동의없이 계약을 한 경우에는 어머니가 계약을 취소하지 않도록 잘 말씀드리는 외에는 달리 방법이 없습니다.

참고조문

제4조(성년) 사람은 19세로 성년에 이르게 된다.
제5조(미성년자의 능력) ① 미성년자가 법률행위를 함에는 법정대리인의 동의를 얻어야 한다. 그러나 권리만을 얻거나 의무만을 면하는 행위는 그러하지 아니하다.
② 전항의 규정에 위반한 행위는 취소할 수 있다.
제909조(친권자) ① 부모는 미성년자인 자의 친권자가 된다. 양자의 경우에는 양부모가 친권자가 된다.
② 친권은 부모가 혼인중인 때에는 부모가 공동으로 이를 행사한다. 그러나 부모의 의견이 일치하지 아니하는 경우에는 당사자의 청구에 의하여 가정법원이 이를 정한다.
③ 부모의 일방이 친권을 행사할 수 없을 때에는 다른 일방이 이를 행사한다.
④ 혼인외의 자가 인지된 경우와 부모가 이혼한 경우에는 부모의 협의로 친권자를 정하여야 하고, 협의할 수 없거나 협의가 이루어지지 아니하는 경우에는 가정법원은 직권으로 또는 당사자의 청구에 따라 친권자를 지정하여야 한다. 다만, 부모의 협의가 자의 복리에 반하는 경우에는 가정법원은 보정을 명하거나 직권으로 친권자를 정한다.
⑤ 가정법원은 혼인의 취소, 재판상 이혼 또는 인지청구의 소의 경우에는 직권으로 친권자를 정한다.
⑥ 가정법원은 자의 복리를 위하여 필요하다고 인정되는 경우에는 자의 4촌 이내의 친족의 청구에 의하여 정하여진 친권자를 다른 일방으로 변경할 수 있다.
제911조(미성년자인 자의 법정대리인) 친권을 행사하는 부 또는 모는 미성년자인 자의 법정대리인이 된다.

사례

만 18세인 저의 아들이 허락도 없이 저가 애지중지하던 롤렉스시계를 시계점을 경영하는 갑에게 300만원을 받고 팔아버렸습니다. 당시 시계를 팔려고 간 저의 아들이 너무 어려 보여서 갑이 아들에게 미성년자가 아니냐고 묻자, 아들이 미성년자가 아니라고 대답을 했다고 합니다. 그래서 갑은 저의 아들이 성년자라고 믿고 시계를 매수했기 때문에 매매계약을 취소해 줄 수 없다고 합니다. 계약을 취소하여 시계를 도로 찾아오고 싶은데 가능한지요?

해설

제한능력자가 혼자서 한 법률행위는 원칙적으로 취소할 수 있습니다. 그렇지만 미성년자가 속임수를 써서 상대방으로 하여금 능력자로 믿게 한 경우나, 법정대리인의 동의가 있었던 것으로 믿게 한 때에는 취소할 수 없습니다. 그런데 문제는 속임수의 개념을 어떻게 해석하느냐 입니다. 귀하의 아들이 갑에게 단순히 미성년자가 아니라고 말한 것이 속임수에 해당하느냐 하는 점입니다. 이에 대해 판례는 상대방을 믿게 하기 위해서 적극적 수단을 사용해야 속임수가 된다고 합니다(대판, 1971.12.14. 71다2045). 즉, 미성년자가 적극적으로 가족관계기록사항증명서나 주민등록증 등을 위조하는 등의 행위를 하면 이는 속임수에 해당한다고 할 수 있겠으나, 단순히 자신이 성년자라고 말하는 정도로는 속임수라 하기 어렵습니다. 따라서 귀하는 갑에게 취소권을 행사하여 시계를 다시 찾아올 수 있습니다.

참고조문

제17조(제한능력자의 속임수) ① 제한능력자가 속임수로써 자기를 능력자로 믿게 한 경우에는 그 행위를 취소할 수 없다.
② 미성년자나 피한정후견인이 속임수로써 법정대리인의 동의가 있는 것으로 믿게 한 경우에도 제1항과 같다.

Ⅲ. 의사무능력자의 법률행위

모든 사람은 평등하게 권리능력을 가지고 있지만, 권리능력자가 권리를 취득하거나 의무를 부담하기 위해서는 또한 일정한 지적 능력을 가지고 있어야 한다. 이러한 지적 능력은 어떤 행위를 하면 그 결과가 어떻게 된다는 것을 합리적으로 이해하거나 판단하는 능력이라고 할 수 있다. 이러한 능력은 사람에 따라 차이가 있겠지만, 대체로 '통상인이 가지는 정상적인 판단능력'이라고 할 수 있다. 환언하면 이러한 능력을 구비한 사람만이 유효한 법률행위를 할 수 있다는 뜻이다. 이러한 능력을 법률용어로 의사능력이라 한다. 의사능력이 없는 사람을 의사무능력자라 하고, 이들이 한 법률행위는 무효라고 하는 것이 일반적인 견해이다.

한편 개인은 자신의 행위에 의하여 자기를 구속할 수 있으며, 그것은 자신의 정상적인 의사활동에 기초를 둔 행위임을 전제로 한다. 이것을 우리는 개인의사자치의 원칙 혹은 사적 자치의 원칙이라 하는데, 이 원칙은 의사능력이 전제될 때 비로소 의의가 있는 것이다.

사례

저는 어떤 회사의 신입사원입니다. 며칠 전에 신입사원들의 입사를 환영하는 행사에서 평소 술에 약한 저는 어쩔 수 없이 과음을 하여 정신을 잃어 버렸습니다. 다음 날 회사에 출근하여 보니 동료들이 하는 말이 저가 어제밤에 어떤 여급에게 팁명목으로 돈 100만원을 준다는 내용의 각서를 써주었다고 합니다. 전혀 기억이 나지 않는 일이긴 합니다만 크게 후회가 되고, 한편 그 여급이 정말 돈 100만원을 저에게 청구하러 오지나 않을까 내심 걱정이 됩니다. 법적으로 저는 여급에게 돈 100만원을 주어야 할 의무가 있습니까?

해설

평소에 정상적인 판단능력, 즉 의사능력을 가지고 있는 사람이라 할지라도 일시적으로 의사능력이 결여되는 경우가 있습니다. 예컨대 정상적인 사람이라도 술에 만취되었거나 약물에 중독되어 있는 상태에서는 의사능력이 없다고 보아야 할 것입니다. 따라서 이러한 상태에서 한 법률행위는 무효가 됩니다.

귀하는 의사능력이 없는 상태에서 돈을 주기로 약속한 것으로 판단되므로 그러한 약속은 무효입니다. 따라서 법적으로 돈을 지급할 의무가 없습니다.

Ⅳ. 성년후견제도

노인이나 장애인 등과 같이 정신적 능력이 약해져 있거나 약해질 상황에 빠질 염려가 있는 경우, 그들이 혼자서 부동산을 처분할 수 있도록 내버려 둔다면, 재산상 손해를 볼 위험이 클 것이다. 뿐만 아니라 그들이 요양이나 치료 등을 받기 위해서도 일정한 재산의 처분행위가 있어야 할 터인데, 이러한 행위를 혼자서 처리하게 하는 것은 그들의 복리를 위해서도 바람직스럽지 않다. 이러한 경우를 대비해서 민법은 성년후견제도를 두고 있다. 즉, 일정한 요건을 갖추면 가정법원은 본인의 의사를 고려해서 성년후견개시심판을 해준다. 성년후견을 받는 사람(이를 피성년후견인이라 함)도 제한능력자로 되는데, 이들이 한 법률행위는 원칙적으로 취소할 수 있다. 그러나 가정법원은 성년후견개시심판을 할 때, 피성년후견인의 법률행위 중에서 취소할 수 없는 법률행위를 따로 정할 수 있다. 그리고 일용품의 구입 등 일상생활에 필요하고 그 대가가 과도하지 않은 법률행위는 성년후견인이 취소할 수 없다.

사례

저의 아버지께서는 고령이시고 최근에는 치매증상이 심해서 가족들이 집에서 간호하기가 매우 힘이 듭니다. 그래서 가족들은 한적한 곳에 있는 노인요양시설에서 아버지를 모시도록 하는 것이 좋겠다고 뜻을 모았습니다. 요양에 필요한 치료비나 간병비 등 비용은 아버지 명의로 되어 있는 상가건물과 주식을 처분해서 해결할 생각입니다. 하지만 아버지께서는 거동이 불편하실 뿐만 아니라, 자식들조차도 못 알아보실 정도로 치매가 심해 스스로 재산을 처분하실 형편이 못 됩니다. 노인요양시설로 모시기 위해서는 아버지의 재산을 처분해야 하는데 좋은 방법이 없습니까?

해설

자신의 재산을 처분하기 위해서는 재산의 소유권자가 스스로 해야 하는 것이 민법의 원칙입니다. 재산의 소유권자 아닌 사람으로 하여금 재산을 처분하도록 할 수도 있습니다만, 그러기 위해서는 그에게 대리권이 있어야 합니다. 대리권이 있는 사람을 대리인이라 하는데, 이에는 법률규정에 따라 인정되는 법정대리인과 본인으로부터 대리인으로 선임되어서 인정되는 임의대리인이 있습니다. 위의 사례에서 귀하의 아버지는 대리인을 선임할 수 있는 정신적 능력이 없는 상태로 보이므로 임의대리인을 선임할 방법은 없습니다. 그러나 성년후견제도를 이용해서 아버지의 재산을 처분할 수 있는 방법이 있습니다. 즉, 아버지와 일정한 신분관계에 있는 사람이나 특정한 후견인, 검사, 지방자치단체의 장의 청구에 의하여 가정법원이 아버지에 대해서 성년후견개시심판을 해 주면, 그 성년후견인이 아버지의 재산을 처분할 수 있습니다. 피성년후견인(위의 사례에서 귀하의 아버지)이 한 법률행위는 원칙적으로 취소할 수 있습니다만, 가정법원이 성년후견개시심판을 할 때에 피성년후견인이 취소할 수 없는 법률행위의 범위를 따로 정한 경우에는 그 범위에 해당하는 법률행위는 피성년후견인이 취소할 수 없습니다. 그리고 피성년후견인의 일상생활에 필요한 행위로서 그 대가가 그리 크지 않은 법률행위 역시 취소할 수 없습니다. 성년후견인은 법정대리인의 일종입니다. 이러한 성년후견제도는 피성년후견인의 복리나 치료, 요양 등을 위해서 2013년 7월 1일부터 시행하는 제도입니다.

참고조문

제9조(성년후견개시의 심판) ① 가정법원은 질병, 장애, 노령, 그 밖의 사유로 인한 정신적 제약으로 사무를 처리할 능력이 지속적으로 결여된 사람에 대하여 본인, 배우자, 4촌 이내의 친족, 미성년후견인, 미성년후견감독인, 한정후견인, 한정후견감독인, 특정후견인, 특정후견감독인, 검사 또는 지방자치단체의 장의 청구에 의하여 성년후견개시의 심판을 한다.
② 가정법원은 성년후견개시의 심판을 할 때 본인의 의사를 고려하여야 한다.
제10조(피성년후견인의 행위와 취소) ① 피성년후견인의 법률행위는 취소할 수 있다.
② 제1항에도 불구하고 가정법원은 취소할 수 없는 피성년후견인의 법률행위의 범위를 정할 수 있다.
③ 가정법원은 본인, 배우자, 4촌 이내의 친족, 성년후견인, 성년후견감독인, 검사 또는 지방자치단체의 장의 청구에 의하여 제2항의 범위를 변경할 수 있다.
④ 제1항에도 불구하고 일용품의 구입 등 일상생활에 필요하고 그 대가가 과도하지 아니한 법률행위는 성년후견인이 취소할 수 없다.
제938조(후견인의 대리권 등) ① 후견인은 피후견인의 법정대리인이 된다.
② 가정법원은 성년후견인이 제1항에 따라 가지는 법정대리권의 범위를 정할 수 있다.
③ 가정법원은 성년후견인이 피성년후견인의 신상에 관하여 결정할 수 있는 권한의 범위를 정할 수 있다.
④ 제2항 및 제3항에 따른 법정대리인의 권한의 범위가 적절하지 아니하게 된 경우에 가정법원은 본인, 배우자, 4촌 이내의 친족, 성년후견인, 성년후견감독인, 검사 또는 지방자치단체의 장의 청구에 의하여 그 범위를 변경할 수 있다.

제3절 부재와 실종, 동시사망의 추정

제1장 권리와 법률행위

사람이 사회적 활동을 할 때는 일정한 장소를 중심으로 하게 된다. 민법은 생활의 근거되는 곳을 주소라 하여, 사람과 장소와의 관계를 규정하고 있다. 그리고 주소보다는 장소적인 연관이 상대적으로 약한 곳을 거소라 하여, 일정한 경우에는 주소와 같은 효과가 발생하도록 규정하고 있다. 대체로 사람들은 주소나 거소를 중심으로 법률관계를 형성하고 있지만, 주소나 거소를 떠나는 사람도 있다. 종전의 주소나 거소를 떠나서 상당기간 돌아올 가망이 없는 사람을 부재자라고 한다. 부재자가 있으면 그가 종전의 주소에 남겨둔 법률관계를 둘러싸고 곤란한 문제가 발생하게 될 것이다. 이러한 문제를 해결하기 위하여 민법은 부재와 실종이라는 제도를 두고 있다.

부재자제도는 부재자가 아직 생존하고 있는 것으로 추측하여 그의 재산을 관리해 주는 제도이다. 물론 부재자가 부재 중에 그의 재산관리를 위하여 일정한 조치를 해둔 경우(예컨대 재산관리인을 선임해두었다든지)에는 그 조치에 따르면 될 것이다. 그러나 그러한 조치가 없는 경우 민법은 부재자의 재산관리를 위한 일정한 재산관리제도를 마련해 놓고 있다.

실종제도는 부재자의 생사불명상태가 일정기간 계속되고 생존의 가능성이 희박하게 된 때에(이런 사람을 실종자라고 한다), 그 사람을 일응 사망한 것으로 간주하여, 그가 종전의 주소지에서 맺었던 재산관계와 신분관계를 정리할 수 있도록 해주는 제도이다.

동시사망의 추정이란 두 사람 이상이 동일한 위난을 당하여 그 사망의 선후를 알기 어려울 경우, 동시에 사망한 것으로 추정하여 상속문제를 원만하게 해결시켜 주는 제도이다.

Ⅰ. 실종선고와 신분관계

부재자제도는 부재자가 종전 주소지에 남겨둔 재산을 관리하거나 재산관계를 정리하는 것이 목적이다. 이에 비하여 실종자는 살아서 돌아올 가능성이 희박하다고 보기 때문에, 실종선고제도는 재산관계뿐만 아니라 신분관계까지 정리할 수 있도록 하는 제도이다.

사례

저의 남편은 중동의 건설회사에 취업하고 있던 해외근로자였습니다. 지금부터 약 8년 전에 이제 일을 다마쳤으니 귀국하겠다는 편지가 온 이래로 지금까지 남편의 행방을 모르고 있습니다. 그동안 남편의 소식을 알려고 백방으로 뛰어 다녔으나 모두 허사였고, 이제는 지칠대로 지쳤습니다. 이러한 사정을 잘 아는 이웃에 사는 갑이 과거는 청산하고 자기와 같이 새생활을 꾸려보자고 합니다. 갑은 저가 보기에도 훌륭한 분이고 주위에서도 그렇게 하는 것이 좋을 것 같다고 하는데, 저가 갑과 재혼을 하는데는 아무런 문제가 없겠습니까?

해설

사정이 딱합니다만 현재 상태로는 재혼이 가능하지 않습니다. 왜냐하면 아직 귀하는 엄연히 남편과의 혼인관계를 유지하고 있기 때문입니다. 이 말은 남편과의 혼인관계를 해소하고 나서 재혼을 할 수 있다는 뜻입니다. 이 사례의 경우 혼인관계를 해소하는 방법으로는 가정법원에 재판상 이혼을 청구하거나 실종선고제도를 이용하면 됩니다. 여기에서는 실종선고제도를 설명하기로 합니다.

실종선고제도란 종전의 주소지를 떠난 사람의 생사가 일정기간 불명할 경우, 그 사람이 종전의 주소지에서 맺고 있었던 여러 가지 법률관계를 정리할 수 있도록 하는 제도입니다.

이 제도에 의하면 귀하가 남편에 대한 실종선고를 법원에 청구하고 법원에서 실종선고를 하기에 필요한 요건을 갖추었다고 판단하여 실종선고를 내리면, 남편은 최후의 소식이 있은 날로부터 5년이 경과한 날에 사망한 것으로 간주됩니다. 배우자의 일방이 사망하면 혼인은 해소되므로 귀하는 그때 부터 재혼을 할 수 있습니다. 만약 이혼을 확정짓지 아니하거나 남편에 대한 실종선고를 받지 아니하고 재혼을 하면, 그것은 소위 중혼이 되고 이는 민법이 금하고 있습니다.

참고조문

제27조(실종의 선고) ① 부재자의 생사가 5년간 분명하지 아니한 때에는 법원은 이해관계인이나 검사의 청구에 의하여 실종선고를 하여야 한다.

② 전지에 임한 자, 침몰한 선박중에 있던 자, 추락한 항공기중에 있던 자 기타 사망의 원인이 될 위난을 당한 자의 생사가 전쟁종지후 또는 선박의 침몰, 항공기의 추락 기타 위난이 종료한 후 1년간 분명하지 아니한 때에도 제1항과 같다.

제28조(실종선고의 효과) 실종선고를 받은 자는 전조의 기간이 만료한 때에 사망한 것으로 본다.

제810조(중혼의 금지) 배우자 있는 자는 다시 혼인하지 못한다.

Ⅱ. 동시사망의 추정과 상속

상속은 사망으로 인하여 개시된다. 따라서 피상속인의 사망시점이 언제이냐 하는 문제는 상속에 있어서 가장 중요한 요소이다. 피상속인의 사망시점을 알기 어려워서 상속에 관한 법적 처리가 곤란한 경우, 이를 해결하기 위하여 동시사망의 추정이라는 제도가 있다.

사례

저의 가족으로는 시어머니와 남편 그리고 아들이 하나 있습니다. 평소 등산을 매우 좋아하는 남편이 아들을 데리고 지리산 겨울등산에 나섰다가 갑작스런 악천후로 말미암아 두 사람 모두 실족사하고 말았습니다. 처음 이 소식을 듣고는 하늘이 무너져 내리는 것 같았습니다만, 저도 살아야 하겠기에 남편의 재산을 상속받고자 합니다. 남편의 재산은 모두 합하여 시가 5억원에 상당합니다. 소문에 의하면 시어머니와 저가 남편의 재산을 공동으로 상속받게 된다고 하는데, 저 혼자 모두 상속받을 수는 없습니까?

해설

이 사례의 경우 남편이 아들보다 먼저 사망하였는지, 아니면 아들이 먼저 사망하였는지에 따라서 상속의 결과는 달라집니다. 그런데 두 사람의 사망시기를 알 수 없으므로 구체적으로 상속분을 정하기 곤란한 문제가 생기게 됩니다. 이런 곤란함을 해결하기 위하여 동시사망의 추정이라는 제도가 있습니다. 두 사람이 동일한 위난을 당하여 그 사망의 선후를 알기 어려울 때에는 동시에 사망한 것으로 추정하는 규정이 있습니다. 귀하의 경우에도 남편과 아들의 사망시기를 알기 어려울 것이므로 두 사람은 동시에 사망한 것으로 추정됩니다.

두 사람이 동시에 사망한 것으로 추정되면 남편의 재산에 대하여 귀하와 시어머니가 공동으로 상속을 받게 되고, 상속분은 귀하가 1.5를, 시어머니가 1을 가지게 됩니다. 결국 귀하는 3억원, 시어머니는 2억원을 상속받게 됩니다.

만약 남편이 아들보다 먼저 사망하였다는 것이 확인되면, 결과적으로 남편의 재산을 귀하가 모두 상속받게 된다는 점을 참고로 알려드립니다.

참고조문

제30조(동시사망) 2인 이상이 동일한 위난으로 사망한 경우에는 동시에 사망한 것으로 추정한다.

제997조(상속개시의 원인) 상속은 사망으로 인하여 개시된다.

제1000조(상속의 순위) ① 상속에 있어서는 다음 순위로 상속인이 된다.

1. 피상속인의 직계비속
2. 피상속인의 직계존속
3. 피상속인의 형제자매
4. 피상속인의 4촌 이내의 방계혈족

② 전항의 경우에 동순위의 상속인이 수인인 때에는 최근친을 선순위로 하고 동친등의 상속인이 수인인 때에는 공동상속인이 된다.

제1003조(배우자의 상속순위) ① 피상속인의 배우자는 제1000조제1항제1호와 제2호의 규정에 의한 상속인이 있는 경우에는 그 상속인과 동순위로 공동상속인이 되고 그 상속인이 없는 때에는 단독상속인이 된다.

제1009조(법정상속분) ① 동순위의 상속인이 수인인 때에는 그 상속분은 균분으로 한다.

② 피상속인의 배우자의 상속분은 직계비속과 공동으로 상속하는 때에는 직계비속의 상속분의 5할을 가산하고, 직계존속과 공동으로 상속하는 때에는 직계존속의 상속분의 5할을 가산한다.

제4절 권리의 객체

제1장 권리와 법률행위

권리의 객체라 함은 권리의 대상을 말한다. 권리는 법이 부여한 힘이므로 이 힘의 대상을 권리의 객체라 한다. 각종 권리는 그 내용이나 목적이 다양하므로 권리의 객체도 여러 가지가 있다. 물권에 있어서는 물건, 채권에 있어서는 특정인의 행위, 무체재산권에 있어서는 정신적 산물, 인격권에 있어서는 인격자 자신이 각각 권리의 객체이다.

이와 같이 권리의 객체는 다양하지만, 민법은 총칙편에서 물건에 대해서만 통칙적인 규정을 두고 있다. 권리의 객체 전반에 걸친 일반적 규정을 두는 것은 기술적으로 곤란할 뿐만 아니라, 물건은 다른 권리의 객체와 밀접한 관련을 가지고 있으므로 물건에 관해서만 규정을 하고 있는 것이다.

Ⅰ. 시신의 법적 성질

시신도 민법상으로는 물건의 일종이다. 그러나 다른 물건과 달라서 시신은 매장이나 화장, 제사의 대상으로만 되는 물건이다.

사례

저의 아버지는 독실한 기독교인으로서 평소 주위사람들로부터 존경을 받는 분이셨습니다. 아버지는 노환으로 임종하실 때에도 시신을 대학병원에 기증하여 의학도들의 연구에 사용하도록 유언을 하셨습니다. 유족들로서는 아버지의 높은 뜻을 이해합니다만 시신을 대학병원에 기증하는 일은 차마 따르기 어렵습니다. 아버지의 유언은 법적 구속력이 있는지요?

해설

민법은 유체물 및 전기 기타 관리할 수 있는 자연력을 물건이라고 정의하고 있습니다. 이에 따르면 인체는 인격권의 대상은 될지언정 소유권이나 기타 권리의 대상이 되지 못합니다. 따라서 인체의 전부나 일부를 처분하는 행위는 대체로 반사회적인 행위가 되어 무효입니다. 그러나 인체의 일부를 처분하는 행위가 언제나 반사회적이라고 할 수는 없습니다. 장기의 일부를 기증하는 행위가 오히려 아름다운 일로 칭송받는 경우는 그러한 예입니다.

시신은 상속권자의 소유에 속하는 민법상 물건입니다. 그러나 시신은 다른 물건과 달라서 후손들의 매장, 화장 및 제사의 대상만이 되는 물건입니다. 따라서 시신을 상속한 상속권자도 상속권자의 마음대로 시신을 대학병원에 기증하는 처분행위를 할 수 없고, 고인도 생전에 자기 시신을 처분하는 행위는 원칙적으로 할 수 없습니다. 하지만 사후에 시신이나 장기를 치료나 연구, 교육 등의 목적으로 대학 등 관련기관에 기증하겠다고 약속하는 것은 법적으로 가능합니다. 다만 이 경우에도 시신의 상속권자가 시신이나 장기를 기증하지 못하겠다고 하면, 기증받기로 한 기관에서 시신을 인도하라고 법적으로 청구할 권리는 인정되지 않습니다.

요컨대, 이 사례의 경우 귀하의 아버지의 유언은 법적 구속력이 없습니다만, 후손들이 아버지의 높은 뜻을 받들어 대학병원에 시신을 기증하는 것은 가능합니다.

이 사례와 직접 관련은 없지만, 생전에 장기의 일부를 기증하는 행위는 이제 법적으로 근거를 가지게 되었습니다. 즉, 「장기 등 이식에 관한 법률」에 의하여 신장, 간장, 췌장, 심장, 폐, 골수, 안구 기타 대통령령으로 정하고 있는 일정한 장기(이하 장기 등이라 함)를 생전에 기증하는 행위에 대하여 법적으로 규정하게 된 것입니다. 이 법은 다른 사람의 건강회복을 위하여 장기 등을 적출하고 이식하는데 필요한 사항을 규정함으로써 국민보건의 향상에 이바지하기 위하여 제정된 것입니다. 하지만 이 법에 의하여 장기 등을 기증할 것으로 등록되어 있는 사람이라도 장기 등의 적출을 위한 수술을 하기 전에는 언제든지 기증을 철회할 수 있도록 하고 있다는 점을 아울러 알려 드립니다.

참고조문

제98조(물건의 정의) 본법에서 물건이라 함은 유체물 및 전기, 기타 관리할 수 있는 자연력을 말한다.

장기등 이식에 관한 법률

제1조(목적) 이 법은 장기등의 기증에 관한 사항과 사람의 장기등을 다른 사람의 장기등의 기능회복을 위하여 적출하고 이식하는 데에 필요한 사항을 규정하여 장기등의 적출 및 이식을 적정하게 하고 국민보건을 향상시키는 데에 이바지하는 것을 목적으로 한다.

제22조(장기등의 적출 요건) ① 살아있는 사람의 장기등은 본인이 동의한 경우에만 적출할

수 있다. 다만, 16세 이상인 미성년자의 장기등과 16세 미만인 미성년자의 말초혈 또는 골수를 적출하려는 경우에는 본인과 그 부모(부모가 없고 형제자매에게 골수를 이식하기 위하여 적출하려는 경우에는 법정대리인)의 동의를 함께 받아야 한다.

② 제1항 단서의 경우 부모 중 1명이 행방불명, 그 밖에 대통령령으로 정하는 부득이한 사유로 동의할 수 없으면 부모 중 나머지 1명과 제4조 제6호 각 목에 따른 가족 또는 유족의 순서에 따른 선순위자 1명의 동의를 받아야 한다.

③ 뇌사자와 사망한 자의 장기등은 다음 각 호의 어느 하나에 해당하는 경우에만 적출할 수 있다.

1. 본인이 뇌사 또는 사망하기 전에 장기 등의 적출에 동의한 경우. 다만, 그 가족 또는 유족이 장기등의 적출을 명시적으로 거부하는 경우는 제외한다.
2. 본인이 뇌사 또는 사망하기 전에 장기 등의 적출에 동의하거나 반대한 사실이 확인되지 아니한 경우로서 그 가족 또는 유족이 장기등의 적출에 동의한 경우. 다만, 본인이 16세 미만의 미성년자인 경우에는 그 부모(부모 중 1명이 사망・행방불명, 그 밖에 대통령령으로 정하는 부득이한 사유로 동의할 수 없으면 부모 중 나머지 1명)가 장기등의 적출에 동의한 경우로 한정한다.

④ 제1항부터 제3항까지에 따라 동의한 사람은 장기등을 적출하기 위한 수술이 시작되기 전까지는 언제든지 장기등의 적출에 관한 동의의 의사표시를 철회할 수 있다.

Ⅱ. 부동산과 동산

물건은 여러 가지 방법으로 분류해 볼 수 있다. 물건을 분류하는 방법 중에 부동산과 동산으로 분류하는 방법은 법적으로 중요한 의의가 있다. 현행법상 동산이라 함은 부동산 이외의 물건을 말한다. 부동산이란 토지 및 그 정착물을 말한다. 부동산 중 토지의 정착물로서 독립하여 거래의 객체로 삼을 수 있는 대표적인 물건으로는 건물, 입목법에 의하여 등기된 입목, 미분리의 과실, 농작물 등을 들 수 있다.

사례

저는 시골에 사는 농부입니다. 저의 동네에는 외지 사람들이 투기의 목적으로 논을 사놓고선 경작을 하지 않고 있는 땅이 많이 있습니다. 농부로서 차마 이러한 논을 놀리는 것이 안타까워 논임자인 갑의 승낙을 받지 않고 벼농사를 지었습니다. 벼농사를 하고 있는 동안 갑은 한번도 나타나지 않고 있다가, 가을이 되어 수확할 무렵이 되니까 그제서야 나타나서 자기 논에 있는 벼라고 하면서 자기가 벼를 수확하겠다고 합니다. 논임자인 갑의 승낙을 받지 아니하고 농사를 지은 잘못이 있긴 합니다만 저가 벼를 수확할 권리는 없는지요?

해설

민법의 이론에 의하면 토지에서 재배되거나 경작되는 각종의 농작물은 토지의 정착물이고 따라서 부동산의 일종입니다. 다만 이것은 토지의 일부에 지나지 않아서 특별한 사정이 없으면 독립한 물건으로 취급되지 않습니다. 그러나 정당한 권원에 의하여 다른 사람의 토지에서 경작한 농작물은 그 토지로부터 독립한 별개의 물건으로 됩니다. 따라서 아무런 권원없이 타인의 토지에서 경작한 농작물은 독립한 물건이 아니고, 그 소유권은 토지소유자에게 귀속됩니다.

그런데 이러한 법이론과는 달리 우리 대법원의 판례는 아무런 권원없이 타인의 토지에서 농작물을 경작한 경우, 그 농작물의 소유권은 언제나 경작자에게 있다고 하고 있습니다(대판, 1963.2.21. 62다913). 이러한 판례는 1963년 이래로 지금까지 확고합니다.

한편 판례는 '농작물'의 경우와 달리 정당한 권원 없이 타인의 토지에 '수목'을 심은 경우에는 특별한 사정이 없는 한 토지소유자에 대하여 그 나무의 소유권을 주장할 수 없다(대판, 1989.7.11. 88다카9067)고 하여 다르게 판단하고 있습니다. 즉, 다른 사람의 토지에 권원 없이 심은 것이 '농작물'인가 '수목'인가에 따라 소유권의 귀속이 달라진다는 것입니다. 학자들은 이러한 판례의 입장을 명백하게 잘못된 것이라고 비판을 하고 있지만, 판례의 태도가 워낙 요지부동이라서 이 문제에 관한 한 사실상의 규범으로 인정되고 있습니다.

귀하의 경우 이론상으로는 벼의 수확권이 인정되지 않습니다만, 판례에 의하면 수확권이 귀하에게 있습니다.

참고조문

제99조(부동산, 동산) ① 토지 및 그 정착물은 부동산이다.
② 부동산 이외의 물건은 동산이다.
제256조(부동산에의 부합) 부동산의 소유자는 그 부동산에 부합한 물건의 소유권을 취득한다. 그러나 타인의 권원에 의하여 부속된 것은 그러하지 아니하다.

Ⅲ. 주물과 종물

물건의 소유자가 물건을 일반적인 용법에 따라 사용하기 위하여 자기 소유인 다른 물건을 이에 부속시킨 경우에, 원래 물건을 주물이라 하고 부속시킨 물건을 종물이라 한다. 종물은 특별한 사정이 없으면 주물과 법적 운명을 같이 하도록 민법은 규정하고 있다.

사례

저는 지금 살고 있는 단독주택을 팔려고 합니다. 그런데 그동안 저가 정성들여 가꾸어 온 정원수는 새로 이사가는 집으로 옮겨 가고 싶습니다. 정원수와 단독주택을 분리하여 처분할 수도 있습니까?

해설

물론 가능합니다. 단독주택과 정원수의 관계는 주물과 종물의 관계라 할 수 있으므로, 정원수의 법적 운명은 단독주택과 함께 해야 하는 것이 원칙입니다. 그러나 민법의 주물과 종물에 관한 규정은 강행규정이 아니므로, 당사자가 이 규정과 다른 내용의 특약을 하면, 그러한 특약은 유효합니다. 따라서 단독주택을 매도하는 계약을 체결할 때, 정원수는 매매대상에서 제외한다는 특약을 하면 정원수와 단독주택을 분리하여 처분할 수 있게 됩니다. 그러한 특약을 하지 아니하면 정원수는 단독주택과 그 법적 운명을 함께 하게 됩니다.

참고조문

제100조(주물, 종물) ① 물건의 소유자가 그 물건의 상용에 공하기 위하여 자기소유인 다른 물건을 이에 부속하게 한 때에는 그 부속물은 종물이다.
② 종물은 주물의 처분에 따른다.

제5절 권리의 변동

제1장 권리와 법률행위

권리나 법률관계가 발생, 변경, 소멸되는 현상을 우리는 권리나 법률관계가 변동되었다고 한다. 즉, 법학의 용어 관례상 '변동'은 발생, 변경, 소멸을 포함하는 상위개념인 것이다.

법률관계의 변동은 일정한 원인에 의하여 생기는 결과이다. 이 원인을 법률요건이라 하고, 법률관계의 변동이라는 결과를 법률효과라고 한다. 법률요건은 여러 가지 사실들로써 구성되는데, 법률요건을 구성하는 개개의 사실들을 법률사실이라고 한다. 법률사실은 그 모습이 매우 다양하다. 법률사실 중에서 가장 중요하고 전형이 되는 것이 바로 법률행위이다.

법률행위란 법률효과의 발생을 목적으로 하면서, 의사표시를 불가결의 요소로 하는 법률요건이다. 이러한 법률행위는 원칙적으로 행위능력자의 자유이다. 이를 우리는 법률행위자유의 원칙이라고 한다. 법률행위 중에서 가장 중요한 것이 계약이므로, 법률행위자유의 원칙은 일명 계약자유의 원칙이라고도 한다.

법률관계는 권리 의무의 관계이므로, 법률관계의 변동은 권리 의무의 변동이라 할 수 있다. 근대 이후의 법은 권리를 중심으로 규정하고 있으므로, 결국 법률관계의 변동은 권리의 변동, 즉 권리의 발생, 변경, 소멸이라는 형태로 나타난다.

법률행위가 성립되기 위해서는 갖추어야 할 요건이 있다. 이를 법률행위의 성립요건이라고 한다. 법률행위의 성립요건은 일반적으로 구비해야 하는 일반성립요건과 개별적인 법률행위가 갖추어야 할 특별성립요건으로 나누어 볼 수 있다. 일반성립요건에는 당사자, 법률행위의 목적, 의사표시의 세 가지가 있고, 특별성립요건은 개별적인 법률행위의 성립에 필요한 요건으로서 법률의 규정에 의하여 정해져 있다.

성립요건을 갖추어 성립한 법률행위가 유효한 법률행위가 되기 위해서는 다시 일정한 요건을 구비해야 하는데, 이 때 필요한 요건을 법률행위의 유효요건, 혹은 효력요건이라 한다. 효력요건은 다시 일반효력요건과 특별효력요건으로 나누어 볼 수 있다.

일반효력요건이란 어떠한 법률행위도 이를 흠결하면 효력이 발생하지 아니하는 요건을 말하는데, 다음의 세 가지가 있다. 즉, 일반적으로 법률행위는 (1) 당사자가 능력이 있어야 할 것, (2) 법률행위의 목적이 적법하고, 가능하며, 사회적 타당성을 가지고 있어야 하며, 확정할 수 있어야 할 것, (3) 의사와 표시가 일치하며, 의사표시에 흠이 없어야 할 것의 세 가지 요건을 갖추어야 효력이 발생하게 된다.

특별효력요건은 개별적인 법률행위가 특별히 구비해야만 효력이 발생되는 요건을 말하는데, 예를 들면 조건의 성취, 기한의 도래, 대리권의 존재 등과 같은 요건이다.

Ⅰ. 반사회질서의 법률행위

선량한 풍속이나 사회질서에 위반하는 법률행위는 무효이다. 선량한 풍속이란 우리가 전통적으로 가지고 있는 최소한도의 도덕률을 말한다. 따라서 선량한 풍속은 나라마다 다를 수 있다. 사회질서란 일반국민이 지켜야 할 일반규범이다. 그러한 의미에서 선량한 풍속은 사회질서의 한 내용을 이루는 것이라 할 수 있다.

사례

저는 20대 말의 미혼 직장여성입니다. 직장생활을 하던 중 거래처 사장인 유부남 갑을 알게 되었고, 서로 은밀한 관계를 유지하기로 하면서, 갑은 저에게 아파트 한 채를 증여한다고 계약서까지 만들어 주었습니다. 아직 저의 명의로 등기를 하지 않아서 갑에게 등기해 줄 것을 요청하였으나, 갑은 자기를 못믿겠느냐 하면서 기다리라 합니다. 그 일이 있고 나서 저와 갑 사이의 관계가 멀어지기 시작하였습니다. 저가 갑으로부터 아파트의 소유권이전등기를 받을 방법은 없는지요?

해설

귀하와 갑과의 계약은 소위 첩계약으로서 사회질서에 반하는 행위이기 때문에 무효입니다(대판, 1960.9.29. 4293민상302). 이 말은 갑이 설사 귀하에게 아파트 한 채를 증여한다고 계약을 체결하였더라도, 이는 사회질서에 반하는 첩계약을 유지하기 위한 행위로서 법적 효력이 발생하지 않고, 따라서 귀하는 소유권이전등기를 청구할 수 없습니다.

그런데 사안을 바꾸어서 만약 이미 귀하의 명의로 아파트의 소유권이 이전된 경우에, 갑이 두 사람 사이의 증여계약이 무효라는 이유로 귀하로부터 아파트의 소유권반환을 청구할 수 있는지에 대하여 보겠습니다. 이때에는 불륜행위와 같은 사회적 타당성을 잃은 행위는 보호할 가치가 없고, 그 반사적 효과로서 이미 증여에 기해 소유권이 여성에게 이전되었다면, 그 불륜관계가 종료되었다 하더라도 귀하는 갑에게 아파트를 반환할 의무가 없습니다. 이를 소위 불법원인급여라고 합니다. 그리고 불륜행위가 여성의 유혹 때문이었다고 갑이 주장하더라도 아파트의 소유권을 갑이 반환받을 수는 없습니다.

또한 여기서 한 가지 주의할 점이 있습니다. 앞에서 본 바와 같이 귀하와 갑과의 불륜관계를 계속 유지하기로 하는 계약은 무효이지만, 만약 귀하가 갑의 아이를 출산한 경우라면 그 아이의 부양에 관한 특약은 유효하다는 점입니다. 그리고 부첩관계를 해소하면서 장래 생활대책을 마련해 준다는 뜻에서 일정한 금전을 지급하기로 약정한 것은 무효라고 할 수 없습니다(대판, 1980.6.24. 80다458).

참고조문

제103조(반사회질서의 법률행위) 선량한 풍속 기타 사회질서에 위반한 사항을 내용으로 하는 법률행위는 무효로 한다.

제746조(불법원인급여) 불법의 원인으로 인하여 재산을 급여하거나 노무를 제공한 때에는 그 이익의 반환을 청구하지 못한다. 그러나 그 불법의 원인이 수익자에게만 있는 때에는 그러하지 아니하다.

사례

저의 친한 친구 갑이 어느 날 저에게 어려운 사정을 이야기하면서 돈 1,000만원을 빌려 달라고 하기에 저는 평소의 우정을 생각하여 그렇게 하기로 하고, 다음 날 평소에 자주 가는 음식점에서 돈을 빌려주었습니다. 친구 사이라서 차용증서나 다른 문서를 받지는 않았습니다. 그런데 갑은 약속한 날에 돈을 갚지 않을 뿐만 아니라 차용증서가 없는 것을 기화로 아예 돈을 빌린 사실이 없다고 시치미를 떼고 있습니다. 할 수 없어서 저는 갑을 상대로 소송을 제기하였고, 그 소송에서 이기기 위하여 돈을 빌려주는 날 현장에 있던 음식점 주인인 을에게 돈을 빌려준 사실에 대하여 증언을 부탁하였습니다. 을은 처음에는 바쁘다는 등의 핑계로 거절하다가, 저가 만약 소송에서 승소하면 돈 100만원을 주겠다고 하니, 증인으로 소송에 나와서 사실대로 증언을 하였고, 저는 승소를 하였습니다. 따지고 보면 저가 갑에게 돈을 빌려주고 아직 못 받고 있다는 사실은 진실인데, 비록 약속을 하긴 하였지만 을에게 돈 100만원을 주려고 하니 억울하다는 생각이 듭니다. 법적으로 을은 저에게 돈 100만원을 청구할 권리가 있습니까?

해설

사례는 어떠한 사실을 알고 있는 사람으로 하여금 소송에서 증언해 주는 대가로 일정한 급부를 할 것을 약속한 경우입니다. 만약 그러한 증언이 법적으로 당연히 해야 할 증언이라면 증언을 대가로 무엇을 주기로 하는 약속은 일단 사회질서에 위반하는 행위라고 할 수 있으므로 무효입니다. 당연히 해야 할 일에 대해서는 대가를 지급하지 않아도 무방하기 때문입니다. 그리고 증인은 민사소송비용법에서 정하고 있는 일당과 여비를 받을 수 있고, 만약 증인이 증언을 위하여 법원에 출석함으로 말미암아 그에게 손해가 발생할 때에는 그 손해를 메워 주는 정도의 급부를 하는 것은 무방하겠으나, 이와 별도로 과도하게 무엇을 주기로 하는 법률행위는 무효입니다. 따라서 을은 돈을 청구할 권리가 없습니다.

참고로 같은 취지의 판례를 하나 소개합니다. 즉 "증인은 법률에 의하여 증언거부권이 인정되지 않는 한 진실을 진술할 의무가 있는 것이고, 이러한 당연한 의무의 이행을 조건으로 상당한 정도의 급부를 받기로 하는 약정은 증인에게 부당하게 이익을 부여하는 것이라고 할 것이고, 그러한 급부의 내용이 통상적으로 용인될 수 있는 수준(예컨대 증인에게 일당 및 여비가 지급되기는 하지만 증인이 증언을 위하여 법원에 출석함으로써 입게 되는 손해에는 미치지 못하는 경우 그러한 손해를 전보하여 주는 경우 정도)을 넘어서, 어느 당사자가 그 증언이 필요함을 기화로 증언하여 주는 대가로 용인될 수 있는 정도를 초과하는 급부를 제공받기로 한 약정은 반사회질서적인 금전적 대가가 결부된 경우로 그러한 약정은 민법 제103조 소정의 반사회질서행위에 해당하여 무효로 된다고 보아야 할 것이다(대판, 1994. 3.11. 93다40522)."

한편 형사재판에서 피고를 위해 참고인으로 출석하여 허위의 진술을 해주는 대가로 재산상 이득을 받기로 하는 계약도 역시 반사회질서행위에 해당하여 무효가 됩니다. 다음과 같은 판례가 있습니다. "수사기관에서 참고인으로 진술하면서 자신이 잘 알지 못하는 내용에 대하여 허위의 진술을 하는 경우에 그 허위진술 행위가 범죄행위를 구성하지 않는다고 하여도 이러한 행위 자체는 국가사회의 일반적인 도덕관념이나 국가사회의 공공질서이익에 반하는 행위라고 볼 것이니, 그 급부의 상당성 여부를 판단할 필요 없이 이 사건 각서에 기한 약정을 민법 제103조 소정의 반사회적 질서행위로 보아 무효라고 판단한 원심의 조치는 정당하다(대판, 2001.4.24. 2000다71999)."

Ⅱ. 개인의 자유를 심하게 제한하는 행위

개인의 정신적 · 신체적 자유를 현저하게 구속하는 행위는 사회적 타당성을 잃은 것으로서 무효이다. 인신매매는 그러한 이유에서 무효이다. 뿐만 아니라 개인이 경제적으로 활동할 수 있는 자유를 심하게 제한하는 행위도 역시 무효이다.

예컨대 평생동안 일정한 영업을 하지 못하도록 하는 행위는 무효이다. 그러나 적절한 한도내에서 영업을 제한하는 행위는 유효한 것으로 될 때도 있다. 즉, 적당한 기간 동안 특정한 종류의 영업을 하지 못하도록 하는 행위는 그것이 거래활동을 심하게 제한하는 것이 아니면 유효하다.

사례

저와 남편은 열렬한 연애 끝에 양가의 반대를 무릅쓰고 어렵게 혼인을 하였습니다. 결혼식이 있던 날 저희들은 어렵게 한 결혼이니 만큼 앞으로 어떠한 일이 있더라도 절대 이혼하지 않겠다는 각서를 서로 주고 받았습니다. 이후 저희들은 행복하였습니다만 언제부터인가 남편은 바람을 피우기 시작하였습니다. 남편의 소행에 엄청난 배신감을 느꼈고 더 이상 같이 살기 싫은데, 결혼식날 써준 각서 때문에 이혼을 망설이고 있습니다. 저는 남편과 이혼할 수 없습니까?

해설

우리 나라는 혼인의 자유와 함께 이혼의 자유도 인정하고 있습니다. 따라서 어떠한 일이 있더라도 이혼하지 않겠다는 약속은 이혼의 자유를 위반한 것으로서 무효입니다. 그러한 약속은 개인의 자유를 매우 심하게 제한하는 것으로서 사회질서에 어긋나는 약속이기 때문입니다.

이혼을 하기 위한 방법으로 민법은 협의상 이혼과 재판상 이혼의 두 가지 제도를 두고 있습니다. 전자는 부부가 협의에 의하여 이혼하는 방법이고, 후자는 일정한 사유가 있을 때 재판을 통하여 이혼을 할 수 있도록 하는 제도입니다. 민법은 당사자가 신중한 판단 없이 협의상 이혼을 하는 것을 우려해서 소위 이혼숙려기간제도를 두고 있습니다. 즉, 협의상 이혼을 하기 위해 가정법원에 이혼의사의 확인을 신청한 당사자는 원칙적으로 3개월 혹은 1개월의 기간(양육할 아이가 있거나 임신 중인 경우에는 3개월, 그 외의 경우에는 1개월)이 지난 뒤에 이혼의사의 확인을 받을 수 있도록 하고 있습니다. 이 기간 동안 이혼을 할 것인지 다시 한번 신중히 판단하라는 뜻입니다.

귀하는 남편과 협의하여 이혼을 시도해 보고, 만약 남편이 이에 응하지 아니하면 남편의 부정한 행위를 이유로 하여 재판상 이혼을 가정법원에 청구하면 됩니다. 남편의 부정한 행위로 재판상 이혼을 청구할 때에는 주의해야 할 점이 있습니다. 즉, 부정한 행위를 사전에 동의해 주었다든지, 사후에 용서해 주고 나서는 더 이상 이혼을 청구할 수 없습니다. 그리고 부정한 행위가 있었다는 사실을 안 날로부터 6개월이 경과한 때, 부정한 행위가 있은 날로부터 2년이 경과한 때에도 이제는 더 이상 이혼을 청구할 수 없게됨을 유의해야 합니다.

참고조문

제834조(협의상 이혼) 부부는 협의에 의하여 이혼할 수 있다.

제836조(이혼의 성립과 신고방식) ① 협의상 이혼은 가정법원의 확인을 받아 가족관계의 등록 등에 관한 법률의 정한 바에 의하여 신고함으로써 그 효력이 생긴다.

② 전항의 신고는 당사자 쌍방과 성년자인 증인 2인의 연서한 서면으로 하여야 한다.

제836조의2(이혼의 절차) ① 협의상 이혼을 하려는 자는 가정법원이 제공하는 이혼에 관한 안내를 받아야 하고, 가정법원은 필요한 경우 당사자에게 상담에 관하여 전문적인 지식과 경험을 갖춘 전문상담인의 상담을 받을 것을 권고할 수 있다.

② 가정법원에 이혼의사의 확인을 신청한 당사자는 제1항의 안내를 받은 날부터 다음 각 호의 기간이 지난 후에 이혼의사의 확인을 받을 수 있다.

1. 양육하여야 할 자(포태 중인 자를 포함한다. 이하 이 조에서 같다)가 있는 경우에는 3개월
2. 제1호에 해당하지 아니하는 경우에는 1개월

③ 가정법원은 폭력으로 인하여 당사자 일방에게 참을 수 없는 고통이 예상되는 등 이혼을 하여야 할 급박한 사정이 있는 경우에는 제2항의 기간을 단축 또는 면제할 수 있다.

제840조(재판상 이혼원인) 부부의 일방은 다음 각호의 사유가 있는 경우에는 가정법원에 이혼을 청구할 수 있다.

1. 배우자에 부정한 행위가 있었을 때
2. 배우자가 악의로 다른 일방을 유기한 때
3. 배우자 또는 그 직계존속으로부터 심히 부당한 대우를 받았을 때
4. 자기의 직계존속이 배우자로부터 심히 부당한 대우를 받았을 때
5. 배우자의 생사가 3년 이상 분명하지 아니한 때
6. 기타 혼인을 계속하기 어려운 중대한 사유가 있을 때

제841조(부정으로 인한 이혼청구권의 소멸) 전조제1호의 사유는 다른 일방이 사전동의나 사후 용서를 한 때 또는 이를 안 날로부터 6월, 그 사유있은 날로부터 2년을 경과한 때에는 이혼을 청구하지 못한다.

Ⅲ. 불공정한 법률행위

모든 법률행위는 공정하게 이루어져야 하는 것이 원칙이다. 불공정한 행위란 급부와 반대급부 사이에 현저하게 공정을 잃어서 어느 한 쪽이 부당하게 경제적 이익을 취득하는 행위를 말한다. 일명 폭리행위라고도 한다. 불공정한 법률행위는 무효이다.

사례

저는 초등학교를 나온 가정주부로서 건설회사의 현장에서 근무하는 남편과의 사이에 아들 하나를 두고 있습니다. 어느 날 남편이 건설현장에서 일을 하다가 안전시설의 미비로 인하여 사망하고 말았습니다. 남편회사의 전무가 이러한 사실이 세상에 알려지면 곤란하다고 하면서 자꾸 조르는 바람에, 사회생활의 경험이

없는 저는 장례비도 걱정이 되고 하여, 돈 1,000만원을 받고 "앞으로 이 문제에 관한 한 민형사상의 책임을 일체 묻지 아니한다."는 합의서를 써 주었습니다.

남편의 장례를 치르고 나서 나름대로 알아 보니 소송을 했더라면 1억원은 충분히 받을 수 있었다고 합니다. 이미 손해배상문제에 합의를 하였지만 1,000만원은 너무 적은 금액이라 생각되는데 좋은 방법이 없습니까?

해설

손해배상의 합의도 법률행위이고, 따라서 공정하게 이루어져야 유효하게 됩니다. 남편이 사망하고 장례비까지 걱정해야 하는 어려운 형편에서, 더구나 초등학교밖에 나오지 못하고 사회의 경험이 많지 아니한 귀하가 돈 1,000만원을 받고 한 합의는 누가 봐도 현저하게 공정하지 못한 일이라고 하겠습니다.

민법은 궁박한 상태의 경제적 약자를 보호하기 위하여 이와 같은 불공정한 법률행위는 무효로 하고 있습니다. 따라서 귀하는 합의와는 관계없이 1억원 중 이미 받은 금액을 공제한 금액 9,000만원을 지급하라고 회사측에 청구하여 받을 수 있습니다.

좀 더 상세하게 살펴보겠습니다. 무효인 불공정행위라고 하기 위해서는 객관적으로 보아 현저하게 불균형이 있어야 하고, 주관적으로 보아 불이익을 입는 당사자가 궁박이나 경솔 또는 무경험에 기인하여 법률행위를 하였을 것이 요건으로 구비되어야 합니다.

귀하가 한 합의는 먼저, 받을 수 있었던 금액의 10분의 1에 불과한 금액을 받았으므로 이는 객관적으로 현저한 불균형이 있는 것이고, 다음 주관적으로도 사회생활의 경험이 거의 없는 귀하가 한 합의는 궁박이나 무경험으로부터 비롯된 것이라고 할 수 있으므로 무효입니다. 같은 취지로 다음과 같은 판례가 있습니다. "농촌에서 농사만 짓고 처음 사고를 당하는 무경험자인 전기 공사중 사망한 인부의 유족의 대리인과 유족이 가장을 잃고 경제적·정신적으로 경황이 없는 궁박한 상태에서 사고 1주일 후에 손해배상을 받을 수 있는 액수도 모르고서 받을 수 있는 액수의 8분의 1밖에 되지 않는 합의금을 받기로 하고 가해자나 사용자에 대하여 민·형사상 책임을 더 묻지 아니하기로 하는 내용의 합의서를 작성하여 위의 사정을 잘 아는 가해자의 대리인에게 교부하여 주었다면, 동 합의는 유족과 유족대리인의 경솔, 무경험과 유족의 궁박한 상태 아래에서 이루어진 현저하게 공정을 잃은 법률행위로서 무효이다(대판, 1979.4.10. 78다2457)."

그러나 다음과 같은 경우도 참고하기 바랍니다. 대학을 졸업하였으나 똑똑하지 못하여 직장에서 몇 번 쫓겨나고 아직 결혼도 하지 못한 사람이 시가 약

4,000만원 정도 하는 부동산을 불과 500만원에 매도한 사건에 대하여 법원이 불공정한 행위로 인정하지 않은 경우가 있습니다. 즉 "매도인은 정규 4년제 대학교를 졸업한 사람으로서 매매계약체결 당시의 나이가 만 32세 6개월이나 되며 직장생활을 한 경험도 있고 이 사건 부동산매매계약을 전후한 토지담보 등 거래경험 및 소송을 수행한 사실과 인감에 관하여 4차례나 개인신고를 낸 사실 등이 인정되는 경우이면, 동인은 매매계약체결 당시 그 법률행위가 자기에게 미치게 될 이해득실을 충분히 가릴 수 있는 사리판단능력을 갖추고 있었고, 경솔·무경험의 상태에 있었다고 보기 어렵다(대판, 1983.4.26. 81다289)." 이러한 판례를 보면 단지 급부와 반대급부 사이의 현저한 차이만으로 불공정한 법률행위를 판단하는 것이 아니라, 문제가 되는 경우의 여러 가지 사정을 고려하여 판단한다는 것을 알 수 있습니다.

참고조문

제104조(불공정한 법률행위) 당사자의 궁박, 경솔 또는 무경험으로 인하여 현저하게 공정을 잃은 법률행위는 무효로 한다.

사례

저는 지방에서 조그만 건설회사를 설립하여 주로 소규모의 관급공사를 해 오고 있습니다. 작년 9월 초에 공사대금 10억원 상당의 관급공사를 발주 받아 차질 없이 공사를 해 오고 있던 중, 평소 저와 경쟁관계에 있던 갑이 저희 회사가 공사도급 한도액을 초과하여 이 공사를 수급하였으니 조치해 달라는 취지의 진정서를 행정기관에 제출하였습니다. 이 진정서에 따라 만약 행정기관이 공사를 중단시키면 저는 막대한 손해를 입을 것 같아서 갑에게 진정을 취하해 달라고 사정을 하였고, 그 해 9월 말경에 갑이 진정을 취하해 주는 대가로 공사대금을 지급받으면 돈 2,000만원을 주기로 약정을 하고, 이 날 갑이 진정을 취하했습니다. 공사는 예정대로 완공되어 공사대금도 모두 받았습니다만, 한편 생각해 보니 갑의 처사가 무리한 것 같아서 아직 갑에게 약속한 돈을 지급하지 않고 있습니다. 이에 갑은 계속해서 돈을 달라고 독촉을 하고 있는데, 저는 갑에게 돈을 지급해야 할 의무가 있습니까?

해설

갑은 귀하가 공사를 하지 못하게 될 수도 있다는 약점(이러한 약점도 궁박에 해당함)을 이용하여 행정기관에 대한 진정을 취하하는 조건으로 거액의 금전적 이득을 추구한 것으로서, 언뜻 보기엔 민법 제104조의 불공정한 법률행위로 보이기도 합니다. 하지만 민법 제104조가 규정하는 현저하게 공정을 잃은 법률행위란 자기의 급부에 비하여 현저하게 균형을 잃은 반대급부를 하게 하여 부당한 재산적 이익을 얻는 행위를 의미하는 것입니다. 그런데 위 사례는 귀하가 갑에게 일방적으로 금전을 지급하기로 한 증여계약의 일종입니다. 증여계약과 같이 아무런 대가관계 없이 당사자 일방이 상대방에게 일방적인 급부를 하는 법률행위는 그 공정성 여부를 논의할 수 있는 성질의 법률행위가 아닙니다. 즉, 민법 제104조의 불공정한 법률행위에는 해당되지 않습니다. 하지만 위의 경우는 민법 제103조의 반사회질서행위에 해당하여 역시 무효라고 할 것입니다. 같은 취지의 판례가 있습니다. 즉, 행정기관에 대한 진정을 이용하여 원고가 피고를 궁지에 빠뜨린 다음 이를 취하하는 것을 조건으로 거액의 급부를 제공받기로 한 약정은 반사회질서적 성질을 띠게 되는 경우에 해당한다(대판, 2000.2.11. 99다56833)고 합니다.

제6절 의사표시

제1장 권리와 법률행위

의사표시란 일정한 법률효과를 원하는 마음 속의 의사(이를 내심의 효과의사라고 함)를 외부에 나타내는 행위(이를 표시행위라고 함)를 말한다. 법률행위라고 하기 위해서는 이러한 의사표시가 불가결의 요건이다. 어떤 경우에는 하나의 의사표시로 법률행위가 성립되기도 하지만, 둘 이상의 의사표시가 있어야만 법률행위가 성립되는 경우도 있고, 경우에 따라서는 의사표시에 별도의 법률사실이 부가되어야 법률행위로 성립되는 수도 있다.

의사표시는 내심의 효과의사와 이를 밖으로 드러내는 표시행위가 일치하여야 완전한 것이 된다. 효과의사와 표시행위가 일치하지 아니하는 경우를 '의사와 표시의 불일치'라고 한다. 의사와 표시가 일치하지 아니할 경우 그 의사표시는 무효로 되거나 또는 취소할 수 있는 등의 효과가 발생한다.

그리고 의사표시를 할 때에는 당사자의 자유로운 상태가 보장되어야 하는데, 그렇지 못한 상태에서 하는 의사표시는 '흠있는 의사표시'라고 하여 취소할 수 있도록 하고 있다.

Ⅰ. 진의아닌 의사표시

표의자가 내심의 효과의사와 표시행위가 일치하지 아니한다는 것을 알면서 하는 의사표시를 진의아닌 의사표시라고 한다. 이러한 의사표시도 표시행위대로 효과가 발생하는 것이 원칙이다. 다만 상대방이 이러한 사실을 알았을 때는 무효로 한다.

사례

저는 모회사 경리과의 대리로서 입사한지 10년째 되었습니다. 업무수행 중 저의 과실로 인하여 회사에 약 100만원 가량의 손해를 입히는 사건이 있었습니다. 물론 손해액은 전액 회사에 배상을 하였습니다만, 평소 완벽함을 생활신조로 삼아 왔던 저에게는 매우 충격적인 일이었습니다.

저는 이 일로 도의적인 책임까지 져야 하고, 또 다른 동료들의 귀감이 되어야 한다고 생각하여 회사에 사표를 제출하였습니다. 사표를 제출할 때 저의 본심은 그 동안 회사에 이바지한 공로가 크기 때문에 사표수리는 되지 않으리라 굳게 믿었습니다. 그런데 사장은 "본인의 의사이니 하는 수 없다."고 하여 사표를 수리하고 말았습니다. 일이 이렇게 되리라고는 상상하지 못하였는데, 사장의 사표수리는 유효한 것입니까?

해설

의사표시는 마음 속의 의사(본심)와 그것을 밖으로 드러내는 표시가 일치하여야 비로소 당사자가 의욕한대로의 법률효과가 발생하는 법입니다. 이 말은 의사와 표시가 일치하지 아니할 때에는 정상적인 법률효과가 발생하지 아니한다는 뜻입니다. 본심과 다른 의사표시를 법률용어로는 진의아닌 의사표시 또는 비진의표시라고 하는데, 이것도 효력이 있는 경우가 있습니다. 그러나 의사표시를 하는 사람(이를 표의자라고 함)의 본심을 상대방이 알았거나 알 수 있었다고 한다면, 그러한 의사표시는 효력이 없습니다. 설령 귀하가 본심과는 달리 형식상으로 사표를 제출했다고 하더라도, 회사로서는 귀하의 본심을 알기 어려웠을 것이므로 사표의 수리는 유효하다고 하겠습니다.

이와 같이 사표를 제출하는 일은 제출자의 본심과 상관없이 수리되는 경우가 있으므로 신중을 기해야 할 일입니다.

참고조문

제107조(진의아닌 의사표시) ① 의사표시는 표의자가 진의아님을 알고 한 것이라도 그 효력이 있다. 그러나 상대방이 표의자의 진의아님을 알았거나 이를 알 수 있었을 경우에는 무효로 한다.
② 전항의 의사표시의 무효는 선의의 제3자에게 대항하지 못한다.

사례

저는 자동차회사의 경리부서에 근무하는 사람입니다. 기업의 구조조정을 위하여 인력을 재배치한다는 명목으로 회사에서는 전부서의 근무자들에 대하여 일괄하여 사직서를 제출하도록 지시하였고, 저도 할 수 없이 사직서를 제출하였습니다. 그런데 회사는 장기근속한 사람들을 대상으로 선별하여 사표를 수리하였고, 저도 그 중의 한 사람입니다. 물론 퇴직금은 받았습니다만 퇴직 후 생각해 보니 아무래도 회사의 조치를 이해할 수 없습니다. 법적으로 대응할 방법이 없겠습니까?

해설

먼저 귀하가 제출한 사직서는 본인이 사직을 원해서 제출한 것이 아니므로 민법상으로는 진의아닌 의사표시에 해당하느냐 하는 것이 문제로 됩니다. 즉, 인력의 재배치를 위하여 사직서를 제출하라는 회사의 지시가 있었고, 이에 따라 사직서를 제출했다면 이는 사직서를 제출한 사람의 진의와 다른 의사표시로 볼 수 있습니다. 그리고 사직서를 제출한 사람의 진의가 회사를 그만 둔다는 뜻이 아니라는 점은 회사로서도 충분히 알았거나 알 수 있었을 터이므로 그러한 사표제출은 진의아닌 의사표시로서 무효라고 할 수 있습니다. 따라서 무효인 사표제출에 근거하여 사표를 수리하였으므로 사표를 수리한 행위(즉 해고)도 또한 무효라고 할 수 있습니다. 이상은 민법상의 해석방법에 의한 결론입니다. 판례도 "사용자가 근로자로부터 사직서를 제출받고 이를 수리하는 의원면직의 형식을 취하여 근로계약관계를 종료시킨다고 할지라도, 사직의 의사가 없는 근로자로 하여금 어쩔 수 없이 사직서를 작성 제출하게 한 경우에는 실질적으로는 사용자의 일방적 의사에 의하여 근로계약관계를 종료시키는 것이어서 해고에 해당하고, 정당한 이유 없는 해고조치는 부당해고에 다름없는 것이다(대판, 1991.7.12. 90다11554)."라고 하여 같은 취지입니다. 그런데 사용자(회사)와 근로자 사이의 법률관계에 대해서는 근로기준법 등 노동법에서 별도로 정하고 있고, 사례와 같은 해고의 문제에 대해서는 노동법이 먼저 적용됩니다. 따라서 이 사례에 대하여 근로기준법상의 검토를 간단하게 덧붙여 둡니다.

근로기준법상으로는 사용자는 정당한 이유가 없이는 근로자를 해고할 수 없는 것이 원칙입니다. 그리고 정당한 이유가 있어서 해고할 때에도 법에서 정하고 있는 적법한 절차에 따라서 해야 합니다. 그런데 1997년부터 근로기준법을 개정하여서 사용자는 경영상의 이유가 있는 때에는 근로자를 해고할 수 있도록 하여 종래보다는 해고를 보다 쉽게 할 수 있게 되었습니다. 이러한 조치는 경제불황과 밀접한 관련이 있습니다. 위의 사례는 기업의 구조조정과 관련하여 해고를 한 경우로 보입니다만, 그렇다고 하더라도 적법한 절차에 따라 해야지 인력을 재배치한다는 명목으로 해고를 한 것은 일단은 부당해고에 해당하는 것으로 보입니다. 결론적으로 귀하는 다음과 같은 법적인 조치를 취할 수 있습니다. 먼저 노동위원회에 부당해고에 대한 구제신청을 할 수 있습니다. 그리고 법원에 해고무효확인의 소를 제기하여 부당한 조치를 바로 잡을 수도 있습니다. 뿐만 아니라 만약 회사가 고의나 과실로 이러한 부당해고조치를 한 것으로 인정되면 불법행위에 기한 손해배상 청구도 가능하다고 봅니다(대판, 1996.4.23. 95다6823).

참고조문

근로기준법

제23조(해고 등의 제한) ① 사용자는 근로자에게 정당한 이유 없이 해고, 휴직, 정직, 전직, 감봉, 그 밖의 징벌(이하 "부당해고등"이라 한다)을 하지 못한다.
② 사용자는 근로자가 업무상 부상 또는 질병의 요양을 위하여 휴업한 기간과 그 후 30일 동안 또는 산전·산후의 여성이 이 법에 따라 휴업한 기간과 그 후 30일 동안은 해고하지 못한다. 다만, 사용자가 제84조에 따라 일시보상을 하였을 경우 또는 사업을 계속할 수 없게 된 경우에는 그러하지 아니하다.

제24조(경영상 이유에 의한 해고의 제한) ① 사용자가 경영상 이유에 의하여 근로자를 해고하려면 긴박한 경영상의 필요가 있어야 한다. 이 경우 경영 악화를 방지하기 위한 사업의 양도·인수·합병은 긴박한 경영상의 필요가 있는 것으로 본다.
② 제1항의 경우에 사용자는 해고를 피하기 위한 노력을 다하여야 하며, 합리적이고 공정한 해고의 기준을 정하고 이에 따라 그 대상자를 선정하여야 한다. 이 경우 남녀의 성을 이유로

차별하여서는 아니 된다.
③ 사용자는 제2항에 따른 해고를 피하기 위한 방법과 해고의 기준 등에 관하여 그 사업 또는 사업장에 근로자의 과반수로 조직된 노동조합이 있는 경우에는 그 노동조합(근로자의 과반수로 조직된 노동조합이 없는 경우에는 근로자의 과반수를 대표하는 자를 말한다. 이하 "근로자대표"라 한다)에 해고를 하려는 날의 50일 전까지 통보하고 성실하게 협의하여야 한다.
④ 사용자는 제1항에 따라 대통령령으로 정하는 일정한 규모 이상의 인원을 해고하려면 대통령령으로 정하는 바에 따라 고용노동부장관에게 신고하여야 한다.
⑤ 사용자가 제1항부터 제3항까지의 규정에 따른 요건을 갖추어 근로자를 해고한 경우에는 제23조제1항에 따른 정당한 이유가 있는 해고를 한 것으로 본다.

제25조 (우선 재고용 등) ① 제24조에 따라 근로자를 해고한 사용자는 근로자를 해고한 날부터 3년 이내에 해고된 근로자가 해고 당시 담당하였던 업무와 같은 업무를 할 근로자를 채용하려고 할 경우 제24조에 따라 해고된 근로자가 원하면 그 근로자를 우선적으로 고용하여야 한다.
② 정부는 제24조에 따라 해고된 근로자에 대하여 생계안정, 재취업, 직업훈련 등 필요한 조치를 우선적으로 취하여야 한다.

제26조(해고의 예고) 사용자는 근로자를 해고(경영상 이유에 의한 해고를 포함한다)하려면 적어도 30일 전에 예고를 하여야 하고, 30일 전에 예고를 하지 아니하였을 때에는 30일분 이상의 통상임금을 지급하여야 한다. 다만, 다음 각 호의 어느 하나에 해당하는 경우에는 그러하지 아니하다.

1. 근로자가 계속 근로한 기간이 3개월 미만인 경우
2. 천재·사변, 그 밖의 부득이한 사유로 사업을 계속하는 것이 불가능한 경우
3. 근로자가 고의로 사업에 막대한 지장을 초래하거나 재산상 손해를 끼친 경우로서 고용노동부령으로 정하는 사유에 해당하는 경우

사례

저가 근무하는 회사는 경영난을 이유로 '구조조정비상대책위원회'를 가동하여 인력구조조정의 일환으로 순환명령휴직제도와 명예퇴직제도를 실시하기로 결정하면서, 순환명령휴직 대상자를 선정하기 위한 기준을 정했습니다. 저는 이 기준에 해당하여 내부적으로 순환명령휴직 대상자로 선정되었습니다. 하지만 순환명령휴직 대상자가 모두 복직되기는 어려울 것이라는 소문도 있고 해서, 저는 아예 명예퇴직을 신청하기로 하고 사직원을 회사에 제출했고 사직원은 수리가 되었습니다. 물론 저가 진정으로 명예퇴직을 바란 것은 아니었고, 당시의 상황으로는 명예퇴직을 하는 것이 최선이라고 판단하여 그렇게 한 것입니다. 하지만 인력구조조정이 있은 지 얼마 되지 않아서 회사는 경영이 정상화되었고, 순환명령휴직을 한 사람들은 모두 복직이 되었습니다. 본심과 다르게 명예퇴직을 신청한 저로서는 지금 명예퇴직신청을 철회하고 회사에 복직하고 싶은데 가능한지요?

해설

진의아닌 의사표시에 있어서의 '진의'란 특정한 내용의 의사표시를 하고자 하는 표의자의 생각을 말하는 것이지, 표의자가 진정으로 마음 속에서 바라는 사항을 뜻하는 것은 아닙니다. 따라서 표의자가 의사표시의 내용을 진정으로 바라지는 않았고, 당시의 상황에서는 그것이 최선이라고 판단하여 의사표시를 했더라도, 이를 내심의 효과의사가 결여된 진의아닌 의사표시라고 할 수 없습니다.

귀하가 진정으로 원해서 사직원을 제출한 것이 아니라 당시로서는 어쩔 수 없어서 그렇게 한 것이라 하더라도, 사직원을 제출한 의사표시는 민법 제107조 본문에 해당하여 제대로 효력이 생기는 것입니다. 그리고 사직원을 수리한 회사의 조치는 명예퇴직신청이라는 청약의 의사표시에 대한 승낙이라는 의사표시로서, 귀하와 회사는 근로관계를 종료시키는 유효한 합의를 한 것입니다. 따라서 지금 상태에서 이미 제출한 사직원을 철회하고 복직을 할 수는 없습니다.

Ⅱ. 통정허위표시

상대방과 짜고(통모하여) 하는 의사표시를 통정허위표시라고 한다. 즉, 표의자가 진의아니라는 것을 알면서 의사표시를 하는데 대하여 상대방과 합의가 있는 경우이다. 이러한 의사표시는 무효이다.

사례

저는 갑에게 돈 1,000만원을 1년간 빌려 주고 이러한 내용을 공증인 사무소에 가서 공정증서로 만들어 두었습니다. 약속한 변제기일에 갑이 돈을 갚지 않아서 갑의 유일한 재산인 그가 살고 있는 아파트에 대하여 강제집행을 하고자 합니다.

그런데 변제기일 10일 전에 갑은 그 아파트를 그의 친구인 을에게 매도하고 말았습니다. 알고 보니 그 매매는 형식만 매매이지 사실은 갑이 채무를 면탈할 목적으로 을과 통모하여 이루어진 것이었습니다. 저가 돈을 받을 방법은 없습니까?

해설

갑과 을 사이의 매매라는 법률행위는 소위 가장매매이고, 이것은 통정허위표시로서 무효입니다. 통정허위표시란 상대방과 짜고 하는 법률행위를 말하는데, 이러한 법률행위를 유효라고 하면 귀하와 같은 진정한 권리자의 권리가 침해될 우려가 있기 때문에 민법은 이를 무효라고 규정하고 있습니다. 따라서 귀하는 통정허위표시를 이유로 하여 을에게 소유권이전등기를 말소하도록 청구하여 그 아파트에 대한 소유권을 갑명의로 돌린 다음, 이에 대하여 강제집행을 청구할 수 있습니다.

위와 같은 방법 외에 귀하는 갑의 아파트에 대한 매매를 취소하고 원상으로 회복할 것을 법원에 청구하여, 갑의 명의로 회복시킨 후 이에 대하여 강제집행을 할 수도 있습니다. 이러한 방법을 채권자취소권제도라고 합니다. 한편 이 경우 갑의 행위는 형법상의 강제집행면탈죄를 구성하므로(형법 제327조), 갑을 형사고소할 수도 있습니다.

참고조문

제108조(통정한 허위의 의사표시) ① 상대방과 통정한 허위의 의사표시는 무효로 한다.
② 전항의 의사표시의 무효는 선의의 제3자에게 대항하지 못한다.

제406조(채권자취소권) ① 채무자가 채권자를 해함을 알고 재산권을 목적으로 한 법률행위를 한 때에는 채권자는 그 취소 및 원상회복을 법원에 청구할 수 있다. 그러나 그 행위로 인하여 이익을 받은 자나 전득한 자가 그 행위 또는 전득 당시에 채권자를 해함을 알지 못한 경우에는 그러하지 아니하다.
② 전항의 소는 채권자가 취소원인을 안 날로부터 1년, 법률행위있은 날로부터 5년내에 제기하여야 한다.

Ⅲ. 착오에 의한 의사표시

착오란 내심의 효과의사와 표시행위 사이의 불일치가 표의자 자신의 착각으로 생긴 경우이다. 법률행위의 중요한 내용에 관하여 표의자가 착오로 말미암아 의사표시를 한 경우, 이러한 의사표시는 취소할 수 있다.

사례

저는 시가 1억원 상당의 갑의 토지를 이 부근에 관공서가 들어 선다는 갑의 말을 믿고 1억5천만원에 샀습니다. 그러나 관공서의 신축계획은 변경되어 이제 그 토지를 1억원에 팔려고 하여도 살 사람이 나타나지 않습니다. 갑의 말을 일방적으로 믿은 저가 어리석기는 합니다만 갑과의 계약을 취소할 수는 없을까요?

해설

이 사례는 귀하가 갑의 토지를 고가로 매수한 의사표시에 동기의 착오가 있는 경우입니다. 즉, 귀하가 비싼 값에 토지를 사게 된 동기는, 인근지역에 관공서가 들어 서면 단기간에 토지의 가격이 오를 것이라고 착오를 하였기 때문입니다.

민법은 법률행위의 내용의 '중요부분'에 착오가 있으면 취소할 수 있도록 규정하고 있습니다. 그런데 법률행위의 중요부분의 착오라고 하기 위해서는 두 가지 요건이 구비되어야 합니다. 첫째로, 주관적인 측면에서 표의자가 그러한 착오가 없었더라면 그 의사표시를 하지 않았으리라고 인정될 만큼 중요한 것이어야 하고, 둘째로, 객관적인 측면에서 보통 사람들도 표의자의 입장이었다면 그러한 의사표시를 하지 않았으리라고 생각될 정도로 중요한 것이어야 합니다.

귀하의 경우 법률행위의 중요부분에 관하여 착오가 있었으므로 갑과의 계약을 일응 취소할 수 있겠습니다만, 만약에 그러한 착오가 귀하의 중대한 과실에 의하여 야기된 경우에는 취소할 수 없습니다. 여기에서 중대한 과실이라 함은 표의자의 직업이나 지식의 정도, 경험의 유무, 행위의 종류나 목적 등에 비추어 보아서 보통 기울여야 하는 주의를 현저하게 게을리한 경우를 말하는 개념입니다.

참고로 법률실무에서는 착오에 의한 의사표시라고 하여 취소를 인정하는 예가 그렇게 많지 않다는 점을 알려드립니다. 이것은 계약 당사자보다도 거래의 동적인 안전을 더욱 보호해야 한다는 요청 때문입니다.

따라서 귀하의 경우에도 위에서 말한 요건을 모두 구비한 경우에는 계약을 취소할 수 있지만, 그러한 요건을 구비하는 일이 실무적으로 매우 어려우리라는 점을 지적해 두지 않을 수 없습니다.

참고조문

제109조(착오로 인한 의사표시) ① 의사표시는 법률행위의 내용의 중요부분에 착오가 있는 때에는 취소할 수 있다. 그러나 그 착오가 표의자의 중대한 과실로 인한 때에는 취소하지 못한다.
② 전항의 의사표시의 취소는 선의의 제3자에게 대항하지 못한다.

사례

저는 평소 골동품 수집을 취미로 하고 있으며 특히 도자기에 관하여는 거의 전문가 수준의 식견을 가지고 있는 것으로 평을 듣고 있습니다. 작년에 역시 골동품에 대한 전문가인 갑으로부터 고려청자로 보이는 도자기 한 점을 4,000만원에 구입하였습니다. 평소에 갑과는 도자기뿐만 아니라 골동품 전반에 대하여 서로 많은 이야기를 나누어 오고 있던 터라, 저의 도자기에 관한 경험과 식견에 기초하여, 그리고 전문가 수준에 있는 갑의 권유에 의하여 거래를 한 것입니다. 고려청자와 같은 골동품에 대해서는 소문이 나면 실제로 구매하기가 어려운 것이 이 분야의 특성이기 때문에 다른 전문가에게는 감정을 의뢰하지 않은 채 단 둘이서만 비밀스럽게 거래를 하였습니다. 그런데 그 후 진품으로 믿었던 도자기가 가짜라는 사실이 밝혀졌습니다. 거래를 할 때 좀 더 신중하지 못한 점이 후회가 되긴 합니다만 지금 와서 그 거래를 취소할 수는 없습니까?

해설

이 사안도 착오로 법률행위를 한 경우입니다. 문제는 법률행위를 한 동기에 착오가 있는 경우에도 법률행위의 착오로 보아서 그 법률행위를 취소할 수 있느냐 하는 것입니다. 사례에서는 도자기가 진품이 아닌데도 불구하고 이를 진품인 줄로 착오를 하였기 때문에 구입을 한 것이므로, 구입이라는 법률행위를 하게 된 동기에 착오가 있는 것입니다. 법률행위의 동기에 착오가 있는 경우, 그 착오가 역시 법률행위의 중요부분에 관한 착오라고 한다면 취소할 수 있다고 봅니다. 이 사례의 경우처럼 만약 그 도자기가 진품이 아니라는 것을 알았다고 한다면 그러한 거래를 하지 않았을 것이므로 역시 법률행위 내용의 중요부분에 착오가 있었다고 볼 수 있습니다. 다만 구매자가 전문가에게 감정을 의뢰하지 않은 잘못이 민법 제109조제1항 단서에서 말하는 중대한 과실에 해당하여 취소할 수 없는 것인지에 대해서는 별도로 고려를 해야 합니다. 참고로 판례는 "고려청자로 알고 매수한 도자기가 진품이 아닌 것으로 밝혀진 경우, 매수인이 도자기를 매수하면서 자신의 골동품 식별 능력과 매매를 소개한 자를 과신한 나머지 고려청자 진품이라고 믿고 소장자를 만나 그 출처를 물어 보지 아니하고 전문적 감정인의 감정을 거치지 아니한 채 그 도자기를 고가로 매수하고 만일 고려청자가 아닐 경우를 대비하여 필요한 조치를 강구하지 아니한 잘못이 있다고 하더라도, 그와 같은 사정만으로는 매수인이 매매계약을 체결할 때 요구되는 통상의 주의의무를 현저하게 결여하였다고 보기는 어렵다는 이유로 착오를 이유로 매매계약을 취소할 수 있다(대판 1997.8.22. 96다26657)."고 합니다.

Ⅳ. 흠있는 의사표시

의사표시는 표의자가 자유로운 상태에서 해야 제대로 효과를 가지게 된다. 흠(하자)있는 의사표시란 표의자가 타인의 위법한 방해를 받아서 자유롭지 못한 상태에서 한 의사표시를 말한다. 사기에 의한 의사표시와 강박에 의한 의사표시는 흠있는 의사표시로서 취소할 수 있다.

사례

저는 시내에서 음식점 영업을 하면서 돈을 많이 벌어 곳곳에 부동산도 제법 가지고 있는 사람입니다. 하루는 소문난 불량배인 갑이 찾아 와서 "당신은 장사도 잘 되고 하니 가지고 있는 아파트 중에서 한채를 을에게 싼 값에 파시오. 그렇지 않으면 장사를 못하게 조치하겠소."하고 협박을 하였습니다. 하는 수 없이 저는 시가 3억원 가량의 아파트 한채를 을에게 1억원에 매도하고 이전등기까지 끝났습니다. 나중에 알아 보니 갑은 폭력행위로 10년 징역형을 선고받아 지금 교도소에서 복역 중이라고 합니다. 갑의 협박은 앞으로 없을 것 같은데 을과의 매매계약을 취소할 수는 없습니까?

해설

사기나 강박에 의한 의사표시는 취소할 수 있습니다. 이 사례는 강박에 의한 의사표시가 문제로 된 경우입니다. 강박에 의한 의사표시란 표의자가 상대방 또는 제3자의 강박행위에 의하여 공포심을 가지게 되어 마음에도 없이 행한 의사표시를 말하며, 이는 취소할 수 있습니다. 그런데 제3자가 강박을 한 경우는 상대방(이 사례에서는 을)이 그 사실을 알았거나 알 수 있었을 경우에 한하여 그 의사표시를 취소할 수 있습니다. 강박이 있었던 사실을 모르고 법률행위를 한 상대방을 보호하기 위한 배려에서, 그리고 그렇게 함으로써 거래의 동적인 안전이 보호되기 때문에 마련된 조치입니다.

따라서 귀하의 경우 갑이 귀하에게 협박을 가하여 을과 매매계약을 체결하였다는 사실을 을이 알았거나 알 수 있었을 경우는 그 계약을 취소할 수 있습니다만, 을이 과실없이 그러한 사실을 몰랐을 경우에는 계약을 취소할 수 없습니다.

참고조문

제110조(사기, 강박에 의한 의사표시) ① 사기나 강박에 의한 의사표시는 취소할 수 있다.
② 상대방 있는 의사표시에 관하여 제3자가 사기나 강박을 행한 경우에는 상대방이 그 사실을 알았거나 알 수 있었을 경우에 한하여 그 의사표시를 취소할 수 있다.
③ 전2항의 의사표시의 취소는 선의의 제3자에게 대항할 수 없다.

제7절 대리제도

일반적으로 법률행위는 본인이 행하고 그 효과도 본인에게 귀속되는 것이 원칙이다. 그렇다고 하여 법률행위를 반드시 본인이 직접 해야 하는 것은 아니다. 즉, 다른 사람을 시키거나 부탁해서 일정한 법률효과를 도모하는 경우도 있다. 이와 같이 '어떤 사람'이 '누구'를 위하여 일정한 법률행위를 하고, 그 법률행위의 효과는 '누구'에게 귀속시키는 제도를 대리제도라 한다. 이 때 '어떤 사람'을 대리인이라 하고, '누구'를 본인이라 한다. 환언하면 대리제도라고 하는 것은 대리인이 본인의 이름으로 법률행위를 하거나 의사표시를 수령하되, 그 효과는 본인에게 귀속시키는 제도를 말한다. 원래 법률효과는 표의자에게 귀속되는 것이 원칙이지만, 대리의 경우는 표의자인 대리인에게 법률행위의 효과가 귀속되는 것이 아니라, 본인에게 그 효과가 귀속된다는 점에 특징이 있다.

이미 살펴본 바와 같이 사적 자치의 원칙이 인정되는 이상 각 개인은 스스로 한 법률행위의 효과를 받는 것이 원칙이다. 그러나 현대와 같은 고도의 자본주의 경제구조 아래에서는 모든 법률행위를 각 개인이 스스로 한다는 것은 오히려 불가능한 일이다. 그리고 의사무능력자나 제한능력자는 원칙적으로 단독으로 법률행위를 할 수 없으므로, 그들에게 법률효과를 귀속시켜 주기 위한 방편으로 누군가의 법률행위를 매개로 할 필요가 있게 된다. 이와 같이 오늘날 사적 자치의 확장이나 보충을 위해서도 대리제도가 요청되고 있다.

대리제도가 이와 같이 현대사회에서 대단히 유익한 제도임에는 틀림없지만,

이 제도가 있음으로 인하여 바람직스럽지 못한 결과가 발생하기도 한다. 예컨대 대리권이 없음에도 불구하고 적법한 대리인인 양 법률행위를 한 경우, 본인이나 상대방은 예측하지 못한 손해를 입을 우려가 있다. 이러한 경우를 예상하여 민법은 별도의 조치를 두고 있다. 무권대리에 관한 규정들이 바로 그것이다.

무권대리란 대리권 없이 하는 대리를 말한다. 무권대리가 있더라도 본인에게는 대리의 효과가 귀속되지 않는 것이 원칙이다. 그러나 본인이 그러한 대리에 대하여 효과를 스스로 받겠다고 하면 대리의 효과를 본인에게 귀속시킬 수 있다. 그런데 무권대리가 있더라도 그 효과는 원칙적으로 본인에게 귀속되지 아니하므로, 대리인과 거래한 상대방으로서는 예상하지 못한 손해를 입게 될 염려가 있다. 즉, 상대방으로서는 대리인에게 적법한 대리권이 있는 줄 믿고 거래를 하였는데, 뒤에 가서 대리인의 대리권이 없어서 원래의 효과를 도모할 수 없게 된다면, 이는 대리인과 거래한 상대방을 부당하게 취급하는 결과가 될 것이다. 대리제도가 본인에게는 유용하고 편리한 제도이겠지만, 반면에 무권대리의 경우에는 상대방에게 대단히 위험한 결과가 된다는 것은 모순이라고 할 것이다. 민법은 이러한 모순을 해결하기 위하여 표현대리와 무권대리의 추인제도를 두고 있다.

Ⅰ. 대리인의 선임

대리인은 어떠한 경로로 선임되었느냐에 따라 법정대리인과 임의대리인으로 나누어진다. 전자는 법률규정에 의하여 선임된 대리인을 말하고, 후자는 본인이 누구를 대리인으로 삼겠다는 소위 수권행위에 의하여 선임된 대리인을 말한다.

사례

저가 소유하고 있는 시가 3억원 상당의 집을 팔고자 하나 부동산경기의 침체로 매매가 잘 되지 않고 있습니다. 그래서 저는 부동산중개업을 하는 갑에게 2억5천만원만 주면 그 이상을 받더라도 나머지는 갑이 가져도 좋다는 내용의 확인서와 이 집의 매매에 관한 위임장을 갑에게 써주었습니다. 나중에 알고 보니 갑은 이 집을 3억5천만원을 받고 을에게 파는 계약을 저의 대리인으로서 체결하였습니다. 저가 갑에게 집을 팔아 달라고 부탁하긴 하였지만 크게 손해를 본 것같아 억울한데, 갑과 을이 체결한 계약을 취소시킬 방법이 없습니까?

해설

임의대리인을 선임하는데 있어서 대리인으로 될 사람의 의사는 묻지 아니합니다. 즉, 임의대리인이 대리인이 되기 싫어도 본인이 대리인으로 선임하면 대리인이 되는 것입니다. 그리고 대리인을 선임하는 행위를 수권행위라고 하는데, 이에는 특별한 방식을 요하지 않습니다. 그러나 실제로는 인감도장과 위임장을 교부하는 방식으로 대리권을 수여하는 것이 일반적인 관행이라고 할 수 있습니다.

귀하의 경우 집의 매매에 관하여 갑을 적법한 대리인으로 선임하였으며, 갑이 을과 맺은 매매계약도 적법한 것이므로 그 계약을 달리 취소시킬 방법은 없습니다.

참고조문

제114조(대리행위의 효력) ① 대리인이 그 권한 내에서 본인을 위한 것임을 표시한 의사표시는 직접 본인에게 대하여 효력이 생긴다.

② 전항의 규정은 대리인에게 대한 제3자의 의사표시에 준용한다.

Ⅱ. 월권대리

대리인이 무권대리행위를 한 경우에 본인에게도 책임을 지울 만한 사정이 있었다고 한다면(예컨대 상대방이 대리인에게 적법한 대리권이 있다고 믿을 만한 정당한 사유가 있었을 때) 본인에게 책임을 지우도록 하고 있다. 이러한 제도를 표현대리 제도라고 한다. 표현대리에는 대리권수여의 표시에 의한 표현대리, 월권대리, 대리권소멸 후의 표현대리 등이 있다.

월권대리란 대리인이 대리권의 범위를 넘어서 법률행위를 한 경우를 말한다. 이 때 제3자가 그러한 행위에 대하여도 대리인이 대리권을 가지고 있다고 믿을 만한 정당한 사유가 있으면, 본인은 월권대리에 대하여 책임을 부담하도록 하고 있다.

사례

사업을 하는 저는 은행의 융자를 받고자 하였으나 여러 가지 사정으로 그 뜻을 이루지 못하던 중, 갑에게 저의 집을 담보로 하여 사채를 얻어 달라고 부탁하였습니다. 그런데 갑은 위임장, 등기문서 등을 이용하여 이 집을 사채업자인 을에게 팔아 버렸고, 을 명의로 등기까지 마쳤습니다. 이 집을 도로 찾을 수는 없습니까?

해설

이 사례는 귀하가 갑에게 집을 담보로 하여 사채를 얻어 달라고 대리권을 수여하였는데, 대리인인 갑이 수여된 대리권의 범위를 넘어서 아예 집을 처분한 것이 문제로 된 경우입니다. 민법은 상대방(이 사례에서는 을)의 입장에서 보아 대리인이 그러한 대리행위를 할 권한이 있다고 믿을 만한 정당한 사유가 있는 때에는 본인(이 사례에서 귀하)이 그러한 대리행위에 대하여 책임을 지도록 하고 있습니다.

이 사례의 경우와 같이 대리인이 본인의 위임장과 이전등기에 필요한 서류를 지참하고 있었다고 한다면, 그 대리인이 집을 처분하는 행위에 대하여 적법한 대리권이 있다고 믿는 것은 어쩌면 당연한 일이라고 하겠습니다.

이와 같은 경우를 '권한을 넘은 표현대리' 혹은 월권대리라고 하는데, 귀하가 갑을 상대로 손해배상을 청구하는 것은 별도의 문제이겠으나, 집을 다시 찾을 방법은 없습니다.

위에서 보았듯이 대리인을 선임할 때는 신중을 기해야 하고, 부동산의 처분에 필요한 서류 등을 교부할 때는 특히 주의를 기울여야 합니다.

참고조문

제126조(권한을 넘은 표현대리) 대리인이 그 권한 외의 법률행위를 한 경우에 제3자가 그 권한이 있다고 믿을 만한 정당한 이유가 있는 때에는 본인은 그 행위에 대하여 책임이 있다.

사례

저의 처는 친정 오빠가 자동차를 할부로 구입할 때, 처남의 자동차할부대금에 대하여 저의 이름으로 보증을 섰고, 이런 사실을 저는 몰랐습니다. 평소 저가 인감도장을 집에다 두고 다니는 것을 알고 있던 처가 동사무소에 가서 인감증명서를 저의 대리인자격으로 발급받고, 이를 보증에 이용하였던 것입니다. 처남이 할부대금을 제대로 갚지 못하자 캐피탈회사에서 저에게 대금을 납부하라고 독촉을 하고 있는데, 저에게 대금을 갚아야 할 의무가 있는지요?

해설

부부 사이에는 일상적인 가사에 대하여 서로 대리권이 있습니다. 이를 부부의 일상가사대리권이라 합니다. 부부는 일상적인 일에 대해서만큼은 매번 대리권을 주지 않더라도 언제나 서로 적법한 대리권을 인정하는 것이 합리적이기 때문에 우리 민법이 두고 있는 제도입니다. 그런데 부부 중의 한 사람이 다른 사람의 보증을 서는 일은, 법적으로 보면 아무런 반대급부 없이 오직 일방적으로 불이익만을 입는 것으로서, 일상적인 가사의 범위에 포함시킬 수 없다고 봅니다. 그렇다면 남편이 보증의 책임을 지기 위해서는 아내에게 보증을 서도록 별도의 대리권을 주어야 할 터인데, 아내가 남편의 허락도 없이 인감도장을 도용하여 마치 남편의 대리인으로 행세를 하여 인감증명서를 발급받고 이를 보증에 이용한 행위는 분명히 권한을 넘은 대리권의 행사라고 할 수 있습니다. 그런데 아내가 남편의 인감도장과 대리발급받은 인감증명서를 보증을 위하여 제출한 경우에 캐피탈회사로서는 아내에게 대리권이 있다고 믿을 만한 정당한 사유가 있다고 할 수 있느냐 하는 것이 또한 문제로 됩니다. 즉, 회사측으로서는 대리권이 있다고 믿을 만한 정당한 사유가 있었다고 주장하겠지만, 그러한 주장은 법적으로 수용하기 어렵다고 하겠습니다. 왜냐하면 아내가 남편 명의로 보증을 서는 일은 대체로 일상가사의 범위 안에 있는 일이라고 보기 어렵기 때문입니다. 그리고 캐피탈회사는 금융을 전문으로 하는 회사이니 만큼, 적법한 대리권이 있는지에 관해서 일반인의 경우보다 더 주의를 기울여야 할 것입니다. 즉, 회사로서는 남편의 대리인으로서 보증을 서겠다는 아내의 태도만 그대로 믿을 것이 아니라, 실제로 남편이 아내에게 대리권을 수여한 일이 있는지 면밀하게 확인해 보아야 할 것입니다. 그러한 확인 작업을 소홀히 한 이상 '대리권이 있다고 믿을 만한 정당한 이유가 있다'고 하기 어렵습니다. 따라서 회사가 남편에게 아내의 보증행위의 책임을 물을 수는 없으며, 결과적으로 남편은 아무런 책임을 지지 않아도 무방하다고 판단됩니다. 참고로 이와 같은 결론을 지지하는 판례도 있음을 알려 드립니다(대판 1998.7.10. 98다18988 참조).

참고조문

제827조(부부간의 가사대리권) ① 부부는 일상의 가사에 관하여 서로 대리권이 있다.

사례

저는 남편과 함께 남편 명의로 된 금은방을 공동으로 경영하고 있지만, 말이 공동경영이지 실제로는 제가 거의 모든 일을 처리하고 있습니다. 남편은 원래 내성적인 사람이라 가게에 물건을 들이거나 시계를 고치는 등의 일을 할 뿐, 금은방의 운영에 필요한 자금을 마련하는 등의 일은 대인관계가 원만한 저가 맡아서 해 오고 있었습니다. 그러던 중 가게 운영에 자금이 필요하여 저는 갑으로부터 돈 5,000만원을 빌리면서 채무자 명의는 남편으로 해두었습니다. 도장도 평소 가게의 서랍에 보관되어 왔던 남편의 인감도장을 사용했습니다. 물론 남편은 이 일을 모르고 있었습니다. 이후 자금사정이 어려워 저가 돈을 갚지 못하자 갑은 남편에게 돈을 갚으라고 합니다. 남편이 돈을 갚아야 할 의무가 있습니까?

해설

앞의 사례에서 보았듯이 부부는 서로 일상가사대리권을 가지고 있습니다. 그런데 이 사례에서 금은방을 경영하는 일은 일단 일상적인 가사라 보기 어렵습니다. 그리고 귀하가 갑으로부터 빌린 돈이 5,000만원이라고 하면, 이는 보통의 가정경제에 비추어 보아 거금으로서, 귀하가 남편의 일상가사대리인으로서 돈을 빌렸다고 보기 곤란합니다. 하지만 평소 가게의 실제적인 운영을 귀하가 맡고 있었고, 돈을 남편 명의로 빌리긴 했지만, 남편의 인감도장을 가게의 서랍에 보관하면서 남편의 허락을 받지 않고 임의로 사용해 왔다면 결론이 달라집니다. 즉, 비록 가게가 남편의 명의로 되어 있을지라도 경영은 실제로 귀하가 해 왔으며, 다른 경우에도 귀하가 남편의 인감도장을 임의로 사용해 왔다면, 남편은 귀하에게 가게 경영에 관하여 포괄적으로 위임을 하고 있었다고 볼 수 있습니다. 말을 바꾸면 귀하가 갑으로부터 돈을 빌리는 거래에 관해서, 남편은 귀하에게 대리권을 수여했다고 볼 여지가 있습니다. 그렇다면 갑으로부터 돈을 빌리는 일을 설사 남편이 모르고 있었다고 하더라도 귀하는 남편의 대리인으로서 갑과 거래를 한 것이고, 따라서 남편은 갑의 채무자로서 돈을 갚아야 할 의무가 있는 것입니다. 이와 비슷한 사례에서 판례(대판, 2003. 1.24. 2002다64377)도 같은 취지로 판단하고 있습니다.

참고조문

제832조(가사로 인한 채무의 연대책임) 부부의 일방이 일상의 가사에 관하여 제3자와 법률행위를 한 때에는 다른 일방은 이로 인한 채무에 대하여 연대책임이 있다. 그러나 이미 제3자에 대하여 다른 일방의 책임없음을 명시한 때에는 그러하지 아니하다.

Ⅲ. 대리권소멸 후의 표현대리

대리인이 이전에는 대리권을 가지고 있었으나, 대리행위를 할 때에는 그 대리권이 소멸하였음에도 불구하고 대리행위를 한 경우를 대리권소멸 후의 표현대리라 한다. 이때 상대방이 대리인에게 아직 대리권이 있다고 믿었고, 그렇게 믿은 데 대하여 과실이 없었다면, 본인이 일정한 책임을 부담하도록 하여 상대방을 보호하는 제도이다.

사례

저의 아버지는 소유하고 있던 임야를 팔고자 하나 워낙 덩치가 커서 팔지 못하고 있던 중, 이 임야를 갑에게 처분해 달라고 위임장을 써 주시고 소유권이전에 필요한 서류 등 일체를 교부하였습니다. 그러나 갑도 역시 처분을 못하고 있던 중에 아버지는 돌아가셨습니다. 이후 갑은 부동산전문업자인 을에게 다시 이 임야의 처분을 위임하였고, 을은 이 임야를 병에게 시가보다 훨씬 싼 값에 처분을 하고 이전등기까지 마쳤습니다. 아버지가 돌아가셨으면 이제 갑은 아버지의 대리인 자격을 상실하고, 따라서 을 역시 대리권을 가질 수 없을 것이므로, 병이 임야의 소유권을 취득할 수 없다고 생각되는데, 저는 병으로부터 임야의 소유권을 돌려 받을 수 없습니까?

해설

질문에 따르면 갑은 귀하의 아버지로부터 대리권을 수여받은 적법한 임의대리인으로 보입니다. 임의대리인은 일정한 경우에 다시 대리인을 선임할 수 있는데, 그러한 대리인을 복대리인이라 합니다. 복대리인은 대리인의 대리인이 아니라 본인의 대리인이 됩니다. 한편, 대리권은 본인이 사망하거나 대리인이 사망하는 등 일정한 사유가 있으면 소멸합니다. 대리권이 소멸하면 그 대리권에 기초하여 선임된 복대리인의 대리권도 역시 소멸하고 맙니다. 그런데 대리권이 소멸하고 난 뒤에도 그러한 대리권의 소멸을 알지 못한 자에 대해서는 대리권의 소멸을 가지고 대항할 수 없게 되어 있습니다. 이는 거래의 안전을 위하여 어떠한 외관적 사실을 야기한 데 원인을 준 자는, 그 외관적 사실을 믿는데 정당한 사유가 있다고 인정되는 자에 대하여 책임을 져야 한다는 일반적인 권리외관이론에 그 기초를 두고 있는 것입니다.

앞의 설명에 따라 사례를 분석해보면, 귀하의 아버지가 사망함으로써 갑은 대리권을 상실하였고, 따라서 을을 복대리인으로 선임할 수 없음에도 불구하고 선임하였으므로, 이는 대리권소멸 후의 대리권 행사에 해당합니다. 그리고 을이 병과 거래행위를 한 것 역시 대리권 소멸 후의 대리권 행사에 해당합니다. 병이 을의 대리권이 소멸되었다는 사실을 몰랐다고 한다면 병에게 대리권소멸을 주장할 수 없습니다. 따라서 병에 대해 임야의 소유권반환을 청구할 수 없습니다. 하지만 을이 대리권이 없음에도 불구하고 대리권을 행사한다는 사실을, 병이 자신의 과실로 알지 못한 경우에는 병에 대하여 대항할 수 있고, 병에게 임야의 소유권을 반환하라고 주장할 수 있습니다. 요컨대 대리권 소멸 후의 대리권 행사와 관련해서는 대리인(복대리인을 포함함)과 거래를 한 상대방이 대리권소멸의 사실을 알았는지 몰랐는지, 모르게 된 사정이 상대방의 과실 때문인지 여부에 따라 결론이 달라집니다.

판례도 같은 취지입니다. "대리인이 대리권 소멸 후 직접 상대방과 사이에 대리행위를 하는 경우는 물론, 대리인이 대리권 소멸 후 복대리인을 선임하여 복대리인으로 하여금 상대방과 사이에 대리행위를 하도록 한 경우에도, 상대방이 대리권 소멸 사실을 알지 못하여 복대리인에게 적법한 대리권이 있는 것으로 믿었고, 그와 같이 믿은 데 과실이 없다면 민법 제129조에 의한 표현대리가 성립할 수 있다(대판, 1998.5.29. 97다55317)."

참고조문

제120조(임의대리인의 복임권) 대리권이 법률행위에 의하여 부여된 경우에는 대리인은 본인의 승낙이 있거나 부득이한 사유있는 때가 아니면 복대리인을 선임하지 못한다.

제127조(대리권의 소멸사유) 대리권은 다음 각 호의 어느 하나에 해당하는 사유가 있으면 소멸된다.

1. 본인의 사망
2. 대리인의 사망, 성년후견의 개시 또는 파산

제129조(대리권소멸 후의 표현대리) 대리권의 소멸은 선의의 제3자에게 대항하지 못한다. 그러나 제3자가 과실로 인하여 그 사실을 알지 못한 때에는 그러하지 아니하다.

Ⅳ. 무권대리

일반적으로 넓은 의미의 무권대리란 대리권없이 하는 대리를 말한다. 따라서 앞에서 본 표현대리도 무권대리의 일종이라 할 수 있다. 그러나 본래적 의미의 무권대리는 무권대리를 본인이 추인하면 본인에게 효력이 있는 것으로 하되, 본인이 추인하지 아니하면 대리인이 책임을 지도록 하는 무권대리를 말한다.

사례

저의 아내는 저가 모르는 사이 부담하게 된 자신의 채무를 변제하기 위해서 저의 인감과 관계서류 등을 위조하여 제 명의로 되어 있던 아파트를 갑에게 팔고 이전등기까지 마쳤습니다. 이러한 사실을 뒤에 알고 충격이 컸습니다만 서로 이혼하기로 합의하고 이 일에 대해서는 불문에 붙이기로 했습니다. 그런데 최근 그 아파트의 시세가 크게 올라 소유권을 다시 찾고 싶습니다. 아내는 저가 모르는 채 서류를 위조해서 아파트를 매각했으므로, 그러한 처분행위는 저에게 아무런 효력이 생기지 않는 것으로 아는데, 갑으로부터 아파트를 돌려 받을 수 없는지요?

해설

아내가 아파트를 처분한 행위는 범죄행위이고 민법상으로는 대리권 없이 한 무권대리입니다. 무권대리는 원칙적으로 본인(이 사례에서는 귀하)에게 효력이 생기지 않습니다. 하지만 무권대리도 본인이 이를 추인하면 본인에게 효력이 생기도록 하고 있습니다. 여기서 추인이란 무권대리를 유효한 대리행위로 인정하겠다는 의사표시를 말합니다. 무권대리를 추인할 수 있도록 하고 있는 이유는, 비록 무권대리라 할지라도 경우에 따라서는 추인하는 것이 본인에게 도움이 될 수도 있기 때문입니다. 그런데 이러한 추인의 의사표시는 반드시 명시적으로 해야 하는 것은 아니고, 묵시적으로도 할 수 있습니다. 그리고 추인의 의사표시는 무권대리인에게 해도 되고, 상대방에게 해도 상관없습니다. 다만 무권대리인에게 추인한 때에는 상대방이 추인 있었음을 알지 못한 때에는 상대방에게 추인의 효과를 주장할 수 없습니다.

이러한 법리를 바탕으로 위 사례를 보면, 먼저 귀하의 아내가 한 아파트 매각처분은 무권대리행위로서 귀하에게 효력이 없는 것이 원칙입니다. 하지만 귀하가 이 일에 대해서 불문에 붙이기로 했으므로, 이는 무권대리에 대한 묵시적 추인을 한 것으로 보아야 합니다. 따라서 귀하는 갑으로부터 아파트의 소유권을 돌려 받을 수 없습니다. 판례도 같은 취지입니다. "처가 남편의 인감과 관계서류를 위조하여 남편 소유의 부동산을 매도한 데 대하여, 남편이 처의 제3자에 대한 채권 등을 양도받고 처와 이혼하는 한편, 처의 위 처분행위와 이에 따른 사문서위조행위를 불문에 붙이기로 합의하였다면, 남편은 처의 위 무권대리행위를 추인한 것으로 보아야 한다(대판, 1991.3.8. 90다17088)."

참고조문

제130조(무권대리) 대리권없는 자가 타인의 대리인으로 한 계약은 본인이 이를 추인하지 아니하면 본인에 대하여 효력이 없다.

제133조(추인의 효력) 추인은 다른 의사표시가 없는 때에는 계약시에 소급하여 그 효력이 생긴다. 그러나 제3자의 권리를 해하지 못한다.

제8절 조건과 기한

제1장 권리와 법률행위

어떤 법률행위의 효과를 발생시키거나 소멸시키는 점에 관련하여, 그 법률행위의 한 내용으로서 일정한 약관을 부가시키는 경우가 있다. 이 때 부가되는 약관을 법률행위의 부관이라고 하는데, 여기에는 조건과 기한의 두 종류가 있다. 조건이란 법률행위의 효력을 발생시키거나 소멸시키는 것을 장래에 있어서 불확실한 사실의 성부에 달려있게 하는 법률행위의 부관이다. 기한이란 법률행위의 효력을 발생시키거나 소멸시키는 것을 장래에 발생할 것이 확실한 사실에 달려있게 하는 법률행위의 부관이다.

사례

저와 남편은 결혼 후 행복하게 살아 왔습니다만, 언제부터인가 남편은 바람을 피웠고 그 때문에 지금은 도저히 같이 살고 싶지 않아 이혼을 하려고 합니다. 시어머니는 이런 사정을 잘 알고 있으면서도 오히려 남편만을 두둔하면서, 만약 이혼을 하려면 약혼식 때 저에게 준 약혼예물까지도 돌려 받아야겠다고 합니다. 이혼을 하면 약혼예물은 돌려주어야 하는지요?

해설

조건이 성취되면 법률행위의 효력이 소멸하는 경우 그러한 조건을 해제조건이라 하며, 반대로 조건이 성취되면 법률행위의 효력이 발생하는 경우의 조건을 정지조건이라고 합니다. 약혼식 때 주고받은 예물의 법적 성질에 대해서는 일반적으로, 혼인이 성립되지 않을 것을 해제조건으로 하는 증여계약이라고 합니다(대판, 1994.12.27. 94므895). 이 말은 만약 약혼이 혼인으로 연결되지 않으면 약혼예물을 돌려 받을 것을 조건으로 증여한 것이라는 뜻입니다. 그런데 사례의 경우는 약혼한 다음에 혼인을 하였으므로 이제는 약혼예물에 대하여 돌려 받을 권리가 사라졌다고 보아야 합니다. 따라서 시어머니의 주장은 법적으로 근거가 없으므로 약혼예물을 돌려주지 않아도 좋습니다. 약혼예물의 반환에 관하여 더욱 상세한 내용은 제3편제2장 약혼과 혼인 부분을 참고하기 바랍니다.

참고조문

제147조(조건성취의 효과) ① 정지조건 있는 법률행위는 조건이 성취한 때로부터 그 효력이 생긴다.

② 해제조건 있는 법률행위는 조건이 성취한 때로부터 그 효력을 잃는다.

사례

저는 시내에서 음식점을 경영하는 사람입니다. 그런데 인근의 불량배 갑이 영업을 방해하여 골치가 아프던 중, 앞으로 영업방해를 하지 않을 것을 조건으로 매월 돈 20만원씩을 갑에게 주기로 약속하고, 이를 각서로 써주었습니다. 약속대로 매월 돈을 주고 있었으나 소문을 들으니까 불량배들에 대한 강력한 단속이 실시된다고 합니다. 아마 앞으로는 돈을 주지 않더라도 갑이 영업을 방해하지 못할 것 같은데, 각서를 써 주었으니 혹시 제가 돈을 주어야 할 법적 의무는 없습니까?

해설

원칙적으로 재산권에 관한 법률행위에는 조건을 붙일 수 있습니다. 그러나 그 조건이 선량한 풍속 기타 사회질서에 위반하는 것일 때 그러한 조건을 불법조건이라고 합니다. 불법조건이 붙어 있는 법률행위는 그 조건만 무효로 되는 것이 아니라 법률행위 자체가 무효로 됩니다.

귀하와 갑과의 관계를 법적으로 말하자면, 폭력행위를 하지 않을 것을 조건으로 하는 증여계약의 일종이라고 할 수 있습니다. 그런데 폭력행위란 소위 불법행위이고, 불법행위를 하지 아니할 것을 조건으로 하는 법률행위는 그 조건뿐만 아니라 법률행위 자체가 무효입니다. 따라서 귀하는 각서에 관계없이 갑에게 돈을 주어야 할 법적 의무가 없으므로, 안심하고 영업을 해도 좋습니다. 그리고 갑을 공갈죄, 폭력에 의한 권리행사방해죄 등으로 형사고소하여 처벌할 수도 있습니다.

참고조문

제151조(불법조건, 기성조건) ① 조건이 선량한 풍속 기타 사회질서에 위반한 것인 때에는 그 법률행위는 무효로 한다.

제9절 소멸시효

일정한 사실상태가 상당기간 지속되면 권리를 얻거나 기존의 권리가 소멸되는 경우가 있다. 민법상 이를 시효제도라고 한다. 시효제도에는 권리의 취득에 관한 취득시효제도와 권리의 소멸에 관한 소멸시효제도가 있다.

소멸시효란 권리자가 그의 권리를 행사할 수 있음에도 불구하고 일정기간 행사하지 아니하면 그로부터 권리를 소멸시키는 제도이다. 이러한 제도를 법이 두고 있는 이유는 첫째, 일정한 사실상태가 오랫동안 지속되면 사람들이 그러한 상태를 믿게 되어 이제는 그것을 기초로 하여 새로운 법률관계가 형성되기 때문이다. 둘째, 사실상태가 오래 지속되면 정당한 권리관계를 증명할 증거가 인멸되기 쉽다는 점이다. 셋째, 오랫동안 권리를 행사하지 아니한 자는 굳이 법이 보호할 가치가 없다는 점이다. 권리 위에 잠자는 자는 보호하지 아니한다는 뜻이다.

사례

평소 남에게 싫은 소리를 못하는 성미인 저는 친구인 갑에게 돈 1,000만원을 빌려 주면서 1년 후에 받기로 약속하고 차용증서도 받아두었습니다. 그런데 12년이 지난 지금까지도 갑은 차일피일 돈을 갚지 않고 있습니다. 이제는 더 이상 참을 수가 없어 재판을 해서라도 꼭 돈을 돌려 받고 싶은데 가능한지요?

해설

민법은 개별적인 권리마다 소멸시효기간을 두고 있는데, 일반적인 채권은 10년의 소멸시효에 걸리게 하고 있습니다. 어떤 권리의 소멸시효기간이 완성되면 그 권리는 자동적으로 소멸되고 만다는 것이 판례 및 다수설의 입장입니다. 따라서 귀하가 갑에 대하여 가지고 있던 채권은 이미 소멸시효기간이 만료되었으므로 소멸되었고 달리 청구할 방법이 없습니다.

한편 민법은 일상생활에서 빈번하게 발생되는 비교적 소액의 일정한 채권은 일반적 채권에 비하여 소멸시효기간을 상대적으로 짧게 규정하고 있음을 아울러 유의해야 합니다.

그리고 소멸시효기간은 일정한 사유가 있으면 중단되기도 합니다. 이를 소멸시효의 중단사유라고 하는데, 민법은 참고조문과 같은 사유를 규정하고 있습니다. 소멸시효에 중단사유가 있으면 시효기간은 다시 진행하게 되는데, 이때 중단되기 전에 진행된 기간은 산입하지 않고 중단사유가 종료한 때로부터 시효기간이 다시 진행합니다.

아무튼 귀하의 경우 채권은 소멸하고 말았습니다만, 소액의 채권(3천만원 이하의 채권)에 대하여는 민사소송절차보다 훨씬 간편한 절차인 소액사건심판절차를 이용하여 권리의 구제를 받을 수 있었음에도 이를 태만히 한 것은 귀하의 부담으로 돌릴 수밖에 없습니다.

참고조문

제162조(채권, 재산권의 소멸시효) ① 채권은 10년간 행사하지 아니하면 소멸시효가 완성한다.
② 채권 및 소유권 이외의 재산권은 20년간 행사하지 아니하면 소멸시효가 완성한다.

제163조(3년의 단기소멸시효) 다음 각호의 채권은 3년간 행사하지 아니하면 소멸시효가 완성한다.

1. 이자, 부양료, 급료, 사용료 기타 1년 이내의 기간으로 정한 금전 또는 물건의 지급을 목적으로 한 채권
2. 의사, 조산사, 간호사 및 약사의 치료, 근로 및 조제에 관한 채권
3. 도급받은 자, 기사 기타 공사의 설계 또는 감독에 종사하는 자의 공사에 관한 채권
4. 변호사, 변리사, 공증인, 공인회계사 및 법무사에 대한 직무상 보관한 서류의 반환을 청구하는 채권
5. 변호사, 변리사, 공증인, 공인회계사 및 법무사의 직무에 관한 채권
6. 생산자 및 상인이 판매한 생산물 및 상품의 대가
7. 수공업자 및 제조자의 업무에 관한 채권

제164조(1년의 단기소멸시효) 다음 각호의 채권은 1년간 행사하지 아니하면 소멸시효가 완성한다.

1. 여관, 음식점, 대석, 오락장의 숙박료, 음식료, 대석료, 입장료, 소비물의 대가 및 체당금의 채권
2. 의복, 침구, 장구 기타 동산의 사용료의 채권
3. 노역인, 연예인의 임금 및 그에 공급한 물건의 대금채권
4. 학생 및 수업자의 교육, 의식 및 유숙에 관한 교주, 숙주, 교사의 채권

제168조(소멸시효의 중단사유) 소멸시효는 다음 각호의 사유로 인하여 중단된다.

1. 청구
2. 압류 또는 가압류, 가처분
3. 승인

제178조(중단 후의 시효진행) ① 시효가 중단된 때에는 중단까지에 경과한 시효기간은 이를 산입하지 아니하고 중단사유가 종료한 때로부터 새로이 진행한다.
② 재판상의 청구로 인하여 중단한 시효는 전항의 규정에 의하여 재판이 확정된 때로 부터 새로이 진행한다.

사례

저는 거래처 손님들을 접대할 일이 많아서 단골음식점을 정해놓고 외상거래를 하되, 대금은 2~3개월 후에 지급하고 있습니다. 그런데 음식점 주인이 2년이 넘은 외상값이 있다고 하면서 대금을 결제하라고 합니다. 매출전표를 보니 저가 틀림없이 싸인한 것입니다. 왜 진작 청구하지 않았느냐고 따졌더니, 자기도 잊고 있었는데 장부를 정리하다보니 알게 되었다고 합니다. 저로서는 오래된 일이라 기억이 나지 않는데 이러한 경우에도 외상값을 갚아야 하는지요?

해설

음식료는 민법 제164조 1호에 따라 1년의 단기소멸시효에 걸립니다. 따라서 2년이 넘은 외상값은 소멸시효로 소멸하였기 때문에 갚지 않아도 됩니다.

참고로 민법 제168조의 중단사유가 있으면 소멸시효의 진행이 중단되어 권리가 존재하는 경우가 있습니다. 예컨대 채권자가 청구를 하면 시효의 진행이 중단되고, 그때부터 다시 소멸시효기간이 진행하게 됩니다. 이 때 주의할 점은 '청구'란 단순히 채무의 이행을 최고하는 정도에 그쳐서는 안되고, 반드시 법적 조치, 예컨대 재판상 청구 등이 따라야 한다는 점입니다. 따라서 단순한 최고만으로는 소멸시효의 진행이 중단되지 않고, 최고 이후 6개월내에 재판상 청구 등을 하면 최고한 때로부터 시효기간은 새롭게 진행됩니다.

참고조문

제174조(최고와 시효중단) 최고는 6월내에 재판상의 청구, 파산절차참가, 화해를 위한 소환, 임의출석, 압류 또는 가압류, 가처분을 하지 아니하면 시효중단의 효력이 없다.

제2장 물권이란 무엇인가?

제 1 절 물권의 의의

제2장 물권이란 무엇인가?

물권은 채권과 함께 재산권의 2대 지주를 이루는 권리라 할 수 있다. 물권은 권리자가 물건을 직접 지배할 수 있는 권리이다. 따라서 제3자의 협력을 필요로 하지 아니하는 권리이고, 채권에 비해서 강력한 효력을 가지고 있는 권리이다. 물권은 그 종류나 성립요건, 효과 등을 법에서 엄격하게 규정하고 있다(물권법정주의). 따라서 물권법규정과 배치되는 당사자의 법률행위는 원칙적으로 무효이다.

민법상 규정하고 있는 물권은 점유권, 소유권, 지상권, 지역권, 전세권, 유치권, 질권, 저당권의 8가지이다. 지상권, 지역권, 전세권을 용익물권이라 하고, 유치권, 질권, 저당권을 담보물권이라 한다. 이들 이외에 판례로서 확립되어 있고, 실제생활에서도 더러 이용되는 특수한 담보물권으로서 소위 양도담보라는 것도 있다.

제 2 절 등기와 인도

제2장 물권이란 무엇인가?

물권은 강력한 효력을 가지는 소위 절대권이기 때문에, 구체적인 물건에 대하여 어떠한 물권이 존재하고 있는가, 그리고 현재 존재하고 있는 물권은 그 내용이 어떠한 것인가 하는 점을 널리 일반인들에게 알려야 할 필요가 있다. 이와 같이 구체적 물권의 존재를 일정한 징표에 의하여 외부에 알려야 한다는 원칙을 공시의 원칙이라 하는데, 우리 민법은 물권변동을 공시하는 방법으로 등기와 인도라는 것을 채택하고 있다.

Ⅰ. 등 기

등기란 등기관이 법정절차에 따라서 등기부에 부동산에 관한 일정한 권리관계를 기재하는 것, 또는 기재 그 자체를 일컫는 말이다. 법률행위로 부동산에 관한 물권을 변동하고자 할 때에는 등기를 해야만 비로소 그러한 효력이 생긴다. 말하자면 물권변동을 위해 법률행위를 하더라도 등기를 하지 않은 상태에서는 물권을 주장할 수 없는 것이다.

등기에는 보존등기, 이전등기, 설정등기, 가등기 등 여러 종류가 있다. 보존등기란 신축한 건물에 대한 등기와 같이 미등기의 부동산에 관하여 처음으로 이루어지는 소유권의 등기를 말한다. 이전등기란 이미 존재하는 소유권을 매매, 증여, 교환, 상속 등의 원인으로 이전하는 등기이다. 설정등기는 이미 존재하는 소유권에 저당권이나 지상권 등을 덧붙이는(설정하는) 등기이다. 가등기는 주로 부동산물권의 변동을 목적으로 하는 청구권을 보존하려고 할 때 이용되는 것으로서, 청구권에 기하여 장차 본등기를 하게 되면 가등기의 순위가 그 본등기의 순위로 된다.

사례

저는 갑과 그가 소유하는 집을 8,000만원에 사기로 매매계약을 체결하고, 대금을 모두 지급한 후 이 집으로 이사를 하여 살고 있습니다. 어느 날 전혀 면식이 없는 병이 찾아 와서 자기가 갑으로부터 이 집을 샀으니 집을 비워달라고 주장합니다. 하도 어처구니가 없었으나 등기부등본에 분명히 병 명의로 되어 있으니 어쩔 수 없다고 막무가내입니다.

저가 갑으로부터 집을 산 것은 동네 사람들이 모두 알고 있는 사실이고, 또 같은 동네에 살면서 등기라는 번거로운 절차를 할 필요가 없다고 생각되어 단지 이전등기만 하지 않았을 따름인데, 저는 병에게 소유권을 주장할 수 없습니까? 나중에 안

사실이지만, 갑은 이 집을 저에게 판 이후에도 등기가 아직 자기 앞으로 되어 있는 것을 기화로, 저와 갑과의 매매사실을 모르고 있던 병에게 6,000만원을 받고 이중으로 집을 팔았던 것입니다. 저는 병의 주장대로 집을 비워주어야 합니까?

해설

소위 부동산에 대한 이중매매의 경우입니다. 이 때 진정한 소유권자는 등기를 한 병이므로 단순히 매매계약만 하였던 귀하는 병에게 대항할 수 없습니다. 따라서 귀하는 갑에게 민사상 책임을 물어 손해배상청구를 한다든지 형사상 배임죄로 고소할 수는 있겠지만, 집에 대한 소유권을 취득하지는 못하므로 병에게 대항할 수 없습니다. 따라서 병의 주장대로 집을 비워주어야지 별 도리가 없습니다.

법률행위가 아닌 사유로 부동산의 물권을 취득할 때에는 등기가 필요하지 않는 경우도 있습니다. 그러나 이것은 어디까지나 예외적인 경우입니다. 법률행위에 의한 부동산의 물권변동에는 반드시 등기라는 절차가 있어야 한다는 점을 다시 한번 강조해둡니다.

참고조문

제186조(부동산물권변동의 효력) 부동산에 관한 법률행위로 인한 물권의 득실변경은 등기하여야 그 효력이 생긴다.

제187조(등기를 요하지 아니하는 부동산물권취득) 상속, 공용징수, 판결, 경매 기타 법률의 규정에 의한 부동산에 관한 물권의 취득은 등기를 요하지 아니한다. 그러나 등기를 하지 아니하면 이를 처분하지 못한다.

사례

저의 아버지는 이웃에 사는 친구인 갑으로부터 몇년 전에 집을 1채 사셨고, 현재까지 저희들이 이 집에서 살고 있습니다. 농촌에서는 아직도 인심이 넉넉하여 이전등기는 하지 않고 있습니다. 그런데 작년에 갑이 사망하였고, 갑의 아들인 을이 갑의 재산을 상속하려고 등기부를 열람해 보더니, 아직 이 집에 대한 등기가 갑의 명의로 되어 있는 것을 알고 이 집을 상속받고자 합니다. 아버지가 집을 사실 때 갑과 체결한 매매계약서가 있고, 동네사람들도 모두 이 집은 저희들의 것으로 믿고 있는데, 을이 이제 와서 이 집에 대한 상속권을 주장한다는 것은 지나친 행위라고 생각되는데, 저희들은 이 집에 대한 소유권이 없습니까?

해설

부동산을 샀다고 하더라도 소유권이전등기를 하지 않은 이상, 아직 부동산에 대한 소유권자라고 할 수 없는 것이 민법의 원칙입니다. 즉, 원칙적으로 부동산에 대한 물권(이 사례에서는 소유권)의 변동은 등기를 해야만 비로소 효력이 생기는 것입니다.

따라서 부동산을 매수하여 이를 점유하고 있고, 또 그 매수를 증명할 수 있는 계약서나 영수증이 있다고 하더라도, 등기를 하지 않은 상태에서는 소유권자임을 주장할 수 없습니다.

귀하는 지금이라도 갑의 상속인인 을을 상대로 하여 소유권이전등기청구를 하여 소유권을 확보해 두는 것이 좋겠습니다. 아울러 을이 이 집에 대하여 상속을 이유로 이전등기를 하기에 앞서, 이 집에 대한 '처분금지가처분신청'을 해 두는 것이 소유권의 확보를 위해 안전할 것입니다.

사례

저는 1가구 2주택으로 인한 세금부담을 피하기 위해 저의 아파트 한 채를 먼 친척의 명의로 해 두었습니다. 그런데 그 친척은 아파트가 자신의 명의로 되어 있는 것을 이용하여 갑이라는 사람에게 팔게 되었고 등기까지 마쳤습니다. 저는 친척이나 갑에게 아파트의 실제 주인임을 주장하여 아파트의 반환을 주장할 수 없는지요?

해설

부동산의 실제 소유자가 부동산투기, 세금탈루, 재산의 은닉 등을 목적으로 자기 소유의 부동산을 다른 사람의 이름으로 등기해 두고 있는 경우를 명의신탁이라고 합니다. 명의신탁은 그동안 탈법 내지 위법한 목적으로 이용되어 많은 사회적 부작용을 낳았습니다. 그래서 부동산 실권리자명의 등기에 관한 법률(보통 부동산실명법이라 함)을 제정하여, 부동산에 대한 권리는 반드시 자신의 명의로 등기하도록 하고 있습니다. 그러나 부동산실명법은 일정한 예외를 인정하여 명의신탁이 가능한 경우도 열어두고 있습니다. 예컨대, 종중부동산이나 부부간의 명의신탁에 의해 등기를 한 경우로서 조세를 포탈하거나 강제집행 및 법령상의 제한을 회피하기 위한 목적이 아닌 경우 등에는 명의신탁을 예외적으로 할 수 있습니다.

그렇지만 귀하처럼 세금을 면탈할 목적으로 아파트의 소유자명의를 친척의 명의로 해 둔 명의신탁은 무효입니다. 그러나 수탁자(위의 경우 친척)가 수탁부동산을 제3자에게 양도한 경우에는 제3자가 명의신탁약정 사실을 알았던 몰랐던 상관 없이 명의신탁자(귀하)는 제3자에 대하여 자신의 소유권을 주장할 수 없습니다. 따라서 귀하는 갑에게 아파트를 돌려 달라고 주장할 수는 없고, 다만 명의신탁자인 귀하는 명의수탁자인 친척에게 부당이득금의 반환을 청구할 수는 있습니다.

그리고 부동산실명법을 위반한 명의신탁자에게는 일정한 과징금이 부과되고, 5년 이하의 징역 또는 2억원 이하의 벌금이 부과될 뿐만 아니라, 명의수탁자도 3년 이하의 징역 또는 1억원 이하의 벌금을 받도록 되어 있습니다.

참고조문

부동산 실권리자명의 등기에 관한 법률

제1조(목적) 이 법은 부동산에 관한 소유권과 그 밖의 물권을 실체적 권리관계와 일치하도록 실권리자 명의로 등기하게 함으로써 부동산등기제도를 악용한 투기·탈세·탈법행위 등 반사회적 행위를 방지하고 부동산 거래의 정상화와 부동산 가격의 안정을 도모하여 국민경제의 건전한 발전에 이바지함을 목적으로 한다.

제4조(명의신탁약정의 효력) ① 명의신탁약정은 무효로 한다.

② 명의신탁약정에 따른 등기로 이루어진 부동산에 관한 물권변동은 무효로 한다. 다만, 부동산에 관한 물권을 취득하기 위한 계약에서 명의수탁자가 어느 한쪽 당사자가 되고 상대방 당사자는 명의신탁약정이 있다는 사실을 알지 못한 경우에는 그러하지 아니하다.

③ 제1항 및 제2항의 무효는 제3자에게 대항하지 못한다.

제8조(종중, 배우자 및 종교단체에 대한 특례) 다음 각 호의 어느 하나에 해당하는 경우로서 조세 포탈, 강제집행의 면탈(免脫) 또는 법령상 제한의 회피를 목적으로 하지 아니하는 경우에는 제4조부터 제7조까지 및 제12조제1항부터 제3항까지를 적용하지 아니한다.

1. 종중(宗中)이 보유한 부동산에 관한 물권을 종중(종중과 그 대표자를 같이 표시하여 등기한 경우를 포함한다) 외의 자의 명의로 등기한 경우
2. 배우자 명의로 부동산에 관한 물권을 등기한 경우
3. 종교단체의 명의로 그 산하 조직이 보유한 부동산에 관한 물권을 등기한 경우

Ⅱ. 인 도

동산물권의 변동은 인도가 있어야 그 효력이 있다. 인도란 물건을 사실상 지배하는 상태인 '점유'를 이전하는 것을 말한다. 즉, 사회통념상 물건이 양도인의 지배권을 벗어나서 양수인의 지배권 내에 들어갔다고 인정되면 인도가 있는 것으로 된다. 이러한 인도를 현실의 인도라 하는데, 인도의 전형이다.

현실의 인도 외에 관념적인 인도도 인정된다. 관념적인 인도라 함은 간이인도, 점유개정, 목적물반환청구권의 양도 등과 같이 의사표시만으로 인도가 성립된

것으로 인정되는 경우이다.

사례

저는 갑이 소유하고 있는 반지를 사면서 당분간은 갑이 사용하게 하였습니다. 그런데 갑은 이 반지를 저보다 먼저 을에게 팔면서 역시 당분간은 갑이 사용하도록 하였답니다. 이러한 사실을 뒤에 알고 저는 갑에게 반지를 넘겨 달라고 하였더니, 을이 자기가 반지의 진정한 소유권자라고 하면서 갑으로 하여금 돌려주지 못하게 하고 있습니다. 저가 반지의 소유권을 주장할 방법이 없습니까?

해설

동산소유권의 이전에는 인도가 있어야 하지만, 인도에는 현실의 인도 외에 관념적인 인도도 허용됩니다. 관념적인 인도 중에서 양도인이 양도 후에도 목적물에 대한 점유를 계속하기로 하는 합의를 하면, 이 합의에 의하여 인도가 있는 것으로 하는 제도가 있습니다. 이러한 제도를 점유개정이라고 합니다.

위 사례에서 을이 갑으로부터 점유개정에 의한 소유권을 먼저 취득하였기 때문에 외관상으로는 귀하가 갑으로부터 점유개정에 의한 소유권을 취득한 것처럼 보일지라도, 귀하와 갑과의 점유개정 당시에는 갑은 소유권을 가지고 있지 않는 무권리자이므로 귀하는 소유권을 취득할 수 없습니다. 따라서 귀하가 반지의 소유권을 취득할 방법은 없습니다. 다만 갑을 상대로 손해배상을 청구할 수는 있습니다.

참고조문

제189조(점유개정) 동산에 관한 물권을 양도하는 경우에 당사자의 계약으로 양도인이 그 동산의 점유를 계속하는 때에는 양수인이 인도받은 것으로 본다.

사례

저는 소유하고 있던 자동차를 갑에게 팔았습니다. 대금을 모두 받은 후 명의변경에 필요한 서류 일체를 교부하면서 자동차도 갑에게 넘겨주었습니다. 그런데 갑은 자동차등록원부의 명의를 자기 이름으로 변경하지 않은 채로 운행하다가 전치 10주의 인명사고를 내고 달아나 버렸습니다. 피해자는 자동차등록원부상으로 아직 저가 소유권자로 되어 있다는 것을 이유로 저에게 손해배상을 요구합니다. 저에게 배상책임이 있는지요?

해설

자동차도 법적으로는 엄연히 동산입니다. 하지만 자동차는 다른 동산과 달리 그 소유권을 변동시키고자 할 때에는 반드시 자동차등록원부라는 공적인 장부의 명의를 변경하도록 하고 있습니다. 바꾸어 말하자면 자동차등록원부의 명의를 변경하지 않으면 소유권의 변동이 일어나지 않는다는 뜻입니다. 이러한 특별한 조치를 보면 자동차를 마치 부동산과 비슷한 것으로 취급하고 있는 것을 알 수 있습니다. 따라서 법적으로는 귀하가 아직은 자동차의 소유권자입니다.

그런데 자동차의 운행으로 말미암아 사고가 났을 때, 자동차의 소유권자가 언제나 사고의 책임을 지는 것은 아니라는 점을 알아 두어야 합니다. 원래 소유하는 물건으로부터 다른 사람이 손해를 입었다면 물건의 소유자가 책임을 지는 것이 일반적입니다만, 자동차의 경우는 소유권자와 실제로 운행한 자가 다른 경우가 있으므로, 이 일반원칙이 그대로 적용되지 않습니다. 그래서 '자기를 위하여 자동차를 운행하는 자'가 사고에 대하여 책임을 진다는 자동차손해배상 보장법의 규정은 바로 이러한 점을 고려하여 있는 규정입니다. 판례도 "자기를 위하여 자동차를 운행하는 자라 함은 당해 자동차의 운행지배권을 가지고 그 운행으로 인한 이익을 받는 자를 의미하며, 자동차등록원부에 소유자로 등록되어 있다 하더라도 이를 타에 매도하여 그 대금이 모두 결제되고 매수인에게 그 차량을 인도하여 매수인의 책임하에 채용한 다른 운전사나 직접 매수자가 운행하다가 사고를 일으킨 경우에는 아직 등록명의가 매수인명의로 변경되어 있지 아니하고, 그 이유가 무엇이던간에 그 운행지배권은 이미 그 등록명의인으로부터 이탈하고 매수인에게 이전된 것이라고 보아야 할 것이므로 그 등록명의인은 자기를 위하여 자동차를 운행하는 자라고는 볼 수 없다(대판, 1985.4.23. 84다카1484)."라고 하고 있습니다. 따라서 귀하는 피해자의 손해배상청구에 따르지 않아도 무방합니다. 불법행위로 인한 손해배상에 관하여는 제2편제3장제4절의 불법행위부분을 참고하시기 바랍니다.

참고조문

자동차손해배상 보장법

제3조(자동차손해배상책임) 자기를 위하여 자동차를 운행하는 자는 그 운행으로 다른 사람을 사망하게 하거나 부상하게 한 경우에는 그 손해를 배상할 책임을 진다. 다만, 다음 각 호의 어느 하나에 해당하면 그러하지 아니하다.

1. 승객이 아닌 자가 사망하거나 부상한 경우에 자기와 운전자가 자동차의 운행에 주의를 게을리 하지 아니하였고, 피해자 또는 자기 및 운전자 외의 제3자에게 고의 또는 과실이 있으며, 자동차의 구조상의 결함이나 기능상의 장해가 없었다는 것을 증명한 경우
2. 승객이 고의나 자살행위로 사망하거나 부상한 경우

자동차관리법

제5조(등록) 자동차(이륜자동차는 제외한다.

이하 이 조부터 제47조의12까지의 규정에서 같다)는 자동차등록원부(이하 "등록원부"라 한다)에 등록한 후가 아니면 이를 운행할 수 없다. 다만, 제27조제1항에 따른 임시운행허가를 받아 허가 기간 내에 운행하는 경우에는 그러하지 아니하다.

제6조(자동차 소유권 변동의 효력) 자동차 소유권의 득실변경은 등록을 하여야 그 효력이 생긴다.

제3절 점 유 권

물건을 사실상 지배하고 있는 상태를 권리로 파악하여 점유권이라 한다. 사실상 지배라고 함은 사회관념상 물건이 어떤 사람의 지배 안에 있다고 평가할 수 있는 객관적인 상태를 말한다.

사례

저는 며칠 전 은행에서 현금 500만원을 찾아 나오다가 노상에서 소매치기를 당했습니다. 뒤쫓아 갔으나 사람들이 붐비어 범인을 놓치고 말았습니다. 일단 경찰에 신고를 하긴 했지만 순간 하늘이 무너져 내리는 것 같았습니다. 시내를 이리저리 방황하다가 하도 속이 상하여 근처의 술집에서 술을 마시고 있는데 그 소매치기가 술집으로 들어 오지 않겠습니까? 이 순간이다 하고 소매치기를 덮쳐 격투 끝에 돈을 찾았습니다만, 소매치기는 갈비뼈가 3대 부러져 병원에 입원을 하였습니다. 소매치기가 치료비를 달라고 하는데 이에 응해야 하는지요?

해설

점유자가 점유물을 침탈당한 때에는 스스로 현장에서 혹은 추적하여 침탈자로부터 점유물을 탈환할 수 있습니다. 이와 같은 권리의 구제방법을 소위 자력구제라고 합니다. 대부분의 현대국가에서는 자력구제를 원칙적으로 금지하고 있습니다. 자력구제를 인정하면 힘이 있는 사람은 구제를 받을 수 있겠지만, 그런 힘이 없는 사람은 구제를 받지 못하고 만다는 불합리한 점이 있기 때문입니다. 따라서 오늘날 대부분의 국가는 권리의 침해에 대한 구제방법으로 공력구제, 즉 재판을 통한 구제를 원칙적인 방법으로 인정하고 있습니다. 그러나 점유권이 침해된 경우에는 예외적으로 자력구제를 인정하고 있고 우리 나라도 마찬가지입니다. 민법이 점유권 침탈의 경우 자력구제를 인정하는 취지는, 이 경우에도 일반적인 권리구제방법인 재판을 통하여 구제받도록 하는 것은 비효과적이기 때문입니다.

귀하의 경우 침탈현장이나 추적현장에서 점유물을 탈환한 것이 아니긴 합니다만, 역시 자력구제의 일종으로 볼 수 있다고 생각됩니다. 다만 자력구제를 하는 과정에서 침탈자에게 신체의 손상과 같은 손해가 발생하였다면 이를 배상해야 합니다. 그러나 치료를 요하지 않는 가벼운 부상의 경우에는 배상책임이 없습니다. 이 사례의 경우 소매치기에게 갈비뼈가 부러지는 중상을 입혔으므로 소매치기가 형사상 처벌을 받는 것과는 별도로 치료비는 배상해야 합니다.

그러나 치료비를 배상할 때에는, 소매치기가 잘못하여 매를 맞은 것이므로, 소매치기의 잘못(과실)만큼은 치료비에서 공제됩니다. 이를 과실상계제도라고 합니다. 실제로는 소매치기의 과실을 무겁게 인정하는 경향이 있으므로 배상해야 할 치료비는 얼마되지 않을 것입니다.

참고조문

제209조(자력구제) ① 점유자는 그 점유를 부정히 침탈 또는 방해하는 행위에 대하여 자력으로써 이를 방위할 수 있다.
② 점유물이 침탈되었을 경우에 부동산일 때에는 점유자는 침탈 후 직시 가해자를 배제하여 이를 탈환할 수 있고 동산일 때에는 점유자는 현장에서 또는 추적하여 가해자로부터 이를 탈환할 수 있다.

제763조(준용규정) 제393조(손해배상의 범위), 제394조(손해배상의 방법), 제396조(과실상계), 제399조(손해배상자의 대위)의 규정은 불법행위로 인한 손해배상에 준용한다.

제396조(과실상계) 채무불이행에 관하여 채권자에게 과실이 있는 때에는 법원은 손해배상의 책임 및 그 금액을 정함에 이를 참작하여야 한다.

제4절 소 유 권

소유권은 목적물을 사용, 수익, 처분할 수 있는 권리이다. 이러한 소유권은 근대시민사회 초기에는 소유권절대의 원칙이라 하여 무제한적으로 인정되는 권리였다. 그리고 소유권절대의 원칙은 자본주의의 발달에 밑거름이 되기도 하였다.

그러나 소유권을 언제나 무제한적으로 인정하게 되면 곤란한 경우가 있다. 즉, 무릇 권리는 공공의 복리에 적합하도록 행사해야 한다는 제약이 필요하고, 소유권의 경우도 예외는 아니다. 민법도 소유자는 '법률의 범위 내에서' 그 소유물을 사용, 수익, 처분할 권리가 있다고(제211조) 규정하여, 명문으로 소유권의 행사에 제한을 두고 있다.

권리에는 원래 사회성, 공공성이 본질적으로 내재되어 있다고 할 수 있다. 즉, 권리가 권리로서 인정되는 근거는 다른 사람들이 권리를 그러하다고 존중해 주기 때문에 그러한 것이다. 특히 권리가 서로 충돌할 경우에는 서로 조화를 이루어야 할 필요가 있다. 권리의 이러한 성질을 권리의 사회성, 공공성이라고 한다. 따라서 권리가 다른 사람들의 인정이나 존중을 받지 못한다거나, 공공성에 배치되는 경우에는 권리로서 인정되기 곤란한 측면이 있다. 이러한 점은 법률에 명문규정이 없더라도 해석론으로서 가능하다.

Ⅰ. 소유권의 내용과 범위

소유권은 법률의 범위 내에서 소유물을 사용, 수익, 처분할 수 있는 권리로서 재산권 중에서 가장 대표적인 권리이다. 토지소유권은 그 지표에 대해서만 효력이 미치는 것이 아니라 정당한 이익이 있는 범위 안에서 그 지상 및 지하에 대해서도 효력이 미치는 권리이다.

사례

저는 작년에 갑으로부터 개발제한구역 안에 있는 약 3정보의 임야를 매입하였습니다. 매입할 당시에 등기부를 열람해 보니 저당권이나 기타 다른 권리가 설정된 적이 없었습니다만, 단지 그 임야에는 이미 오래 전부터 고압송전선이 설치되어 있었고, 갑도 이 임야를 상속받았기 때문에 송전선이 설치된 정확한 날짜를 모르고 있었습니다. 그런데 최근에 개발제한구역이 풀렸고, 저는 송전선이 지나가는 부근의 임야에 건물을 세우려고 합니다. 그래서 한국전력공사(이하 한전이라 함)에 송전선을 철거해 주든지 아니면 정당한 사용료를 지급하라고 요청하였습니다. 그랬더니 한전은 이미 오래 전부터 송전선이 설치되어 있었고, 지금까지 토지소유자로부터 아무런 이의제기도 없었으며, 저가 임야를 매입할 당시에 송전선이 설치되어 있는 줄 알면서 매입하였으므로 저의 요구에 응할 수 없다고 합니다. 물론 매입할 당시에 송전선이 설치되어 있는 것을 알고 있었지만, 그렇다고 저가 한전에 대하여 법적으로 주장할 아무런 권리가 없는 것입니까?

해설

질문의 내용만으로는 한전이 어떠한 법적 근거에 의하여 송전선을 설치하였는지 정확하지 않습니다만, 등기부상으로 한전이 임야를 이용할 수 있는 권리를 가지고 있는 것으로 등기가 되어 있는 것도 아니고, 또 현재는 한전이 임야의 사용료를 지급하지 않고 있는 것 같습니다. 그렇다면 한전은 정당한 권원없이 타인의 토지를 사용하고 있는 것으로 볼 수 있습니다.

문제는 귀하가 토지를 매입할 당시에 이미 송전선이 설치되어 있는 것을 알았고, 그러한 제한을 전제로 임야를 매입하였으므로 귀하의 주장에 한전이 대항할 수 있는 권리가 있는지 하는 점입니다. 귀하는 임야의 소유권을 완전하게 취득한 것으로 보이므로, 한전이 전기사업법 등에 따라 적법하게 임야의 사용권이나 소유권을 확보하지 않은 상태에서 하는 지금의 주장은 법적으로 근거가 없다고 하겠습니다. 따라서 한전에 대하여 송전선의 철거와 지금까지 부당하게 임야를 사용하여 발생한 사용료를 부당이득으로서 반환하라고 청구할 수 있습니다. 이와 비슷한 경우에 판례도 토지소유권자의 권리를 인정하고 있습니다(대판, 1995.8.25. 94다27069 ; 대판, 2009.1.15. 2007다58544 참조).

참고조문

제211조(소유권의 내용) 소유자는 법률의 범위 내에서 그 소유물을 사용, 수익, 처분할 권리가 있다.

사례

저는 작년에 갑으로부터 약 500평의 토지를 매입하였습니다. 그런데 이웃하고 있는 토지의 소유권자인 을이 자기 땅에 건물을 지으려고 최근 측량을 해본 결과, 저의 토지와 을의 토지 사이의 경계가 을의 토지 쪽으로 약 10평 넘어 와 있다고 하면서, 경계를 뒤로 물려 가라고 합니다. 그렇지 아니하면 10평을 사가든지 사용료를 내라고 합니다. 을의 주장에 대하여 법적으로 대응할 방법이 없습니까?

해설

어떤 토지가 공간정보의 구축 및 관리 등에 관한 법률에 의하여 1필지의 토지로 지적공부에 등록되면 그 토지는 특별한 사정이 없는 한 그 등록한 내용대로 특정되고 거래의 객체가 됩니다. 즉, 토지 소유권의 범위는 현실적인 경계와 관계없이 공부상의 경계에 따라 정해지는 것입니다. 그런데 거래현장에서는 가끔 공부상의 경계선과 실제의 경계선이 일치하지 않는 경우가 있습니다. 그런 경우에도 토지의 범위는 공부상의 경계선을 기준으로 하는 것이 원칙입니다.

그러나 공부상의 경계선과 실제의 경계선이 일치하지 않는 경우에도 만약 특별한 사정이 있으면 실제의 경계선으로써 토지의 경계를 인정하는 경우가 있습니다. 이 때 특별한 사정이란 예컨대 지적도를 작성할 때에 지적공무원이 기술적인 잘못을 범하여 지적도상의 경계선이 실제의 경계선과 다르게 작성되었고, 문제로 된 토지에 대해서 과거부터 지금까지 계속하여 실제의 경계선을 기준으로 거래가 되어 왔으며, 최근의 거래당사자들도 공부상의 경계선과는 달리 실제의 경계선대로 토지를 매매할 의사를 가지고 거래를 한 경우 등을 들 수 있습니다.

이와 같은 특별한 경우에는 공부상의 경계선과 관계없이 실제의 경계선을 토지의 경계선으로 해야 한다는 뜻입니다. 법원의 견해도 마찬가지입니다(대판, 1996.7.9. 95다55597, 55603 참조). 귀하가 토지를 매입하기 전의 법적인 사정이 어떠했는지 질문에서는 명확하게 드러나 있지 않습니다만, 만약 위에서 설명한대로 그 토지의 경계선이 과거부터 기술적으로 잘못 작성되어서 실제의 토지경계선과 일치하지 않은 상태로 지금까지 실제의 경계선을 기준으로 거래를 하여 왔다면, 귀하는 공부상의 경계선과 상관없이 현재의 경계선으로 구획되는 토지에 대하여 완전하게 소유권을 취득했으므로, 을의 주장을 무시해도 좋습니다.

그러나 귀하가 갑으로부터 토지를 매입할 때 토지의 경계선이 을의 토지 쪽으로 침범하고 있었다는 사실을 알고 있었고, 그러한 사정이 매매가격에도 반영되었다든지 하는 등의 사정이 있으면, 귀하는 을의 주장에 따라야 할 것입니다. 덧붙여서 귀하가 그러한 사정을 모른 상태에서 가격을 제대로 지급하고 소유권을 취득했는데도 뒤에 을의 주장에 따라 어떤 손해를 입었다면, 귀하는 갑에 대하여 일정한 책임을 물을 수 있습니다. 이 때 갑이 부담하는 책임을 매도인의 하자담보책임이라고 합니다. 좀 더 구체적으로 말하면, 귀하는 갑에게 대금감액, 계약해제, 손해배상 등을 청구할 권리를 가집니다. 하지만 이러한 권리는 권리행사기간(이를 제척기간이라 함) 안에 행사해야 합니다.

참고조문

제212조(토지소유권의 범위) 토지의 소유권은 정당한 이익 있는 범위 내에서 토지의 상하에 미친다.

제572조(권리의 일부가 타인에게 속한 경우와 매도인의 담보책임) ① 매매의 목적이 된 권리의 일부가 타인에게 속함으로 인하여 매도인이 그 권리를 취득하여 매수인에게 이전할 수 없는 때에는 매수인은 그 부분의 비율로 대금의 감액을 청구할 수 있다.

② 전항의 경우에 잔존한 부분만이면 매수인이 이를 매수하지 아니하였을 때에는 선의의 매수인은 계약전부를 해제할 수 있다.

③ 선의의 매수인은 감액청구 또는 계약해제외에 손해배상을 청구할 수 있다.

제573조(전조의 권리행사의 기간) 전조의 권리는 매수인이 선의인 경우에는 사실을 안 날로부터, 악의인 경우에는 계약한 날로부터 1년내에 행사하여야 한다.

Ⅱ. 상린관계

상린관계는 서로 이웃하는 사람들끼리의 소유권제한에 관한 관계이다. 이웃하는 사람들 사이에는 소유권이 서로 충돌하는 경우가 생길 여지가 있다. 이러한 경우 서로의 소유권에 적절한 제한을 가함으로써 조화로운 이웃관계를 유지하도록 하기 위해 민법은 비교적 상세한 상린관계규정을 두고 있다.

1) 생활방해

사례

저가 살고 있는 아파트 위층에 어느 날 피아니스트인 갑이 이사를 왔는데, 이후로 밤만 되면 피아노 소리때문에 일상생활에 큰 지장을 받고 있습니다. 몇 번 항의를 했습니다만 갑은 최신의 방음장치를 해두었고, 또 피아노 연습은 집중이 잘 되는 밤에 해야만 한다고 막무가내입니다. 그리고 한술 더 떠서 견디기 어려우면 저보고 이사를 가면 되지 않느냐고 합니다. 갑의 피아노 소리를 멈추게 할 법적 방법이 없겠습니까?

해설

어떤 물건에 대하여 소유권을 가지고 있다는 의미는 원칙적으로 그 물건을 사용, 수익, 처분하는 것이 오로지 소유권자의 자유의사에 달려있다는 뜻입니다. 그러나 소유권이라 하더라도 그것을 행사하는데 일정한 제한이 있는 경우가 있습니다. 소위 상린관계가 그 한 예인데, 민법이 상린관계의 경우 소유권의 행사를 제한하는 이유는, 이웃하고 있는 사람들끼리는 서로 양보하여 조화롭게 살아야 한다고 보기 때문입니다.

이 사례도 상린관계에 해당하는 경우인데, 소위 생활방해 혹은 안온방해의 문제입니다. 민법의 규정에 따르면 토지소유자는 매연, 열기체, 액체, 음향, 진동, 가스, 증기, 냄새, 먼지 기타 이와 유사한 것으로 이웃 토지의 사용을 방해하거나 이웃 거주자의 생활에 고통을 주어서는 안됩니다. 이에 위반하면 고통을 받는 이웃은 가해자에 대하여 적당한 조치를 취해 줄 것과, 그로 인한 손해배상이나 손실보상을 청구할 수 있습니다.

그러나 이웃의 생활방해가 자기 토지의 통상적인 용도에 따라 적합한 경우에는 수인의무(참아야 할 의무)가 있는 경우도 있습니다. 즉, 갑이 방음을 위하여 최선의 조치를 하였고, 갑의 피아노 소리가 귀하를 제외한 다른 이웃들에게는 참을 만한 것인데도, 유독 귀하만 신경이 예민하여 이를 참지 못할 정도에 불과하다면, 귀하가 참을 수밖에 없습니다. 반면에 아무리 갑이 방음장치를 하였더라도 피아노 소리를 이웃 사람 대부분이 참을 수 없는 정도라고 하면, 갑이 피아노를 치지 말아야 할 것입니다.

한편, 아파트의 층간소음문제는 단순한 도의적인 차원을 넘어서 이제 매우 중요한 사회문제가 되고 있습니다. 층간소음으로 아파트 주민들 사이에 갈등이 생겨서 원만하게 해결이 되지 않으면, 주민들이 자치적으로 만든 아파트관리규약에 따른 조치를 취할 수 있고, 한국환경공단에서 운영하고 있는 '층간소음 이웃서비스'를 이용해 보는 것도 좋은 방법입니다. 그래도 해결이 되지 않으면, 환경분쟁조정위원회에 조정을 신청하거나 법원에 손해배상청구소송을 제기하여 구제를 받을 수도 있습니다.

참고조문

제217조(매연 등에 의한 인지에 대한 방해금지) ① 토지소유자는 매연, 열기체, 액체, 음향, 진동 기타 이와 유사한 것으로 이웃 토지의 사용을 방해하거나 이웃 거주자의 생활에 고통을 주지 아니하도록 적당한 조처를 할 의무가 있다. ② 이웃 거주자는 전항의 사태가 이웃 토지의 통상의 용도에 적당한 것인 때에는 이를 인용할 의무가 있다.

2) 주위토지통행권

사례

사방이 막혀 있는 저의 집은 오직 갑 소유의 공터를 통해 진입할 수밖에 없습니다. 그런데 최근 갑으로부터 공터를 구입한 을이 그곳에 건물을 지으면서 통로를 막겠다고 합니다. 저의 가족은 그 공터를 통과하지 못하면 큰 길로 나갈 방법이 없는데, 저는 을에게 어떠한 권리도 주장할 수 없습니까?

해설

민법은 서로 인접하고 있는 이웃 사이의 토지이용조절을 위하여 부득이한 경우, 이웃의 토지소유권도 제한받을 수 있음을 정하고 있습니다. 자신의 토지에 출입하기 위하여 부득이 다른 토지를 통행하지 않으면 안 되는 경우에는 토지의 통행을 위하여 일정한 권리를 주장할 수 있습니다. 이를 주위토지통행권이라고 합니다. 좀더 구체적으로 말하자면 주위토지통행권이란, 어느 토지와 공로 사이에 그 토지의 용도에 필요한 통로가 없는 경우에, 그 토지소유자는 주위의 토지를 통행하지 아니하면 공로에 출입할 수 없거나 과다한 비용을 요하는 때에는, 그 주위의 토지를 통행할 수 있고 필요한 경우에는 통로를 개설할 수 있는 권리를 말합니다. 그러나 이로 인해 토지소유자의 손해가 가장 적은 장소와 방법을 선택해야 합니다. 그리고 통행권자는 토지소유자의 손해를 당연히 보상해 주어야 합니다. 따라서 귀하는 을에게 이 권리를 주장하여 계속 공터의 일부를 통로로 이용할 수 있습니다.

여기서 한 가지 주의할 점이 있습니다. 즉, 주위토지통행권을 인정하더라도 구체적인 범위나 방법을 어떻게 할 것인가 하는 점입니다. 가령 단순히 도보통행만 가능한 정도로 인정할 것인지, 아니면 자동차의 통행이 가능한 정도로 인정할 것인지 등이 실제로는 문제가 되고 있는데, 여러 가지 사항을 종합적으로 고려해서 판단합니다. 묘지접근로에 관한 사안에서 판례도 “어느 정도를 필요한 범위로 볼 것인가는 구체적인 사안에서 사회통념에 따라 쌍방 토지의 지형적 · 위치적 형상 및 이용관계, 부근의 지리상황, 상린지 이용자의 이해득실, 기타 제반 사정을 기초로 판단하여야 하며, 토지의 이용방법에 따라서는 자동차 등이 통과할 수 있는 통로의 개설도 허용되지만, 단지 토지이용의 편의를 위해 다소 필요한 상태라고 여겨지는 정도에 그치는 경우까지 자동차의 통행을 허용할 것은 아니다(대판, 2006.6.2. 2005다70144)."라고 합니다.

참고조문

제219조(주위토지통행권) ① 어느 토지와 공로 사이에 그 토지의 용도에 필요한 통로가 없는 경우에 그 토지소유자는 주위의 토지를 통행 또는 통로로 하지 아니하면 공로에 출입할 수 없거나 과다한 비용을 요하는 때에는 그 주위의 토지를 통행할 수 있고 필요한 경우에는 통로를 개설할 수 있다. 그러나 이로 인한 손해가 가장 적은 장소와 방법을 선택하여야 한다.
② 전항의 통행권자는 통행지소유자의 손해를 보상하여야 한다.

3) 경계선부근의 건축

사례

저의 집 옆에 갑이 소유하는 공터가 있습니다. 어느 날 갑은 거기에 집을 신축하기 시작했습니다. 그런데 신축건물을 저의 집 경계에 거의 붙여서 짓는 바람에 담에 금이 가고 또, 공사하는 중에 먼지가 날아들어 생활에 불편을 겪고 있습니다. 이러한 사정을 갑에게 알리고 적절한 조치를 해 줄 것을 요구했습니다만 반응이 없고 공사를 강행하고 있습니다. 어차피 이웃에 살 사람이라 대화로써 문제를 해결하려고 했지만, 더 이상 참을 수가 없습니다. 적절한 법적 조치가 없을까요?

해설

건물을 축조하려고 하면 특별한 관습이 없으면 경계로부터 반미터 이상의 거리를 두고 해야 합니다. 이에 위반하면 건물의 변경이나 철거를 청구할 수 있습니다. 그러나 건축공사에 착수한 후 1년이 경과하거나 건물이 완성되면 건물의 변경이나 철거는 주장할 수 없고, 단지 손해배상만을 청구할 수 있습니다.

따라서 귀하는 먼저 갑의 신축건물이 경계로부터 반미터 이상의 거리를 두어서 세워지는지 살펴보아서, 만약 그 거리 이내에 세워지면 건물의 변경이나 철거를 청구할 수 있습니다. 그러나 이 청구는 건축공사가 시작된지 1년 이내에만 할 수 있습니다. 보다 확실하게 해두기 위해서는 이러한 청구를 하면서 동시에 공사금지가처분 신청을 함께 해두는 것이 좋을 것입니다.

담에 금이 간 부분에 대해서는 손해배상을 청구할 수 있습니다. 그리고 먼지에 대해서도 발생하지 않도록 적절한 조치를 해 줄 것을 청구할 수 있으나, 그 먼지의 발생이 참을 수 있는 정도라면 귀하가 참아야 합니다. 이 부분에 대해서는 앞의 사례를 참고하기 바랍니다.

참고조문

제242조(경계선부근의 건축) ① 건물을 축조함에는 특별한 관습이 없으면 경계로부터 반미터 이상의 거리를 두어야 한다.
② 인접지소유자는 전항의 규정에 위반한 자에 대하여 건물의 변경이나 철거를 청구할 수 있다. 그러나 건축에 착수한 후 1년을 경과하거나 건물이 완성된 후에는 손해배상만을 청구할 수 있다.

제217조(매연 등에 의한 인지에 대한 방해금지)

4) 나무가지와 뿌리

사례

저와 갑은 경계를 사이에 두고 있는 이웃입니다. 그런데 갑이 그의 마당에 심어 놓은 감나무 가지가 저의 집으로 넘어와 그늘을 지우기 때문에 화초를 가꾸는데 지장을 받고 있습니다. 갑에게 감나무가지를 쳐달라고 몇번 주문을 했습니다만 아무런 반응이 없어, 저가 인부를 시켜 저의 집 쪽으로 넘어온 가지를 쳐버렸습니다. 그랬더니 갑이 약 30만원의 손해가 발생했다고 배상해 달라고 합니다. 저에게 배상책임이 있는지요?

해설

인접지의 수목가지가 경계를 넘은 때에는 그 소유자에 대하여 가지의 제거를 청구할 수 있으며, 이 청구에 응하지 아니하면 청구자가 임의로 그 가지를 제거할 수 있습니다. 이 때에는 아무런 손해배상의 책임이 없습니다. 그리고 제거된 가지는 제거자의 것으로 됩니다.

원래 소유권자는 소유물을 배타적이고 독립적으로 사용, 수익, 처분할 수 있는 것이 원칙입니다만, 이 원칙을 이웃하고 있는 사람들 간에 그대로 적용해서는 조화를 도모하기 어렵기 때문에, 경우에 따라서는 이와 같이 소유권의 행사를 제한하고 있습니다. 따라서 가지가 넘어 오더라도 아무런 손해가 생기지 않는 경우에는 가지를 제거할 수 없습니다.

그리고 나무의 뿌리가 경계를 넘어온 경우에는 소유권자와 상의할 필요없이 임의로 제거할 수 있습니다. 뿌리의 경우 가지와 다르게 규정하는 이유는 뿌리는 그 일부를 제거하여도 대개의 경우 나무의 생명에 지장을 주지 않기 때문이라 합니다.

참고조문

제240조(수지, 목근의 제거권) ① 인접지의 수목가지가 경계를 넘은 때에는 그 소유자에 대하여 가지의 제거를 청구할 수 있다.
② 전항의 청구에 응하지 아니한 때에는 청구자가 그 가지를 제거할 수 있다.
③ 인접지의 수목뿌리가 경계를 넘은 때에는 임의로 제거할 수 있다.

Ⅲ. 취득시효

일정한 사실상태가 상당기간 계속되면, 이러한 사실상태를 기초로 하여 권리를 취득할 수 있는 제도가 취득시효이다. 소멸시효와 함께 사실상태를 법률관계의 변동요인으로 인정하는 시효제도의 일종이다.

사례

저는 돌아가신 부친으로부터 임야를 상속받아 약 25년간이나 관리해 오고 있습니다. 등기부상으로는 갑이라는 사람의 소유명의로 되어 있어 다소 개운치 않았습니다만, 지금까지 이 임야가 저의 것이라는데 대하여 아무도 이의를 제기하지 않았고, 저도 그렇게 믿고 관리해 왔습니다.

그런데 어느 날 갑의 아들이 나타나서 그의 부친이 돌아가신 후 상속재산을 정리해 보니 이 임야가 있더라고 하면서, 임야에 대한 소유권을 주장하면서 명도해 달라고 합니다. 저는 이 임야에 대하여 소유권을 주장할 수 없습니까?

해설

부동산을 20년간 소유의 의사로 평온 공연하게 점유한 사람은 등기함으로써 그 소유권을 취득할 수 있고, 진정한 소유권자가 아니더라도 소유권자로 등기되어 있는 상태에서는, 10년간 소유의 의사로 평온 공연하게 선의이며 과실없이 점유한 경우에는 소유권을 취득할 수 있습니다.

따라서 귀하는 부동산의 취득시효를 주장하여 소유권이전등기신청을 하여 소유권을 확보할 수 있습니다.

참고로 동산의 경우에는 10년간 소유의 의사로 평온 공연하게 점유하면 소유권을 취득하고, 이러한 점유가 선의이며 과실없이 개시된 경우에는 5년을 경과하면 소유권을 취득할 수 있도록 규정하고 있습니다.

참고조문

제245조(점유로 인한 부동산소유권의 취득기간)
① 20년간 소유의 의사로 평온, 공연하게 부동산을 점유한 자는 등기함으로써 소유권을 취득한다.
② 부동산의 소유자로 등기한 자가 10년간 소유의 의사로 평온, 공연하게 선의이며 과실없이 그 부동산을 점유한 때에는 소유권을 취득한다.

제246조(점유로 인한 동산소유권의 취득기간)
① 10년간 소유의 의사로 평온, 공연하게 동산을 점유한 자는 그 소유권을 취득한다.
② 전항의 점유가 선의이며 과실없이 개시된 경우에는 5년을 경과함으로써 그 소유권을 취득한다.

Ⅳ. 선의취득

거래의 안전을 위하여 동산의 점유에 공신력을 인정하는 제도를 선의취득제도라고 한다. 예를 들어 갑이 을소유의 카메라를 빌려서 점유하고 있는데, 병이 갑을 카메라의 진정한 소유권자라고 믿고 갑으로부터 카메라를 사들인 경우, 병을 카메라의 진정한 소유권자로 인정하는 제도이다.

이러한 제도가 없다면 갑이 원래 카메라의 소유권자가 아니므로 그로부터 병이 소유권을 취득하는 방법은 없을 것이다. 그러나 그렇게 처리하면 권리의 외관을 믿었던 병에게 불리하게 되므로 병에게 소유권취득의 효과를 부여하는 제도가 선의취득제도이다.

선의취득제도는 거래가 부동산거래에 비하여 상대적으로 빈번하게 일어나는 동산거래에서만 인정된다. 주의할 것은 등기나 등록을 필요로 하는 선박·자동차·항공기 등은 동산이지만 선의취득의 대상에서 제외된다.

사례

저는 한달 전에 자전거를 도둑맞았는데 길가다가 우연히 갑이 저의 자전거를 타고 가는 것을 보았습니다. 갑에게 사정을 이야기하고 자전거를 돌려달라고 하니, 자기는 자전거를 고물상을 하는 을로부터 샀기 때문에 돌려줄 수 없다고 합니다. 저가 갑으로부터 자전거를 돌려받을 수는 없습니까?

해설

우선 갑은 고물상으로부터 평온·공연하게 자전거를 매수하였다고 볼 수 있으므로, 자전거에 대한 소유권을 선의취득하게 됩니다. 그러나 그 자전거가 도난당한 물건이기 때문에 귀하는 도난당한 날로부터 2년내에 자전거의 반환을 청구할 권리가 있습니다. 이 때 자전거는 갑이 고물상으로부터 매수한 것이므로, 귀하는 갑이 을에게 지급한 대가를 변상하고 물건의 반환을 청구할 수 있습니다.

참고조문

제249조(선의취득) 평온, 공연하게 동산을 양수한 자가 선의이며 과실없이 그 동산을 점유한 경우에는 양도인이 정당한 소유자가 아닌 때에도 즉시 그 동산의 소유권을 취득한다.

제250조(도품, 유실물에 대한 특례) 전조의 경우에 그 동산이 도품이나 유실물인 때에는 피해자 또는 유실자는 도난 또는 유실한 날로부터 2년내에 그 물건의 반환을 청구할 수 있다. 그러나 도품이나 유실물이 금전인 때에는 그러하지 아니하다.

제251조(도품, 유실물에 대한 특례) 양수인이 도품 또는 유실품을 경매나 공개시장에서 또는 동종류의 물건을 판매하는 상인에게서 선의로 매수한 때에는 피해자 또는 유실자는 양수인이 지급한 대가를 변상하고 그 물건의 반환을 청구할 수 있다.

Ⅴ. 유실물의 습득

소유권의 취득원인으로 가장 중요한 것은 역시 법률행위이다. 그러나 우리 민법은 상속, 공용징수, 판결, 경매, 취득시효, 무주물의 선점, 유실물의 습득, 매장물의 발견, 기타 법률의 규정이 있으면, 법률행위가 없더라도 소유권을 취득할 수 있도록 하고 있다.

사례

저는 밤늦게 길을 가다가 으슥한 곳에서 지갑을 하나 주웠습니다. 지갑 안에는 현금 30여만원과 자기앞수표 800만원 그리고 신용카드 등이 들어 있었습니다. 이와 같은 경우 저가 어떻게 해야 할지 관련되는 법률문제를 알려 주십시오.

해설

만약 귀하가 습득한 지갑의 소유자를 알 수 있다면 소유자에게, 알 수 없으면 경찰서(지구대나 파출소를 포함함)에 즉시 제출해야 합니다. 그렇지 아니하고 이를 임의로 사용하면 형법상 점유이탈물횡령죄에 해당하여 처벌을 받게 됩니다. 소유자가 나타나서 지갑을 찾아갈 경우에는 유실물법에 따라 귀하는 보상을 받을 권리가 있습니다. 즉, 물건을 반환받은 자는 유실물가액의 100분의 5 이상 100분의 20 이하의 범위에서 습득자에게 보상금을 지급해야 합니다. 이 때 유실물이 현금일 때에는 유실물가액은 현금액 그대로입니다만, 사례와 같이 수표나 어음 등 유가증권일 때에는 액면액이 그대로 유실물가액이 되지 않습니다. 왜냐하면 유실물이 유가증권일 때에는 유실자가 손해를 방지하기 위하여 분실신고 등의 수단을 강구하는 것이 보통이기 때문입니다. 수표나 어음의 경우에는 이들 유가증권이 선의·무과실인 제3자의 수중에 들어가서 유실자가 입게 될 불이익에 따라 보상기준이 결정됩니다(대판, 1965.2.10. 64다1488).

이 사례의 경우 수표의 유실물가액을 액면금의 10분의 1, 보상금을 그 금액의 100분의 5정도로 인정하여, 결국 자기앞수표에 대한 보상금을 4만원정도 인정하면 적절하리라 생각됩니다. 그리고 이 보상을 받을 권리는 습득한 날로부터 7일 이내에 유실자, 소유자 등에게 습득물을 반환하거나 또는 경찰서에 제출하지 않으면 상실합니다(유실물법 제9조 참조).

위의 설명은 민법 및 유실물법의 해석에 따른 내용입니다만, 사례와 같은 경우에는 법률규정으로 해결하기보다는 도의적으로 해결하는 것이 바람직하다고 생각합니다.

참고조문

제253조(유실물의 소유권취득) 유실물은 법률에 정한 바에 의하여 공고한 후 6개월 내에 그 소유자가 권리를 주장하지 아니하면 습득자가 그 소유권을 취득한다.

유실물법

제4조(보상금) 물건의 반환을 받는 자는 물건가액의 100분의 5 이상 100분의 20 이하의 범위에서 보상금을 습득자에게 지급하여야 한다. 다만, 국가·지방자치단체 기타 대통령령이 정하는 공공기관은 보상금을 청구할 수 없다.

Ⅵ. 공유물의 분할

하나의 물건을 2인 이상이 공동으로 소유하는 형태를 공동소유라고 한다. 공동소유에는 공유, 합유, 총유의 세 가지 유형이 있다. 공유는 각자에게 지분권이 인정되고, 지분권을 처분하는 자유가 인정되며, 원칙적으로 언제든지 단독소유로 전환할 수 있는 개인주의적인 공동소유형태이다. 총유는 각자에게 지분권이 인정되지 않으며, 따라서 지분권이 없는 단체주의적인 공동소유형태이다. 합유는 공유와 총유의 중간적인 공동소유형태라고 할 수 있다.

공유는 개인주의적인 공동소유형태이므로 특별한 사정이 없는 한 자유로이 단독소유로 전환할 수 있는 것이 원칙이다. 공유를 단독소유로 전환할 때 공유물의 분할이 요구된다. 공유물을 분할하는 방법으로는 현물분할, 대금분할, 가격배상 등이 있다.

사례

저는 1,000만원짜리 중고차 1대를 친구인 갑과 함께 샀습니다. 돈은 각각 500만원씩 지급하되, 자동차의 유지, 관리비 및 사용방법 등은 적절하게 합의하여 정하도록 하였습니다. 그런데 자동차를 구입한 지 3개월 정도 지나서 갑과의 사이가 벌어지게 되었고, 자동차를 공동으로 이용하는 것이 서로 불편하게 되었습니다. 자동차에 대하여 갑과의 법률관계를 정리하고자 하는데 어떤 방법이 있습니까?

해설

위 사례는 공유에 관한 문제입니다. 공유는 공유물의 분할을 금지하는 약정이 없는 이상 분할이라는 방법을 이용하여 언제든지 단독소유로의 전환이 가능합니다. 공유물의 분할은 다음과 같은 방법으로 할 수 있습니다. 공유물은 우선 공유자들의 협의에 의하여 분할할 수 있습니다. 협의에 의하여 분할할 때에는 먼저 공유물을 수량적으로 나누어서 분할하는 현물분할이라는 방법이 있습니다. 그러나 이 사례의 경우는 현물분할이 가능하지 않습니다. 다음 공유물을 매각하여 그 대금을 나누는 대금분할의 방법이 있습니다. 그리고 공유자의 한 사람이 다른 공유자의 지분을 양도받아서 그 가격을 지급하고 단독소유로 하는 가격배상의 방법이 있습니다.

이러한 협의분할이 원만하게 이루어지지 않으면 재판을 통하여 분할하는 방법이 있습니다. 재판에 의한 분할을 청구하여 판결이 성립되면 현물분할방법에 의하여 분할하는 것이 원칙이지만, 현물분할이 곤란한 사정이 있으면 공유물을 경매하여 그 대금을 분할하게 됩니다.

따라서 귀하는 우선 갑에게 대금분할이나 가격배상의 방법을 제의하여 공유관계의 정리를 시도해 보고, 이것이 여의치 않으면 재판을 통하여 분할을 청구할 수 있습니다. 그런데 재판을 통한 분할은 경우에 따라서는 경매라는 과정을 거쳐야 하기 때문에, 시가보다 낮은 가격으로 매각되어 결과적으로 재산상의 손실을 입을 우려가 있다는 단점이 있습니다.

참고조문

제262조(물건의 공유) ① 물건이 지분에 의하여 수인의 소유로 된 때에는 공유로 한다.
② 공유자의 지분은 균등한 것으로 추정한다.

제263조(공유지분의 처분과 공유물의 사용, 수익) 공유자는 그 지분을 처분할 수 있고 공유물 전부를 지분의 비율로 사용, 수익할 수 있다.

제268조(공유물의 분할청구) ① 공유자는 공유물의 분할을 청구할 수 있다. 그러나 5년내의 기간으로 분할하지 아니할 것을 약정할 수 있다.
② 전항의 계약을 갱신한 때에는 그 기간은 갱신한 날로부터 5년을 넘지 못한다.

제269조(분할의 방법) ① 분할의 방법에 관하여 협의가 성립되지 아니한 때에는 공유자는 법원에 그 분할을 청구할 수 있다.
② 현물로 분할할 수 없거나 분할로 인하여 현저히 그 가액이 감손될 염려가 있는 때에는 법원은 물건의 경매를 명할 수 있다.

제5절 저 당 권

채무자 또는 제3자(물상보증인)가 점유를 이전하지 않고 채무의 담보로써 제공한 부동산으로부터 채권자가 우선적으로 변제를 받을 수 있는 물권이다. 저당권은 실제거래에 있어서 보증제도와 함께 채권의 담보를 위하여 자주 이용되고 있다.

사례

저의 친구 갑이 어느 날 그가 살고 있는 집의 집문서를 들고 와서 이것을 담보로 돈 500만원을 빌려달라고 하여, 돈을 빌려주고 차용증서를 받아두었습니다. 그런데 뒤에 소문을 들으니 갑은 빚에 쪼들려 위 집을 팔려고 한답니다. 집문서를 가지고 있는 저는 법적으로 안전할까요?

해설

집문서란 등기필증을 말하는 것 같은데, 이것을 가지고 있다고 하여 부동산에 대한 담보의 효과가 있는 것은 아닙니다. 등기필증은 한번 교부되면 어떠한 이유로도 재발급되지 않는 것이기 때문에, 거래의 실제에서는 이것이 마치 부동산 그 자체인 것으로 인식되고 있는 실정입니다. 그래서 등기필증을 일명 권리증이라 부르면서 소중하게 여기고 있다고 합니다.

귀하가 등기필증을 잡고 돈을 빌려줄 때에는 그것으로써 그 집에 대한 저당권을 가지는 것이라고 생각한 모양입니다만, 민법상 저당권을 가지기 위해서는 저당권설정등기를 해야만 비로소 저당권이 생기게 됩니다.

따라서 갑이 그의 집을 처분하더라도 귀하는 갑의 일반채권자들과 같은 정도의 지위를 가지는데 불과합니다. 지금이라도 갑의 집에 대하여 저당권설정등기를 해두어야 본래 귀하가 의도한 목적을 달성할 수 있을 것입니다.

어떤 부동산에 저당권을 가지고 있으면 다른 채권자들에 비하여 우선적으로 변제를 받을 수 있기 때문에, 채권채무관계를 창설할 때에 채권자들이 저당권제도를 많이 이용하고 있습니다.

참고조문

제356조(저당권의 내용) 저당권자는 채무자 또는 제3자가 점유를 이전하지 아니하고 채무의 담보로 제공한 부동산에 대하여 다른 채권자보다 자기채권의 우선변제를 받을 권리가 있다.

사례

저는 갑으로부터 돈 5,000만원을 빌리면서 시가 3억원 가량 하는 저의 집에 대하여 저당권을 설정해 주었습니다. 경기침체로 사업이 잘 되지 아니하여 변제일에 변제를 하지 못하였더니, 갑은 저의 집을 경매에 넘기겠다고 합니다. 그렇게 되면 저의 집에 대한 소유권은 고스란히 잃게 되는 것입니까?

해설

저당권자가 경매에 넘기는 것을 법률용어로는 저당권의 실행이라고 합니다. 저당권의 실행이란 채무자가 채무를 변제하지 않을 때 채권자인 저당권자가 담보물을 현금화하여 그의 채권의 만족을 도모하는 절차를 말합니다. 현금화는 경매를 통하여 진행되는데, 저당권자는 목적물이 매각된 대금에서 현금화비용을 공제한 금액 중에서 채권액을 받게 되고, 만약 나머지가 있으면 이는 채무자에게 귀속됩니다.

따라서 귀하의 경우에도 저당권의 실행절차에 들어가게 되면 집에 대한 소유권이 다른 사람에게 넘어갈 소지가 있고 또, 실제 매각되는 모습을 보면 목적물의 시가보다 못한 가격에 매각되는 수가 많으며, 현금화절차에 따른 비용까지 원칙적으로 채무자가 부담하게 되므로, 지금이라도 채무를 변제하는 것이 손해를 줄이는 방법이라고 생각됩니다.

제3장 채권이란 무엇인가?

제 1 절 채권의 의의

제3장 채권이란 무엇인가?

특정인(채권자)이 다른 특정인(채무자)에게 특정한 행위(이행 혹은 급부라고 함)를 청구할 권리가 있을 때, 이 권리를 채권이라고 한다. 채권은 물권과 함께 재산권의 양대지주를 구성하는 대단히 중요한 권리이다.

물권은 그 종류나 성립요건, 효과 등을 법에서 엄격하게 규정하고 있지만, 채권에 관하여는 당사자의 의사를 될 수 있으면 존중하고 있다. 따라서 대체로 채권에 관한 규정은 임의규정이다. 물권은 지배권이고 채권은 청구권이다. 따라서 채권은 채무자의 협력없이는 그 경제적 가치의 실현이 보장되기 어렵다. 그런 의미에서 물권이 채권보다 경제적 가치의 실현이 보다 확실하다고 할 수 있다.

채권은 그 발생원인에 따라 크게 약정채권과 법정채권으로 나누어진다. 약정채권이란 당사자의 약속(계약)에 의하여 발생하는 채권인데 대하여, 법정채권은 당사자의 의사와 관계없이 법률규정에 의하여 당연히 발생되는 채권이다. 법정채권의 발생원인으로 우리 민법은 사무관리, 부당이득, 불법행위를 규정하고 있다.

채권은 다른 사람의 협력에 대한 기대이며, 채권관계는 개인 상호간의 협력관계라고 할 수 있다. 이러한 채권관계에는 신뢰가 그 바탕이 된다. 따라서 채권법의 지도이념으로서 신의성실의 원칙이 중요하게 된다.

제2절 채권에 관한 일반적 문제

채권의 목적인 급부는 대체로 금전적 가치를 가지고 있지만, 금전적 가치가 없더라도 무방하다. 이하에서는 채무불이행과 이에 따른 손해배상, 연대채무, 채권의 양도와 채무의 인수 및 채권의 소멸 등에 관한 문제들을 살펴보기로 한다.

Ⅰ. 채무불이행

채무자는 채무의 내용에 따라 이를 이행해야 하며, 이러한 이행이 없는 경우를 통털어서 채무불이행이라 한다. 채무불이행에는 이행지체, 이행불능, 불완전이행의 세 가지 유형이 있다. 이행지체란 이행이 가능함에도 불구하고 이행기가 지났는데 아직 이행을 하지 않는 것을 말한다. 이행불능은 채권채무가 성립된 후에 이행을 할 수 없게 된 경우를 말한다. 불완전이행이란 이행을 하긴 하였으나 거기에 흠이 있어서 불완전한 경우이다.

채무불이행이 있으면 채권자는 원칙적으로 채권의 강제력을 발동하여 이행을 강제할 수 있으며, 손해배상을 청구할 수도 있다. 그리고 계약을 해제하거나 해지할 수 있다.

사례

인쇄업을 하는 저는 종이도매상을 하는 갑에게 인쇄용지 100만원어치를 사기로 계약을 하고, 곧 있을 선거철에 대비하여 종이를 확보해 둘 요량으로 돈은 미리 지급하고 종이는 2개월 후에 인도받기로 하였습니다. 그 뒤 예상했던대로 종이값이 폭등을 하여 돈을 주고도 살 수 없을 정도가 되었습니다. 그런데 약속한 날짜에 갑에게 찾아가서 종이를 달라고 하니 아직 종이가 들어오지 않았다고 하면서 30만원을 더 주면 종이를 구해 주겠다고 횡포를 부립니다. 어떻게 하면 좋겠습니까?

해설

채무자가 이행기에 채무를 이행할 수 있음에도 불구하고 고의적으로 이행하지 아니하거나 부주의로 이행하지 않는 경우를 이행지체라고 합니다. 채무자가 이행지체에 빠지면 채권자는 다음과 같은 방법으로 구제받을 수가 있습니다. 첫째, 소송을 통하여 본래의 채무를 이행하라고 청구할 수 있습니다. 채권의 내용을 강제적으로 실현하는 방법입니다. 둘째, 손해배상을 청구할 수 있습니다. 셋째, 계약을 일방적으로 해제할 수 있습니다.

그리고 이행지체에 빠진 채무자에게는 일종의 벌칙으로서 이행기 이후 실제 이행한 때까지 지연이자(법정이자)를 물어야 할 부담이 생깁니다.

참고조문

제389조(강제이행) ① 채무자가 임의로 채무를 이행하지 아니한 때에는 채권자는 그 강제이행을 법원에 청구할 수 있다. 그러나 채무의 성질이 강제이행을 하지 못할 것인 때에는 그러하지 아니하다.

④ 전3항의 규정은 손해배상의 청구에 영향을 미치지 아니한다.

제390조(채무불이행과 손해배상) 채무자가 채무의 내용에 좇은 이행을 하지 아니한 때에는 채권자는 손해배상을 청구할 수 있다. 그러나 채무자의 고의나 과실없이 이행할 수 없게 된 때에는 그러하지 아니하다.

제544조(이행지체와 해제) 당사자 일방이 그 채무를 이행하지 아니하는 때에는 상대방은 상당한 기간을 정하여 그 이행을 최고하고 그 기간내에 이행하지 아니한 때에는 계약을 해제할 수 있다. 그러나 채무자가 미리 이행하지 아니할 의사를 표시한 경우에는 최고를 요하지 아니한다.

사례

저는 평소 소화가 잘 되지 않아서 종합검사도 받고 필요하면 치료도 받을 목적으로 시내 종합병원의 6인실 병실에 입원하였습니다. 지난 3월 5일 검사를 받기 위해서 병실을 잠시 비웠을 때 침대 옆의 잠금장치가 없는 사물함에 넣어 둔 저의 핸드백에서 누가 현금을 훔쳐 갔습니다. 저는 병원측에 이러한 사실을 알리고 손해배상을 청구하였더니, 병원측은 입원할 때 병실에서 도난사고가 가끔 발생하기도 하니 주의하라고 안내해 주었고, 또 그러한 취지의 안내문도 병실안에 붙여 두었으므로 책임을 질 수 없다고 합니다. 저가 병원측에 대해서 손해배상을 청구할 수 없습니까?

해설

환자가 병원에 입원하여 치료를 받을 때, 병원은 진료뿐만 아니라 환자에 대한 숙식의 제공이나 간호, 보호 등 입원에 따른 포괄적인 채무를 진다고 봅니다. 그리고 입원환자는 입원 중의 생활을 위해서 필수용품 등을 휴대하지 않을 수 없고, 또 진료를 받기 위해서나 개인 용무를 위하여 병실을 비울 경우에 모든 휴대품을 소지할 수도 없는 형편입니다. 또한 병실에는 여러 사람들이 비교적 자유롭게 출입하고 병실에서의 도난사고가 가끔씩 발생하는 것이 현실입니다. 따라서 병원은 병실에의 출입자를 통제・감독하든가, 그것이 불가능하다면 최소한 입원환자에게 휴대품을 안전하게 보관할 수 있도록 잠금장치가 제대로 되어 있는 사물함을 제공하는 등, 입원실에서 도난사고가 일어나지 않도록 적절한 조치를 해야 할 신의칙상 보호의무가 있다고 하겠습니다. 그럼에도 불구하고 병원이 이를 소홀히 해서 입원환자와는 아무런 관련이 없는 자가 병실에 무단출입하여 환자의 휴대품 등을 절취했다면 병원은 그로 인한 손해배상책임을 면하지 못한다고 할 것입니다. 이러한 병원의 의무는 설사 병원이 입원환자에게 귀중품 등의 물건 보관에 관한 주의를 촉구하면서 도난시에는 병원이 책임질 수 없다는 설명을 했다고 하더라도, 또 환자의 면회시간을 지정하는 안내문 등을 붙여 놓았다고 해서 면책이 되지는 않는다고 봅니다. 따라서 병원측에 대해서 도난에 대한 손해배상책임을 물을 수 있다고 봅니다(대판, 2003.4.11. 2002다63275 참고).

Ⅱ. 손해배상

손해라는 용어는 만약 가해원인이 없었더라면 있었을 이익상태와 가해가 있은 현재의 이익상태와의 차액을 말한다. 이러한 손해에 대해서는 가해원인을 제공한 측이 변상해 주어야 하는데 이를 손해배상이라 하며, 그렇게 해야 할 의무를 손해배상의무라고 한다.

손해배상의무는 당사자가 한 계약을 기초로 하여 발생할 수도 있고, 일정한 경우에는 법에 의하여 당연히 발생하는 경우도 있다. 전자의 경우를 약정손해배상이라 하고, 후자의 경우를 법정손해배상이라고 한다. 불법행위에 의한 손해배상은 법정손해배상의 전형적인 경우이다.

손해배상에 있어서는 어디까지 배상해야 하는지 그 범위가 중요한 문제로 된다. 손해배상의 범위는 결국 손해의 범위에 따라 정해지는데, 손해는 가해행위와 인과관계가 있는 범위의 것에 한한다.

사례

저는 농부로서 약 1,000평의 밭에 배추농사를 지었습니다. 올해 농사가 흉년이어서 농산물도매상들이 배추를 확보하려고 혈안이 되어 있습니다. 부산에 사는 농산물도매상인 갑이 지난 달 저에게 와서 배추를 모두 팔라고 하기에 300만원에 팔기로 하고 수확기에 인도하기로 하였습니다. 그런데 수확하기 며칠 전에 농산물도매상을 하는 을이 저에게 400만원을 줄테니 배추를 팔라고 하여, 갑에게는 나중에 양해를 구할 생각으로 을에게 팔아버렸습니다.

이러한 사실을 뒤에 안 갑이 이 배추를 중간상인 병에게 450만원에 팔기로 되어 있다고 하면서 결국 150만원의 손해가 발생하였으니 이를 배상하라고 합니다. 수확할 당시 비슷한 품질에 대한 부산에서의 시세는 약 350만원 정도이었습니다. 저는 갑의 주장대로 150만원 모두 배상해야 하는지요?

해설

채무자가 그의 채무를 이행하지 않아서 상대방에게 손해가 발생한 때에는 그 손해를 배상해야 합니다. 문제는 어디까지 배상해야 하느냐 하는 점인데, 민법은 통상손해와 특별손해로 나누어서 규정하고 있습니다. 통상손해란 특별한 사정이 없는 한 일정한 채무불이행이 있으면 사회일반의 관념에 따라 통상 발생하는 것으로 생각되는 범위의 손해를 말합니다. 특별손해란 당사자 사이에서 구체적 개별적인 사정에 의하여 발생되는 손해를 말합니다. 손해배상은 원칙적으로 통상손해의 범위에 한해서 하면 됩니다. 특별손해는 채무자가 그 사정을 알았거나 알 수 있었을 때에 한해서 배상하도록 하고 있습니다.

이 사례의 경우 갑으로부터 돈 300만원을 미리 받아 두었더라면 이 300만원이 통상손해이고 따라서 이를 배상해야 합니다. 그러나 돈을 미리 받아 두지 않았다면 갑에게는 통상손해가 없으므로 귀하에게 배상책임은 없습니다. 그리고 갑이 병과의 계약을 이행하지 못하여 갑에게 발생한 손해 150만원은 특별손해로서 귀하가 이를 알았거나 알 수 있었을 때에만 배상하면 됩니다. 질문내용으로 보아서 귀하는 그러한 갑의 사정을 몰랐던 것 같고, 몰랐던 점에 대하여 귀하에게 과실이 없었다고 생각되므로 150만원에 대하여는 일응 배상을 하지 않아도 될 것 같습니다.

그러나 갑은 농산물도매상으로서 배추를 전매하여 이득을 얻는 사람이고, 수확할 당시 시세가 350만원 가량이어서 갑이 배추를 샀더라면 적어도 50만원의 이익을 남겼을 터이고, 이러한 사실은 귀하가 알았거나 알 수 있었을 사정에 해당되므로, 이 50만원은 귀하가 배상해야 할 특별손해입니다. 따라서 귀하는 50만원만 배상하면 됩니다.

참고조문

제393조(손해배상의 범위) ① 채무불이행으로 인한 손해배상은 통상의 손해를 그 한도로 한다.

② 특별한 사정으로 인한 손해는 채무자가 그 사정을 알았거나 알 수 있었을 때에 한하여 배상의 책임이 있다.

Ⅲ. 연대채무

연대채무란 수인의 채무자가 동일한 내용의 이행에 관하여 각각 독립하여 전부의 이행을 해야 할 채무를 부담하고, 그 가운데 일인의 채무자가 전부의 이행을 하면 다른 채무자의 채무가 소멸되는 다수당사자의 채무를 말한다. 연대채무는 채권의 효력을 강화하는 기능을 가지고 있고, 채권을 담보하는 역할도 수행하므로 채권자가 선호하는 제도이다.

채무자 중 한 명이 채무를 변제하면 다른 채무자에게도 변제의 효력이 생기고 채무는 소멸하게 된다. 다만 변제를 한 채무자는 자기의 부담부분을 넘어서 채무를 이행했으므로, 초과부담한 부분을 다른 채무자에 대해서 다시 청구할 수 있다. 이를 구상권의 행사라 한다.

사례

저와 갑은 공동으로 출자하여 용역사업을 하고 있습니다. 사업의 필요에 따라 을로부터 중고승용차를 1,000만원에 사면서 대금은 저와 갑이 연대하여 부담하기로 하였습니다. 그런데 알고 보니 갑은 을에 대하여 위 승용차매매계약 이전에 돈을 400만원 빌려주었으나 아직 받지 못하고 있었습니다. 을이 저에게 승용차대금 1,000만원을 청구하는데, 갑이 을에게 청구할 400만원을 공제하고 600만원만 지급하면 안되는지요?

해설

연대채무자 중의 한 사람에 관하여 생긴 사유가 다른 연대채무자에게도 효력을 미칠 때, 그러한 사유를 절대적 효력이 있는 사유라고 합니다. 민법은 절대적 효력이 있는 사유를 7가지 규정하고 있습니다. 즉, 이행의 청구, 경개, 상계, 면제, 혼동, 소멸시효의 완성, 채권자지체가 바로 그러한 사유입니다.

민법에 명문규정이 없더라도 채권자에게 만족을 주는 사유, 예컨대 변제, 대물변제, 공탁 등의 사유도 절대적 효력있는 사유라는 데에는 학설이 일치하고 있습니다.

귀하와 갑은 을에 대하여 1,000만원의 연대채무를 부담하고 있으므로, 을은 그의 선택에 따라 두 사람 중 누구에게도 1,000만원을 청구할 수 있습니다. 물론 연대채무자들의 부담부분이 같다고 한다면, 각각에게 500만원씩을 청구할 수도 있습니다. 어떻든 을이 귀하에게 1,000만원을 청구한 것은 아무런 문제가 없습니다.

갑의 입장에서 보면 을에게 1,000만원의 연대채무를 부담하지만, 그는 또한 을에게 400만원의 반대채권을 가지고 있습니다. 따라서 갑은 을에 대하여 400만원의 상계를 하여 그 부분만큼 채무를 소멸시킬 수 있습니다. 상계는 상계권자의 일방적인 상계의 의사표시만으로 이루어지는 것이므로 별도로 을의 동의를 구할 필요가 없습니다.

문제는 연대채무자 중의 일부가 반대채권을 가지고 있음에도 불구하고 상계하지 않는 경우, 다른 연대채무자가 이것으로써 상계할 수 있는가 하는 점입니다. 민법은 반대채권을 가지는 채무자의 부담부분에 한하여 이를 허용하고 있습니다. 반대채권을 가지고 있는 채무자를 보호하기 위하여, 그리고 법률관계를 간략하게 처리하기 위해 이러한 규정을 두고 있습니다.

따라서 귀하는 갑이 가지고 있는 400만원의 반대채권으로 상계하고 나머지 600만원만 지급하면 됩니다. 물론 이후 갑에 대하여 그가 부담해야 할 부분을 초과하여 부담한 100만원에 대하여는 구상받을 수 있습니다. 그런데 사례를 바꾸어서 만약 갑이 을에 대해서 가지고 있는 반대채권이 800만원이라고 한다면 귀하는 갑의 부담부분 500만원까지만 상계할 수 있고, 따라서 을에게 500만원을 지급해야 합니다.

참고조문

제413조(연대채무의 내용) 수인의 채무자가 채무전부를 각자 이행할 의무가 있고 채무자 1인의 이행으로 다른 채무자도 그 의무를 면하게 되는 때에는 그 채무는 연대채무로 한다.

제418조(상계의 절대적 효력) ① 어느 연대채무자가 채권자에 대하여 채권이 있는 경우에 그 채무자가 상계한 때에는 채권은 모든 연대채무자의 이익을 위하여 소멸한다.

② 상계할 채권이 있는 연대채무자가 상계하지 아니한 때에는 그 채무자의 부담부분에 한하여 다른 연대채무자가 상계할 수 있다.

제424조(부담부분의 균등) 연대채무자의 부담부분은 균등한 것으로 추정한다.

Ⅳ. 채권의 양도와 채무의 인수

채권은 재산권으로서 원칙적으로 양도가 가능하다. 채권을 그 동일성을 유지하면서 이전하는 계약을 채권의 양도라고 한다. 채권 중에서 채권자가 특정되어 있는 채권을 지명채권이라 하는데, 지명채권은 양도성이 상당히 제한된다. 지명채권을 양도함에 있어서는 채무자와 제3자를 보호하기 위해 민법은 별도의 조치를 강구하도록 하고 있다.

채권의 성립이나 존속, 양도, 행사 등을 그 채권을 표창하는 증권에 의하여 해야 하는 채권을 증권적 채권이라 한다. 증권적 채권은 채권의 양도성을 높이기 위하여 고안된 제도이다. 여기에는 증권상에 채권자를 기재하여 그에게 변제해야 하는 기명채권, 특정인 또는 그가 지시하는 자에게 변제해야 하는 지시채권, 특정의 채권자를 지시하지 않고 증권의 소지인에게 변제해야 하는 무기명채권, 그리고 지명소지인출급채권 등 여러 종류가 있다.

기명채권은 유통성이 적고 또 양도금지의 특약을 하는 경우도 있으며, 양도방법에 관하여 민법이 따로 정하고 있지 아니하므로 원칙적으로 지명채권의 양도방식에 따라야 한다. 지시채권은 배서 및 교부를 함으로써 양도할 수 있고, 무기명채권은 교부로써 양도할 수 있다. 지명소지인출급채권은 무기명채권의 양도방식에 따라 양도할 수 있다.

채무를 그 동일성을 유지하면서 인수인에게 이전하는 계약을 채무의 인수라고 한다. 채무의 인수가 있으면 종전의 채무자는 채무를 면하게 되므로 이 점을 중시하여 일명 면책적 채무인수라고 하기도 한다. 채무인수는 채권자와 인수인이 계약을 체결하여 할 수도 있고, 채무자와 인수인이 계약을 체결하여 할 수도 있다. 특히 채무자와 인수인이 계약을 통하여 하는 채무인수의 경우에는 채권자보호를 위하여 그의 승낙을 받도록 하고 있다. 채권자와 인수인이 채무인수계약을 할 때는 경우에 따라 채무자의 의사에 합치할 경우에만 인수가 인정될 때도 있다.

이에 비하여 종전의 채무자는 그대로 두면서 다시 제3자가 동일한 내용의 채무를 부담하는 계약도 있다. 이를 본래의 채무인수, 즉 면책적 채무인수와 구별하여 병존적 채무인수라고 한다.

사례

저는 건어물 도매상을 하는 갑에게 저의 아파트 한채를 보증금 8,000만원, 기간 2년으로 전세를 주었습니다. 얼마전 소문에 의하면 갑이 사업에 실패하였다고 하더니, 어느 날 갑에게 물품대금을 받을 채권이 있다고 주장하는 을이 저에게 찾아와 갑의 전세보증금을 자기에게 반환해 달라고 합니다. 며칠 후에는 병이 저에게 와서 갑에게 빌려준 돈이 있으니 전세보증금을 병에게 반환해 달라고 합니다. 갑은 사업이 실패한 후로 아직까지 행방이 묘연한데 기간이 만료된 후 전세보증금은 누구에게 주어야 합니까?

해설

귀하에 대한 전세보증금반환청구권은 갑이 가지고 있는 채권이고, 이러한 채권은 채권자가 누구인지 확실하게 정해져 있으므로 지명채권이라고 합니다. 지명채권은 당사자 사이에 양도금지의 특약이 있거나 법률이 특히 양도를 금지하고 있으면 제3자에게 양도할 수 없으나, 그렇지 않으면 채권자는 제3자에게 양도할 수 있는 것이 원칙입니다. 이 때 주의할 점은 채무자 및 제3자를 보호하기 위해 채무자에게 통지하거나 채무자가 승낙해야 양도의 효력이 생긴다는 점입니다.

한편 채권을 이중으로 양도한 경우 누구에게 우선권이 있느냐 하는 문제가 발생할 수 있습니다. 이 문제는 채무자로서도 누구에게 변제를 해야 하는가 하는 중요한 문제입니다. 이를 해결하기 위해 민법은 별도의 조치를 강구해 놓고 있습니다. 즉, 민법은 채권이 양도되었다는 통지를 '확정일자 있는 증서'로 한 경우에 그 통지서에 표시되어 있는 양수인에게 우선권을 주고 있습니다. 확정일자 있는 증서란 당사자가 그 일자를 변경할 수 없도록 공증인이나, 우체국, 법원서기 등이 인정한 증서를 말합니다. 실제로는 우체국의 '내용증명우편'이 많이 이용되고 있습니다.

따라서 귀하로서는 갑으로부터 확정일자 있는 증서로 보증금반환청구권을 누구에게 양도하였다는 통지를 받은 사람에게 전세보증금을 반환하면 됩니다. 그렇게 하지 않고 귀하의 선택에 따라 혹은 먼저 주장하는 사람에게 임의로 보증금을 반환하면, 경우에 따라 채무변제의 효과를 얻을 수 없는 위험이 따를 수 있음을 유의해야 합니다.

만약 전세기간이 만료될 때까지 이러한 통지가 없으면 귀하는 법원에 전세보증금을 공탁하여 채무를 면하는 방법이 있습니다. 이러한 공탁을 변제공탁이라고 합니다.

참고조문

제449조(채권의 양도성) ① 채권은 양도할 수 있다. 그러나 채권의 성질이 양도를 허용하지 아니하는 때에는 그러하지 아니하다.
② 채권은 당사자가 반대의 의사를 표시한 경우에는 양도하지 못한다. 그러나 그 의사표시로써 선의의 제3자에게 대항하지 못한다.
제450조(지명채권양도의 대항요건) ① 지명채권의 양도는 양도인이 채무자에게 통지하거나 채무자가 승낙하지 아니하면 채무자 기타 제3자에게 대항하지 못한다.
② 전항의 통지나 승낙은 확정일자 있는 증서에 의하지 아니하면 채무자 이외의 제3자에게 대항하지 못한다.

사례

저가 소유하는 5층짜리 사무용빌딩을 갑에게 팔면서 임대보증금반환채무는 갑이 인수를 하고, 그 채무액을 매매대금에서 공제하기로 약정을 하고 이전등기까지 모두 마쳤습니다. 그 뒤 이 빌딩의 임차권자 중 한명인 을이 임대기간이 만료되었는데도 새 소유권자인 갑이 임대보증금을 돌려 주지 않으니, 저에게 보증금을 돌려 달라고 주장합니다. 저는 이제 이 빌딩하고 아무런 관계가 없는데 저가 을에게 임대보증금을 돌려 줘야 할 의무가 있습니까?

해설

귀하가 임대보증금반환채무를 완전하게 면하려면 갑과의 사이에 소위 면책적 채무인수가 있어야 합니다. 면책적 채무인수란 새로이 채무를 인수한 자가 종전 채무자의 채무를 인수해서, 종전의 채무자가 완전히 면책되는 모습의 채무인수를 말합니다. 그러니까 면책적 채무인수로 채무자를 변경하는 효과가 생기게 됩니다. 이러한 면책적 채무인수라고 하기 위해서는 채권자(이 사례에서는 임대보증금반환채권자인 을)가 어떤 형태로든 관여되어야 합니다. 채권의 실현가능성은 결국 채무자의 자력에 따라 달라질 것인데, 채권자의 아무런 관여없이 채무자가 제3자와 합의를 해서 채무자를 변경한다는 것은, 채권자의 보호에 문제가 생길 수 있기 때문입니다. 사례의 경우 귀하와 갑 사이의 계약에 을이 관여한 바가 없으므로 제대로 면책적 채무인수의 효과가 생기지 않습니다. 즉, 면책적 채무인수가 인정되기 위해서는 그러한 계약을 채권자와 하든지, 아니면 인수자와 채무자가 계약을 하더라도 채권자의 승낙을 받아야 제대로 효력이 생기게 되어 있습니다. 사례와 같은 경우를 면책적 채무인수와 구별하여 '이행인수'라 하는데, 아무튼 갑이 을에게 임대보증금을 반환하지 않을 경우, 귀하가 을에게 보증금을 반환해야 할 의무가 있습니다. 다시 말하지만 임차권이 설정되어 있는 주택이나 상가건물을 매매할 때 임차인의 승낙을 받지 않고 임차보증금을 매매대금에서 공제하고 대금을 주고 받는 경우가 있는데, 이 때 만약 임차인이 새 임대인(목적물의 새 소유권자)으로부터 임차보증금을 돌려 받지 못하면 원래의 임대인(목적물의 전 소유권자)이 임차보증금을 반환할 의무가 있다는 점을 특히 유의해야 합니다.

이와 비슷한 사례에서 판례는 일관된 입장을 보여주고 있습니다. 즉, "부동산의 매수인이 매매 목적물에 관한 임대차보증금 반환채무 등을 인수하는 한편, 그 채무액을 매매대금에서 공제하기로 약정한 경우, 그 인수는 특별한 사정이 없는 이상 매도인을 면책시키는 면책적 채무인수가 아니라 이행인수로 보아야 하고, 면책적 채무인수로 보기 위해서는 이에 대한 채권자 즉, 임차인의 승낙이 있어야 하는 것이다(대판, 2001.4.27. 2000다69026)."

참고조문

제453조(채권자와의 계약에 의한 채무인수)
① 제3자는 채권자와의 계약으로 채무를 인수하여 채무자의 채무를 면하게 할 수 있다. 그러나 채무의 성질이 인수를 허용하지 아니하는 때에는 그러하지 아니하다.
② 이해관계없는 제3자는 채무자의 의사에 반하여 채무를 인수하지 못한다.

제454조(채무자와의 계약에 의한 채무인수)
① 제3자가 채무자와의 계약으로 채무를 인수한 경우에는 채권자의 승낙에 의하여 그 효력이 생긴다.
② 채권자의 승낙 또는 거절의 상대방은 채무자나 제3자이다.

V. 채권의 소멸

채권이 객관적으로 존재하지 않게 되는 것을 채권의 소멸이라고 한다. 채권의 소멸원인이 있으면 채권은 당연히 소멸한다. 채권법은 변제, 대물변제, 공탁, 상계, 경개, 면제, 혼동의 일곱 가지를 채권의 일반적 소멸원인으로 규정하고 있으나, 이외에도 여러 가지 채권소멸원인이 있다. 즉, 목적의 소멸, 소멸시효의 완성, 권리존속기한의 도래 등에 의해서도 채권은 소멸하고, 법률행위에 의하여 발생한 채권은 그 법률행위의 취소, 해제조건의 성취, 종기의 도래, 계약의 해제나 해지에 의하여 소멸하기도 하며, 당사자가 채권을 소멸시키는 계약을 체결함으로써 채권이 소멸하기도 한다. 아래에서는 채권의 7가지 일반적 소멸사유에 관해서 간단하게 설명한다.

▷ 변제 – 채무자 또는 다른 자가 채무의 내용에 따른 급부를 함으로써 채무를 소멸시키는 행위를 변제라 하는데, 채무소멸의 가장 전형적인 원인이다. 채무는 채무자 등의 변제행위만으로써 소멸하는 경우도 있지만, 채권자의 협력이 있어야만 변제의 효과가 발생하는 경우도 있다. 후자의 경우 채무자가 급부에 필요한 모든 준비를 해서 채권자의 협력을 요구하는 것을 변제와 구별하여 '변제의 제공'이라 한다. 변제의 제공이 있으면 이제부터 채무자는 채무불이행의 책임을 면하게 된다. 성실한 채무자를 보호하기 위한 제도이다. 변제의 제공에는 현실제공과 구두제공의 두 가지 방법이 있다.

현실제공이라 함은 채권자가 수령하면 곧 변제의 효과가 발생할 정도의 변제제공을 말한다. 금전채무의 채무자가 금전을 지참하여 채권자의 주소지에 가서 수령을 종용하는 행위는 현실제공의 한 모습이다.

구두제공이라 함은 변제를 함에 있어서 채권자의 협력없이는 변제가 곤란한 경우에, 채무자가 이행행위에 착수할 준비를 하여 채권자의 협력을 촉구하는 변제제공을 말한다. 채권자가 정당한 사유없이 수령을 거절할 때에도 구두제공이 인정된다. 예컨대 수급인이 일할 준비를 하고 도급인에게 작업방법을 지시해 줄 것을 요청하면 수급인으로서는 구두제공을 한 것이라고 볼 수 있고, 따라서 수급인은 이 때부터 채무불이행의 책임을 면하게 된다.

▷ 대물변제 – 채무자가 부담하는 본래의 급부에 갈음하여 다른 급부를 현실적으로 함으로써 채권을 소멸시키는 채권자와 변제자 사이의 계약을 말한다.

▷ 공탁 – 채권자가 변제를 받지 않거나 받을 수 없는 때에는 변제자는 채권자를 위하여 금전이나 유가증권 기타의 물건을 공탁소에 임치하여 그 채무를 면할 수 있는데, 이 때 변제자와 공탁기관간의 임치계약을 공탁이라 한다. 공탁사무는 지방법원장의 감독하에 그가 지정하는 법원서기관 또는 법원사무관이 행하고, 대법원장은 법령의 규정에 의하여 공탁하는 금전, 유가증권 기타 물품을 보관할 은행 또는 창고업자를 지정하도록 하고 있다.

▷ 상계 – 상계라 함은 채권자와 채무자가 서로 같은 종류의 채권 채무를 가지고 있는 경우에, 그 채권과 채무를 대등한 액수에서 소멸시키는 일방적인 의사표시이다. 상계는 채무의 결제과정을 간단하게 하고, 채권의 담보작용도 하는 채권의 소멸사유이다. 당사자가 상계금지의 특약을 한다든지, 채무의 성질이 상계를 허용하지 않는다든지, 법률이 상계를 금지하고 있다든지 하는 경우에는 상계

가 허용되지 않는다.

경개 – 당사자가 채무내용의 중요한 부분을 변경하는 계약을 함으로써 새로운 채무를 성립시킴과 동시에 구채무를 소멸시키는 방법이 경개이다.

면제 – 채권자가 채무자에게 채무를 면제한다는 일방적인 의사표시를 함으로써 채권을 소멸시킬 수도 있다. 그러나 면제로써 정당한 이익을 가진 제3자에게는 대항하지 못한다.

혼동 – 채권과 채무가 동일한 주체에 귀속한 때에는 채권은 소멸되는데 이를 혼동에 의한 채권의 소멸이라고 한다. 이 때에 그 채권이 제3자의 권리의 목적인 때에는 혼동으로 소멸하지 않는다.

사례

저는 갑에게 돈 100만원을 빌려 주고 아직 받지 못하고 있습니다. 몇번 독촉하였으나 돈을 받지 못하여 감정이 매우 나빠져 있던 중, 어느 날 다시 돈을 받으러 갔으나 갑이 또 궁색한 변명만 하기에 서로 언쟁을 하다가 저가 갑을 주먹으로 때렸고, 이로 인하여 갑의 이빨이 하나 부러졌습니다. 갑의 치료비가 80만원 가량 나왔다고 하는데, 저가 받을 돈 중에서 80만원을 제하고 나머지만 받을 수 있겠습니까?

해설

채권자 채무자가 서로 같은 종류의 채권을 가지고 있는 경우에 대등한 금액으로 서로의 채권을 소멸시키는 일방적인 의사표시를 상계라고 합니다. 상계를 할 경우 적극적으로 상계의 의사표시를 하는 당사자가 가지고 있는 채권을 자동채권이라 하고, 자동채권에 의하여 소멸되는 반대채권을 수동채권이라고 합니다. 그런데 민법은 고의의 불법행위에 의한 손해배상채권은 상계의 수동채권으로 하지 못하도록 하고 있습니다. 불법행위의 피해자(불법행위에 의한 손해배상채권자)가 현실적인 변제를 받도록 하고, 불법행위의 유발을 방지하기 위해서 이러한 조치를 두고 있습니다. 따라서 귀하는 갑의 손해배상채권을 수동채권으로 하는 상계를 할 수 없습니다.

그러나 반대로 불법행위에 의한 손해배상청구권자인 갑이 귀하에게 받을 80만원의 채권을 자동채권으로 하여 상계를 하는 것은 허용됩니다. 왜냐하면 이를 허용하더라도 사례의 경우와 달리 불법행위를 조장하는 일이 되지 않기 때문입니다. 또한 이 경우는 불법행위의 피해자가 현실적으로 변제를 받는데 지장이 있는 것도 아니기 때문입니다. 요컨대, 사례의 경우 귀하는 갑에 대해 상계를 할 수 없지만, 갑은 귀하에 대해 상계를 할 수 있습니다.

참고조문

제496조(불법행위채권을 수동채권으로 하는 상계의 금지) 채무가 고의의 불법행위로 인한 것인 때에는 그 채무자는 상계로 채권자에게 대항하지 못한다.

사례

저는 사업상 급전이 필요하여 생활정보지에 소개되어 있는 갑이라는 사채업자에게 돈 1,000만원을 빌리게 되었습니다. 월 5푼의 고리를 주기로 하고 3개월 후에 원금과 이자를 갚기로 하였습니다. 그런데 3개월이 지난 후 돈을 갚기 위해 원금과 이자를 가지고 변제장소인 그의 사무실에 가니 문이 굳게 잠겨 있었습니다. 근처 사람들에게 물어보니 갑은 앞으로 2개월 동안 해외여행을 떠나서 돌아오지 않을 것이라 합니다. 채무를 변제해야 하는데 어떻게 하면 좋겠습니까?

해설

채무자가 아무리 채무를 성실하게 이행하려고 해도 채권자가 수령을 거부하든지 협조를 하지 않으면 변제의 효과가 생기지 않으므로, 이를 방치하면 채무자는 이행지체에 빠져서 법정이자를 더 물어야 하는 등 어려움을 겪을 수 있습니다. 이런 모순을 대비하여 공탁제도가 있습니다. 이는 지정된 공탁소가 채무자의 이행을 대신 받아서 채무자가 이행지체에 빠지는 것을 막아 주는 제도입니다. 공탁 중에서 변제를 위해 하는 공탁을 특히 변제공탁이라 하는데 거래실무에서 자주 이용되는 제도입니다.

대체로 사채업자는 금전의 대부를 업으로 하는 대부업자입니다. 이런 대부업자가 터무니없이 높은 이자를 붙이는 것은 법률에서 금하고 있습니다. 즉, 「대부업 등의 등록 및 금융이용자 보호에 관한 법률」 및 그 시행령에서는 연 100분의 20(월 단위로 환산하면 약 1푼7리)을 초과하는 이자를 무효로 처리하고 있습니다. 따라서 비록 고리의 이자를 주기로 하고 돈을 빌리더라도 그 이자가 앞의 법률에서 정하고 있는 이자율을 초과하고 있으면 초과한 이자는 무효이고, 지급하지 않아도 됩니다. 만약 초과이자를 이미 지급하였다면 돌려 받을 수도 있습니다. 아무튼 고리대금업자로부터 돈을 빌릴 때에는 신중을 기해야 할 것입니다.

이상의 이자율에 관한 설명은 고리대금업자 등 대부업을 전문으로 하는 업자로부터 돈을 빌린 경우에 관한 내용입니다. 만약 돈을 빌리더라도 대부업자가 아닌 보통의 개인으로부터 돈을 빌리면 이자율은 이자제한법 및 그에 관한 대통령령에서 연 20퍼센트로 규정하고 있습니다.

참고조문

제487조(변제공탁의 요건, 효과) 채권자가 변제를 받지 아니하거나 받을 수 없는 때에는 변제자는 채권자를 위하여 변제의 목적물을 공탁하여 그 채무를 면할 수 있다. 변제자가 과실없이 채권자를 알 수 없는 경우에도 같다.

대부업 등의 등록 및 금융이용자 보호에 관한 법률

제8조(대부업자의 이자율 제한) ① 대부업자가 개인이나 「중소기업기본법」 제2조제2항에 따른 소기업(小企業)에 해당하는 법인에 대부를 하는 경우 그 이자율은 연 100분의 27.9 이하의 범위에서 대통령령으로 정하는 율을 초과할 수 없다.

② 제1항에 따른 이자율을 산정할 때 사례금, 할인금, 수수료, 공제금, 연체이자, 체당금(替當金) 등 그 명칭이 무엇이든 대부와 관련하여 대부업자가 받는 것은 모두 이자로 본다. 다만, 해당 거래의 체결과 변제에 관한 부대비용으로서 대통령령으로 정한 사항은 그러하지 아니하다.

③ 대부업자가 개인이나 「중소기업기본법」 제2조제2항에 따른 소기업(小企業)에 해당하는 법인에 대부를 하는 경우 대통령령으로 정하는 율을 초과하여 대부금에 대한 연체이자를 받을 수 없다.

④ 대부업자가 제1항을 위반하여 대부계약을 체결한 경우 제1항에 따른 이자율을 초과하는 부분에 대한 이자계약은 무효로 한다.

⑤ 채무자가 대부업자에게 제1항과 제3항에 따른 이자율을 초과하는 이자를 지급한 경우 그 초과 지급된 이자 상당금액은 원본(元本)에 충당되고, 원본에 충당되고 남은 금액이 있으면 그 반환을 청구할 수 있다.

⑥ 대부업자가 선이자를 사전에 공제하는 경우에는 그 공제액을 제외하고 채무자가 실제로 받은 금액을 원본으로 하여 제1항에 따른 이자율을 산정한다.

대부업 등의 등록 및 금융이용자 보호에 관한 법률 시행령

제5조(이자율의 제한) ② 법 제8조제1항에서 "대통령령으로 정하는 율"이란 연 100분의 20을 말한다.

③ 제2항의 율을 월 또는 일 기준으로 적용하는 경우에는 연 100분의 20을 단리로 환산한다.

④ 법 제8조제2항 단서에서 "대통령령으로 정한 사항"이란 다음 각 호의 비용을 말한다.

1. 담보권 설정비용
2. 신용조회비용(「신용정보의 이용 및 보호에 관한 법률」에 따른 개인신용평가회사, 개인사업자 신용평가회사 또는 기업신용조회회사에 거래상대방의 신용을 조회하는 경우만 해당한다)

제3절 계 약

제3장 채권이란 무엇인가?

계약이란 복수의 당사자가 일정한 채권관계를 발생시키기 위해서 서로 대립되는 의사표시를 함으로써 성립하는 법률행위이다. 계약은 가장 전형적인 법률행위로서 법률행위자유의 원칙은 일명 계약자유의 원칙이라고 하기도 한다. 계약

자유의 원칙이 가지는 주요한 내용에는 네가지가 있다. 계약체결의 자유, 상대방 선택의 자유, 방식의 자유, 내용결정의 자유가 그것이다.

그러나 이러한 계약자유의 원칙은 오늘날 수정되어야 할 경우가 있다. 즉, 거래가 집단적 · 반복적 · 다량적 · 계속적으로 일어나고 있는 경우에는 종전의 계약자유의 원칙은 그대로 적용할 수 없게 된다. 이와 같은 거래에 실제로 등장하고 있는 것으로 소위 보통거래약관이 있는데, 약관은 다수의 상대방과 계약을 체결하기 위하여 일방당사자가 사전에 계약의 주요한 내용을 미리 부동의 문자로서 인쇄해 둔 문서를 말한다.

약관은 대량의 거래에서 그 필요성이 인정되긴 하나, 약관을 작성하는 측이 일방적으로 그에게 유리하도록 내용을 정해 두어서 상대방에게 부당한 결과가 될 염려가 있다. 「약관의 규제에 관한 법률」에 따르면 사업자는 불공정약관조항을 계약내용으로 해서는 안되고(동법 제17조), 공정거래위원회는 그러한 사업자에 대해서 시정조치 등(동법 제17조의2)을 취할 수 있으며, 고객에게 불리한 약관을 무효로 처리하는 등(동법 제19조의3) 불공정한 약관으로부터 고객을 보호하고 있다.

Ⅰ. 계약의 성립

계약은 서로 대립되는 두 개의 의사표시 즉, 청약과 승낙이라는 의사표시가 그 내용에 있어서 합치함으로써 성립한다. 그리고 계약은 원칙적으로 방식의 자유가 인정되는 만큼 말로도 얼마든지 성립될 수 있으며, 경우에 따라서는 묵시적으로도 성립될 수 있으며, 어떤 경우에는 계약을 성립시킨다는 생각없이 사실상의 행위를 함으로써 성립되기도 한다.

1. 해약금

계약을 체결할 때 당사자의 일방이 상대방에게 선금, 착수금, 보증금, 계약금 등의 명칭으로 교부하는 금전이나 유가물을 해약금이라고 한다. 해약금을 교부한 경우 교부자는 해약금을 포기하여 계약을 해제할 수 있고, 상대방은 해약금의 배액을 상환하여 계약을 해제할 수 있다. 따라서 해약금의 액수를 고액으로 해두면, 계약의 이행을 강제하는 작용을 한다.

사례

저는 9,000만원을 주고 갑의 아파트를 사기로 하는 계약을 체결하면서 매매계약서를 쓰고 계약금으로 900만원을 지급하였습니다. 그런데 이 날 저가 인감도장을 가지고 가지 않아서 매매계약서의 매수인란에는 저의 주소와 이름만 쓰고 날인을 하지 못하였습니다. 최근에 부동산경기가 다시 활발해지면서 며칠 사이에 아파트의 시세가 1억원 가량으로 올랐다고 합니다. 이를 알고 갑이 저에게 아파트를 팔지 않겠다고 하면서 계약금 900만원을 받아가라고 합니다. 이유는 매매계약서에 저의 도장이 안 찍혀있으니 매매계약이 성립되지 않았다는 것입니다. 이 아파트를 꼭 사고 싶은데 어떻게 하면 좋겠습니까?

해설

일반적으로 계약은 반드시 문서로 작성되어야만 성립되는 것이 아니고 말로도 얼마든지 훌륭하게 성립될 수 있습니다. 귀하의 경우도 매매계약은 당연히 성립된 것입니다. 따라서 갑의 주장은 이유가 없습니다. 계약을 실제로 체결함에 있어서 문서를 작성하는 관행은 이후 발생할 법률문제를 명확히 해둘 필요에서 그러한 것이지, 계약의 성립에 반드시 문서가 필요한 것은 아닙니다.

그리고 계약의 해제란 유효하게 성립되어 있는 계약의 효력을 당사자 일방의 의사표시에 의하여 그 계약이 처음부터 없었던 것과 같은 상태로 환원시키는 것을 말합니다. 이 때 당사자가 일방적인 의사표시로서 해제할 수 있는 권리를 해제권이라고 합니다. 계약의 해지란 계속적인 채권관계에 있어서 계약의 효력을 장래에 향하여 소멸하게 하는 일방적인 의사표시를 말합니다.

위의 경우 갑이 계약을 굳이 해제하려고 하면 계약금의 2배인 1,800만원을 귀하에게 배상하면 가능합니다. 즉, 귀하가 갑에게 지급한 계약금 900만원은 소위 해약금의 성질을 가지는 것이기 때문입니다. 만약 갑이 900만원만 돌려주고 계약을 해제하려고 하면 귀하는 이를 수령치 말고, 중도금 및 잔금을 법원에 공탁한 후 소유권이전등기를 갑에게 청구하면 됩니다.

참고조문

제543조(해지, 해제권) ① 계약 또는 법률의 규정에 의하여 당사자의 일방이나 쌍방이 해지 또는 해제의 권리가 있는 때에는 그 해지 또는 해제는 상대방에 대한 의사표시로 한다.
② 전항의 의사표시는 철회하지 못한다.
제565조(해약금) ① 매매의 당사자 일방이 계약당시에 금전 기타 물건을 계약금, 보증금 등의 명목으로 상대방에게 교부한 때에는 당사자간에 다른 약정이 없는 한 당사자의 일방이 이행에 착수할 때까지 교부자는 이를 포기하고 수령자는 그 배액을 상환하여 매매계약을 해제할 수 있다.

사례

저는 작년 6월 10일 갑이 소유하는 임야를 5천만원에 사기로 매매계약을 체결했습니다. 선금으로 당일 5백만원을 주고, 중도금 2천5백만원은 7월 10일, 잔금은 8월 10일에 각각 지급하기로 했습니다. 그런데 매매계약을 체결한 지 얼마 되지 않아서 이 임야의 부근에 첨단공장이 들어설 계획이 발표되었고, 인근의 땅값이 하루가 다르게 오르고 있습니다. 비록 매매계약을 체결하고 선금까지 지급해 놓았습니다만, 혹시 갑이 계약을 해제하면 낭패라 싶어서 중도금지급일 전인 7월 8일 미리 중도금을 지급하려고 갑에게 갔더니, 예상했던대로 갑은 매매가를 올려 달라고 하면서 중도금을 받지 않겠다고 하는 것입니다. 이에 저는 중도금을 공탁하고 원래 계약대로 진행되어야 한다고 주장했습니다. 그 뒤 갑도 선금의 배액인 천만원을 공탁하고 계약을 해제했다고 알려 왔습니다. 저는 이 임야를 꼭 사들이고 싶은데 어떻게 하면 됩니까?

해설

부동산매매계약을 체결한 뒤 매매가격이 심하게 변동될 때가 가끔씩 있습니다. 해약금제도는 이러한 때에 적절히 이용할 수 있는 제도입니다. 즉, 매도인이나 매수인은 계약체결 당시 주고 받은 해약금의 금액만큼 손해가 발생할 것(손해배상액의 예정과 같음)으로 처리하는 것입니다. 그런데 해약금의 포기나 배액의 지급으로 계약을 해제할 때에는 기간의 제한이 있습니다. 즉, '당사자의 일방이 이행에 착수할 때까지'만 이러한 해약이 가능한 것입니다.

사례의 경우 만약 귀하가 중도금을 지급하여 갑이 이를 수령했다면 이는 명백히 '이행'에 해당하기 때문에 매도인이나 매수인은 이제 계약을 해제할 수 없습니다. 그리고 중도금지급일 전에 귀하가 갑에게 중도금을 미리 지급하고자 한 것은 '이행에 착수'한 경우에 해당하여 역시 귀하나 갑은 계약을 해제할 수 없다고 봅니다. 따라서 귀하가 중도금지급일 이전에 중도금지급을 했으나 갑이 이를 받지 않고 오히려 자기가 해약금의 배액을 공탁하고 계약을 해제했다고 주장하는 것은 법적으로 타당하지 않습니다. 귀하로서는 잔금지급기일에 잔금을 지급하고, 만약 갑이 이를 수령하지 않으면 역시 공탁한 뒤 갑에게 임야의 소유권이전등기를 청구하면 됩니다.

판례도 비슷한 경우 같은 취지로 판단하고 있습니다. 매매계약의 체결 이후 시가 상승이 예상되자 매도인이 구두로 구체적인 금액의 제시 없이 매매대금의 증액요청을 하였고, 매수인은 이에 대하여 확답하지 않은 상태에서 중도금을 이행기 전에 제공하였는데, 그 이후 매도인이 계약금의 배액을 공탁하여 해제권을 행사한 사안에서, "시가 상승만으로 매매계약의 기초적 사실관계가 변경되었다고 볼 수 없고, 이행기 전의 이행의 착수가 허용되어서는 안 될 만한 불가피한 사정이 있는 것도 아니므로 매도인은 위의 해제권을 행사할 수 없다(대판, 2006.2.10. 2004다11599)"고 합니다.

그리고 "민법 제565조가 해제권 행사의 시기를 당사자의 일방이 이행에 착수할 때까지로 제한한 것은 당사자의 일방이 이미 이행에 착수한 때에는 그 당사자는 그에 필요한 비용을 지출하였을 것이고, 또 그 당사자는 계약이 이행될 것으로 기대하고 있는데 만일 이러한 단계에서 상대방으로부터 계약이 해제된다면 예측하지 못한 손해를 입게 될 우려가 있으므로 이를 방지하고자 함에 있고, 이행기의 약정이 있는 경우라 하더라도 당사자가 채무의 이행기 전에는 착수하지 아니하기로 하는 특약을 하는 등 특별한 사정이 없는 한 이행기 전에 이행에 착수할 수 있다(대판, 1993.1.19. 92다31323)."고 합니다.

2. 계약체결상의 과실

계약체결상의 과실책임이란 계약의 성립과정에서 당사자의 일방이 그의 귀책사유로 상대방에게 손해를 발생시킨 경우에 그 손해를 배상해야 할 책임이다. 민법상으로는 계약을 체결할 때에 계약의 목적이 불능일 경우(이러한 불능을 소위 원시적 불능이라고 함) 계약체결상의 과실문제가 발생한다.

사례

서울에 살고 있는 갑이 그의 집을 부산에 살고 있는 저에게 팔 뜻이 있다고 하여 저가 모월모일에 찾아가겠다고 하였습니다. 갑이 좋다고 하여 약속한 날 서울에 올라가보니 갑은 그 집을 이미 다른 사람에게 팔아버렸습니다. 집을 미리 팔았다는 사실을 저에게 알려주었더라면 서울에 가지 않았어도 될 터인데, 사업상 매우 분주한 저로서는 결과적으로 쓸데없이 서울에 다녀오게 되어 차비는 물론 시간적으로도 손해를 보았습니다. 그러나 갑은 미안하게 되었다고 사과하기는 커녕, 자기 집을 자기 뜻대로 파는 것은 당연한 일이지 무슨 잘못이 있는가고 오히려 큰소리를 칩니다. 갑의 소행이 괘씸하여 서울에 간 차비와 시간의 낭비로 인한 손해를 갑에게 청구하고자 하는데 가능한지요?

해설

결론부터 말하자면 가능합니다. 귀하와 갑 사이에는 아직 계약이 성립되지 않았으므로 계약으로부터 발생하는 일정한 의무를 서로 부담하는 것은 아닙니다. 그러나 두 사람 사이에는 계약을 체결하기 위한 단계에서 서로 계약이 체결되리라는 믿음을 나누었다고 할 수 있습니다. 그리고 이러한 믿음으로부터 두 사람 사이에는 일정한 의무가 발생하는 것입니다. 이를 법률적으로는 계약체결상의 과실책임문제라고 합니다.

계약을 체결하는 과정에서 계약이 확실하게 체결되리라는 정당한 기대 내지 신뢰를 부여하여 상대방이 그 신뢰에 따라 행동했음에도 불구하고, 상당한 이유 없이 계약의 체결을 일방적으로 거부하여 상대방에게 손해를 입혔다면, 그러한 손해는 계약을 부당하게 파기한 당사자가 배상을 해야 합니다. 하지만 이때의 손해란 그 계약의 성립을 기대하고 지출한 계약준비비용과 같이, 그러한 신뢰가 없었더라면 통상 지출하지 않았을 비용 정도라 할 것입니다. 따라서 그러한 신뢰가 생겼다고 보기 전(즉, 계약이 체결될 것이라는 객관적인 믿음을 하기 전) 단계에서 지출한 비용 등은 여기의 손해에 포함시킬 수 없습니다. 다음의 판례를 참고하기 바랍니다. "아직 계약체결에 관한 확고한 신뢰가 부여되기 이전 상태에서 계약교섭의 당사자가 계약체결이 좌절되더라도 어쩔 수 없다고 생각하고 지출한 비용, 예컨대 경쟁입찰에 참가하기 위하여 지출한 제안서, 견적서 작성비용 등은 여기에 포함되지 아니한다고 볼 것이다(대판, 2003.4.11. 2001다53059)."

귀하는 계약이 체결되리라는 정당한 믿음을 가지고 있었지만, 갑이 일방적으로 계약을 부당하게 파기함으로써 손해를 입었습니다. 따라서 귀하는 시간의 낭비로 인한 손해를 구체적으로 산정한 금액과 차비를 합한 손해액을 배상하라고 갑에게 청구할 수 있습니다.

참고조문

제535조(계약체결상의 과실) ① 목적이 불능한 계약을 체결할 때에 그 불능을 알았거나 알 수 있었을 자는 상대방이 그 계약의 유효를 믿었음으로 인하여 받은 손해를 배상하여야 한다. 그러나 그 배상액은 계약이 유효함으로 인하여 생길 이익액을 넘지 못한다.
② 전항의 규정은 상대방이 그 불능을 알았거나 알 수 있었을 경우에는 적용하지 아니한다.

Ⅱ. 계약의 효력

계약이 어떠한 효력을 갖느냐 하는 문제는 계약이 성립되었느냐 아니냐 하는 문제와 별개의 문제이다. 계약이 성립조차 되지 않았다면 효력의 문제는 발생하지 아니한다. 환언하면 계약의 효력문제는 계약이 성립되고 난 이후의 문제이다.

일반적으로 계약이 효력을 가지기 위해서는 그 내용이 확정할 수 있거나 확정되어 있어야 하며, 또한 그 내용이 가능한 것이어야 한다. 그리고 계약의 내용이 적법해야 하고, 사회적으로 타당한 것이어야 한다.

1. 동시이행의 항변권

쌍무계약에는 소위 동시이행의 항변권이라는 권리가 인정된다. 동시이행의 항변권이란 쌍무계약에 있어서 당사자 일방은 상대방이 그 채무의 이행을 제공할 때까지 자기의 채무이행을 거절할 수 있는 권리이다. 이러한 제도가 있는 이유는 쌍무계약에서 발생하는 채무는 서로 대가적 의존관계에 있으므로 동시에 이행되는 것이 공평하기 때문이다.

사례

저는 갑에게 저의 집을 9,000만원에 팔기로 매매계약을 체결하고 지금까지 선금 및 중도금조로 7,000만원을 받았습니다. 잔금을 치루기로 되어 있는 날에 갑은 잔금이 모두 준비되지 못하였다고 하면서, 집에 대한 소유권이전등기를 미리 하여 주면 집을 은행에 담보로 제공하여 잔금을 치루겠다고 합니다. 그리고 필요하면 이러한 내용의 각서를 써주겠다고 합니다. 계약을 체결하기 전까지는 전혀 면식도 없던 사람이라 요구대로 해주기가 꺼림칙한데, 갑의 요청을 들어 주어도 괜찮겠습니까?

해설

계약은 그 계약에 의하여 당사자가 서로 대가적 의미를 가지는 채무를 부담하느냐의 여부를 기준으로 쌍무계약과 편무계약으로 나누어 볼 수 있습니다. 쌍무계약은 대가적 의미의 채무를 서로 가지는 계약이고, 편무계약은 대가적 채무를 서로 가지지 않는 계약입니다. 여기서 대가적 의미의 채무란 그 채무의 내용이 경제적으로나 객관적으로 꼭 같은 가치를 가져야 한다는 말이 아니고, 그 채무가 서로 의존적이어서 채무의 부담이 교환적 원인관계에 있다는 의미입니다. 즉, 이 쪽 당사자가 부담하는 채무는 저 쪽 당사자가 채무를 부담하기 때문이며, 저 쪽 당사자가 채무를 부담하는 까닭은 이 쪽 당사자가 채무를 부담하기 때문이라는 관계에 있는 채무를 발생시키는 계약을 쌍무계약이라고 합니다.

매매계약은 전형적인 쌍무계약이기 때문에, 귀하가 소유권을 이전등기해 줘야 할 채무와, 갑이 귀하에게 매매대금을 지급해야 할 채무는 서로 동시이행의 관계에 있습니다. 따라서 귀하는 갑의 요구가 있더라도 소유권이전등기를 해주지 않아도 무방합니다. 만약 잔금을 모두 받지도 않은 상태에서 이전등기를 해주고 나서 갑이 약속대로 잔금을 지급하지 않는다면, 귀하는 그러한 갑을 상대로 소송을 통하지 않고서는 잔금을 받을 수 없는 경우도 생길 수 있으니, 미리부터 이러한 위험을 배제할 필요가 있습니다. 이러한 위험은 아무리 각서를 받아놓았다고 하더라도 있을 수 있으니 각별히 유의해야 할 것입니다.

참고조문

제536조(동시이행의 항변권) ① 쌍무계약의 당사자 일방은 상대방이 그 채무이행을 제공할 때까지 자기의 채무이행을 거절할 수 있다. 그러나 상대방의 채무가 변제기에 있지 아니하는 때에는 그러하지 아니하다.
② 당사자 일방이 상대방에게 먼저 이행하여야 할 경우에 상대방의 이행이 곤란할 현저한 사유가 있는 때에는 전항 본문과 같다.

2. 위험부담

위험부담이란 쌍무계약에 있어서 한쪽의 채무가 채무자의 귀책사유없이 이행불능으로 되어 소멸한 경우, 그에 상응하는 다른 쪽의 채무는 어떻게 되느냐 하는 문제이다. 민법은 소위 채무자위험부담의 원칙이라 하여, 이와 같은 경우 채무자는 상대방의 이행을 청구하지 못하도록 하고 있다.

사례

저는 저의 집을 갑에게 9,000만원에 팔기로 매매계약을 체결하고 선금조로 800만원, 중도금조로 4,500만원을 받았습니다. 그런데 잔금을 받기 이틀 전 옆집에 불이 나서 저의 집에 옮겨 붙었고 저의 집이 완전히 타버렸습니다. 이런 경우 저와 갑과의 법률관계는 어떻게 됩니까?

해설

이와 같은 경우를 민법은 소위 위험부담의 문제로 처리하고 있습니다. 쌍무계약을 체결한 뒤에 채무자의 귀책사유로 이행불능이 된 경우에는 채무자가 당연히 위험을 부담해야 합니다. 그러나 채권자의 귀책사유로 이행불능이 된 경우에는 채권자에게 책임이 있으므로 채무자는 상대방의 이행을 청구할 수 있습니다.

이 사례에서는 집을 넘겨주어야 할 채무자인 귀하의 귀책사유없이 이행불능상태가 발생한 것이고, 따라서 집의 이전등기의무라는 채무는 소멸하게 됩니다. 그러나 채무자위험부담의 원칙에 따라서 상대방의 대금지급의무도 소멸하게 되므로, 귀하는 갑으로부터 받은 선금과 중도금을 부당이득으로서 반환해야 합니다. 결국 집의 소실로 발생한 위험은 귀하가 부담해야 합니다.

참고조문

제537조(채무자위험부담주의) 쌍무계약의 당사자 일방의 채무가 당사자 쌍방의 책임없는 사유로 이행할 수 없게 된 때에는 채무자는 상대방의 이행을 청구하지 못한다.

제538조(채권자귀책사유로 인한 이행불능) ① 쌍무계약의 당사자 일방의 채무가 채권자의 책임있는 사유로 이행할 수 없게 된 때에는 채무자는 상대방의 이행을 청구할 수 있다. 채권자의 수령지체 중에 당사자쌍방의 책임없는 사유로 이행할 수 없게 된 때에도 같다.

② 전항의 경우에 채무자는 자기의 채무를 면함으로써 이익을 얻은 때에는 이를 채권자에게 상환하여야 한다.

Ⅲ. 계약의 해제와 해지

계약의 해제란 유효하게 성립되어 있는 계약을 당사자의 일방적인 의사표시에 의하여 그 계약이 처음부터 효력을 발생하지 못하도록 하는 것을 말하며, 이렇게 계약을 해소시키는 권리를 해제권이라 한다. 해제권에는 당사자가 정하는 약정해제권과 법에서 정한 일정한 사유, 예컨대 이행지체, 이행불능, 불완전이행 등의 사유가 있으면 당연히 발생하는 법정해제권이 있다.

계속적 채권관계에 있어서 계약의 효력을 장래에 향하여 소멸시키는 일방적인 행위를 계약의 해지라 하고, 해지할 수 있는 권리를 해지권이라 한다. 해지권에도 약정해지권과 법정해지권이 있다.

계약의 해제는 다음과 같은 경우에 적절히 이용할 수 있는 제도이다. 가령 갑이 100만원어치의 상품을 을에게 팔기로 계약을 체결하였는데 그 뒤 상품의 값이 70만원으로 하락하여 을이 그 상품을 사가기를 꺼리고 있다고 하자. 이러한 경우 갑이 을에게 원래의 계약대로 물건을 팔고 대금을 받기 위해서는 상품을 을에게 인도하면서 을을 상대로 소송을 제기하여 승소판결을 받은 다음, 법원의 힘을 빌어 을로부터 100만원을 받으면서 아울러 손해가 있다면 그 손해를 지연이자의 형식으로 받을 수 있을 것이다. 그러나 이러한 과정은 실제로 매우 번거로운 절차이다. 이와 같은 경우 갑으로서는 해제제도를 이용하여 문제를 간단하게 해결할 수 있다. 즉, 갑은 을과의 계약을 해제하면서 시가인 70만원에 상품을 다른 사람에게 팔고, 을에게 제대로 팔았더라면 발생하지 않을 손해액 30만원을 을에게 청구할 수 있는 방법이 해제제도이다.

1. 이행지체와 해제

이행이 가능함에도 불구하고 이행기가 지났는데 채무자가 아직 이행을 하지 않는 것을 이행지체라 한다. 이행지체가 있으면 채권자는 계약을 해제할 수 있다.

사례

저는 급한 사정이 있어서 집을 시가보다 싸게 판다는 갑으로부터 집을 사면서, 중도금은 15일 후, 잔금은 30일 후에 지급하기로 하고 계약을 체결하였습니다. 그런데 저에게 예상치 못한 사정이 생겨서 잔금을 주기로 한 날에 돈을 지급하지 못하였습니다. 그랬더니 갑은 내일 당장 계약을 해제한다고 저에게 통보를 하였습니다. 이 계약은 해제된 것입니까?

해설

채무자의 귀책사유로 이행지체가 있으면 법정해제권이 채권자에게 발생합니다. 이 경우 귀하의 귀책사유로 인하여 이행이 지체되었으므로 채권자인 갑에게 해제권이 있습니다. 그런데 이행지체로 인한 계약해제권을 행사할 때에는 상당한 기간(대체로 1주일 내지 2주일의 기간)을 정하여 최고해야만 합니다. 상당기간(유예기간이라고도 함)을 두지 않고 최고한 때에는 상당기간을 지난 후에 해제의 효과가 생깁니다. 따라서 이 경우 내일 당장 계약이 해제되는 것이 아니라 상당기간이 경과한 후 계약이 해제됩니다. 귀하가 그 때까지 잔금을 지급하면 채무를 이행한 것으로 되어 더 이상 갑은 계약을 해제할 수 없습니다. 물론 이 때 귀하는 약속한 날보다 늦게 이행한데 대하여 갑에게 손해(지연이자)를 배상해야 합니다.

한편, 채무자가 미리 이행을 거절한다는 의사를 표시한 때에는 상당기간의 최고를 할 필요 없이 계약을 해제할 수 있습니다. 상당기간을 두어서 최고를 한 뒤에 해제할 수 있도록 한 취지는 채무자로 하여금 그 기간 동안 이행을 준비하도록 시간적 여유를 준다는 것인데, 미리 이행을 거절하겠다고 의사를 분명히 밝힌 채무자를 다시 상당기간 기다려 줄 필요는 없기 때문입니다.

참고조문

제544조(이행지체와 해제) 당사자 일방이 그 채무를 이행하지 아니하는 때에는 상대방은 상당한 기간을 정하여 그 이행을 최고하고 그 기간내에 이행하지 아니한 때에는 계약을 해제할 수 있다. 그러나 채무자가 미리 이행하지 아니할 의사를 표시한 경우에는 최고를 요하지 아니한다.

2. 정기행위와 해제

일정한 시일 또는 일정한 기간내에 이행하지 않으면 계약을 체결한 목적을 달성할 수 없는 계약을 소위 정기행위라 한다. 정기행위의 경우에는 이행지체가 있으면 최고 없이 계약을 해제할 수 있다.

사례

저는 대학생으로서 저희 학과의 대표를 맡고 있습니다. 화창한 봄날도 되고 하여 동료 학생들과 교외의 한적한 유원지로 야유회를 가게 되었는데, 목적지로 출발하면서 학생들의 점심식사용으로 갑이 경영하는 도시락 회사에 도시락을 50개 주문했습니다. 그리고 12시까지 저희들의 야유회장소로 갑이 직접 배달해 주기로 하였습니다. 즐거운 오전시간을 보내고 점심시간이 되었습니다. 그런데 웬일인지 오후 2시가 넘어도 도시락이 오지 않았습니다. 할 수 없어서 우리 일행은 인근식당에서 점심식사를 해결하였습니다. 갑은 오후 3시가 넘어서야 허겁지겁 도시락을 가지고 왔습니다. 저희들은 이미 식사를 마쳐서 도시락이 필요 없다고 하니 갑은 손해가 크다고 하면서 재료값이라도 달라고 합니다. 저는 갑에게 재료값 정도는 지불해야 하나요?

해설

앞의 사례에서 보았듯이 채무자의 귀책사유로 이행지체가 있는 경우 채권자는 상당기간을 두고 최고하여 그 기간에도 채무자가 이행을 하지 않으면 계약은 비로소 해제됩니다. 그런데 이행지체가 있으면 최고를 할 필요없이 계약을 바로 해제할 수 있는 경우가 있습니다. 즉, 계약 중에서 일정한 시일이나 일정한 기간 안에 이행을 해야만 계약의 목적을 달성할 수 있는 계약을 보통의 계약과 구별하여 정기행위라고 합니다. 정기행위의 경우 이행지체가 있으면 최고를 할 필요 없이 바로 계약을 해제할 수 있습니다. 정기행위에서는 이행을 하는 시점이 매우 중요하기 때문입니다. 점심 도시락을 주문한 경우 식사시간이 매우 중요한 요소이고, 도시락을 늦게 가져 옴으로써 계약의 목적을 달성할 수 없게 되었으므로 별도의 최고 없이 바로 계약을 해제할 수 있는 것입니다. 귀하가 도시락이 필요 없다고 한 해제의 의사표시에 의하여 계약은 해제되었습니다. 따라서 갑의 주장은 이유없는 것으로 무시해도 좋습니다.

참고조문

제545조(정기행위와 해제) 계약의 성질 또는 당사자의 의사표시에 의하여 일정한 시일 또는 일정한 기간내에 이행하지 아니하면 계약의 목적을 달성할 수 없을 경우에 당사자 일방이 그 시기에 이행하지 아니한 때에는 상대방은 전조의 최고를 하지 아니하고 계약을 해제할 수 있다.

3. 원상회복의무

계약을 해제하면 계약이 없었던 상태로 돌아가는 효과가 있다. 이를 해제의 원상회복효과라고 한다. 채무자는 원상회복의무를 부담한다.

사례

농부인 저는 제과업을 하는 갑에게 과자원료로 쌀 50가마를 팔고 대금은 2개월 후에 받기로 계약을 하였습니다. 약속한 날짜에 대금을 달라고 하니 갑은 사업이 잘 안된다는 핑계로 차일피일 미루고 있습니다. 계약을 해제하면 쌀을 돌려받을 수가 있습니까? 만약 쌀을 모두 소비하였다면 어떻게 됩니까?

해설

물론 계약을 해제할 수 있습니다. 계약을 해제하면 채무자에게 원상회복의무가 발생하고, 이 의무에 따라서 채무자는 원칙적으로 원래의 물건을 그대로 반환해야 합니다. 이를 원물반환의 원칙이라 합니다. 원물이 멸실되거나 파손 또는 소비되어 원물반환이 곤란할 때에는 원물을 금전으로 환산한 금액을 반환해야 합니다. 이를 가격반환의 원칙이라 합니다. 이 때의 가격은 계약당시의 가격이 아니라 해제당시의 가격입니다.

따라서 갑이 아직 쌀을 그대로 가지고 있다면 그것을 반환받으면 되고, 이미 소비를 했다면 해제당시의 가격으로 환산한 금액을 돌려받을 수 있습니다. 물론 계약이 원래대로 이행되지 아니하여 발생한 손해에 대하여도 배상을 청구할 수 있습니다.

참고조문

제548조(해제의 효과, 원상회복의무) ① 당사자 일방이 계약을 해제한 때에는 각 당사자는 그 상대방에 대하여 원상회복의 의무가 있다. 그러나 제3자의 권리를 해하지 못한다.
② 전항의 경우에 반환할 금전에는 그 받은 날로부터 이자를 가하여야 한다.

Ⅳ. 계약의 여러 가지 모습

계약은 원칙적으로 당사자의 자유의사에 의하여 맺어지는 것이다. 이를 계약자유의 원칙이라 함은 앞에서 이미 언급하였다. 따라서 계약의 모습도 매우 다양하리라고 짐작할 수 있다. 특히 현대사회와 같이 변화무쌍하고 새로운 유형의 거래가 끊임없이 발생하고 있는 사회에서는 법이 예상하지 못한 계약도 많이 있다.

민법은 우리 주위에서 일어날 수 있는 계약을 15가지(2016.2.4.부터 새로 여행계약이 전형계약의 하나로 들어와서 15가지가 되었음)로 분류하여 이를 규정하고 있다. 이를 전형계약이라 한다. 그러나 거래의 실제에 있어서는 전형계약 이외에도 계약자유의 원칙이 인정되므로 얼마든지 새로운 유형의 계약을 체결할 수 있음은 물론이다. 아래에서는 전형계약 중에서 우리의 일상생활과 밀접한 관련을 가지고 있는 계약을 중심으로 그 대강의 법리를 소개한다.

1. 증 여

계약당사자의 일방이 상대방에게 물건이나 권리를 양도할 것을 내용으로 하는 계약을 일반적으로 양도계약이라 하는데, 민법상 양도계약에는 증여, 매매, 교환의 세 가지가 있다.

증여라 함은 당사자 일방(증여자)이 무상으로 재산을 상대방(수증자)에게 준다는 의사를 표시하고, 상대방이 이를 승낙함으로써 성립하는 계약이다. 따라서 상대방이 증여받기를 거절하면 증여계약은 성립되지 않는다. 증여계약은 무상으로, 즉 대가없이 이루어진다는 점에서 다른 계약에 비하여 특색있는 계약이다.

사례

저는 재산은 남부럽지 않게 있지만, 자식이 없어서 늘 아쉬운 사람입니다. 그런데 저의 집안 조카인 갑이란 청년은 가난하지만 총명하고 매사에 다른 사람의 모범이 되는 모 대학 법학도입니다. 갑을 자식과 같이 생각하여 또 앞으로 이 나라의 지도자로서 훌륭하게 성장하리라는 기대에서, 그에게 3정보 가량의 과수원을 아무런 대가없이 주기로 말로써 약속을 하였습니다. 그러나 그 약속이 있은 후부터 갑은 예전같지 않고 딴 사람으로 변한 듯 합니다. 학업도 게을리 하고 불량한 친구를 사귀면서 심지어는 마치 큰 부자나 된 것처럼 떠벌리고 다니기조차 합니다. 차라리 약속을 하지 않았더라면 갑이 훌륭하게 성장할 것인데 하는 후회가 들고 있습니다. 법적으로 갑과의 약속을 없는 것으로 할 수는 없습니까?

해설

계약은 말로도 얼마든지 성립될 수 있으므로 귀하가 갑과 한 약속은 법적으로 증여계약입니다. 증여도 계약인 이상 거기로부터 일정한 권리와 의무가 발생합니다. 따라서 귀하는 약속한대로 과수원을 갑에게 주어야 하는 것이 원칙입니다.

그러나 증여계약은 일반적인 유상계약과 달리 무상계약인 까닭에 몇 가지 특수한 효과가 있습니다. 즉, 증여는 증여자만이 이행의무를 부담하므로 증여자가 경솔하게 증여계약을 하는 것을 방지한다는 취지에서 또, 증여자의 의사를 명확하게 해 놓지 않아서 후에 다툼이 생길 것을 염려하여, 서면으로 표시되지 아니한 증여계약은 각 당사자가 이를 해제할 수 있도록 하고 있습니다. 따라서 증여계약을 말로써만 한 사례의 경우, 귀하는 얼마든지 계약을 해제하여 의무를 면할 수 있습니다. 이것 이외에도 증여계약에만 적용되는 특수한 효과를 보면 다음과 같습니다.

원칙적으로 증여자는 증여의 목적인 물건이나 권리에 흠결이 있더라도 책임을 지지 않습니다. 일반적인 유상계약의 경우 물건이나 권리를 양도하는 자는 계약의 내용에 따른 완전한 상태의 물건이나 권리를 양도해야 할 책임(이를 하자담보책임이라 함)이 있습니다만, 증여는 무상계약이므로 증여자에게 이러한 책임을 면제시켜 주고 있습니다. 그리고 증여계약 후에 증여자의 재산상태가 현저하게 악화된 경우 증여자는 계약을 해제할 수 있으며, 수증자가 증여자나 증여자와 일정한 신분관계에 있는 사람에게 범죄행위를 한 때에도 증여를 해제할 수 있도록 하고 있습니다. 이와 같은 조치는 증여자만이 급부의무를 부담하는 증여의 특성에서 마련된 것들입니다.

참고조문

제554조(증여의 의의) 증여는 당사자 일방이 무상으로 재산을 상대방에게 수여하는 의사를 표시하고 상대방이 이를 승낙함으로써 그 효력이 생긴다.

제555조(서면에 의하지 아니한 증여와 해제) 증여의 의사가 서면으로 표시되지 아니한 경우에는 각 당사자는 이를 해제할 수 있다.

제556조(수증자의 행위와 증여의 해제) ① 수증자가 증여자에 대하여 다음 각호의 사유가 있는 때에는 증여자는 그 증여를 해제할 수 있다.

1. 증여자 또는 그 배우자나 직계혈족에 대한 범죄행위가 있는 때
2. 증여자에 대하여 부양의무있는 경우에 이를 이행하지 아니하는 때

② 전항의 해제권은 해제원인있음을 안 날로부터 6월을 경과하거나 증여자가 수증자에 대하여 용서의 의사를 표시한 때에는 소멸한다.

제559조(증여자의 담보책임) ① 증여자는 증여의 목적인 물건 또는 권리의 하자나 흠결에 대하여 책임을 지지 아니한다. 그러나 증여자가 그 하자나 흠결을 알고 수증자에게 고지하지 아니한 때에는 그러하지 아니하다.

2. 매 매

유상인 양도계약 중에서 대가가 화폐로 지급되는 것을 매매라 하고, 화폐아닌 재화, 즉 물건이나 권리로 반대급부를 해야 하는 계약을 교환이라 한다. 매매는 당사자 일방이 재산권을 상대방에게 이전할 것을 약정하고, 상대방은 그 대금을 지급하기로 약정함으로써 이루어지는 계약이다. 매매에 의하여 매도인은 소유권이전의무 및 목적물인도의무를 부담하게 되고, 매수인은 반대급부로서 대금지급의무를 부담하게 된다. 이 양자의 의무는 동시이행의 관계에 있는 것이 원칙이다.

매매는 자본주의 내지 자유시장경제체제 아래에서 거래법을 주도해 나가는 대표적인 재산계약이라 할 수 있다.

1) 매매의 예약

예약이란 장래에 본계약을 체결할 것을 약속하는 계약이다. 따라서 예약이 있으면 당사자는 장차 본계약을 체결할 채무를 부담하는 것이 원칙이다. 그런데 민법상 매매의 예약은, 예약으로 본계약을 체결할 권리를 가지는 자가 상대방에 대하여 본계약을 성립시킨다는 의사표시(이를 예약완결의 의사표시라 함)를 하면, 상대방의 승낙을 기다리지 않고 본계약인 매매가 성립되도록 할 때 이용된다. 이 때 예약완결의 의사표시를 할 수 있는 권리를 예약완결권이라 하는데, 민법상으로는 예약완결권을 당사자의 일방에게만 인정하는 소위 일방예약을 원칙으로 한다. 매매의 일방예약에 관한 이와 같은 원리는 매매 이외의 유상계약에도 준용된다.

사례

저는 집 한채를 갑에게 매도하기 위한 매매의 예약을 갑과 하면서, 갑이 필요한 때에 본계약을 체결하도록 하였습니다. 그런데 예약이 있은 후 1년이 다되어 가는 데도 갑은 아직까지 본계약을 체결하자고 제의를 하지 않고 있습니다. 만약 갑이 본계약을 체결할 의사가 없다면 다른 사람한테 집을 팔고 싶은데 어떻게 하면 좋겠습니까?

해설

질문의 취지를 보아 예약완결권은 갑에게 있는 것으로 보입니다. 그런데 예약완결권의 존속기간을 정하지 않은 경우에는 예약의무자는 예약완결권자에게 상당한 기간을 정하여 예약완결권행사 여부의 확답을 최고할 수 있고, 만약 예약의무자가 그 기간내에 확답을 받지 못하면 예약은 효력을 상실하게 됩니다. 그리고 예약완결권은 형성권이므로 권리행사기간이 위 사례와 같이 정해져 있지 않은 경우에는, 10년간 행사하지 아니하면 예약완결권은 소멸하게 됩니다. 따라서 예약의 효력을 상실하게 하는 최고 등의 조치를 취한 후에 집을 제3자에게 처분할 수 있습니다. 만약 갑에 대하여 이러한 조치를 취하지 아니하고 임의로 집을 제3자에게 처분하면, 갑은 귀하에게 이행불능으로 인한 손해배상청구 등 책임을 추궁할 수 있습니다.

참고조문

제564조(매매의 일방예약) ① 매매의 일방예약은 상대방이 매매를 완결할 의사를 표시하는 때에 매매의 효력이 생긴다.
② 전항의 의사표시의 기간을 정하지 아니한 때에는 예약자는 상당한 기간을 정하여 매매완결여부의 확답을 상대방에게 최고할 수 있다.
③ 예약자가 전항의 기간내에 확답을 받지 못한 때에는 예약은 그 효력을 잃는다.

2) 매매의 효력

매매계약이 체결되면 매도인은 계약의 목적인 물건이나 권리를 계약내용에 따른 완전한 것으로 매수인에게 이전해야 할 의무가 있다. 이러한 의무를 매도인의 재산권이전의무라고 한다. 매도인에게는 재산권을 이전할 때에 완전한 재산권을 이전해야 할 책임이 있다. 이를 매도인의 하자담보책임이라고 한다. 매도인에게 하자담보책임이 있으므로 매수인은 어느 정도 믿음을 가지고 매매계약을 체결할 수 있을 것이다.

반대로 매수인은 대금을 지급해야 할 의무가 있다. 매도인과 매수인이 부담하는 의무는 서로 대가적인 의미가 있으므로 매매는 쌍무계약의 전형이다.

사례

갑은 그의 아버지로부터 상속받은 집이 한채 있습니다. 저는 갑으로부터 이 집을 사기로 하고 계약을 체결하였습니다. 계약 당시에 그 집에 대한 등기명의가 당연히 갑으로 되어 있는 줄 믿고 등기부를 확인하지 않은 채 선금까지 주어 계약을 하였는데, 나중에 알고 보니 그 집은 을 명의로 되어 있었습니다. 이렇게 된 까닭은 갑의 아버지가 이미 10년 전에 을에게 그 집을 팔고 이전등기까지 마쳤지만 갑이 이러한 사실을 모르고 있었던 것입니다. 이런 경우 법적으로 저는 갑에게 어떠한 주장을 할 수 있습니까?

해설

다른 사람의 권리도 법적으로는 매매의 대상이 될 수 있습니다. 그러한 권리도 매도인이 취득한 뒤에 다시 매도할 수 있기 때문입니다. 만약 매도인이 권리를 취득하여 매수인에게 이전할 수 없을 때에는 매수인은 그 계약을 해제할 수 있으며, 매도인에 대하여 계약이 이행되지 못함으로 인하여 발생한 손해를 배상하라고 청구할 수 있습니다.

그리고 매도인이 계약 당시에 계약의 대상이 된 권리가 자기에게 속하지 아니한다는 사실을 모르고 계약을 하였으나 그 권리를 취득하여 매수인에게 이전할 수 없을 때에는, 매도인도 매수인에게 손해를 배상하고 계약을 해제할 수 있습니다. 이 때 매수인이 계약 당시에 대상이 된 권리가 매도인에게 속하지 아니한다는 사실을 알고 있었을 때에는, 매도인은 그 권리를 취득할 수 없다는 사실을 매수인에게 통지하고 계약을 해제할 수 있습니다. 물론 이 때는 매도인에게 손해배상의 무는 없습니다.

따라서 위의 경우 갑이 을로부터 집에 대한 소유권을 취득하여 귀하에게 그 소유권을 넘겨주면 계약이 원래의 목적을 달성하게 되어 아무런 문제가 없을 것입니다. 그러나 실제로 이러한 과정에서 을이 협조하지 않는다면, 귀하는 갑과의 계약을 해제하고 갑에 대하여 손해배상을 청구하여 문제를 해결할 수 있을 것입니다. 부동산에 대한 거래에 있어서는 등기부를 확인하는 일이 이후에 발생할 수 있는 법적 분쟁을 미리 막을 수 있는 길이라는 점을 특히 유의해야 합니다.

참고조문

제568조(매매의 효력) ① 매도인은 매수인에 대하여 매매의 목적이 된 권리를 이전하여야 하며 매수인은 매도인에게 그 대금을 지급하여야 한다.

② 전항의 쌍방의무는 특별한 약정이나 관습이 없으면 동시에 이행하여야 한다.

제569조(타인의 권리의 매매) 매매의 목적이 된 권리가 타인에게 속한 경우에는 매도인은 그 권리를 취득하여 매수인에게 이전하여야 한다.

제570조(동전-매도인의 담보책임) 전조의 경우에 매도인이 그 권리를 취득하여 매수인에게 이전할 수 없는 때에는 매수인은 계약을 해제할 수 있다. 그러나 매수인이 계약당시에 그 권리가 매도인에게 속하지 아니함을 안 때에는 손해배상을 청구하지 못한다.

제571조(동전-선의의 매도인의 담보책임) ① 매도인이 계약 당시에 매매의 목적이 된 권리가 자기에게 속하지 아니함을 알지 못한 경우에 그 권리를 취득하여 매수인에게 이전할 수 없는 때에는 매도인은 손해를 배상하고 계약을 해제할 수 있다.

② 전항의 경우에 매수인이 계약 당시 그 권리가 매도인에게 속하지 아니함을 안 때에는 매도인은 매수인에 대하여 그 권리를 이전할 수 없음을 통지하고 계약을 해제할 수 있다.

3) 매도인의 하자담보책임

매도인이 부담하는 하자담보책임은 경우에 따라 그 내용에 차이가 있지만 대체로 매수인에게 다음과 같은 권리를 인정하는 형식으로 구현된다. 즉, 매수인에게는 계약해제권, 대금감액청구권, 손해배상청구권, 완전물급부청구권 등이 선택적으로 인정된다.

사례

저는 결혼한 지 10년만에 대지 30평짜리 집을 한채 갑으로부터 샀습니다. 건물값으로 500만원, 대지값으로 평당 100만원씩 계산하여 3,000만원, 합계 3,500만원에 사기로 계약을 하였습니다. 잔금을 모두 지급하고 이전등기까지 마쳤습니다만 아무래도 대지가 30평이 안된다는 의심이 들어 측량을 해보니 3평이 부족하였습니다. 집옆에 도로가 개설되면서 3평이 도로부지로 편입되었던 것입니다. 모자라는 평수에 대하여 갑에게 따지고 싶은데, 법적으로 어떠한 방법이 있습니까?

해설

매매의 경우 매도인에게는 앞에서도 보았듯이 하자담보책임이 있습니다. 이 사례와 같이 매매의 목적이 된 권리 중 일부에 대하여 매수인이 소유권을 행사할 수 없게 된 경우에도 매도인은 책임을 져야 합니다. 우선 매수인은 매매대금 중에서 부족한 부분에 해당하는 금액을 감액해 줄 것을 매도인에게 청구할 수 있습니다. 이 권리를 매수인의 대금감액청구권이라 합니다. 그리고 소유권행사를 할 수 없는 부분이 너무 커서 계약이 원래의 목적을 달성하기 어렵게 된 경우에는 계약 자체를 해제할 수 있으며, 그러한 하자로 인하여 손해가 발생했다면 손해배상까지 청구할 수 있습니다. 일반적으로 주택을 매매할 경우 30평의 대지 중에서 3평이 모자란다고 계약이 원래의 목적을 달성하기 어렵게 되었다고 말하기는 어려울 것 같습니다. 따라서 계약 자체를 해제하기는 곤란하다고 생각되고, 단지 대금감액을 청구할 수 있다고 판단됩니다.

귀하의 경우 이미 대금을 지급한 상태이므로 3평에 해당하는 300만원의 금액을 감하라고 갑에게 청구할 수 있습니다. 그리고 손해가 발생했다면 손해배상도 청구할 수 있습니다. 그런데 이 대금감액청구권을 행사할 때에는 주의할 점이 있습니다. 즉, 매수인이 그러한 하자를 모르고 계약을 한 후, 뒤에 그런 사실을 알았을 때에는 그 사실을 안 날로부터 1년 내에 행사해야 합니다. 만약 계약체결 당시에 그러한 하자가 있다는 사실을 매수인이 알면서도 계약을 하였다면, 계약한 날로부터 1년 내에 이 청구권을 행사해야 합니다. 이 때 1년이라는 기간을 제척기간이라고 합니다. 매도인에게 너무 오랜 기간동안 하자담보책임이라는 무거운 책임을 부과하는 것은 매도인에게 너무 과중한 부담이기도 하고, 또 거래의 원활함을 위하여 이런 제도를 마련해 놓은 것입니다. 또 한 가지 주의할 점은 이 청구권을 행사할 때는 재판을 통해서 행사하라는 제한이 따른다는 점입니다. 즉, 제척기간은 다른 말로는 권리행사기간이라고도 하는데, 청구권에 걸려 있는 제척기간에 관해서는 재판상 행사, 즉 제소를 해야만 권리행사로 본다는 점입니다(대판, 2002.4.26.

2001다8097 참조).

결론적으로 말하자면 귀하는 측량을 하여 3평이 부족하다는 사실을 안 날로부터 1년 내에 갑을 상대로 하여 돈 300만원을 반환하라고 하는 소송을 법원에 제기하여 구제를 받을 수 있습니다. 손해가 있다면 물론 그 배상까지 청구할 수 있습니다.

참고조문

제572조(권리의 일부가 타인에게 속한 경우와 매도인의 담보책임) ① 매매의 목적이 된 권리의 일부가 타인에게 속함으로 인하여 매도인이 그 권리를 취득하여 매수인에게 이전할 수 없는 때에는 매수인은 그 부분의 비율로 대금의 감액을 청구할 수 있다.
② 전항의 경우에 잔존한 부분만이면 매수인이 이를 매수하지 아니하였을 때에는 선의의 매수인은 계약전부를 해제할 수 있다.
③ 선의의 매수인은 감액청구 또는 계약해제 외에 손해배상을 청구할 수 있다.

제573조(전조의 권리행사의 기간) 전조의 권리는 매수인이 선의인 경우에는 사실을 안 날로부터, 악의인 경우에는 계약한 날로부터 1년 내에 행사하여야 한다.

사례

저는 농부로서 지난 여름, 평소 거래를 통하여 잘 알고 있는 종묘상 갑으로부터 신품종 배추종자를 5만원어치 구입하여 파종을 하였습니다. 그러나 그 중 약 20퍼센트 정도만 제대로 발아하고 나머지는 못쓰게 되었습니다. 갑에게 이러한 사실을 알리고 손해배상을 해달라고 하니 갑은 발아하지 못한 종자값으로 4만원을 배상하겠다고 합니다. 만약 종자가 모두 양호하여 제대로 배추농사를 하였다면 수확기의 시세로 환산하여 모두 100만원가량의 수익을 올릴 수 있었는데 4만원의 배상은 너무 적다고 생각됩니다. 저는 갑에게 어느 정도 배상을 받을 수 있습니까?

해설

배추종자는 소위 종류물로서 종류물을 대상으로 하는 매매를 종류매매라고 합니다. 종류매매는 매매의 대상이 되는 물건이 같은 종류이면 족하고 별도로 특정될 필요가 없다는 점에서 일반 매매와 다른 특성이 있습니다. 가령 배추종자를 매매할 때, 꼭 그 배추종자로 특정할 필요 없이 같은 품종의 배추종자이더라도 매매의 목적을 달성하는데 문제가 없다는 뜻입니다. 종류매매의 경우에도 매도인은 완전한 물건을 인도하지 않은데 대하여 하자담보책임을 져야 하는 것은 당연합니다. 설문에서는 구체적으로 나타나지 않았습니다만, 배추종자가 약 20퍼센트 정도만 발아하여 그 해 배추농사를 포기하였다면, 이것은 종자매매계약이 원래의 목적을 달성하지 못한 경우에 해당하여 그 계약을 해제할 수 있습니다. 뿐만 아니라 농사의 포기로 인하여 발생한 손해에 대해서도 같은 배상을 해야 합니다.

이와 같은 경우 배상의 범위에 관하여 판례는 "채소종자와 같이 양호한 것과 불량한 것이 분별할 수 없는 상태로 혼합하여 있는 물건의 거래에 있어서는 특별한 사정이 없는 한, 그 일부가 불량하여 입게 된 매수인의 손해를 일률적으로 불량한 부분에 대한 비율에 상당한 것이라 할 수 없고 그 전량이 불량성을 갖게 된다고 보는 것이 상당하다."(대판, 1977.4.12. 76다3056)는 입장을 보이고 있습니다. 타당한 해석이라고 생각됩니다. 그리고 귀하가 배추종자로 농사를 지어 수익을 얻는 사람이라는 사실을 갑이 알고 있었다고 할 수 있으므로, 종자매매계약이 해제되어 귀하에게 발생한 손해에 관하여는 수확기에 수익을 하지 못하여 발생한 손해(이를 특별손해라고 함)까지 갑이 배상해야 합니다.

따라서 귀하는 100만원의 손해배상을 청구하면서 동시에 종자대금 5만원도 반환하라고 주장할 수 있습니다. 물론 100만원에 대하여는 수확기 이후의 지연이자(법정이자)까지 청구할 수 있습니다. 다만 이러한 권리는 배추종자가 불량하여 발아가 제대로 되지 않아서 손해가 생겼다는 사실을 귀하가 안 날로부터 6개월 안에 행사해야 합니다.

참고조문

제580조(매도인의 하자담보책임) ① 매매의 목적물에 하자가 있는 때에는 제575조제1항의 규정을 준용한다. 그러나 매수인이 하자있는 것을 알았거나 과실로 인하여 알지 못한 때에는 그러하지 아니하다.

제575조(제한물권있는 경우와 매도인의 담보책임) ① 매매의 목적물이 지상권, 지역권, 전세권, 질권 또는 유치권의 목적이 된 경우에 매수인이 이를 알지 못한 때에는 이로 인하여 계약의 목적을 달성할 수 없는 경우에 한하여 매수인은 계약을 해제할 수 있다. 기타의 경우에는 손해배상만을 청구할 수 있다.

제581조(종류매매와 매도인의 담보책임) ① 매매의 목적물을 종류로 지정한 경우에도 그 후 특정된 목적물에 하자가 있는 때에는 전조의 규정을 준용한다.

② 전항의 경우에 매수인은 계약의 해제 또는 손해배상의 청구를 하지 아니하고 하자 없는 물건을 청구할 수 있다.

제582조(전2조의 권리행사기간) 전2조에 의한 권리는 매수인이 그 사실을 안 날로부터 6월내에 행사하여야 한다.

제393조(손해배상의 범위) ② 특별한 사정으로 인한 손해는 채무자가 그 사정을 알았거나 알 수 있었을 때에 한하여 배상의 책임이 있다.

4) 과실의 수취권

매매계약 후 아직 인도하지 않은 목적물로부터의 과실은 매도인에게 속한다. 인도시까지 매수인이 대금의 이자를 지급하지 않아도 되는 것과 형평을 맞추기 위해서이다.

사례

저는 지난 7월 초 저의 사과나무 과수원을 5,000만원을 받고 갑에게 팔기로 계약을 하면서 선금조로 500만원을 받았습니다. 중도금 3,000만원은 8월 말에, 나머지 대금은 10월 말에 받으면서 소유권이전등기를 해주기로 하였습니다. 그런데 사과가 모두 익어 10월초에 출하를 하려고 하니까 갑은 매매계약이 체결되었고 선금과 중도금도 지급하였으니 사과는 자기가 가져야 한다고 주장합니다. 저는 사과를 수확할 권리가 없습니까?

해설

특별한 사정이 없다면 매매의 대상이 과수원인 경우 사과나무도 당연히 매매의 대상이 됩니다. 그리고 사과 열매는 사과나무의 천연과실입니다. 문제는 매매계약이 있은 후 아직 목적물을 인도하지 않고 있을 때, 그 목적물로부터 생긴 과실을 누가 가지느냐 하는 점입니다. 민법은 매도인이 과실을 수취하도록 규정하고 있습니다. 그러나 이 경우에도 당사자가 민법의 내용과 다른 약정을 하였다면 그 약정에 따라 해결하면 됩니다.

이 사례에서 당사자간에 과실의 처리를 어떻게 할 것인지 아무런 약속을 하지 않았기 때문에 결국 민법의 규정에 따라 해결할 수밖에 없고, 따라서 사과열매의 수취권은 귀하에게 있습니다. 매매의 경우 과실과 이자의 복잡한 관계를 정리하기 위해서 이러한 규정을 두고 있는 것입니다.

그런데 사례를 바꾸어서 만약 갑이 잔금까지 모두 지급했음에도 불구하고 귀하가 아직 과수원을 갑에게 인도해 주지 않고 있는 상태라면, 과실의 수취권은 갑에게 있습니다. 이러한 경우에도 매도인인 귀하에게 과실의 수취권이 있다고 하면 매도인은 대금의 이자와 과실이라는 이중의 이득을 얻게 되는 것이고, 이는 부당하기 때문입니다. 판례도 같은 취지입니다. 즉, "민법 제587조에 의하면, 매매계약 있은 후에도 인도하지 아니한 목적물로부터 생긴 과실은 매도인에게 속하고, 매수인은 목적물의 인도를 받은 날로부터 대금의 이자를 지급하여야 한다고 규정하고 있는 바, 이는 매매당사자 사이의 형평을 꾀하기 위하여 매매목적물이 인도

되지 아니하더라도 매수인이 대금을 완제한 때에는 그 시점 이후의 과실은 매수인에게 귀속되지만, 매매목적물이 인도되지 아니하고 또한 매수인이 대금을 완제하지 아니한 때에는 매도인의 이행지체가 있더라도 과실은 매도인에게 귀속되는 것이므로 매수인은 인도의무의 지체로 인한 손해배상금의 지급을 구할 수 없다(대판, 2004.4.23. 2004다8210)."라고 합니다.

당사자간의 이해관계가 충돌하리라고 예상되는 문제에 관하여는 계약을 체결할 때 빠짐없이 서로 명백하게 해두는 것이 좋습니다. 장래에 발생할 수 있는 분쟁을 미리 막을 수 있기 때문입니다.

참고조문

第587조(과실의 귀속, 대금의 이자) 매매계약이 있은 후에도 인도하지 아니한 목적물로부터 생긴 과실은 매도인에게 속한다. 매수인은 목적물의 인도를 받은 날로부터 대금의 이자를 지급하여야 한다. 그러나 대금의 지급에 대하여 기한이 있는 때에는 그러하지 아니하다.

第102조(과실의 취득) ① 천연과실은 그 원물로부터 분리하는 때에 이를 수취할 권리자에게 속한다.

5) 할부매매

매매대금을 일정기간 동안에 분할해서 정기적으로 지급할 것으로 약정한 매매이다. 특수한 매매의 일종이다. 할부매매는 대개의 경우 대금을 완납할 때까지 목적물의 소유권을 매도인이 보유하는 것으로 정하고 있으므로, 일명 소유권유보부매매라고도 한다.

사례

저는 가전제품대리점을 하는 갑으로부터 200만원짜리 냉장고를 20개월 할부로 구입하였습니다. 8개월째까지는 부금을 꼬박꼬박 내었습니다만 그 후 형편이 어려워 부금을 내지 못하였습니다. 그랬더니 갑은 당장 냉장고를 도로 가져 가겠다고 합니다. 냉장고를 갑에게 돌려주어야 하는지요?

해설

귀하가 갑으로부터 냉장고를 구입할 때 할부매매계약에 관한 약관에 서명날인을 하였을 것입니다. 약관이란 계약의 중요한 사항을 미리 인쇄해 둔 문서를 말합니다. 할부매매에 관한 약관은 계약이 체결되면 목적물을 매수인이 점유하여 사용하되, 매매목적물에 대한 소유권은 매수인이 부금을 완납할 때까지는 매도인이 가지도록 규정하는 것이 일반적인 관례로 되어 있습니다. 아마 귀하도 그러한 내용으로 할부매매계약을 체결하였을 것입니다. 그리고 매수인이 단 1회라도 부금의 납부를 지체하면 매도인이 목적물을 환수하거나 임의로 처분할 수 있다는 취지의 문구도 약관에는 거의 빠짐없이 기재되어 있을 것입니다.

할부거래를 공정하게 함으로써 소비자의 권익을 보호하고 시장의 신뢰도를 높여서 국민경제의 건전한 발전에 이바지하도록 「할부거래에 관한 법률」이 시행되고 있습니다. 이 법에 따르면 할부거래를 직접할부계약과 간접할부계약으로 나누어 규정하고 있습니다. 전자는 소비자가 사업자에게 재화 등의 대금을 할부로 직접 납부하는 거래방식이고, 후자는 소비자가 재화 등의 대금을 신용제공자에게 할부로 납부하는 거래방식입니다. 그리고 장례비용이나 혼례비용 등을 정해 놓고 이를 미리 할부로 납부하여 장례비용 등에 쓸 목적으로 체결하는 선불식 할부계약에서 소비자를 보호하기 위한 조치도 이 법에 마련되어 있습니다.

사례의 경우 귀하가 만약 연속해서 2회 이상 할부금을 지급하지 않고, 그 금액이 할부가격인 200만원의 100분의 10인 20만원 이상이면, 갑이 계약을 해제할 수 있습니다. 하지만 이 경우에도 곧 바로 계약을 해제할 수는 없고, 14일 이상의 기간 서면으로 최고를 한 뒤에 해제할 수 있습니다. 적법하게 계약이 해제되면 냉장고를 돌려 줘야 하고, 갑에게 손해가 발생했다면 그 손해를 배상해 주어야 합니다.

참고조문

할부거래에 관한 법률

제2조(정의) 이 법에서 사용하는 용어의 뜻은 다음과 같다.

1. "할부계약"이란 계약의 명칭·형식이 어떠하든 재화나 용역(일정한 시설을 이용하거나 용역을 제공받을 수 있는 권리를 포함한다)(이하 "재화등"이라 한다)에 관한 다음 각 목의 계약(제2호에 따른 선불식 할부계약에 해당하는 경우는 제외한다)을 말한다.
   가. 소비자가 사업자에게 재화의 대금이나 용역의 대가(이하 "재화등의 대금"이라 한다)를 2개월 이상의 기간에 걸쳐 3회 이상 나누어 지급하고, 재화등의 대금을 완납하기 전에 재화의 공급이나 용역의 제공(이하 "재화등의 공급"이라 한다)을 받기로 하는 계약(이하 "직접할부계약"이라 한다)
   나. 소비자가 신용제공자에게 재화등의 대금을 2개월 이상의 기간에 걸쳐 3회 이상 나누어 지급하고, 재화등의 대금을 완납하기 전에 사업자로부터 재화등의 공급을 받기로 하는 계약(이하 "간접할부계약"이라 한다)
2. "선불식 할부계약"이란 계약의 명칭·형식이 어떠하든 소비자가 사업자로부터 다음 각 목의 어느 하나에 해당하는 재화등의 대금을 2개월 이상의 기간에 걸쳐 2회 이상 나누어 지급함과 동시에 또는 지급한 후에 재화등의 공급을 받기로 하는 계약을 말한다.
   가. 장례 또는 혼례를 위한 용역(제공시기가 확정된 경우는 제외한다) 및 이에 부수

한 재화

나. 가목에 준하는 소비자피해가 발생하는 재화등으로서 소비자의 피해를 방지하기 위하여 대통령령으로 정하는 재화등

3. "할부거래"란 할부계약에 의한 거래를 말하며, "할부거래업자"란 할부계약에 의한 재화등의 공급을 업으로 하는 자를 말한다.
4. "선불식 할부거래"란 선불식 할부계약에 의한 거래를 말하며, "선불식 할부거래업자"란 선불식 할부계약에 의한 재화등의 공급을 업으로 하는 자를 말한다.
5. "소비자"란 다음 각 목의 어느 하나에 해당하는 자를 말한다.

가. 할부계약 또는 선불식 할부계약에 의하여 제공되는 재화등을 소비생활을 위하여 사용하거나 이용하는 자

나. 가목 외의 자로서 사실상 가목의 자와 동일한 지위 및 거래조건으로 거래하는 자 등 대통령령으로 정하는 자

6. "신용제공자"란 소비자・할부거래업자와의 약정에 따라 재화등의 대금에 충당하기 위하여 신용을 제공하는 자를 말한다.

제11조(할부거래업자의 할부계약 해제) ① 할부거래업자는 소비자가 할부금 지급의무를 이행하지 아니하면 할부계약을 해제할 수 있다. 이 경우 할부거래업자는 그 계약을 해제하기 전에 14일 이상의 기간을 정하여 소비자에게 이행할 것을 서면으로 최고하여야 한다.

② 할부거래업자 또는 소비자는 제1항에 따라 할부계약이 해제된 경우에는 상대방에게 원상회복하여 줄 의무를 진다. 이 경우 상대방이 원상회복할 때까지 자기의 의무이행을 거절할 수 있다.

③ 할부거래업자는 재화등의 소유권이 할부거래업자에게 유보된 경우 그 할부계약을 해제하지 아니하고는 그 반환을 청구할 수 없다.

제13조(소비자의 기한의 이익 상실) ① 소비자는 다음 각 호의 어느 하나에 해당하는 경우에는 할부금의 지급에 대한 기한의 이익을 주장하지 못한다.

1. 할부금을 다음 지급기일까지 연속하여 2회 이상 지급하지 아니하고 그 지급하지 아니한 금액이 할부가격의 100분의 10을 초과하는 경우
2. 국내에서 할부금 채무이행 보증이 어려운 경우로서 대통령령으로 정하는 경우

제43조(소비자에게 불리한 계약의 금지) 제6조부터 제13조까지, 제15조, 제16조, 제23조부터 제26조까지의 규정을 위반한 약정으로서 소비자에게 불리한 것은 효력이 없다.

사례

저는 지난 주일 여행을 하다가 신용카드가 들어 있는 지갑을 송두리째 잃어 버렸습니다. 곧 바로 신용카드회사에 분실신고를 하였습니다. 신고 이후에 신용카드를 이용한 거래의 대금에 대해서는 저가 책임을 지지 않아도 되는 것으로 알고 있습니다만, 분실후 신고 전에 만약 다른 사람이 신용카드를 이용하였다면 그 대금에 대하여 저가 지급을 해야 하는지요?

해설

신용카드회사는 가입회원이 카드를 분실하거나 도난당한 경우에 그 카드의 사용으로 인한 책임을 지도록 되어 있으며, 이러한 사실을 회원에게 알려줄 의무가 있습니다. 따라서 귀하가 카드를 발급받을 때 이러한 사실에 대하여 회사측은 알

려주었을 것입니다. 문제는 회원이 분실이나 도난을 당한 후 신고를 하기 전의 카드사용금액에 대하여 누가 책임을 지느냐 하는 것입니다. 여신전문금융업법 시행령에 따르면, 카드회사가 분실이나 도난 등의 통지를 받은 날부터 60일 전까지의 기간에 카드를 사용한 것에 대해서는 카드회사가 책임을 지도록 규정하여서 신용카드회원을 보호하고 있습니다. 따라서 분실을 한 시점으로부터 가까운 때에 신고를 하였다면 그 사이의 카드사용대금에 대해서는 카드회사가 책임을 질 것이므로 걱정을 하지 않아도 좋겠습니다.

참고조문

여신전문금융업법

제16조(신용카드회원등에 대한 책임) ① 신용카드업자는 신용카드회원이나 직불카드회원으로부터 그 카드의 분실·도난 등의 통지를 받은 때부터 그 회원에 대하여 그 카드의 사용에 따른 책임을 진다.

② 신용카드업자는 제1항에 따른 통지 전에 생긴 신용카드의 사용에 대하여 대통령령으로 정하는 기간의 범위에서 책임을 진다.

③ 제2항에도 불구하고 신용카드업자는 신용카드의 분실·도난 등에 대하여 그 책임의 전부 또는 일부를 신용카드회원이 지도록 할 수 있다는 취지의 계약을 체결한 경우에는 그 신용카드회원에 대하여 그 계약내용에 따른 책임을 지도록 할 수 있다. 다만, 저항할 수 없는 폭력이나 자기 또는 친족의 생명·신체에 대한 위해 때문에 비밀번호를 누설한 경우 등 신용카드회원의 고의 또는 과실이 없는 경우에는 그러하지 아니하다.

④ 신용카드업자는 제1항에 따른 통지를 받은 경우에는 즉시 통지의 접수자, 접수번호, 그 밖에 접수사실을 확인할 수 있는 사항을 그 통지인에게 알려야 한다.

⑤ 신용카드업자는 신용카드회원등에 대하여 다음 각 호에 따른 신용카드등의 사용으로 생기는 책임을 진다.

1. 위조되거나 변조된 신용카드등의 사용
2. 해킹, 전산장애, 내부자정보유출 등 부정한 방법으로 얻은 신용카드등의 정보를 이용한 신용카드등의 사용
3. 다른 사람의 명의를 도용하여 발급받은 신용카드등의 사용(신용카드회원등의 고의 또는 중대한 과실이 있는 경우는 제외한다)

⑥ 제5항에도 불구하고 신용카드업자가 제5항제1호 및 제2호에 따른 신용카드 등의 사용에 대하여 그 신용카드회원등의 고의 또는 중대한 과실을 증명하면 그 책임의 전부 또는 일부를 신용카드회원등이 지도록 할 수 있다는 취지의 계약을 신용카드회원등과 체결한 경우에는 그 신용카드회원등이 그 계약내용에 따른 책임을 지도록 할 수 있다.

⑦ 제3항 및 제6항에 따른 계약은 서면으로 한 경우에만 효력이 있으며, 신용카드회원등의 중대한 과실은 계약서에 적혀 있는 것만 해당한다.

⑧ 신용카드업자는 제1항·제2항·제5항 및 제17조에 따른 책임을 이행하기 위하여 보험이나 공제에 가입하거나 준비금을 적립하는 등 필요한 조치를 하여야 한다.

⑨ 제5항제3호, 제6항 및 제7항에 따른 신용카드회원등의 고의 또는 중대한 과실의 범위는 대통령령으로 정한다.

⑩ 신용카드회원이 서면으로 신용카드의 이용금액에 대하여 이의를 제기할 경우 신용카드업자는 이에 대한 조사를 마칠 때까지 그 신용카드회원으로부터 그 금액을 받을 수 없다.

여신전문금융업법 시행령

제6조의9(신용카드회원 등에 대한 책임 등) ① 법 제16조제2항에서 "대통령령으로 정하는 기간"이란 같은 조 제1항에 따른 분실·

도난 등의 통지를 받은 날부터 60일 전까지의 기간을 말한다.
② 법 제16조제9항에 따른 고의 또는 중대한 과실의 범위는 다음 각 호와 같다.
1. 고의 또는 중대한 과실로 비밀번호를 누설하는 것
2. 신용카드나 직불카드를 양도 또는 담보(擔保)의 목적으로 제공하는 것

6) 방문판매와 전자상거래

최근 방문판매나 통신판매, 다단계판매 등 상품의 판매형태가 다양해지면서 소비자가 불공정한 판매로 인하여 피해를 입을 위험이 적지 않게 되었다. 이러한 문제를 해결하기 위하여 「방문판매 등에 관한 법률」, 「전자상거래 등에서의 소비자보호에 관한 법률」을 제정함으로써 거래의 공정을 기하고 있다. 방문판매란 상품의 판매업자나 용역제공업자가 방문 등의 방법으로 영업소 이외의 장소에서 계약의 청약을 받거나 계약을 체결해서 상품을 판매하거나 용역을 제공하는 것을 말한다. 통신판매란 판매업자 또는 용역업자가 광고물이나 우편, 전기통신 등의 방법으로 상품을 판매하거나 용역을 제공하는 판매형태이다. 다단계판매란 판매업자 또는 용역업자가 특정인에게 일정한 활동을 하면 일정한 이익을 얻을 수 있다고 권유하여, 판매원의 가입이 순차적 혹은 단계적으로 이루어진 다단계 판매조직을 통하여 행해지는 상품의 판매 또는 용역의 제공을 말한다.

사례

저는 대학 2학년에 재학중인 학생입니다. 어느 날 학교 부근에서 갑전자회사의 직원들이 노트북을 홍보하면서 판매하고 있었습니다. 직원들의 설득 탓도 있었지만 저가 대학생활을 하는데도 필요할 것 같아 그 자리에서 노트북을 사기로 계약하고, 계약금으로 5만원을 주고 노트북을 가져 왔습니다. 물건을 살 때는 욕심이 생겨서 그랬지만 집에 와서 곰곰이 생각해 보니 부모님에게 너무 큰 부담을 지우게 될 것 같고, 또 뒷날 알아보니 거의 비슷한 기능을 하는 다른 회사의 제품은 저가 구입한 가격보다 싸다고 합니다. 이 계약을 취소하고 싶은데 가능한지요?

해설

매매의 일반적인 법리에 의하면 계약을 체결한 후 정당한 사유 없이 당사자가 임의로 계약을 취소할 수는 없습니다. 계약도 일종의 약속이고, 약속은 지켜야 하는 것이 원칙이기 때문입니다. 그러나 이러한 일반원칙을 적용해서는 당사자 일방

에게 곤란한 경우가 있습니다. 위 사례와 같은 방문판매가 그 한 예입니다. 방문판매에 있어서 소비자는 대개의 경우 상품이나 용역에 대하여 정확한 정보를 가지지 못한 상태에서 즉, 방문판매원의 홍보나 설득에 의존하여 계약을 체결하기 쉽고, 또한 자신의 경제사정을 신중하게 고려하지 않고 충동구매할 위험이 많기 때문에, 이를 규제하기 위해 방문판매 등에 관한 법률이 시행되고 있습니다. 이 법의 근본 취지는 소비자를 보호하자는데 있고, 매매의 일반적인 원칙에 대한 예외를 규정함으로써 소비자보호의 목적을 달성하게 하고 있습니다. 보통 방문판매는 그 자리에서 매매계약서를 작성하고 물건을 인도 받는다든지 아니면 며칠 이내에 물건을 보내주기로 할 것입니다.

귀하는 갑회사직원의 권유에 의하든, 충동구매에 의하든, 매매계약을 한 후에 후회가 되면 14일 이내에 이 계약을 철회할 권리를 가집니다. 이 기간은 곰곰이 생각하며 머리를 식히는 기간이라 하여 cooling off period(철회기간)라고 합니다. 이 기간 동안 소비자가 계약을 철회하더라도 갑회사는 소비자에 대하여 위약금이나 손해배상을 청구하지 못합니다. 그리고 물건을 인도 받을 때 계약금 명목으로 대금의 일부를 지불했다면 그 대금도 반환 받을 수 있습니다. 그러나 노트북을 반환하기 전에 귀하가 고장을 내어 물건에 하자가 생긴 경우에는 반환이 불가능합니다.

참고조문

방문판매 등에 관한 법률

제8조(청약철회등) ① 방문판매 또는 전화권유판매(이하 "방문판매등"이라 한다)의 방법으로 재화등의 구매에 관한 계약을 체결한 소비자는 다음 각 호의 기간(거래 당사자 사이에 다음 각 호의 기간보다 긴 기간으로 약정한 경우에는 그 기간) 이내에 그 계약에 관한 청약철회등을 할 수 있다.

1. 제7조제2항에 따른 계약서를 받은 날부터 14일. 다만, 그 계약서를 받은 날보다 재화등이 늦게 공급된 경우에는 재화등을 공급받거나 공급이 시작된 날부터 14일
2. 다음 각 목의 어느 하나의 경우에는 방문판매자등의 주소를 안 날 또는 알 수 있었던 날부터 14일
   가. 제7조제2항에 따른 계약서를 받지 아니한 경우
   나. 방문판매자등의 주소등이 적혀 있지 아니한 계약서를 받은 경우
   다. 방문판매자등의 주소 변경등의 사유로 제1호에 따른 기간 이내에 청약철회등을 할 수 없는 경우
3. 제7조제2항에 따른 계약서에 청약철회등에 관한 사항이 적혀 있지 아니한 경우에는 청약철회등을 할 수 있음을 안 날 또는 알 수 있었던 날부터 14일
4. 방문판매업자등이 청약철회등을 방해한 경우에는 그 방해 행위가 종료한 날부터 14일

② 소비자는 다음 각 호의 어느 하나에 해당하는 경우에는 방문판매자등의 의사와 다르게 제1항에 따른 청약철회등을 할 수 없다. 다만, 방문판매자등이 제5항에 따른 조치를 하지 아니한 경우에는 제2호부터 제4호까지의 규정에 해당하더라도 청약철회등을 할 수 있다.

1. 소비자에게 책임이 있는 사유로 재화등이 멸실되거나 훼손된 경우. 다만, 재화등의 내

용을 확인하기 위하여 포장등을 훼손한 경우는 제외한다.
2. 소비자가 재화등을 사용하거나 일부 소비하여 그 가치가 현저히 낮아진 경우
3. 시간이 지남으로써 다시 판매하기 어려울 정도로 재화등의 가치가 현저히 낮아진 경우
4. 복제할 수 있는 재화등의 포장을 훼손한 경우
5. 그 밖에 거래의 안전을 위하여 대통령령으로 정하는 경우

③ 소비자는 제1항 또는 제2항에도 불구하고 재화등의 내용이 표시·광고의 내용과 다르거나 계약 내용과 다르게 이행된 경우에는 그 재화등을 공급받은 날부터 3개월 이내에, 그 사실을 안 날 또는 알 수 있었던 날부터 30일 이내에 청약철회등을 할 수 있다.

사례

저는 최근 TV홈쇼핑에서 승용차의 광택을 낸다는 특수세제라는 광고를 보고 세제를 구입하였습니다. 세제를 배달받아 차를 한번 닦았더니, 광택이 나는 게 아니라, 오히려 자동차에 미세한 흠집이 나타나 도색을 전면적으로 새로 해야 할 지경에 이르게 되었습니다. 빨리 세제를 반품하고 손해배상을 청구하려고 하는데 가능한지요?

해설

귀하는 통신판매를 통하여 물건을 구입한 경우입니다. 최근 통신판매는 대중화되어 소비자들에게 편리함을 주고 있지만, 그 부작용도 만만치 않게 나타나고 있는 실정입니다. 통신판매란 우편·전기통신, 그 밖의 통신판매에 관한 정보의 제공 등의 방법으로 물품정보를 제공하고, 소비자의 청약에 의해 판매하는 거래를 말합니다. 통신판매로 물건을 구입한 소비자는 7일 이내에 청약을 철회할 수 있습니다. 「방문판매 등에 관한 법률」에서 정하고 있는 철회기간은 14일이지만, 전자상거래의 경우 이 기간을 7일로 단축하여 규정하고 있습니다. 만약 거래당사자가 철회기간을 7일보다 긴 기간으로 정한 경우에는 그에 따르게 됩니다. 그러나 물건의 내용이 표시·광고와 다르거나 계약내용과 다르게 이행된 경우에는 물건의 공급을 받은 날로부터 3개월 내에, 그 사실을 안 날이나 알 수 있었던 날로부터 30일 내에 철회를 할 수 있습니다. 청약철회를 하게 되면 소비자는 공급받은 물건을 반환해야 하며, 통신판매업자는 물품 등을 반환받은 날로부터 3영업일 이내에 이미 받은 대금을 돌려주어야 합니다. 그리고 통신판매업자는 청약철회를 이유로 소비자에게 위약금이나 손해배상을 청구할 수 없습니다. 특히 주의할 것은, 소비자의 일방적인 철회로 물건이 반환되는 경우에는 그 비용은 소비자가 부담하는 것이 원칙이나, 사업자의 잘못 때문에 청약철회가 발생한 경우에는 통신판매업자가 그 비용을 부담해야 합니다.

귀하는 통신판매업자의 허위나 과장광고로 물건을 구입하여 손해를 입었다고 볼 수 있으므로, 물건의 반환과는 별도로 통신판매업자측에 당연히 차의 도색비용 등의 손해배상을 청구할 수 있으며, 물건을 반환할 때 들어간 비용까지도 청구할 수 있습니다.

참고조문

전자상거래 등에서의 소비자보호에 관한 법률

제17조(청약철회등) ① 통신판매업자와 재화등의 구매에 관한 계약을 체결한 소비자는 다음 각 호의 기간(거래당사자가 다음 각 호의 기간보다 긴 기간으로 약정한 경우에는 그 기간을 말한다) 이내에 해당 계약에 관한 청약철회등을 할 수 있다.

1. 제13조제2항에 따른 계약내용에 관한 서면을 받은 날부터 7일. 다만, 그 서면을 받은 때보다 재화등의 공급이 늦게 이루어진 경우에는 재화등을 공급받거나 재화등의 공급이 시작된 날부터 7일
2. 제13조제2항에 따른 계약내용에 관한 서면을 받지 아니한 경우, 통신판매업자의 주소 등이 적혀 있지 아니한 서면을 받은 경우 또는 통신판매업자의 주소 변경 등의 사유로 제1호의 기간에 청약철회등을 할 수 없는 경우에는 통신판매업자의 주소를 안 날 또는 알 수 있었던 날부터 7일
3. 제21조제1항제1호 또는 제2호의 청약철회등에 대한 방해 행위가 있는 경우에는 그 방해 행위가 종료한 날부터 7일

② 소비자는 다음 각 호의 어느 하나에 해당하는 경우에는 통신판매업자의 의사에 반하여 제1항에 따른 청약철회등을 할 수 없다. 다만, 통신판매업자가 제6항에 따른 조치를 하지 아니하는 경우에는 제2호부터 제5호까지의 규정에 해당하는 경우에도 청약철회등을 할 수 있다.

1. 소비자에게 책임이 있는 사유로 재화등이 멸실되거나 훼손된 경우. 다만, 재화등의 내용을 확인하기 위하여 포장 등을 훼손한 경우는 제외한다.
2. 소비자의 사용 또는 일부 소비로 재화등의 가치가 현저히 감소한 경우
3. 시간이 지나 다시 판매하기 곤란할 정도로 재화등의 가치가 현저히 감소한 경우
4. 복제가 가능한 재화등의 포장을 훼손한 경우
5. 용역 또는 「문화산업진흥 기본법」 제2조제5호의 디지털콘텐츠의 제공이 개시된 경우. 다만, 가분적 용역 또는 가분적 디지털콘텐츠로 구성된 계약의 경우에는 제공이 개시되지 아니한 부분에 대하여는 그러하지 아니하다.
6. 그 밖에 거래의 안전을 위하여 대통령령으로 정하는 경우

③ 소비자는 제1항 및 제2항에도 불구하고 재화등의 내용이 표시·광고의 내용과 다르거나 계약내용과 다르게 이행된 경우에는 그 재화등을 공급받은 날부터 3개월 이내, 그 사실을 안 날 또는 알 수 있었던 날부터 30일 이내에 청약철회등을 할 수 있다.

제18조(청약철회등의 효과) ① 소비자는 제17조제1항 또는 제3항에 따라 청약철회등을 한 경우에는 이미 공급받은 재화등을 반환하여야 한다. 다만, 이미 공급받은 재화등이 용역 또는 디지털콘텐츠인 경우에는 그러하지 아니하다.

② 통신판매업자(소비자로부터 재화등의 대금을 받은 자 또는 소비자와 통신판매에 관한 계약을 체결한 자를 포함한다. 이하 제2항부터 제10항까지의 규정에서 같다)는 다음 각 호의 어느 하나에 해당하는 날부터 3영업일 이내에 이미 지급받은 재화등의 대금을 환급하여야 한다. 이 경우 통신판매업자가 소비자에게 재화등의 대금 환급을 지연한 때에는 그 지연기간에 대하여 연 100분의 40 이내의 범위에서 「은행법」에 따른 은행이 적용하는 연체금리 등 경제사정을 고려하여 대통령령으로

정하는 이율을 곱하여 산정한 지연이자(이하 "지연배상금"이라 한다)를 지급하여야 한다.

1. 통신판매업자가 재화를 공급한 경우에는 제1항 본문에 따라 재화를 반환받은 날
2. 통신판매업자가 용역 또는 디지털콘텐츠를 공급한 경우에는 제17조제1항 또는 제3항에 따라 청약철회등을 한 날
3. 통신판매업자가 재화등을 공급하지 아니한 경우에는 제17조제1항 또는 제3항에 따라 청약철회등을 한 날

제21조(금지행위) ① 전자상거래를 하는 사업자 또는 통신판매업자는 다음 각 호의 어느 하나에 해당하는 행위를 하여서는 아니 된다.

1. 거짓 또는 과장된 사실을 알리거나 기만적 방법을 사용하여 소비자를 유인 또는 소비자와 거래하거나 청약철회등 또는 계약의 해지를 방해하는 행위
2. 청약철회등을 방해할 목적으로 주소, 전화번호, 인터넷도메인 이름 등을 변경하거나 폐지하는 행위
3. 분쟁이나 불만처리에 필요한 인력 또는 설비의 부족을 상당기간 방치하여 소비자에게 피해를 주는 행위
4. 소비자의 청약이 없음에도 불구하고 일방적으로 재화등을 공급하고 그 대금을 청구하거나 재화등의 공급 없이 대금을 청구하는 행위
5. 소비자가 재화를 구매하거나 용역을 제공받을 의사가 없음을 밝혔음에도 불구하고 전화, 팩스, 컴퓨터통신 또는 전자우편 등을 통하여 재화를 구매하거나 용역을 제공받도록 강요하는 행위
6. 본인의 허락을 받지 아니하거나 허락받은 범위를 넘어 소비자에 관한 정보를 이용하는 행위. 다만, 다음 각 목의 어느 하나에 해당하는 경우는 제외한다.
   가. 재화등의 배송 등 소비자와의 계약을 이행하기 위하여 불가피한 경우로서 대통령령으로 정하는 경우
   나. 재화등의 거래에 따른 대금정산을 위하여 필요한 경우
   다. 도용방지를 위하여 본인 확인에 필요한 경우로서 대통령령으로 정하는 경우
   라. 법률의 규정 또는 법률에 따라 필요한 불가피한 사유가 있는 경우
7. 소비자의 동의를 받지 아니하거나 총리령으로 정하는 방법에 따라 쉽고 명확하게 소비자에게 설명·고지하지 아니하고 컴퓨터프로그램 등이 설치되게 하는 행위

② 공정거래위원회는 이 법 위반행위를 방지하고 소비자피해를 예방하기 위하여 전자상거래를 하는 사업자 또는 통신판매업자가 준수하여야 할 기준을 정하여 고시할 수 있다.

전자상거래 등에서의 소비자보호에 관한 법률 시행령

제21조의3(지연배상금의 이율) 법 제18조제2항 각 호 외의 부분 후단에서 "대통령령으로 정하는 이율"이란 연 100분의 15를 말한다.

3. 소비대차

소비대차라 함은 당사자의 일방이 금전이나 그 대체물의 소유권을 상대방에게 이전할 것을 약정하고, 상대방은 동종, 동질, 동량의 물건을 반환할 것을 약정함으로써 성립하는 계약이다. 소비대차에 있어서 대주는 차주에게 목적물을 이용하게 할 의무가 있으며, 이자있는 소비대차의 경우에는 담보책임이 있다. 반면에 차주는 대주에게 목적물을 반환해야 할 의무가 있고, 이자있는 소비대차의 경우에는 이자지급의무가 있다.

소비대차 중에서 금전을 대상으로 하는 소비대차가 가장 중요한데, 금전소비

대차는 신용사회에 있어서 필수적이고 전형적인 거래유형이라고 할 수 있다. 금전소비대차의 경우 이자를 붙이는 경우도 있고, 그렇지 아니한 경우도 있다. 실제로는 이자있는 금전소비대차가 대부분일 것이다.

1) 약정이자의 범위

금전소비대차의 경우 이자는 당사자가 임의로 정할 수 있다. 이러한 이자를 약정이자라 한다. 한편 민법은 이자있는 채권의 이율이 다른 법률의 규정이나 당사자의 약정에 의하여 정해지지 아니한 경우에는 연 5푼으로 하고 있다(379조). 이러한 이자를 법정이자라고 한다.

사례

저는 5월 15일 갑에게 돈 1,000만원을 빌려주면서 이자는 월 1푼으로 하되 원금은 3개월 후에 받기로 하였습니다. 갑은 약속한대로 매월 이자를 가져 왔으나 변제기일이 3개월이나 지난 후에야 원금을 갚았습니다. 변제가 늦은 동안의 이자도 달라고 하니 이자는 빌리는 3개월 동안만 지급하기로 하였으니 그 이후에는 이자를 줄 수 없다고 합니다. 저는 이자를 받을 수 없습니까? 있다면 얼마나 받을 수 있습니까?

해설

금전소비대차관계에서 당사자가 정한 약정이자는 변제일까지만 적용되고 그 후에는 법정이자가 적용되는 것인지 아니면 변제일 이후에도 약정이자가 그대로 적용되는지에 관한 문제입니다.

이 문제에 관하여 판례는 다음과 같이 해석하고 있습니다. 즉, "소비대차에 있어 그 변제기가 지난 후에 이자의 약정이 없는 경우 특별한 의사표시가 없는 한 당초의 약정이자를 지급하기로 한 것이라고 보는 것이 상당하다."(대판, 1970.3. 10. 69다2269)고 하고 있습니다. 이러한 판례에 따른다면 귀하는 월 1푼의 이자를 변제기 후에도 청구할 수 있습니다.

한편, 금전소비대차계약을 체결할 때 원칙적으로 당사자가 약정이자를 임의로 정할 수 있지만, 여기에는 이자제한법상의 제한이 따릅니다. 채권자가 자본을 매개로 해서 채무자를 착취하지 못하도록 할 필요가 있기 때문입니다. 이자제한법 및 관련 대통령령에서는 약정이자의 최고한도를 연 20퍼센트(월로 환산하면 1푼7리)로 정하고 있고, 이를 초과하는 이자는 무효로 하고 있습니다(이자 자체를 무효로 하는게 아니라 최고이자율을 초과한 부분의 이자만 무효로 함). 따라서 채무자는 초과이자를 지급하지 않아도 될 뿐만 아니라, 이미 지급한 초과이자는 원본에 충당하거나 반환받을 수 있습니다. 나아가 초과이자를 받은 사람에게는 1년 이하의 징역이나 1천만원 이하의 벌금에 처하도록 해서 채무자를 두텁게 보호하고 있습니다.

참고조문

제598조(소비대차의 의의) 소비대차는 당사자 일방이 금전 기타 대체물의 소유권을 상대방에게 이전할 것을 약정하고 상대방은 그와 같은 종류, 품질 및 수량으로 반환할 것을 약정함으로써 그 효력이 있다.

제600조(이자계산의 시기) 이자있는 소비대차는 차주가 목적물의 인도를 받은 때로부터 이자를 계산하여야 하며 차주가 그 책임있는 사유로 수령을 지체할 때에는 대주가 이행을 제공한 때로부터 이자를 계산하여야 한다.

제379조(법정이율) 이자있는 채권의 이율은 다른 법률의 규정이나 당사자의 약정이 없으면 년 5푼으로 한다.

이자제한법

제2조(이자의 최고한도) ① 금전대차에 관한 계약상의 최고이자율은 연 25퍼센트를 초과하지 아니하는 범위 안에서 대통령령으로 정한다.

② 제1항에 따른 최고이자율은 약정한 때의 이자율을 말한다.

③ 계약상의 이자로서 제1항에서 정한 최고이자율을 초과하는 부분은 무효로 한다.

④ 채무자가 최고이자율을 초과하는 이자를 임의로 지급한 경우에는 초과 지급된 이자 상당금액은 원본에 충당되고, 원본이 소멸한 때에는 그 반환을 청구할 수 있다.

⑤ 대차원금이 10만원 미만인 대차의 이자에 관하여는 제1항을 적용하지 아니한다.

제3조(이자의 사전공제) 선이자를 사전공제한 경우에는 그 공제액이 채무자가 실제 수령한 금액을 원본으로 하여 제2조제1항에서 정한 최고이자율에 따라 계산한 금액을 초과하는 때에는 그 초과부분은 원본에 충당한 것으로 본다.

제4조(간주이자) ① 예금(禮金), 할인금, 수수료, 공제금, 체당금(替當金), 그 밖의 명칭에도 불구하고 금전의 대차와 관련하여 채권자가 받은 것은 이를 이자로 본다.

② 채무자가 금전대차와 관련하여 금전지급의무를 부담하기로 약정하는 경우 의무 발생의 원인 및 근거법령, 의무의 내용, 거래상 일반원칙 등에 비추어 그 의무가 원래 채권자가 부담하여야 할 성질인 때에는 이를 이자로 본다.

제5조(복리약정제한) 이자에 대하여 다시 이자를 지급하기로 하는 복리약정은 제2조제1항에서 정한 최고이자율을 초과하는 부분에 해당하는 금액에 대하여는 무효로 한다.

제7조(적용범위) 다른 법률에 따라 인가·허가·등록을 마친 금융업 및 대부업과「대부업 등의 등록 및 금융이용자 보호에 관한 법률」 제9조의4에 따른 미등록대부업자에 대하여는 이 법을 적용하지 아니한다.

제8조(벌칙) ① 제2조제1항에서 정한 최고이자율을 초과하여 이자를 받은 자는 1년 이하의 징역 또는 1천만원 이하의 벌금에 처한다.

② 제1항의 징역형과 벌금형은 병과(倂科)할 수 있다.

이자제한법 제2조제1항의 최고이자율에 관한 규정

「이자제한법」 제2조제1항에 따른 금전대차에 관한 계약상의 최고이자율은 연 20퍼센트로 한다.

2) 기한의 이익

어떠한 법률행위를 할 때에 기한을 설정해두면, 당사자가 그 기한이 도래하지 않음으로써 얻게되는 이익이 있다. 이러한 이익을 기한의 이익이라고 한다. 기한의 이익은 채권자와 채무자가 모두 가질 수 있지만, 실제로는 채무자가 가지는 기한의 이익이 주로 문제가 되고 있다. 당사자간의 특약이 없거나 기한의 이익을 누구에게 줄 것인지 애매할 경우, 민법은 채무자에게 기한의 이익이 있는 것으로 추정하고 있다.

사례

저는 사업자금이 필요하여 작년 4월 30일 갑으로부터 돈 1,000만원을 빌렸습니다. 이자는 월 15만원으로 하되 매월말일 지급하고, 원금은 올해 10월 30일에 변제하기로 약속하면서 이러한 내용의 차용증서도 써주었습니다. 그런데 사업이 순조로와 약속한 변제일까지 돈을 쓸 필요가 없게 되었고 또, 매월 이자를 지급하는 것이 아까워서 올해 1월 중에 돈을 갚을 작정으로 갑에게 이러한 뜻을 전했습니다. 그랬더니 갑은 원래 약속한 변제일까지의 이자도 함께 지급하라고 합니다. 갑의 주장은 억지라고 생각되는데 미리 돈을 갚을 경우 도래하지 않은 변제일까지의 이자도 정말 지급해야 하는지요?

해설

금전소비대차계약을 체결할 때에는 대개 변제기와 이자에 대해 당사자는 약속을 하게 됩니다. 이자부금전소비대차의 경우 기한의 이익은 채무자 및 채권자 모두에게 있다고 해석됩니다. 즉, 채무자의 입장에서 보면 변제기까지 원금을 갚지 않아도 될 기한의 이익이 있고, 채권자로서는 변제기까지 이자를 수령할 기한의 이익이 있습니다.

기한의 이익은 이를 포기할 수 있습니다. 그러나 기한의 이익을 포기할 때에는 상대방의 이익을 침해하여서는 안됩니다. 따라서 이 사례에서 귀하가 채무자로서의 기한의 이익을 스스로 포기할 수는 있습니다만, 그렇다고 하여 채권자의 이익을 침해할 수는 없으므로 갑의 주장대로 약속한 변제일까지의 이자를 지급해야 합니다.

실제로는 기한도래전에 채무자가 원금과 그 때까지의 이자를 지급하더라도 채권자는 이를 별도의 이의 없이 수령하는 것이 보통입니다. 이러한 현상은 채권자가 자기에게 주어져 있는 기한의 이익을 묵시적으로 포기한 것으로 볼 수 있습니다. 따라서 기한도래전에 채무자의 이행을 수령해 놓고 뒤에 다시 채권자가 원래의 기한까지의 이자를 청구할 수는 없습니다.

그리고 기한의 이익은 일정한 사유가 있으면 상실할 수 있습니다. 예컨대 채무자에게 그가 경제적 신용을 잃었다고 평가할 만한 일정한 사유가 발생하면 기한의 이익은 상실됩니다. 그러한 채무자는 약정한 변제일과 관계없이 변제하도록 하고 있습니다.

참고조문

제153조(기한의 이익과 그 포기) ① 기한은 채무자의 이익을 위한 것으로 추정한다.
② 기한의 이익은 이를 포기할 수 있다. 그러나 상대방의 이익을 해하지 못한다.

제388조(기한의 이익의 상실) 채무자는 다음 각호의 경우에는 기한의 이익을 주장하지 못한다.
1. 채무자가 담보를 손상, 감소 또는 멸실하게 한 때
2. 채무자가 담보제공의 의무를 이행하지 아니한 때

4. 임대차

임대차는 대가를 지급하고 타인의 물건을 이용할 수 있는 대표적인 계약으로서 매매와 함께 일상생활에 매우 빈번하게 등장하는 계약이다. 특히 주택을 대상으로 하는 임대차는 서민들의 경제생활에서 많이 볼 수 있고, 그 외의 부동산임대차는 중소기업의 기업활동에 있어서도 자주 이용되는 거래유형이다.

1) 임대차의 의의

임대차는 당사자의 일방(임대인)이 상대방에게 목적물(임대물)을 사용・수익하게 하고, 상대방(임차인)은 차임을 지급할 것을 약정하는 계약이다. 소비대차가 소비를 목적으로 하는 대체물을 원칙적인 대상으로 하는데 대하여, 임대차의 대상인 물건은 소비를 목적으로 하지 않는다는 점에서 차이가 있다. 동산을 대상으로 하는 임대차계약도 가능하지만, 실무상 주로 문제가 되는 것은 부동산을 대상으로 하는 임대차계약이다.

사례

슈퍼마켓을 경영하는 저는 갑으로부터 그의 토지를 2년간 임대하여 거기에 간이창고를 지어 사용하고 있습니다. 그런데 갑이 이 토지에 저당권을 설정하여 은

행으로부터 융자를 받은 후 변제를 못하던 중, 은행이 저당권을 실행하여 이제 토지의 소유권자가 을로 변경되었습니다. 아직 임대기간이 6개월여 남았는데 을이 나타나서 창고를 철거하고 토지를 명도해 달라고 합니다. 저는 을의 주장에 어떻게 대항할 수 있습니까?

해설

귀하는 갑의 토지에 대한 임차인으로서 임대기간 동안 적법하게 토지를 사용할 권리가 있습니다. 그러나 이 권리는 소위 채권으로서 임대인인 갑에게 주장할 수 있는 권리에 불과합니다.

을은 위 토지에 대한 적법한 소유권자입니다. 소유권은 물권으로서 채권과 물권이 충돌할 경우 물권이 더 강한 효력을 갖게 되어 있습니다. 즉, 일반적으로 채권으로써 물권에 대항할 수 없다는 뜻입니다. 따라서 귀하는 을의 주장에 대하여 어떠한 대항도 할 수 없습니다. 다만 갑에 대하여 아직 임대기간이 남아 있음에도 불구하고 임대차계약의 본래 목적을 달성할 수 없게 되었음을 이유로 손해배상을 청구할 수는 있습니다.

이와 같이 임차인이 가지는 권리는 물권에 비하여 상대적으로 약한 권리에 불과하기 때문에, 민법은 이러한 임차인을 보호하기 위하여 부동산임차권을 등기할 수 있도록 하고 있습니다. 즉, 부동산임차인은 임대인에게 임대차등기를 할 수 있도록 협력을 요청할 수 있으며, 부동산임차권을 등기하면 그 때부터 제3자에게 대항할 수 있는 효력이 발생하여 물권에 준하는 강한 권리가 됩니다.

귀하가 이와 같은 등기를 하지 아니한 이상 진정한 소유권자인 을에게는 대항할 방법이 없습니다. 따라서 토지와 같은 부동산을 임차할 때에는 임대인에게 요구하여 등기를 해두어야 안전합니다. 주택의 경우에는 별도의 등기를 하지 않아도 보호받을 방법이 따로 마련되어 있습니다.

참고조문

제618조(임대차의 의의) 임대차는 당사자 일방이 상대방에게 목적물을 사용, 수익하게 할 것을 약정하고 상대방이 이에 대하여 차임을 지급할 것을 약정함으로써 그 효력이 생긴다.

제621조(임대차의 등기) ① 부동산 임차인은 당사자간에 반대의 약정이 없으면 임대인에 대하여 그 임대차등기절차에 협력할 것을 청구할 수 있다.

② 부동산임대차를 등기한 때에는 그때부터 제3자에 대하여 효력이 생긴다.

2) 임대인의 의무

임대인은 계약이 존속하고 있는 동안에는 임차인이 목적물을 사용하는데 도와주어야 할 의무가 있다. 이 의무의 구체적인 내용은 다음과 같다. 임차인에게 목적물을 인도해야 할 의무, 제3자가 방해를 하여 임대차의 목적을 달성하기 어렵게 할 경우 그 방해를 제거해야 할 의무, 목적물을 수선해야 할 의무, 임차인이 목적물에 비용을 지출한 경우 그 비용을 상환해야 할 의무 등이다.

사례

저는 지난 3월 갑의 기와집을 보증금 3,000만원에 2년간 전세들었습니다. 이사올 때는 몰랐는데 집의 지붕이 낡아서 비가 조금만 와도 빗물이 방안으로 떨어집니다. 이런 사실을 갑에게 알리고 수리를 해달라고 하니 집이 낡아서 보증금을 적게 받았다고 하면서 응해주지 않습니다. 장마철은 다가와 걱정이 되어 하는 수 없이 저가 30만원을 들여 지붕을 수리하였습니다. 그 뒤 수리비를 달라고 하니 역시 막무가내입니다. 법적으로 수리비를 청구할 수는 없습니까?

해설

우리 사회에는 전세, 월세, 삭월세 등의 이름으로 부동산 특히 가옥을 이용하는 법률관계가 많이 있습니다. 이러한 법률관계는 물권의 하나인 전세권과는 구별되는 것으로 소위 채권적 전세라고 합니다. 채권적 전세는 법적으로 임대차관계라고 할 수 있습니다.

임대인에게는 임차인이 임대차의 목적을 탈없이 달성할 수 있도록 목적물을 수선해 주어야 할 의무가 있습니다. 이러한 수선의무는 천재지변 등과 같은 불가항력에 의하여 목적물이 파손된 경우에도 인정되며, 심지어 임차인의 귀책사유로 인하여 목적물이 파손된 경우에도 인정된다고 보는 것이 일반적인 해석입니다.

따라서 귀하는 당연히 갑에게 수리비를 청구할 수 있습니다. 만약 수리비를 주지 아니하면 임대기간이 만료되더라도 보증금과 수리비를 받지 않은 이상 집을 비워주지 않으면 됩니다. 귀하는 이 때 집에 대하여 소위 유치권을 가지고 있기 때문에 그렇습니다.

임대인의 수선의무와 관련해서 다음과 같은 사항도 참고할 필요가 있습니다. 임대인이 목적물의 보존을 위해 필요한 조치를 하고자 할 때는 임차인은 이를 거절하지 못합니다. 그러나 임대인이 임차인의 뜻에 반하여 목적물의 보존을 위한 행위를 하는 경우에, 이로 말미암아 임차인이 임차의 목적을 달성할 수 없게 되면, 임대기간과 관계없이 임차인은 계약을 해지할 수 있습니다.

참고조문

제623조(임대인의 의무) 임대인은 목적물을 임차인에게 인도하고 계약존속 중 그 사용, 수익에 필요한 상태를 유지하게 할 의무를 부담한다.

제624조(임대인의 보존행위, 인용의무) 임대인이 임대물의 보존에 필요한 행위를 하는 때에는 임차인은 이를 거절하지 못한다.

제625조(임차인의 의사에 반하는 보존행위와 해지권) 임대인이 임차인의 의사에 반하여 보존행위를 하는 경우에 임차인이 이로 인하여 임차의 목적을 달성할 수 없는 때에는 계약을 해지할 수 있다.

3) 차임증감청구권

임대차계약과 같이 계속적 채권관계에서는 소위 사정변경의 원칙이 인정된다. 사정변경의 원칙이란 법률행위를 할 당시의 사정이 그 뒤 당사자가 예측할 수 없었던 사정으로 말미암아 변경되어, 원래의 법률행위에 따라 그 효과를 유지하면 대단히 부당한 결과가 될 경우에, 당사자가 그러한 법률행위의 효과를 적당하게 변경할 것을 상대방에게 청구하거나 계약을 해지시킬 수 있다는 원칙이다. 이 원칙은 신의성실의 원칙으로부터 파생한 원칙이라 할 수 있다.

민법은 사정변경의 원칙에 대하여 일반적 원칙으로 규정해 놓지는 않았지만, 개별적인 규정에서 이 원칙을 채택한 것으로 평가할 수 있는 경우는 여러 가지가 있다. 차임증감청구권은 그 대표적인 경우이다.

사례

저는 사무실로 쓸 목적으로 갑과 그의 건물 1층에 대하여 보증금 4,000만원, 기간 2년으로 하는 전세계약을 하여 사용하고 있습니다. 입주한 지 6개월쯤 지난 요즈음 이 부근에 관공서가 들어선다는 소문이 있어서 임대료가 날마다 오르고 있습니다. 저의 사무실과 비슷한 형편의 사무실을 빌리려고 하면 전세보증금 8,000만원 정도를 주어야 겨우 가능할 정도입니다. 이런 사실을 알고 갑은 저에게 보증금을 3,000만원 더 올려 달라고 합니다. 저는 계약기간이 있으니 그 때까지는 못 올려주겠다고 버티고 있습니다. 갑의 주장은 타당한지요?

해설

입주한 지 불과 6개월만에 차임(임대료)이 2배로 올랐다는 사실은 가히 차임의 폭등이라고 할 수 있겠습니다. 그리고 차임의 폭등을 초래한 사정은 전세계약 당시에는 당사자가 서로 모르고 있었다고 추정할 수 있습니다. 알고 있었다면 계약을 할 당시에 이를 계약에 반영했을 것이기 때문입니다. 이런 경우에 바로 사정변경의 원칙이 적용될 수 있고, 민법은 명문으로써 이를 규정하고 있습니다. 이때 만약 원래의 계약대로 해결한다면 임대인에게 너무 불리할 것이기 때문에 그렇습니다.

사례의 경우 만약 귀하가 갑의 청구에 따르지 않으면 갑은 소송을 제기하여 목적을 달성하려고 할 것입니다. 이때 구체적인 차임액에 관하여 당사자 사이에 다툼이 있으면 결국 법원이 재판을 통하여 정할 것이지만, 어떻든 사례와 같이 차임이 단기간에 폭등한 경우에는 임차인으로서는 임차기간이 아직 남아 있다는 이유로 임대인의 차임증액청구를 막을 수는 없습니다. 그리고 소송을 하거나 당하는 일은 대개 매우 힘든 일이기 때문에 갑이 소송을 제기하기 전에 서로 협의하여 차임의 증액을 정하는 편이 좋겠습니다.

이 문제와 관련하여 반대되는 경우도 생각해 볼 수 있습니다. 그런 경우에는 반대로 임차인이 차임을 깍아 달라고 임대인에게 청구할 수 있습니다.

그리고 주택임대차의 경우에는 위의 설명과 달리 임차인을 보호하기 위한 특별한 조치를 두고 있음을 참고로 알려드립니다. 즉, 주택임대차의 경우에는 차임증액의 한도를 원래 약정한 차임의 20분의 1의 금액을 초과하지 못하도록 하며, 또한 차임증액청구도 계약 후 1년 이내에는 할 수 없도록 하여, 임차인을 두텁게 보호하고 있습니다. 그런데 판례에 따르면 주택임대차보호법상 인정되는 차임증액청구권(동법 제7조)은 임대차계약이 존속하고 있는 동안에 경제사정 등이 변동될 경우 인정된다고 합니다. 즉, 임대차계약이 종료되고 나서 재계약을 하거나, 계약종료전이라도 당사자가 합의로 차임의 증액을 결정할 때 등에는 차임증액청구권은 허용할 수 없다고 합니다(대판, 2002. 6.28. 2002다23482).

참고조문

제628조(차임증감청구권) 임대물에 대한 공과부담의 증감 기타 경제사정의 변동으로 인하여 약정한 차임이 상당하지 아니하게 된 때에는 당사자는 장래에 대한 차임의 증감을 청구할 수 있다.

주택임대차보호법

제7조(차임등의 증감청구권) ① 당사자는 약정한 차임이나 보증금이 임차주택에 관한 조세, 공과금, 그 밖의 부담의 증감이나 경제사정의 변동으로 인하여 적절하지 아니하게 된 때에는 장래에 대하여 그 증감을 청구할 수 있다. 이 경우 증액청구는 임대차계약 또는 약정한 차임이나 보증금의 증액이 있은 후 1년 이내에는 하지 못한다.

② 제1항에 따른 증액청구는 약정한 차임이나 보증금의 20분의 1의 금액을 초과하지 못한다. 다만, 특별시·광역시·특별자치시·도 및 특별자치도는 관할 구역 내의 지역별 임대차 시장 여건 등을 고려하여 본문의 범위에서 증액청구의 상한을 조례로 달리 정할 수 있다.

주택임대차보호법 시행령

제8조(차임 등 증액청구의 기준 등) ① 법 제7조에 따른 차임이나 보증금(이하 "차임 등"이라 한다)의 증액청구는 약정한 차임 등의 20분의 1의 금액을 초과하지 못한다.

② 제1항에 따른 증액청구는 임대차계약 또는 약정한 차임 등의 증액이 있은 후 1년 이내에는 하지 못한다.

4) 임차인의 비용상환청구권

임차인이 목적물에 관하여 비용을 지출한 때에는 임대인에게 비용의 상환을 청구할 수 있다. 그 비용이 임차물의 보존에 필요한 비용이면, 임대차기간이 존속 중일 때에도 상환을 청구할 수 있다.

사례

저는 갑의 집에 전세들어 살고 있습니다. 그런데 지난 여름 태풍이 불어 담장이 무너져 버렸습니다. 갑에게 수리를 요구하였으나 차일피일 미루기만 합니다. 담장이 무너져 생활에 큰 불편을 겪고 있는데 법적으로 어떻게 하면 좋습니까?

해설

임대인은 계약이 존속 중에 임대물의 정상적인 사용 수익을 위하여 수선해 주어야 할 의무가 있습니다. 만약 임대인이 수선을 해주지 아니할 경우에는 임차인이 그의 비용으로 수선한 후 그 비용을 청구할 수 있습니다. 뿐만 아니라 임대물의 일부가 임차인의 과실없이 멸실되어 사용 수익할 수 없게 된 때에는, 그 부분의 비율로 환산하여 차임을 감액해 달라고 청구할 수 있습니다. 이 때 만약 멸실되고 남은 부분으로는 계약의 원래 목적을 달성할 수 없을 때에는 임대기간의 잔존여부에 관계없이 계약을 해지할 수 있습니다.

따라서 귀하는 갑에게 담장의 수선을 우선 청구해 보고, 갑이 이에 응하지 아니하면 귀하의 비용으로 담장을 수선한 후 그 비용을 갑에게 청구하면 됩니다. 갑이 여기에도 응하지 아니하면 계약기간 만료 후 수선비와 그에 대한 지연이자를 지급할 때까지 집을 비워주지 않아도 무방합니다.

참고조문

제623조(임대인의 의무) 임대인은 목적물을 임차인에게 인도하고 계약존속 중 그 사용, 수익에 필요한 상태를 유지하게 할 의무를 부담한다.

제626조(임차인의 상환청구권) ① 임차인이 임차물의 보존에 관한 필요비를 지출한 때에는 임대인에 대하여 그 상환을 청구할 수 있다.
② 임차인이 유익비를 지출한 경우에는 임대인은 임대차종료시에 그 가액의 증가가 현존한 때에 한하여 임차인의 지출한 금액이나 그 증가액을 상환하여야 한다. 이 경우에 법원은 임대인의 청구에 의하여 상당한 상환기간을 허여할 수 있다.

제627조(일부멸실등과 감액청구, 해지권) ① 임차물의 일부가 임차인의 과실없이 멸실 기타 사유로 인하여 사용, 수익할 수 없는 때에는 임차인은 그 부분의 비율에 의한 차임의 감액을 청구할 수 있다.

② 전항의 경우에 그 잔존부분으로 임차의 목적을 달성할 수 없는 때에는 임차인은 계약을 해지할 수 있다.

5) 전대차와 권리금

전대차란 종전의 임차인이 새로운 임대인이 되어 임차물을 타인에게 임대하는 경우를 말한다. 전대차가 있을 경우 종전의 임차인을 전대인, 새로운 임차인을 전차인이라고 한다. 전대차는 전대인이 종전의 임대차관계에 그대로 남아 있다는 점에서 임차권의 양도와 구별된다. 임차권의 양도란 임차인이 가지고 있는 임차권을 그 동일성을 유지하면서 제3자에게 양도하는 계약을 말한다. 임차권의 양도가 있으면 종전의 임차인은 임대차관계에서 제외되고 양수인이 임차인의 법적 지위를 이어 받게 된다.

한편 도시의 점포를 매매하거나 임대차할 때 흔히 권리금이라는 돈이 따라 붙는 경우가 있다. 권리금이란 임차인이 투자한 비용이나 교통의 편의성, 단골고객의 확보상태, 영업활동의 결과로 형성된 지명도나 신용 등의 경제적 이익을 말한다. 종전에는 임차인에게 이러한 권리금의 회수를 위한 법적 장치가 없어서 문제가 되었으나, 2015년 상가건물 임대차보호법의 개정으로 상가건물임차인은 일정한 경우 권리금의 회수를 법적으로 보장받게 되었다.

사례

저는 갑으로부터 그가 시내 중심가에서 경영하는 식당을 인수하는 계약을 체결하였습니다. 갑은 건물 주인인 을에게 보증금 3,000만원, 월세 50만원으로 건물을 임차하여 내부장식 및 시설비로 약 1,000만원을 투자하여 영업을 해오고 있었습니다. 저는 갑에게 갑의 전세보증금 3,000만원과 권리금 1,500만원을 주고 식당을 인수하였고, 매월 50만원씩 온라인으로 을의 은행계좌에 입금하였습니다.

그런데 식당을 인수한지 6개월쯤 지나 임대차기간이 만료되었습니다. 그러자 을이 나타나 이제부터 이 장소에서 자기가 당구장을 경영할 터이니 건물을 비워 달라고 합니다. 저는 보증금을 올려줄테니 새로운 임대차계약을 체결하자고 제의하였으나 안 통합니다. 할 수 없어서 그러면 권리금도 반환받아야겠다고 하니 권리금은 자기가 모르는 일이라고 하면서 응해주지 않습니다. 권리금을 받아낼 수 없습니까?

해설

임대인의 입장에서 보면 목적물을 누가 사용하느냐 하는 점이 중요하기 때문에, 임차권의 양도와 전대는 임대인의 동의를 얻도록 하고 있습니다. 임대인의 동의를 얻은 임차권의 양수인과 전차인은 민법에서 일정한 보호를 하고 있습니다. 그러나 임대인의 동의를 얻지 아니한 임차권의 양수인과 전차인은 임대인에게 대항할 방법이 없게 됩니다. 이러한 양도와 전대를 무단양도, 무단전대라고 합니다. 특히 점포의 임대차에 관련하여 무단양도와 무단전대가 있는 경우를 흔히 보게 되는데, 이 때 무단양수인과 무단전차인의 법적 지위가 대단히 허술하기 때문에 특별히 유의해야 합니다.

사례의 경우 귀하는 갑으로부터 임차권을 양수받았거나 갑과 전대차계약을 체결하면서 건물 주인인 을로부터 명시적으로 동의를 받지는 않은 것으로 보입니다. 그러나 식당을 인수한 뒤 을의 은행계좌에 월세를 입금해 오고 있었고, 이에 대해 을이 아무런 이의를 제기하지 않은 것으로 보아 을이 귀하의 식당 인수를 묵시적으로 동의했다고 볼 수 있습니다. 따라서 을이 임대차나 전대차계약을 해지할 수는 없습니다.

다음 권리금에 대해 봅니다. 상가건물 임대차보호법이 2015년 5월에 개정되어 임차인은 원칙적으로 권리금을 돌려받을 수 있게 되었습니다. 다만, 일정한 경우에는 임차인의 권리금회수에 제한이 있으므로 유의할 필요가 있습니다.

참고조문

제629조(임차권의 양도, 전대의 제한) ① 임차인은 임대인의 동의없이 그 권리를 양도하거나 임차물을 전대하지 못한다.
② 임차인이 전항의 규정에 위반한 때에는 임대인은 계약을 해지할 수 있다.

제630조(전대의 효과) ① 임차인이 임대인의 동의를 얻어 임차물을 전대한 때에는 전차인은 직접 임대인에 대하여 의무를 부담한다. 이 경우에 전차인은 전대인에 대한 차임의 지급으로써 임대인에게 대항하지 못한다.
② 전항의 규정은 임대인의 임차인에 대한 권리행사에 영향을 미치지 아니한다.

제631조(전차인의 권리의 확정) 임차인이 임대인의 동의를 얻어 임차물을 전대한 경우에는 임대인과 임차인의 합의로 계약을 종료한 때에도 전차인의 권리는 소멸하지 아니한다.

제632조(임차건물의 소부분을 타인에게 사용케 하는 경우) 전3조의 규정은 건물의 임차인이 그 건물의 소부분을 타인에게 사용하게 하는 경우에 적용하지 아니한다.

상가건물 임대차보호법

제10조의3(권리금의 정의 등) ① 권리금이란 임대차 목적물인 상가건물에서 영업을 하는 자 또는 영업을 하려는 자가 영업시설·비품, 거래처, 신용, 영업상의 노하우, 상가건물의 위치에 따른 영업상의 이점 등 유형·무형의 재산적 가치의 양도 또는 이용대가로서 임대인, 임차인에게 보증금과 차임 이외에 지급하는 금전 등의 대가를 말한다.
② 권리금 계약이란 신규임차인이 되려는 자가

임차인에게 권리금을 지급하기로 하는 계약을 말한다.

제10조의4(권리금 회수기회 보호 등) ① 임대인은 임대차기간이 끝나기 3개월 전부터 임대차 종료 시까지 다음 각 호의 어느 하나에 해당하는 행위를 함으로써 권리금 계약에 따라 임차인이 주선한 신규임차인이 되려는 자로부터 권리금을 지급받는 것을 방해하여서는 아니 된다. 다만, 제10조제1항 각 호의 어느 하나에 해당하는 사유가 있는 경우에는 그러하지 아니하다.

1. 임차인이 주선한 신규임차인이 되려는 자에게 권리금을 요구하거나 임차인이 주선한 신규임차인이 되려는 자로부터 권리금을 수수하는 행위
2. 임차인이 주선한 신규임차인이 되려는 자로 하여금 임차인에게 권리금을 지급하지 못하게 하는 행위
3. 임차인이 주선한 신규임차인이 되려는 자에게 상가건물에 관한 조세, 공과금, 주변상가건물의 차임 및 보증금, 그 밖의 부담에 따른 금액에 비추어 현저히 고액의 차임과 보증금을 요구하는 행위
4. 그 밖에 정당한 사유 없이 임대인이 임차인이 주선한 신규임차인이 되려는 자와 임대차계약의 체결을 거절하는 행위

② 다음 각 호의 어느 하나에 해당하는 경우에는 제1항제4호의 정당한 사유가 있는 것으로 본다.

1. 임차인이 주선한 신규임차인이 되려는 자가 보증금 또는 차임을 지급할 자력이 없는 경우
2. 임차인이 주선한 신규임차인이 되려는 자가 임차인으로서의 의무를 위반할 우려가 있거나 그 밖에 임대차를 유지하기 어려운 상당한 사유가 있는 경우
3. 임대차 목적물인 상가건물을 1년 6개월 이상 영리목적으로 사용하지 아니한 경우
4. 임대인이 선택한 신규임차인이 임차인과 권리금 계약을 체결하고 그 권리금을 지급한 경우

③ 임대인이 제1항을 위반하여 임차인에게 손해를 발생하게 한 때에는 그 손해를 배상할 책임이 있다. 이 경우 그 손해배상액은 신규임차인이 임차인에게 지급하기로 한 권리금과 임대차 종료 당시의 권리금 중 낮은 금액을 넘지 못한다.

④ 제3항에 따라 임대인에게 손해배상을 청구할 권리는 임대차가 종료한 날부터 3년 이내에 행사하지 아니하면 시효의 완성으로 소멸한다.

⑤ 임차인은 임대인에게 임차인이 주선한 신규임차인이 되려는 자의 보증금 및 차임을 지급할 자력 또는 그 밖에 임차인으로서의 의무를 이행할 의사 및 능력에 관하여 자신이 알고 있는 정보를 제공하여야 한다.

제10조의6(표준권리금계약서의 작성 등) 국토교통부장관은 법무부장관과 협의를 거쳐 임차인과 신규임차인이 임차인과 신규임차인이 되려는 자가 권리금 계약을 체결하기 위한 표준권리금계약서를 정하여 그 사용을 권장할 수 있다.

제10조의7(권리금 평가기준의 고시) 국토교통부장관은 권리금에 대한 감정평가의 절차와 방법 등에 관한 기준을 고시할 수 있다.

제19조(표준계약서의 작성 등) 법무부장관은 보증금, 차임액, 임대차기간, 수선비 분담 등의 내용이 기재된 상가건물임대차표준계약서를 정하여 그 사용을 권장할 수 있다.

6) 주택임대차와 상가건물임대차

일반적인 임대차와는 달리 주택과 상가건물을 목적물로 하는 임대차의 경우에는, 대체로 경제적 약자라고 볼 수 있는 임차인을 보호하기 위하여 특별한 조치를 해두고 있다.

사례

저는 서울에 있는 갑의 집을 보증금 7,000만원에 2년 기간으로 전세들기로 하고 주민등록을 마치고 지금 살고 있습니다. 저가 이사오기 전에 갑은 이 집에 5,000만원의 저당권을 설정하여 신용금고로부터 대출을 받았습니다. 갑이 대출금을 변제하지 못하자 신용금고측은 저당권을 실행하여 이 집에 대한 경매가 곧 있을거라고 합니다. 저의 전세보증금은 어떻게 됩니까?

해설

일반적인 부동산임차권은 채권으로서 등기하지 아니하면 물권인 저당권에 비하여 그 효력이 상대적으로 약한 것이 원칙입니다. 그러나 이 원칙을 고수하면 주택임차인과 같은 경제적 약자의 보호에 소홀한 점이 있게 되므로, 주택임차인을 보호하기 위한 특별법이 제정 시행되고 있습니다. 주택임대차보호법(1981. 3. 5. 법률 제3379호)이 바로 그 법입니다.

이 법은 주거용 건물의 임대차에 관하여 민법에 대한 특례를 규정하고 있습니다. 그 주요내용은 다음과 같습니다. 먼저 주택임대차는 그 등기를 하지 않더라도 임차인이 주택을 인도받고 주민등록(전입신고)을 마치면 그 다음 날부터 제삼자에게 대항할 수 있습니다. 그리고 이러한 대항력과 임대차계약증서상의 확정일자를 갖춘 임차인은 저당권의 실행 등으로 실시되는 경매절차에서 다른 채권자들보다 우선적으로 변제받을 수 있습니다.

특히 보증금 중에서 일정액은 다른 담보물권자보다도 우선하여 변제받을 수 있습니다. 이 경우 우선변제를 받을 수 있는 임차인의 범위와 보증금 중의 일정액의 범위는 지역에 따라 차이가 있습니다.

그리고 기간을 정하지 아니하거나 기간을 2년 미만으로 정한 임대차는 그 기간을 2년으로 의제하여 임차인을 보호하고 있습니다. 만약 임대인이 기간만료 전 6개월부터 2개월 사이에 임차인에 대하여 계약갱신의 통지를 하지 아니하거나, 임차인이 임대기간 만료전 2개월까지 갱신의 통지를 하지 아니하면, 계약기간이 만료한 때에 종전의 임대차와 동일한 조건으로 다시 임대차한 것으로 보되, 이 경우 임대차의 존속기간은 2년으로 하고 있습니다.

귀하는 전입신고를 하기 전에 저당권설정을 한 신용금고측에 대하여는 주택임대차보호법에 따른다고 하더라도 보호받지 못하는 것이 원칙이지만, 서울특별시의 보증금 1억5천만원 이하에 해당하는 소액임차인이기 때문에 보증금 7천만원 중 5천만원은 신용금고측보다 우선적으로 변제받을 수 있습니다.

주의할 것은 주택임대차보호법에 의하여 경제적 약자인 임차인이 특별히 보호되고 있긴 합니다만, 이 법에 의하여 보다 철저하게 보호받기 위해서는 임대차계약을 체결할 때, 목적물에 대하여 저당권과 같은 담보물권이 설정되어 있는지 여부를 알아보는 일이 중요합니다. 즉, 저당권이 설정되어 있기 전에 전입신고를 하면 완전한 보호를 받을 수 있지만, 그렇지 않은 경우에는 소액임차인에 한하여, 그것도 제한적으로만 보호된다는 점을 유의해야 합니다.

참고조문

주택임대차보호법

제1조(목적) 이 법은 주거용 건물의 임대차에 관하여 「민법」에 대한 특례를 규정함으로써 국민 주거생활의 안정을 보장함을 목적으로 한다.

제3조(대항력 등) ① 임대차는 그 등기가 없는 경우에도 임차인이 주택의 인도와 주민등록을 마친 때에는 그 다음 날부터 제삼자에 대하여 효력이 생긴다. 이 경우 전입신고를 한 때에 주민등록이 된 것으로 본다.

제3조의2(보증금의 회수) ① 임차인(제3조제2항의 법인을 포함한다. 이하 같다)이 임차주택에 대하여 보증금반환청구소송의 확정판결이나 그 밖에 이에 준하는 집행권원에 따라서 경매를 신청하는 경우에는 집행개시 요건에 관한 「민사집행법」 제41조에도 불구하고 반대의무의 이행이나 이행의 제공을 집행개시의 요건으로 하지 아니한다.

② 제3조제1항 또는 제2항의 대항요건과 임대차계약증서(제3조제2항의경우에는 법인과 임대인 사이의 임대차계약증서를 말한다)상의 확정일자를 갖춘 임차인은 「민사집행법」에 따른 경매 또는 「국세징수법」에 따른 공매를 할 때에 임차주택(대지를 포함한다)의 환가대금에서 후순위권리자나 그 밖의 채권자보다 우선하여 보증금을 변제받을 권리가 있다.

③ 임차인은 임차주택을 양수인에게 인도하지 아니하면 제2항에 따른 보증금을 받을 수 없다.

제3조의3(임차권등기명령) ① 임대차가 끝난 후 보증금을 반환받지 못한 임차인은 임차주택의 소재지를 관할하는 지방법원·지방법원지원 또는 시·군 법원에 임차권등기명령을 신청할 수 있다.

제4조(임대차기간 등) ① 기간을 정하지 아니하거나 2년 미만으로 정한 임대차는 그 기간을 2년으로 본다. 다만, 임차인은 2년 미만으로 정한 기간이 유효함을 주장할 수 있다.

② 임대차기간이 끝난 경우에도 임차인이 보증금을 반환받을 때까지는 임대차관계가 존속되는 것으로 본다.

제6조(계약의 갱신) ① 임대인이 임대차기간이 끝나기 6개월 전부터 2개월 전까지의 기간에 임차인에게 갱신거절의 통지를 하지 아니하거나 계약조건을 변경하지 아니하면 갱신하지 아니한다는 뜻의 통지를 하지 아니한 경우에는 그 기간이 끝난 때에 전 임대차와 동일한 조건으로 다시 임대차한 것으로 본다. 임차인이 임대차기간이 끝나기 2개월 전까지 통지하지 아니한 경우에도 또한 같다.

② 제1항의 경우 임대차의 존속기간은 2년으로 본다.

③ 2기의 차임액에 달하도록 연체하거나 그 밖에 임차인으로서의 의무를 현저히 위반한 임차인에 대하여는 제1항을 적용하지 아니한다.

제6조의2(묵시적 갱신의 경우 계약의 해지) ① 제6조제1항에 따라 계약이 갱신된 경우 같은 조 제2항에도 불구하고 임차인은 언제든지 임대인에게 계약해지를 통지할 수 있다.

② 제1항에 따른 해지는 임대인이 그 통지를 받은 날부터 3개월이 지나면 그 효력이 발생한다.

제8조(보증금 중 일정액의 보호) ① 임차인은 보증금 중 일정액을 다른 담보물권자보다 우선하여 변제받을 권리가 있다. 이 경우 임차인은 주택에 대한 경매신청의 등기 전에 제3조제1항

의 요건을 갖추어야 한다.

③ 제1항에 따라 우선변제를 받을 임차인 및 보증금 중 일정액의 범위와 기준은 제8조의2에 따른 주택임대차위원회의 심의를 거쳐 대통령령으로 정한다. 다만, 보증금 중 일정액의 범위와 기준은 주택가액(대지의 가액을 포함한다)의 2분의 1을 넘지 못한다.

주택임대차보호법 시행령

제10조(보증금 중 일정액의 범위 등) ① 법 제8조에 따라 우선변제를 받을 보증금 중 일정액의 범위는 다음 각 호의 구분에 의한 금액 이하로 한다.

1. 서울특별시: 5천만원
2. 「수도권정비계획법」에 따른 과밀억제권역(서울특별시는 제외한다), 세종특별자치시, 용인시, 화성시 및 김포시: 4천300만원
3. 광역시(「수도권정비계획법」에 따른 과밀억제권역에 포함된 지역과 군지역은 제외한다), 안산시, 광주시, 파주시, 이천시 및 평택시: 2천300만원
4. 그 밖의 지역: 2천만원

제11조(우선변제를 받을 임차인의 범위) 법 제8조에 따라 우선변제를 받을 임차인은 보증금이 다음 각 호의 구분에 의한 금액 이하인 임차인으로 한다.

1. 서울특별시: 1억5천만원
2. 「수도권정비계획법」에 따른 과밀억제권역(서울특별시는 제외한다), 세종특별자치시, 용인시, 화성시 및 김포시: 1억3천만원
3. 광역시(「수도권정비계획법」에 따른 과밀억제권역에 포함된 지역과 군지역은 제외한다), 안산시, 광주시, 파주시, 이천시 및 평택시: 7천만원
4. 그 밖의 지역: 6천만원

사례

저는 갑과 보증금 1억원 기간 2년으로 하는 주택임대차계약을 체결하여 살고 있었습니다. 그런데 2개월전 서울본사로 발령이 나는 바람에 가족들과 함께 서울로 이사를 해야 할 형편입니다. 이런 사정을 갑에게 이야기하고 보증금을 돌려달라고 하니, 갑은 계약기간이 아직 10개월이나 남았다는 이유로, 굳이 나가려고 하면 보증금 1억원에 들어올 수 있는 사람을 넣어주고 나가라고 하면서, 응해 주질 않습니다. 계약기간이 아직 10개월 남아 있긴 합니다만 그 이전에 보증금을 반환받을 방법이 없습니까?

해설

임대차의 기본법리에 의하면 임대인과 임차인간에는 서로 기한의 이익을 누리게 되어 있습니다. 즉, 임대인인 갑은 2년 동안은 보증금을 돌려주지 않아도 되며, 임차인인 귀하는 이 기간 동안 주택을 사용할 수 있는 권리를 가지는 것입니다. 주택임대차보호법은 임차권의 존속기간을 정하지 아니하였거나 기간을 2년미만으로 정한 주택임대차는, 그 기간을 2년으로 간주하고 있으며, 임대차가 종료한 경우에도 임차인이 보증금을 반환받을 때까지는 임대차관계는 존속하는 것으로 하여, 임차인을 두텁게 보호하고 있습니다.

그런데 귀하의 경우와 같이, 부득이한 사정으로 말미암아 임대차계약을 지속시키기 어려울 때, 임대차계약의 효력에 관하여는 주택임대차보호법이나 민법의 규정이 없기 때문에 문제가 있습니다. 생각건대 주택임대차보호법이 제정된 가장 중요한 이유는 경제적 약자인 임차인을 보호하자는데 있으므로, 전근 등의 불가피한 사정으로 말미암아 더 이상 종전의 임대차계약을 지속시키기 어려운 사정이 있을 때에는, 비록 계약기간이 남아 있다고 하더라도 보증금반환을 청구할 수 있다고 봅니다. 다만, 임대인에게는 상당기간의 유예가 인정되어야 할 것입니다.

위 사례와 같이 임차인에게 특별한 사정이 생겨서 종전의 임대차계약을 유지시키기 어려운 때에는, 먼저 임차인과 임대인이 협의하여 문제를 해결하는 것이 가장 바람직한 방법입니다. 하지만 임대차계약을 체결할 때 계약이 존속하고 있는 중이라도 특별한 사정이 있으면 당사자 일방 또는 쌍방이 계약에 대한 해지권을 가지는 것으로 계약을 해두었더라면 문제를 보다 분명하게 해결할 수 있었을 것입니다.

참고조문

제635조(기간의 약정없는 임대차의 해지통고)
① 임대차기간의 약정이 없는 때에는 당사자는 언제든지 계약해지의 통고를 할 수 있다.
② 상대방이 전항의 통고를 받은 날로부터 다음 각호의 기간이 경과하면 해지의 효력이 생긴다.
1. 토지, 건물 기타 공작물에 대하여는 임대인이 해지를 통고한 경우에는 6월, 임차인이 해지를 통고한 경우에는 1월
2. 동산에 대하여는 5일

제636조(기간의 약정있는 임대차의 해지통고)
임대차기간의 약정이 있는 경우에도 당사자 일방 또는 쌍방이 그 기간내에 해지할 권리를 보류한 때에는 전조의 규정을 준용한다.

사례

저는 갑 소유의 원룸을 빌려 사용하고 있는 대학생입니다. 겨울방학 동안 집에 내려가 있는데, 갑으로부터 전화가 오기를 제가 사용하는 원룸의 보일러가 터져 고쳐야 한다면서 수리비 50만원을 내라고 하였습니다. 제가 왜 보일러수리비를 내야하는지를 따졌더니, 방학 때 아무런 연락도 없이 집에 내려가는 바람에 보온조치를 하지 않고 있던 중, 갑자기 한파가 닥쳐서 보일러가 터졌으니 저가 책임을 져야 한다는 것입니다. 갑은 제가 방학 동안에는 항상 집에 내려간다는 사실을 알고 있었고, 장마철에도 갑은 보일러를 비닐로 씌우는 등 계속적인 관리행위를 해 왔습니다. 갑의 말대로 보일러수리비를 제가 부담해야 하는지요?

해설

주택임대차에 있어서 임대인은 임차인에 대하여 몇 가지 의무를 부담하고 있습니다. 목적물인도의무, 방해제거의무, 사용수익에 필요한 상태유지의무, 임차인이 임차목적물의 보존을 위하여 필요비를 지출한 경우에는 비용을 상환할 의무 등입니다. 반대로 임차인도 임대인에 대하여 차임지급의무, 임차물보관의무, 통지의무 등을 부담합니다.

이 사안은 임차인이 임차물에 대한 관리자로서의 주의의무를 다했는지가 문제로 됩니다. 질문의 내용처럼 평소에 갑이 보일러를 관리해 왔고, 매번 방학 동안에는 임차인이 집을 비웠다면, 겨울철 예상하지 못한 날씨로 보일러가 파손된 경우에는 임차인에게 보일러파손의 책임을 묻기 어렵다고 하겠습니다. 따라서 귀하는 보일러 수리비용을 지급할 필요가 없습니다.

사례

저는 올해 6월 15일 갑과 그가 소유하는 주택에 대하여 보증금 3,500만원, 임대기간 3년의 전세계약을 체결하고, 이사는 7월 10일 하고 그 날 동사무소에서 전입신고를 하면서 동시에 전세계약서에 확정일자를 받아 두었습니다. 그런데 갑은 7월 30일 을로부터 돈 7,000만원을 빌리면서 이 집에 저당권을 설정해 주었고, 그 후 갑이 돈을 갚지 못하자 을이 이 집을 경매에 넘긴다고 합니다. 아직 전세기간이 남아 있지만 법적으로 불안한데 어떻게 대처해야 합니까?

해설

민법상 전세권이라는 권리는 등기부에 등기되어 있는 물권으로서의 권리를 말합니다. 따라서 다른 사람의 부동산을 전세로 빌려서 사용하고 있더라도 전세권설정등기가 되어 있지 않은 때에는, 빌린 사람의 권리는 민법상 전세권이 아니고 단순한 채권인 임차권에 불과합니다. 그러나 앞의 사례에서 말한 바와 같이 임차권 중에서도 주택의 임차권은 주택임대차보호법에 따라 특별히 보호하고 있습니다. 귀하의 임차권은 을의 저당권보다 앞서기 때문에 임대기간이 만료되더라도 보증금을 받는데 지장은 없을 것으로 보입니다.

문제는 아직 임대기간이 남아 있는 중에 만약 소유권자가 바뀔 경우 임차인이 임대차계약을 해지할 수 있느냐 하는 것입니다. 임차주택의 양수인에게 대항할 수 있는 임차권자가 임대차관계의 승계를 원하지 아니할 때에는 승계되는 임대차관계의 구속을 면할 수 있습니다. 즉, 주택의 경매로 소유권자가 변경되면 새로운 소유권자가 종전의 임대인의 지위를 승계하게 되는데, 임대차기간이 만료되기 전이라도 임차인은 임대차계약을 해지함으로써 종료시키고 우선변제를 청구할 수 있습니다(대판, 1996.7.12. 94다37646). 따라서 귀하는 임대차의 승계를 원하지 않으면 임대인에게 해지통고를 하고 경매절차의 배당에 참가하여 우선변제를 받을 수 있고, 아니면 계속 임차를 하다가 기간이 만료되면 새로운 소유권자에게 보증금을 반환하라고 청구할 수도 있습니다.

사례

저는 서울에서 갑이 소유하는 점포에 대해 보증금 5,000만원에 월 50만원씩 지급하기로 하는 상가임대차계약을 체결하려고 합니다. 그런데 입점하기 전에 등기부를 열람해보니 이미 1억원 가량의 저당권이 설정되어 있고, 인근 공인중개사에게 물어보니 실제건물가격은 3억원 정도 된다고 합니다. 주변의 여러 사정을 보아 이 정도의 점포자리가 잘 나오지 않을 것 같은데, 입점을 해서 장사를 하더라도 법적 문제는 없을까요?

해설

귀하가 상가임대차계약을 체결한다면 임차권이라는 단순한 채권을 가지게 됩니다. 따라서 선순위의 저당권자에게는 원칙적으로 대항할 수 없습니다. 그러나 선순위의 저당금액이 건물가격에 비하여 크지 않기 때문에 귀하로서도 순위만 확보해 두면 별 문제는 없을 것으로 보입니다. 2002년부터 시행하고 있는 상가건물임대차보호법은 영세한 상인들의 상가건물임차권을 두텁게 보호하고 있습니다. 이 법의 적용을 받는 범위는 서울특별시의 경우 보증금액이 9억원 이하, 서울특별시를 제외한 수도권정비계획법에 따른 과밀억제권역은 6억9천만원 이하, 그 밖의 광역시 및 안산시, 용인시, 김포시, 및 광주시는 5억4천만원 이하, 그 밖의 지역은 3억7천만원 이하의 보증금에만 적용이 됩니다. 따라서 귀하의 경우처럼 서울에서 보증금 5,000만원에 월 50만원이면, 이 법에서 기준으로 삼고 있는 보증금은, 보증금 + (월세 × 100)이므로 1억원의 보증금에 해당되어 이 법의 보호 대상이 됩니다. 그리고 선순위 저당권이 있어서 걱정이 된다고 하나, 저당권의 채권최고액이 건물의 시가에 비하여 아주 낮은 수준이라서 법적으로는 큰 문제가 없을 것으로 보입니다.

아울러 이 법에 따라 보호되는 주요 내용은 다음과 같습니다. 먼저, 상가건물임차권의 등기가 되어 있지 않은 경우에도, 임차인이 건물의 인도와 사업자등록을 신청한 때에는 그 다음날로부터 제3자에게 대항할 수 있습니다. 그리고 기간의 정함이 없거나 기간을 1년 미만으로 정한 임대차는 그 기간을 1년으로 보며, 다만 임차인은 1년 미만으로 정한 기간이 유효함을 주장할 수 있도록 규정하고 있습니다. 임대인은 임차인이 임대차기간 만료 전 6개월부터 1개월까지 사이에 행하는 계약갱신요구에 대하여 정당한 사유 없이 이를 거절하지 못하고, 소액보증금인 경우 일정금액은 우선변제권을 인정하여 경제적 약자에 대한 배려에 만전을 기하고 있습니다.

그리고 앞의 사례에서 말한 바와 같이 2015년부터 상가임차인은 권리금의 회수를 법적으로 보장받게 되었습니다.

참고조문

상가건물 임대차보호법

제3조(대항력 등) ① 임대차는 그 등기가 없는 경우에도 임차인이 건물의 인도와 「부가가치세법」 제5조, 「소득세법」 제168조 또는 「법인세법」 제111조에 따른 사업자등록을 신청하면 그 다음 날부터 제3자에 대하여 효력이 생긴다.
② 임차건물의 양수인(그 밖에 임대할 권리를 승계한 자를 포함한다)은 임대인의 지위를 승계한 것으로 본다.
③ 이 법에 따라 임대차의 목적이 된 건물이 매매 또는 경매의 목적물이 된 경우에는「민법」 제575조제1항・제3항 및 제578조를 준용한다.
④ 제3항의 경우에는 「민법」 제536조를 준용한다.

제8조(경매에 의한 임차권의 소멸) 임차권은 임차건물에 대하여 「민사집행법」 에 따른 경매가 실시된 경우에는 그 임차건물이 매각되면 소멸한다. 다만, 보증금이 전액 변제되지 아니한 대항력이 있는 임차권은 그러하지 아니하다.

제9조(임대차기간 등) ① 기간을 정하지 아니하거나 기간을 1년 미만으로 정한 임대차는 그 기간을 1년으로 본다. 다만, 임차인은 1년 미만으로 정한 기간이 유효함을 주장할 수 있다.
② 임대차가 종료한 경우에도 임차인이 보증금을 돌려받을 때까지는 임대차 관계는 존속하는 것으로 본다.

제10조(계약갱신 요구 등) ① 임대인은 임차인이 임대차기간이 만료되기 6개월 전부터 1개월 전까지 사이에 계약갱신을 요구할 경우 정당한 사유 없이 거절하지 못한다. 다만, 다음 각 호의 어느 하나의 경우에는 그러하지 아니하다.
1. 임차인이 3기의 차임액에 해당하는 금액에 이르도록 차임을 연체한 사실이 있는 경우
2. 임차인이 거짓이나 그 밖의 부정한 방법으로 임차한 경우
3. 서로 합의하여 임대인이 임차인에게 상당한 보상을 제공한 경우
4. 임차인이 임대인의 동의 없이 목적 건물의 전부 또는 일부를 전대한 경우
5. 임차인이 임차한 건물의 전부 또는 일부를 고의나 중대한 과실로 파손한 경우
6. 임차한 건물의 전부 또는 일부가 멸실되어 임대차의 목적을 달성하지 못할 경우
7. 임대인이 목적 건물의 전부 또는 대부분을 철거하거나 재건축하기 위하여 목적 건물의 점유를 회복할 필요가 있는 경우
8. 그 밖에 임차인이 임차인으로서의 의무를 현저히 위반하거나 임대차를 계속하기 어려운 중대한 사유가 있는 경우

② 임차인의 계약갱신요구권은 최초의 임대차

기간을 포함한 전체 임대차기간이 5년을 초과하지 아니하는 범위에서만 행사할 수 있다.

상가건물임대차보호법 시행령

제2조(적용범위) ① 상가건물임대차보호법(이하 "법"이라 한다) 제2조 제1항 단서에서 "대통령령으로 정하는 보증금액"이라 함은 다음 각 호의 구분에 의한 금액을 말한다.

1. 서울특별시 : 9억원
2. 「수도권정비계획법」에 따른 과밀억제권역(서울특별시는 제외한다) 및 부산광역시: 6억9천만원
3. 광역시(「수도권정비계획법」에 따른 과밀억제권역에 포함된 지역과 군지역, 부산광역시는 제외한다), 세종특별자치시, 파주시, 화성시, 안산시, 용인시, 김포시 및 광주시 : 5억4천만원
4. 그 밖의 지역 : 3억7천만원

② 제2조 제2항의 규정에 의하여 보증금외에 차임이 있는 경우의 차임액은 월 단위의 차임액으로 한다.

③ 제2조 제2항에서 "대통령령으로 정하는 비율"이라 함은 1분의 100을 말한다.

5. 노무공급계약

사람이 살아가는 데는 경제적 소득이 있어야 하고, 정신적·육체적 노동은 이러한 소득을 낳는 중요한 요인이다. 따라서 민법은 노동을 거래대상으로 하는 노무공급계약을 규정하고 있는데, 이에는 여섯 가지가 있다. 고용, 도급, 여행계약, 현상광고, 위임, 임치가 그것이다. 그렇다고 하여 노무공급을 목적으로 하는 계약이 이 여섯 가지에 한정된다는 의미는 아니다. 민법에서 규정하지 아니한 노무공급계약도 얼마든지 있을 수 있다. 그리고 어떤 경우에는 이 여섯 가지 계약 중 어떤 것들이 복합되어 나타나는 경우도 있다. 여기에서는 노무공급계약 중 자주 이용되는 고용, 도급, 여행, 위임계약에 한정하여 그 대강의 법리를 소개한다.

1) 고 용

고용이라 함은 당사자 일방이 상대방에게 노무를 제공할 것을 약정하고, 상대방은 이에 대하여 보수를 지급할 것을 약정함으로써 성립되는 계약이다. 고용은 노무의 공급 그 자체를 목적으로 하는 계약이다. 대부분의 고용은 단체인 기업과 자연인 사이에서 이루어지는 경우가 많다. 이러한 경우의 고용에 있어서는 사용자에 비하여 노무자가 대체로 경제적인 약자일 것이므로 노무자의 보호를 위한 특별한 배려가 있어야 한다. 이와 관련되는 조치가 노동관계법이다. 따라서 이러한 고용에 대하여는 민법은 거의 적용될 기회를 갖지 못한다. 그러나 아직도 민

법의 고용규정은 자연인과 자연인 사이에 맺어지는 소규모의 고용계약 등에는 적용되고 있다.

사례

저는 20세의 미혼여성으로 3년 전부터 친척인 갑의 옷가게에서 일하고 있습니다. 처음 갑의 집에 들어갈 때 갑은 월급을 주는 대신 저가 시집을 가게 되면 집 한채를 준다고 약속을 하였습니다. 이 말을 믿고 저딴에는 성실하게 일을 해왔는데 날이 갈수록 오히려 구박이 심하여 점원 일을 이제 그만둘까 합니다. 나이도 있고 하여 아직 결혼할 계획은 없습니다.

집을 나가겠다고 하니 갑은 지금까지의 수고비라 하면서 돈 1,000만원을 주겠다고 합니다. 너무 적다고 하니 이만큼이라도 주는 것을 다행으로 생각하라 합니다. 과연 저는 돈 1,000만원만 받고 가게를 그만 두어야 합니까?

해설

귀하와 갑 사이에는 법적으로 고용계약이 있었다고 할 수 있습니다. 고용계약이 이루어지면 노무자는 근로를 제공할 의무가 있고, 사용자는 보수를 지급할 의무가 있습니다.

이 사례에서 근로의 내용은 옷가게의 점원 일인데, 이 일은 사회통념상 인정되는 일상적인 직장노동이라고 할 수 있습니다. 귀하의 말대로 직장노동을 성실하게 해왔다면 귀하는 근로의무를 다했다고 볼 수 있습니다. 문제는 여기에 상응하는 보수의 내용인데, 그 내용이 명확하지 않습니다. 이럴 경우에는 신의성실의 원칙에 입각하여 실제로 일한 만큼의 보수를 청구할 수 있다고 보입니다. 그 액수는 구체적으로 말하기 곤란합니다만 대체로 일반직장여성의 평균임금 정도라고 생각됩니다. 그렇다면 3년간 일한 보수로서 1,000만원은 너무 적다고 할 수 있습니다. 따라서 앞에서 말한 평균임금에서 모자라는 금액만큼 더 달라고 청구할 수 있습니다.

이러한 사례에서 보다시피 개인간에 이루어지는 고용계약에서는 근로와 보수의 내용을 명확하게 해두는 일이 중요하다는 점을 특히 유의해야 합니다.

참고조문

제655조(고용의 의의) 고용은 당사자 일방이 상대방에 대하여 노무를 제공할 것을 약정하고 상대방이 이에 대하여 보수를 지급할 것을 약정함으로써 그 효력이 생긴다.

제656조(보수액과 그 지급시기) ① 보수 또는 보수액의 약정이 없는 때에는 관습에 의하여 지급하여야 한다.

② 보수는 약정한 시기에 지급하여야 하며 시기의 약정이 없으면 관습에 의하고 관습이 없으면 약정한 노무를 종료한 후 지체없이 지급하여야 한다.

2) 도 급

도급이라 함은 당사자 일방이 어느 일을 완성할 것을 약정하고, 상대방이 그 일의 결과에 대해 보수를 지급할 것을 약정함으로써 성립하는 계약이다. 도급은 노무의 결과로서의 '일의 완성'을 목적으로 하는 노무공급계약이다. 따라서 그 일을 완성하는 과정에 있어서의 노무제공은 문제로 삼지 않는다. 도급을 하는 이를 도급인이라 하고 도급을 받아 일을 하는 이를 수급인이라 한다. 도급은 건설공사의 경우 많이 이용되고 있지만, 이것 외에도 그림의 제작, 원고의 청탁, 음악의 연주 등 도급계약으로 취급할 만한 것들을 일상생활에서 많이 찾아볼 수 있다.

사례

저는 양복점을 하는 갑에게서 50만원짜리 양복 한벌을 맞추었습니다. 완성된 옷을 입어 보니 상의가 너무 작아서 못입을 정도입니다. 갑도 이를 시인하여 옷을 고쳤는데 다시 입어보아도 마찬가지입니다. 그래서 돈을 못주겠다고 하니 재료값이라도 달라고 합니다. 재료값은 주어야 합니까?

해설

맞춤양복을 주문하는 일은 도급계약의 성질을 가집니다. 따라서 수급인은 흠이 없는 목적물을 공급해야 할 의무가 있습니다. 도급목적물에 흠이 있는 경우 도급인은 수급인에 대하여 보수를 청구할 수 있습니다. 이 때 흠이 중요하지 아니한 경우 그것을 보수(고쳐줄 것)하는데 많은 비용이 들게 된다면 보수를 청구할 수 없습니다. 그리고 흠으로 인하여 도급인이 계약의 목적을 달성할 수 없을 때에는 계약을 해제할 수 있습니다.

요컨대 귀하는 수급인인 갑에 대하여 옷을 고쳐달라고 청구할 수 있습니다. 그리고 옷이 작아서 도저히 입을 수 없을 정도이면, 이는 계약의 원래 목적을 달성할 수 없게 된 경우로 보아 계약을 해제할 수도 있습니다. 계약을 해제하면 도급인인 귀하는 별도로 갑에게 돈을 지급할 필요가 없습니다. 왜냐하면 도급은 일의 완성을 목적으로 하는 계약이므로 일이 완성되기까지의 과정에 대하여는 수급인이 전적으로 책임져야 하기 때문입니다.

다만 목적물에 흠이 생긴 이유가 도급인이 흠이 있는 재료를 제공하였기 때문이라든지, 아니면 수급인이 일을 하는 과정에 도급인이 지시를 하였고 여기에 수급인이 따르다 보니 흠이 생겼다든지 하는 경우에는, 예외적으로 수급인이 흠에 대하여 책임을 면하게 됩니다. 그러나 이와 같은 경우에도 수급인이 그 재료나 지시의 부당함을 알면서도 도급인에게 알려주지 않았다면 흠에 대해 책임을 져야 합니다.

참고조문

제664조(도급의 의의) 도급은 당사자 일방이 어느 일을 완성할 것을 약정하고 상대방이 그 일의 결과에 대하여 보수를 지급할 것을 약정함으로써 그 효력이 생긴다.

제667조(수급인의 담보책임) ① 완성된 목적물 또는 완성전의 성취된 부분에 하자가 있는 때에는 도급인은 수급인에 대하여 상당한 기간을 정하여 그 하자의 보수를 청구할 수 있다. 그러나 하자가 중요하지 아니한 경우에 그 보수에 과다한 비용을 요할 때에는 그러하지 아니하다.

② 도급인은 하자의 보수에 갈음하여 또는 보수와 함께 손해배상을 청구할 수 있다.

제668조(동전-도급인의 해제권) 도급인이 완성된 목적물의 하자로 인하여 계약의 목적을 달성할 수 없는 때에는 계약을 해제할 수 있다. 그러나 건물 기타 토지의 공작물에 대하여는 그러하지 아니하다.

제669조(동전-하자가 도급인의 제공한 재료 또는 지시에 기인한 경우의 면책) 전2조의 규정은 목적물의 하자가 도급인이 제공한 재료의 성질 또는 도급인의 지시에 기인한 때에는 적용하지 아니한다. 그러나 수급인이 그 재료 또는 지시의 부당함을 알고 도급인에게 고지하지 아니한 때에는 그러하지 아니하다.

제670조(담보책임의 존속기간) ① 전3조의 규정에 의한 하자의 보수, 손해배상의 청구 및 계약의 해제는 목적물의 인도를 받은 날로부터 1년내에 하여야 한다.

② 목적물의 인도를 요하지 아니하는 경우에는 전항의 기간은 일의 종료한 날로부터 기산한다.

사례

저는 건축업자 갑과 저가 소유하는 대지 50평에 지하1층, 지상3층 건물의 신축공사에 관한 도급계약을 체결하였습니다. 공사에 관한 업무 일체는 갑이 맡고, 자재비 · 인건비 등 건축비도 갑이 부담하되, 공사대금은 도급계약체결시 3천만원, 골조공사완료시 8천만원, 건물준공검사 완료후 1개월 내에 5천만원을 지급하기로 하였습니다. 건물이 완성되어 지금까지 공사대금으로 1억1천만원을 지급하였고 준공검사도 마쳤습니다. 그런데 준공검사후 건물 곳곳에 하자가 발생하고 있습니다. 벽에 금이 가고, 물이 새는가 하면, 건물외벽타일도 수시로 떨어지고 있습니다. 이러한 사정으로 준공검사가 끝난지 1개월이 지났습니다만 완벽한 하자보수가 될 때까지는 잔금을 지급하지 않을 작정입니다. 갑은 하자보수는 제대로 하지 않으면서 잔금을 지급하라고 매일같이 독촉하고 있는데, 이런 상황에서 잔금을 지급해야 할 법적 의무가 있습니까?

해설

앞의 사례에서 보았듯이 수급인에게는 담보책임이 있습니다. 일반적인 도급계약에 있어서 수급인이 부담하는 담보책임의 구체적 내용으로 도급인에게 하자보수청구권, 손해배상청구권, 계약해제권 등을 인정하고 있습니다. 그러나 건물 기타 공작물의 경우에는 계약해제권은 없습니다. 따라서 귀하는 하자보수청구권이나 손해배상청구권을 주장할 수 있습니다.

하자의 보수를 청구한 경우에는 그 보수가 끝날 때까지는 공사대금을 지급하지 않아도 무방합니다. 건물에 하자가 있다는 것은 수급인이 그가 부담하는 채무를 완전하게 이행하지 않은 것과 같으므로, 수급인의 보수지급청구권과 도급인의 하자보수청구권 사이에는 동시이행의 항변권이 인정되기 때문입니다.

귀하가 하자보수를 청구할 때에는 상당한 기간을 정해서 해야 하고, 그 기간이 경과할 때까지는 보수에 갈음하는 손해배상을 청구하지는 못합니다. 그리고 이 하자에 대한 수급인의 담보책임은 목적물의 종류에 따라서 그 존속기간이 5년 또는 10년으로 다릅니다. 사례의 경우는 골조공사가 필요한 3층 건물의 신축공사이므로 민법 제671조제1항 단서에 따라 갑의 담보책임은 10년간 존속합니다.

참고조문

제665조(보수의 지급시기) ① 보수는 그 완성된 목적물의 인도와 동시에 지급하여야 한다. 그러나 목적물의 인도를 요하지 아니하는 경우에는 그 일을 완성한 후 지체없이 지급하여야 한다.
② 전항의 보수에 관하여는 제656조제2항의 규정을 준용한다.

제671조(수급인의 담보책임—토지, 건물 등에 대한 특칙) ① 토지, 건물 기타 공작물의 수급인은 목적물 또는 지반공사의 하자에 대하여 인도후 5년간 담보의 책임이 있다. 그러나 목적물이 석조, 석회조, 연와조, 금속 기타 이와 유사한 재료로 조성된 것인 때에는 그 기간을 10년으로 한다.
② 전항의 하자로 인하여 목적물이 멸실 또는 훼손된 때에는 도급인은 그 멸실 또는 훼손된 날로부터 1년 내에 제667조의 권리를 행사하여야 한다.

3) 여행계약

소득수준이 높아짐에 따라 여행을 하는 사람들이 늘어나게 되었다. 이에 따라 여행주최자가 여행 프로그램을 기획하고 여행객을 모집하여 실시하는 단체여행을 이용하는 사람이나, 소위 패키지여행(package tour)을 이용하는 사람이 늘어나는 추세이다. 이러한 여행을 위한 계약과 관련한 여러 가지 법률문제를 해결하기 위해 2015년 민법의 개정으로 여행계약이 15가지 전형계약의 하나로 들어왔다. 여행계약에서는 특히 여행자의 법적 지위를 보호하기 위해 몇 가지 장치를 마련하고 있다.

사례

저는 아내와 함께 갑 여행사가 기획한 동남아 3박 4일 여행을 갔습니다. 가격도 생각보다 저렴할 뿐만 아니라, 가보고 싶은 유명관광지들이 포함되는 여행상품이라 잔뜩 기대를 하고 일정을 시작했는데, 현지에 가서 보니 실제로 선전한 여행상품의 일정과 많이 다르고, 숙소도 처음의 광고내용과는 상당한 차이가 있는 비위생적이고 열악한 곳이라서 황당하였습니다. 현지에서 가이드에게 이러한 사실을 따졌더니 저렴한 여행상품이라서 어쩔 수 없다고 합니다. 모처럼 아내와 하는 해외여행에서 실망이 너무 크고, 여행사가 괘씸한데 법적으로 적절한 대응방법이 없습니까?

해설

새로운 전형계약으로 도입된 여행계약에서는 보통의 유상쌍무계약과 달리 여행자보호를 위해 몇 가지 조치를 두고 있습니다. 예를 들어서, 여행을 시작하기 전에는 여행자는 상대방에게 손해를 배상하고 언제든지 계약을 해지할 수 있고, 부득이한 경우에는 여행주최자나 여행자는 계약을 해지할 수도 있습니다. 이때 부득이한 경우란 천재지변 뿐만 아니라 여행을 실시하거나 계속하기 어려운 사정을 말하는데, 이러한 사정이 여행주최자나 여행자 어느 한 쪽의 잘못으로 일어난 경우에는 상대방에게 손해를 배상해 줘야 합니다.

그리고 이미 고지한 여행상품의 내용과 달리 여행에 흠이 있는 경우(사례는 이 경우에 해당함)에는 그 시정이나 대금감액을 청구할 수 있고, 손해배상청구도 가능합니다. 이때 시정청구, 대금감액청구, 손해배상청구는 여행도중에도 할 수 있지만, 여행이 종료된 뒤 6개월이 지난 다음에는 할 수 없습니다. 아울러 여행계약의 내용 중에서 여행자에게 불리한 내용은 효력이 없도록 처리해서 여행자를 보호하는 조치도 두고 있습니다.

참고조문

제674조의2(여행계약의 의의) 여행계약은 당사자 한쪽이 상대방에게 운송, 숙박, 관광 또는 그 밖의 여행 관련 용역을 결합하여 제공하기로 약정하고 상대방이 그 대금을 지급하기로 약정함으로써 효력이 생긴다.

제674조의3(여행 개시 전의 계약 해제) 여행자는 여행을 시작하기 전에는 언제든지 계약을 해제할 수 있다. 다만, 여행자는 상대방에게 발생한 손해를 배상하여야 한다.

제674조의4(부득이한 사유로 인한 계약 해지) ① 부득이한 사유가 있는 경우에는 각 당사자는 계약을 해지할 수 있다. 다만, 그 사유가 당사자 한쪽의 과실로 인하여 생긴 경우에는 상대방에게 손해를 배상하여야 한다.

② 제1항에 따라 계약이 해지된 경우에도 계약상 귀환운송(歸還運送) 의무가 있는 여행주최자는 여행자를 귀환운송할 의무가 있다.

③ 제1항의 해지로 인하여 발생하는 추가 비용은 그 해지 사유가 어느 당사자의 사정에 속하는 경우에는 그 당사자가 부담하고, 누구의 사정에도 속하지 아니하는 경우에는 각 당사자가 절반씩 부담한다.

제674조의6(여행주최자의 담보책임) ① 여행에 하자가 있는 경우에는 여행자는 여행주최자에게 하자의 시정 또는 대금의 감액을 청구할 수 있다. 다만, 그 시정에 지나치게 많은 비용이 들거나 그 밖에 시정을 합리적으로 기대할 수 없는 경우에는 시정을 청구할 수 없다.

② 제1항의 시정 청구는 상당한 기간을 정하여 하여야 한다. 다만, 즉시 시정할 필요가 있는 경우에는 그러하지 아니하다.

③ 여행자는 시정 청구, 감액 청구를 갈음하여 손해배상을 청구하거나 시정 청구, 감액 청구와 함께 손해배상을 청구할 수 있다.

제674조의7(여행주최자의 담보책임과 여행자의 해지권) ① 여행자는 여행에 중대한 하자가 있는 경우에 그 시정이 이루어지지 아니하거나 계약의 내용에 따른 이행을 기대할 수 없는 경우에는 계약을 해지할 수 있다.

② 계약이 해지된 경우에는 여행주최자는 대금청구권을 상실한다. 다만, 여행자가 실행된 여행으로 이익을 얻은 경우에는 그 이익을 여행주최자에게 상환하여야 한다.

③ 여행주최자는 계약의 해지로 인하여 필요하게 된 조치를 할 의무를 지며, 계약상 귀환운송 의무가 있으면 여행자를 귀환운송하여야 한다. 이 경우 상당한 이유가 있는 때에는 여행주최자는 여행자에게 그 비용의 일부를 청구할 수 있다.

제674조의8(담보책임의 존속기간) 제674조의6과 제674조의7에 따른 권리는 여행 기간 중에도 행사할 수 있으며, 계약에서 정한 여행 종료일부터 6개월 내에 행사하여야 한다.

제674조의9(강행규정) 제674조의3, 제674조의4 또는 제674조의6부터 제674조의8까지의 규정을 위반하는 약정으로서 여행자에게 불리한 것은 효력이 없다.

4) 위 임

위임이란 일정한 사무의 처리를 위한 통일적인 노무를 목적으로 하는 노무공급계약이다. 위임은 당사자 일방이 상대방에 대하여 사무의 처리를 위탁하고 상대방이 이를 승낙함으로써 성립된다. 위임하는 이를 위임인이라 하고 위임을 받아 일을 하는 이를 수임인이라 한다. 수임인은 자기의 경험과 지식을 기초로 하여 자주적으로 일을 처리한다. 예컨대 의사에 대한 치료의 위임, 변호사에 대한 소송의 위임 등이 위임의 전형이다. 그런데 민법상으로 위임은 무상계약이 원칙이지만 실제로는 유상인 경우가 대부분이다.

사례

저는 부동산중개업자인 갑에게 저의 집을 팔아달라고 부탁을 하였습니다. 부동산경기가 침체된 요즈음 갑은 백방으로 노력하여 겨우 을과 매매계약이 성사되었습니다. 갑에 대한 중개수수료는 을로부터 잔금을 받을 때 지급하기로 처음에 약속을 하였습니다. 그런데 을이 그만 잔금을 치루지 못하게 되어 이 매매계약을 저가 해제해 버렸습니다. 매매계약이 해제되었음에도 불구하고 갑은 저에게 중개수수료를 청구합니다. 갑의 주장은 이유있는 것입니까?

해설

귀하가 갑에게 집을 팔아달라고 부탁함으로써 귀하는 법적으로 갑과 위임계약을 체결하였습니다. 위임계약이 있으면 수임인은 선량한 관리자의 주의로써 위임사무를 처리해야 할 의무가 있고, 위임인의 청구가 있으면 위임사무처리상황을 위임인에게 보고해야 합니다.

위임계약의 보수에 관하여 민법은 무상을 원칙으로 하고 있습니다. 그러나 당사자가 정하기만 하면 보수있는 위임계약, 즉 유상으로도 할 수 있습니다. 수임인은 위임이 종료되면 사무처리에 든 비용, 필요비, 보수 등을 위임인에게 청구할 수 있습니다. 보수가 있는 위임의 경우 그 지급시기에 관해서는 위임계약에서 정하면 되지만, 별도로 정하지 않았다면 사무종료 후로 하는 것이 원칙입니다.

그리고 수임인이 위임사무를 처리하는 도중에 그에게 귀책사유없이 위임사무가 종료된 때에는, 수임인은 이미 처리한 사무의 비율에 따라서 위임인에게 보수를 청구할 수 있습니다. 위임은 도급과 달리 일의 완성을 목적으로 하는 것이 아니라 사무의 처리 자체를 목적으로 하기 때문에 그렇습니다. 그러나 이 원칙에 대하여 주의할 점이 있습니다. 바로 이 사례와 같이 부동산중개를 목적으로 중개업자와 위임계약을 하는 경우입니다.

위의 경우 부동산중개업자의 보수(중개 수수료)에 관하여 공인중개사법 등에서는 다음과 같이 규정하고 있습니다. 즉, 중개업자의 고의나 과실로 인하여 계약이 무효, 취소, 해제된 경우에는 수수료를 주지 않아도 되지만, 그 외의 경우에는 계약이 효력을 상실하게 되더라도 일단 계약이 성립된 이상 소정의 수수료를 내어야 합니다. 중개인이 매매계약을 성립시킬 때까지 노력한데 대하여는 수수료를 지급하는 것이 마땅하기 때문입니다.

이 사례에서 매매계약은 성립하였지만 매수인의 사정으로 계약이 해제된 것이므로 귀하는 중개인 갑에게 소정의 수수료를 지급해야 합니다. 구체적인 수수료의 범위에 대하여는 특별시, 광역시, 도 또는 특별자치도(이하 "시・도"라 한다)의 조례로 정하고, 주택 외의 중개대상물의 중개에 대한 보수는 국토교통부령으로 정하고 있습니다.

참고조문

제680조(위임의 의의) 위임은 당사자 일방이 상대방에 대하여 사무의 처리를 위탁하고 상대방이 이를 승낙함으로써 그 효력이 생긴다.

제681조(수임인의 선관의무) 수임인은 위임의 본지에 따라 선량한 관리자의 주의로써 위임사무를 처리하여야 한다.

제683조(수임인의 보고의무) 수임인은 위임인의 청구가 있는 때에는 위임사무의 처리상황을 보고하고 위임이 종료한 때에는 지체없이 그 전말을 보고하여야 한다.

제686조(수임인의 보수청구권) ① 수임인은 특별한 약정이 없으면 위임인에 대하여 보수를 청구하지 못한다.

② 수임인이 보수를 받을 경우에는 위임사무를 완료한 후가 아니면 이를 청구하지 못한다. 그러나 기간으로 보수를 정한 때에는 그 기간이 경과한 후에 이를 청구할 수 있다.

③ 수임인이 위임사무를 처리하는 중에 수임인의 책임없는 사유로 인하여 위임이 종료된 때에는 수임인은 이미 처리한 사무의 비율에 따른 보수를 청구할 수 있다.

공인중개사법

제32조(중개보수 등) ① 개업공인중개사는 중개업무에 관하여 중개의뢰인으로부터 소정의 보수를 받는다. 다만, 개업공인중개사의 고의 또는 과실로 인하여 중개의뢰인간의 거래행위가 무효・취소 또는 해제된 경우에는 그러하지 아니하다.

② 개업공인중개사는 중개의뢰인으로부터 제25조제1항에 따른 중개대상물의 권리관계 등의 확인 또는 제31조에 따른 계약금등의 반환채무이행 보장에 소요되는 실비를 받을 수 있다.

③ 제1항에 따른 보수의 지급시기는 대통령령으로 정한다.

④ 주택(부속토지를 포함한다. 이하 이 항에서 같다)의 중개에 대한 보수와 제2항에 따른 실비의 한도 등에 관하여 필요한 사항은 국토교통부령으로 정하는 범위 안에서 특별시・광역시・도 또는 특별자치도(이하 "시・도"라 한다)의 조례로 정하고, 주택 외의 중개대상물의 중개에 대한 보수는 국토교통부령으로 정한다.

6. 조합계약

조합이란 2인 이상이 서로 출자하여 공동사업을 할 것을 목적으로 결합한 단체를 말한다. 이러한 단체를 설립하기 위한 계약을 조합계약이라 한다. 사람의 단체에 대한 법적 대응은 사단과 조합의 두 가지가 있다. 사단은 단체성이 강한 조직인데 비하여 조합은 구성원의 개성이 강조되는 특성이 있다. 실제에 있어서는 조합이란 명칭을 가지고 있는 단체라도 그 법적 성질은 사단으로 보아야 할 것이 있는가 하면, 다른 이름을 가지고 있어도 법적 성질이 조합인 단체도 있다. 전자의 경우로는 노동조합, 농업협동조합 같은 것을 들 수 있으며, 후자의 예로는 상법상의 합명회사 같은 것을 들 수 있다.

우리 사회에서 흔히 볼 수 있는 계도 일종의 조합이다. 계는 그 기원을 멀리 삼한시대에서 찾을 수 있을 만큼 오래된 우리 고유의 생활관행이며, 그 종류도 매우 다양하다. 그러나 특히 법적으로 문제가 되는 것은 소위 목돈 마련을 위한 순번계나 낙찰계이다.

계는 대체로 계원들이 서로 약정한 금액(계부금)을 곗날에 출자하여, 계원들이 미리 정해진 방식대로 계금을 타가도록 하는 단체이다. 계를 계원들이 계금 마련이라는 공동사업을 목적으로 결합한 단체라는 점에서 보면, 계는 법적으로 조합의 일종이라 할 수 있다. 하지만 실제로 운영되고 있는 계의 모습은 다양하기 때문에 계의 법적 성질을 일률적으로 조합이라 단정하기 어려운 점도 있다. 만약 계원들이 서로 계주의 선출이나 계의 운영에 관하여 합의를 하고, 계주는 단순히 계원들로부터 계부금을 거두어 지정된 계원에게 계금을 전달하는 식으로 운영되는 계라면 민법상 조합으로 볼 수 있을 것이다. 그러나 계주가 그의 책임으로 계원들을 모집하였고, 계원들도 서로 잘 모르는 상태에서 그들 사이에 아무런 약정도 없었으며, 계주의 신용만을 믿고서 계원이 된 경우에는 그 계의 법적 성질을 조합이라 보기 어렵다. 오히려 이 때에는 그 계를 조직한 목적이나 방법, 계주와 계원사이의 관계, 실제의 운영실태 등을 종합적으로 고려하여 법적 성질을 정할 수밖에 없을 것인데, 실제로는 이러한 형태의 계가 일반적이라고 할 수 있다.

사례

저는 갑이 계주이고 계원이 모두 20명인 순번계에 한 구좌를 들었습니다. 지금까지 5명이 계금을 타갔는데 그 중 한 사람인 을이 지난 달부터 행방을 감추고 계부금을 내지 않고 있습니다. 지난 달 을이 내어야 할 부금은 갑이 내었습니다만 이번 달부터는 갑이 내지 못하겠다고 합니다. 계주의 신용을 믿고 계에 가입한 다른 계원들로서는 을의 계부금을 갑이 내어야 한다고 주장하지만 갑은 그렇다면 계주를 그만 두겠다고 합니다. 이럴 경우 아직 계금을 타지 못한 계원들은 그 동안 불입한 계부금과 손해배상을 누구에게 청구할 수 있습니까?

해설

계에서 계주는 사임을 하지 못하는 것이 원칙이라고 할 수 있습니다. 업무를 계주가 도맡고 있고 계원들은 계주의 신용상태를 믿고 계에 가입하는 것이 보통이기 때문입니다. 그러나 계원 모두의 동의가 있으면 사임 내지 해임할 수는 있을 것입니다.

계주가 하는 가장 중요한 임무는 계원들로부터 계부금을 징수하여 정해진 계원에게 계금을 지급하는 일입니다. 만약 계부금을 내지 않는 계원이 있으면 계주는 그의 이름으로 계부금을 청구할 수 있다고 해석됩니다. 부금을 내지 못하는 계원이 있어서 계금을 타지 못하는 계원이 생길 경우, 계주가 그의 책임으로 계금을 지급해야 할 의무가 있는가 하는 문제가 있습니다.

계를 조합으로 본다면 계주에게 이런 무거운 책임을 지우는 것은 적당하지 않다고 할 수 있습니다. 그러나 일반적인 관행으로는 계주가 이런 책임을 부담한다고 하는 것이 보통입니다. 계원들은 심지어 서로 얼굴도 모르는 상태에서 오로지 계주만을 믿고 같은 계원이 되는 경우도 있는 것이 현실이고 보면, 계주에게 이런 무거운 책임을 지우는 것이 오히려 관행에 맞다고 할 수 있습니다.

민법상 조합의 규정은 임의규정이므로 이 규정과 다른 사실상의 관습이 존재할 때에는 그 관습에 따라 해석하는 것이 타당하다고 봅니다. 그러나 이 때에도 이를 해결하기 위한 당사자간의 특약이 있다면 물론 거기에 따라야 할 것입니다.

결론적으로 말하면 귀하는 아직 계금을 타지 않은 계원들과 더불어 계주인 갑에게 이미 지급한 계부금을 반환하라고 청구할 수 있으며, 계원 중에 계부금을 내지 않아서 손해가 발생한 경우에는 그 손해까지 계주에게 청구할 수 있습니다. 판례도 "만일 계원이 다른 계원들과는 상관없이 계주와의 약정만으로 계에 가입하였고, 계의 운영에 관하여 계주가 전적으로 책임을 지며 계원들 상호간에는 서로 계약관계가 존재하지 않는 형태라면, 이러한 계는 계원 각자와 계주사이에 성립된 개별적인 계약이 집적되어 있는 형태로 보아야 할 것이고, 따라서 어떤 이유로 계주가 계를 더 운영할 수 없게 되었을 때의 계원과 계주와의 정산은 각 계원과 계주와의 사이의 약정에 따른다(대판, 1987.4.28. 86다카1426)."고 하고 있습니다.

이상에서 본 바와 같이 금융이나 저축의 수단으로 이용되는 계는 법적으로 대단히 위험한 요소가 많습니다. 특히 서로 신용상태를 모르는 계원들끼리 단지 계주만 믿고 계를 만든다는 것은, 마치 전혀 신용상태를 모르는 이에게 금전을 빌려주는 것과 비슷한 결과를 초래합니다. 즉, 이미 계금을 탄 계원은 아직 계금을 타지 못한 계원들로부터 계금을 빌리면서 원금과 이자를 분할하여 상환하는 꼴이고, 아직 계금을 타지 않은 계원들은 계금을 탄 계원에게 일정한 비율로 돈을 모아서 빌려주는 것과 같습니다. 이러한 현상은 법적으로는 금전소비대차로 볼 수 있습니다. 단, 이 때 계주가 중간에서 금전소비대차를 매개하고 있는 셈인데, 이 계주의 신용이 깨어져 버리면 특히 계금을 타지 못한 계원들은 고스란히 손해를 입게 되어 있습니다.

전혀 신용을 모르는 이에게 단지 이자가 조금 높다고 하여 그것도 상당기간 동안 돈을 빌려주는 일은, 법적으로 보아 손해를 입을 가능성이 농후한 일이니 계는 아예 들지 않는 것이 현명합니다.

참고조문

제703조(조합의 의의) ① 조합은 2인 이상이 상호출자하여 공동사업을 경영할 것을 약정함으로써 그 효력이 생긴다.
② 전항의 출자는 금전 기타 재산 또는 노무로 할 수 있다.

7. 화해계약

화해란 당사자가 서로 양보하여 그들 사이의 분쟁을 끝내겠다고 하는 약정이다. 당사자 사이의 분쟁을 소송을 통해 해결할 수도 있지만, 이 방법에는 과다한 시간과 빈틈없는 노력이 요구된다. 그러나 분쟁이 있을 때 당사자가 서로 양보하여 자주적으로 이를 마무리 지울 수 있다면, 서로에게 충분하지는 않지만 분쟁을 해결하는데 드는 시간과 노력을 절약할 수 있을 것이다. 화해는 바로 이러한 기능을 하는 계약이다. 예컨대 다음과 같은 경우에 이용된다. 당사자의 일방이 상대방에 대하여 100만원을 받을 권리가 있다고 주장하는데 대하여, 상대방은 그런 의무가 없다고 다투고 있을 때, 서로 양보하여 50만원을 주고 받으면서 이 분쟁을 해결하고자 할 때, 화해계약이 이용될 수 있을 것이다. 소송이 일도양단적인 해결방법이라 한다면, 화해는 당사자의 공존을 지향하는 해결방법이다.

민법상 화해와 구별해야 하는 것으로 재판상 화해제도가 있다. 이것은 반드시 법원이 개입하여 조서로서 기재되어야 한다는 점에서 민법상 화해계약과 구별된다. 민법상의 화해계약은 오로지 당사자가 주체가 되어 자주적으로 하는 계약이다.

사례

저는 1년 전 길가다가 갑이 운전하던 승용차에 치여 다리에 골절상을 입었습니다. 이로 인하여 병원에서 약 6주간 치료를 받았습니다. 처음에는 갑에게 병원의 입원비, 치료비, 위자료 등 모두 합하여 500만원을 요구하였습니다.

그런데 합의과정에서 갑의 사정이 딱하여 300만원만 받고 합의를 해주었습니다. 물론 앞으로 이 문제로 인한 일체의 민형사상 책임을 묻지 않기로 하였습니다. 그런데 합의를 한 지 6개월쯤 지나서부터 다친 다리가 자꾸 아파 병원에 가보니, 골절후유증으로 인한 관절기능장애라는 진단이 나왔습니다. 이로 말미암아 지금은 의족을 사용해야만 하는 영구적인 장애인이 되고 말았습니다. 갑에게 일체의 책임을 묻지 아니한다고 합의를 해주었습니다만, 그 때는 장애인이 되리라고는 전혀 예상하지 못한 상태였습니다. 다시 갑에게 손해배상을 청구할 수 있습니까?

해설

귀하가 처음 갑과 한 합의는 민법상 화해계약이라고 할 수 있습니다. 불법행위로 인하여 발생한 손해배상문제에 관하여 화해계약을 할 때에는, 향후 민형사상 일체의 책임을 묻지 아니한다는 취지를 포함하는 것이 관행처럼 되어 있습니다.

그런데 이 사례와 같이 화해 당시에는 예측할 수 없었던 중대한 사정이 뒤에 발생한 경우에도, 이러한 취지의 화해계약이 그대로 효력을 발생하는 것인지 하는 의문이 있습니다. 이 점에 관하여 학설 및 판례는 화해 당시 예측할 수 없었던 사정으로 말미암아 추가로 생기는 중대한 손해에 대하여는 가해자가 책임을 져야한다고 하고 있습니다. 따라서 귀하는 영구장애인이라는 중대한 후유장애로 말미암은 손해에 대하여 그 배상을 갑에게 청구할 수 있습니다. 문제는 구체적인 액수인데 이 점에 관하여는 피해자의 연령, 직업, 손해의 정도 등을 종합적으로 고려하여 정해집니다.

그리고 처음의 화해에서 후유장애에 대해서도 가해자가 책임을 면한다는 약정이 있었다고 하더라도, 그 후유장애가 당시로서는 예측할 수 없었던 중대한 것일 때에는 역시 다시 손해배상을 청구할 수 있다고 봅니다. 이는 신의성실의 원칙이 적용되는 결과라고 하겠습니다.

판례도 "불법행위로 인한 손해배상에 관하여 가해자와 피해자 사이에 피해자가 일정한 금액을 지급받고 그 나머지 청구를 포기하기로 합의가 이루어진 때에는 그 후 그 이상의 손해가 발생하였다 하여 다시 그 배상을 청구할 수 없는 것이나, 다만 그 합의가 손해발생의 원인인 사고 후 얼마 지나지 아니하여 손해의 범위를 정확히 확인하기 어려운 상황에서 이루어진 것이고, 후발손해가 합의 당시의 사정으로 보아 예상이 불가능한 것으로서 당사자가 후발손해를 예상하였더라면 사회통념상 그 합의금액으로는 화해하지 않았을 것이라고 보는 것이 상당할 만큼 그 손해가 중대한 것일 때에는 당사자의 의사가 이러한 손해에 대해서까지 그 배상청구권을 포기한 것이라고 볼 수 없으므로 다시 그 배상을 청구할 수 있다고 보아야 한다(대판, 1997.4.11. 97다423; 97다423; 대판, 2001.9.4. 2001다9496)."고 하여 예상하지 못했던 후유장애에 대해서도 가해자가 책임을 지도록 하고 있습니다.

참고조문

제731조(화해의 의의) 화해는 당사자가 상호양보하여 당사자간의 분쟁을 종지할 것을 약정함으로써 그 효력이 생긴다.

제732조(화해의 창설적효력) 화해계약은 당사자 일방이 양보한 권리가 소멸되고 상대방이 화해로 인하여 그 권리를 취득하는 효력이 있다.

제733조(화해의 효력과 착오) 화해계약은 착오를 이유로 하여 취소하지 못한다. 그러나 화해당사자의 자격 또는 화해의 목적인 분쟁 이외의 사항에 착오가 있는 때에는 그러하지 아니한다.

제4절 법정채권

제3장 채권이란 무엇인가?

Ⅰ. 사무관리

우리가 사회생활을 하면서 어떤 때는 법적인 의무가 없는데도 불구하고 타인의 일을 보아주는 경우가 있다. 예컨대 이웃사람이 출타중에 수금하러온 공과금을 지급한다든지, 집 잃은 아이를 돌봐준다든지 하는 경우 등이다. 이와 같이 의무없이 타인을 위하여 그의 사무를 처리하는 행위를 사무관리라 한다.

사무관리가 있는 경우에 본인과 관리인 사이에는 비용상환청구권, 손해배상청구권 등이 발생하게 된다. 즉, 사무관리는 법정채권을 발생시키는 하나의 원인으로서, 지금까지 보았던 약정채권과 달리 법률규정에 따라 당연히 채권과 채무를 발생시킨다.

사례

갑은 저와 이웃에 살면서도 사이가 별로 좋지 않습니다. 지난 여름 갑은 그의 가족과 함께 일주일 가량 휴가를 갔습니다. 그런데 갑자기 폭풍이 닥쳐와서 평소 허술한 갑의 집 축대가 붕괴될 지경에 이르렀습니다. 평소의 감정대로라면 모른 체 할 수도 있었지만, 그래도 이웃간에 그럴 수 없어서 공사용 비닐을 5만원어치 구입하여 축대 주위를 둘러싸고, 축대밑의 배수구를 막히지 않도록 조치하면서, 동시에 인근에는 사람들이 통행하지 못하도록 새끼줄로 길을 막고 경고판도 세웠습니다. 뿐만 아니라 수시로 지키느라 그 날은 밤잠도 거의 자지 못하였습니다. 다행히 축대는 무너지지 않고 폭풍은 지나갔습니다.

휴가를 갔다온 갑에게 이런 사정을 얘기하면서 저가 수고한 부분은 제외하고 비닐값이라도 달라고 하니, 갑은 시키지도 않았는데 괜한 일을 했다고 하면서 줄 수 없다고 합니다. 소행이 괘씸하여 그렇다면 비닐값은 물론이고 수고비도 받아야겠다고 하니 법대로 하라는 것입니다. 저는 갑에게 과연 무엇을 청구할 수 있는지요?

해설

귀하가 아무런 법적 의무없음에도 불구하고 갑의 축대를 보호한 일은 사무관리에 해당합니다. 사무관리가 있으면 관리자는 사무관리에 든 비용을 본인(갑)에게 청구할 수 있습니다. 뿐만 아니라 사무관리를 하는 과정에서 관리자가 그의 과실없이 손해를 입은 경우에는, 본인에게 사무관리로 발생한 이익이 현존하는 한도에서 그 손해의 보상도 청구할 수 있습니다. 즉, 사무관리를 하면서 귀하의 귀책사유없이 귀하에게 손해가 발생하였다면, 갑에게 이익이 존재하는 한 그 손해까지 보상을 청구할 수 있습니다. 따라서 귀하는 비닐값 5만원을 갑에게 청구할 수 있습니다.

그러나 사무관리를 한 자가 본인에 대하여 보수를 청구할 권리는 민법상 인정되지 않습니다. 따라서 보수의 성격이 있는 수고비(혹은 사례비)는 갑에게 청구할 수 없습니다. 하지만 갑이 수고비를 지급한다면 이를 수령할 권리는 있습니다. 이때의 수고비의 지급은 증여의 성질이 있기 때문입니다.

민법에서 사무관리제도를 두고 있는 이유는 공동체생활에서 상호부조의 정신을 함양하기 위함입니다. 시민사회가 성립된 이후 개인은 각각 그의 고유한 생활영역을 보장받았고, 타인이 이를 침범하지 못하도록 하는 것이 원칙이었습니다. 즉, 남의 일에 간섭하는 것은 그것이 설사 타인에게 도움이 된다하더라도 위법이었습니다.

그러나 남의 일을 보아주는 것이 언제나 그 타인에게 이익이 될 때에는, 그 이익은 개인의 이익일 뿐만 아니라 사회 전체적인 시각에서 보아도 이익이 될 것입니다. 사무관리는 이와 같이 본인의 이익을 보호하면서 동시에 사회의 이익을 도모하는 제도라고 하겠습니다.

참고조문

제734조(사무관리의 내용) ① 의무없이 타인을 위하여 사무를 관리하는 자는 그 사무의 성질에 좇아 가장 본인에게 이익되는 방법으로 이를 관리하여야 한다.
② 관리자가 본인의 의사를 알거나 알 수 있는 때에는 그 의사에 적합하도록 관리하여야 한다.
③ 관리자가 전2항의 규정에 위반하여 사무를 관리한 경우에는 과실없는 때에도 이로 인한 손해를 배상할 책임이 있다. 그러나 그 관리행위가 공공의 이익에 적합한 때에는 중대한 과실이 없으면 배상할 책임이 없다.

제735조(긴급사무관리) 관리자가 타인의 생명, 신체, 명예 또는 재산에 대한 급박한 위해를 면하게 하기 위하여 그 사무를 관리한 때에는 고의나 중대한 과실이 없으면 이로 인한 손해를 배상할 책임이 없다.

제736조(관리자의 통지의무) 관리자가 관리를 개시한 때에는 지체없이 본인에게 통지하여야 한다. 그러나 본인이 이미 이를 안 때에는 그러하지 아니하다.

제739조(관리자의 비용상환청구권) ① 관리자가 본인의 이익을 위하여 필요비 또는 유익비를 지출한 때에는 본인에 대하여 그 상환을 청구할 수 있다.

제740조(관리자의 무과실손해보상청구권) 관리자가 사무관리를 함에 있어서 과실없이 손해를 받은 때에는 본인의 현존이익의 한도에서 그 손해의 보상을 청구할 수 있다.

Ⅱ. 부당이득

민법상 부당이득제도는 법률상의 원인없이 타인의 재산이나 노무로부터 부당하게 재산적 이득을 얻은 자가 이로 말미암아 타인에게 손해를 끼쳤을 경우에 그 이득을 반환하도록 하는 제도이다. 이러한 제도가 마련된 이유는 그렇게 하는 것이 공평 내지 정의에 합당하기 때문이다.

1. 비채변제

채무가 없음에도 불구하고 채무가 있는 줄 알고 변제한 때에는 그 반환을 청구할 수 있다. 부당이득이 되기 때문이다. 그러나 채무가 없다는 사실을 알면서도 변제한 경우에는 그 반환을 청구하지 못한다. 그러한 채무자는 법이 보호할 필요가 없기 때문이다. 이와 같이 채무가 없음에도 불구하고 하는 변제를 비채변제라고 한다. 그러나 비채변제라고 하더라도 그 변제가 도의관념에 적합한 때에는 반환을 청구할 수 없는 예외적인 경우도 있다.

사례

저는 얼마 전에 식당에서 핸드폰을 잃어버렸습니다. 그런데 1주일 쯤 지나 갑이라는 사람이 저의 주소지로 핸드폰을 보내왔습니다. 얼마 후 핸드폰요금이 나왔는데, 제가 핸드폰을 잃어버렸던 1주일 동안에 통화가 집중되었고, 무려 20만원의 통화료가 부과되었습니다. 그래서 갑에게 왜 이렇게 통화료가 많이 나왔느냐고 따졌더니, 자신이 사용한 통화료가 아니라고 우기고 있습니다. 하는 수 없이 통신회사에 통화내역을 조회하여 알아보니, 통화한 사람들은 전부 갑과 친분이 있는 사람들이고, 그 사람들로부터 당시 갑과 통화를 많이 했다는 진술까지 확보하였습니다. 저는 갑으로부터 통화료를 받아 낼 수 없는지요?

해설

전화기의 사용료는 원칙적으로 전화기의 소유자가 지급해야 할 것입니다. 다만, 이 사안처럼 핸드폰을 습득한 사람이 그 핸드폰을 무단으로 사용했다면, 통화료는 모두 통화한 사람이 지급해야 합니다. 왜냐하면 남의 전화기를 가지고 무단으로 통화를 한 사람은 통화료만큼 부당하게 재산상 이득을 취득하였으므로, 이를 반환해야 할 의무가 있기 때문입니다. 따라서 귀하는 갑을 상대로 통화료의 반환을 청구할 수 있습니다.

참고조문

제741조(부당이득의 내용) 법률상 원인 없이 타인의 재산 또는 노무로 인하여 이익을 얻고 이로 인하여 타인에게 손해를 가한 자는 그 이익을 반환하여야 한다.

사례

저는 13년 전에 갑으로부터 돈 1,000만원을 빌리면서 1년 후에 갚기로 하였는데 최근까지 갚지 못하고 있었습니다. 돈을 빌릴 당시 하던 사업이 실패하여 가족들과 함께 살던 곳으로부터 몰래 도망나와 버렸습니다. 낯선 곳에서 온갖 고생을 다하여 노력한 결과 이제는 경제적으로 제법 여유가 생겼습니다. 도망나올 당시 채권자들에게 늦었긴 하지만 빚을 청산하려고 수소문 끝에 채권자의 한 사람인 갑을 찾아서, 지난달 그에게 용서를 구하면서 원금과 이자를 합하여 1,500만원을 갚았습니다. 그런데 뒤에 누구로부터 들었는데 10년이 넘은 채무는 갚지 않아도 된다고 합니다. 그렇다면 저는 갑에게 지급한 돈 1,500만원을 돌려받을 수 있습니까?

해설

일반적으로 채권은 10년간 행사하지 않으면 소멸합니다. 이를 소멸시효에 의한 채권의 소멸이라고 합니다. 따라서 귀하의 갑에 대한 채무는 이미 소멸하였습니다. 그럼에도 불구하고 갑에게 채무를 변제함으로써 갑은 부당하게 이익을 취득한 결과가 되었습니다. 그렇다면 갑은 부당이득을 귀하에게 반환해야 할 의무가 있는 것같이 보입니다. 그러나 비채변제로 채권자가 부당이득을 얻었더라도 그것이 도의관념에 적합한 때에는 채권자가 부당이득을 반환하지 않아도 되는 경우가 있습니다. 이를 도의관념에 적합한 비채변제라고 합니다.

도의관념에 합당한지의 여부는 객관적으로 판단할 문제입니다(대판 2008.10.9. 2007다67654). 소멸시효의 완성으로 소멸한 채무를 변제한 것은 도의관념에 적합한 변제로서 그 반환을 청구하지 못한다고 판단됩니다. 따라서 귀하는 변제한 돈을 반환받을 수 없습니다.

이와 같이 도의관념에 적합한 비채변제의 경우 그 반환을 청구할 수 없도록 하고 있는 의미는 미풍양속을 장려한다는 데에 있습니다.

참고조문

제742조(비채변제) 채무없음을 알고 이를 변제한 때에는 그 반환을 청구하지 못한다.
제744조(도의관념에 적합한 비채변제) 채무없는 자가 착오로 인하여 변제한 경우에 그 변제가 도의관념에 적합한 때에는 그 반환을 청구하지 못한다.

2. 불법원인급여

민법은 선량한 풍속이나 사회질서에 위반하여 이루어지는 재산의 급부나 노무의 제공은 이를 반환받지 못하도록 하고 있다. 이를 불법원인급여라고 한다.

사례

저는 학교공부가 시원찮은 3대독자 아들이 하나 있습니다. 어떻게 하든 아들을 대학에 보내려고 하나 제 실력으로는 대학에 갈 형편이 못됩니다. 하는 수 없어 나쁜 일인줄 알면서도 입시브로커 갑에게 돈 3,000만원을 주면서 모대학에 아들을 입학시켜 달라고 부탁하였습니다. 갑은 염려말라고 하였으나 내심 걱정이 되어, 만약 합격이 안되면 돈을 돌려받기로 서로 약속을 하였습니다. 일이 잘못되어 아들은 그 대학에 떨어지고 말았습니다. 저가 갑에게 처음 약속한 대로 돈을 돌려달라고 하니, 갑은 교제비 등으로 돈을 써버렸으니 500만원만 돌려주겠다고 합니다. 나머지 2,500만원은 돌려받을 수 없습니까?

해설

우리 민법은 선량한 풍속이나 사회질서에 위반하는 법률행위는 무효로 하고 있습니다. 이는 사회적 타당성을 잃은 행위를 하는 자는 법이 보호하지 않는다는 취지에서 마련된 제도입니다. 한편 사회적 타당성을 잃은 법률행위의 결과를 원상으로 회복시키는 데에도 법은 협력하지 않습니다. 만약 이러한 회복을 법이 도와준다면 그것은 사회적 타당성을 잃은 법률행위 자체를 법이 도와주는 결과가 되기 때문입니다.

귀하는 불법행위인 부정입학을 도모하기 위하여 돈을 지급한 것이고, 이는 소위 불법원인급여에 해당합니다. 따라서 합격여부와 관계없이 지급한 돈은 반환받을 수 없습니다. 만약 반환받을 수 있다고 한다면, 그것은 법이 부정입학이라는 불법행위를 눈감아 주는 결과가 되기 때문입니다.

참고조문

제103조(반사회질서의 법률행위) 선량한 풍속 기타 사회질서에 위반한 사항을 내용으로 하는 법률행위는 무효로 한다.

제746조(불법원인급여) 불법의 원인으로 인하여 재산을 급여하거나 노무를 제공한 때에는 그 이익의 반환을 청구하지 못한다. 그러나 그 불법원인이 수익자에게만 있는 때에는 그러하지 아니하다.

사례

갑이 집을 사는데 잔금이 부족하여 그러니 돈 1,000만원을 빌려달라고 하기에 저는 3개월 후에 받기로 하고 돈을 빌려주었습니다. 변제기가 되어 돈을 돌려 달라고 하니 갑은 이 돈을 노름판에서 다 잃어 버려 갚을 수가 없다는 것입니다. 빌린 돈을 노름과 같은 불법행위에 소비한 경우는 돈을 돌려 받을 수 없다고 하는데, 저는 갑으로부터 돈을 반환받을 수 없습니까?

해설

불법원인급여로 돈을 지급한 사람이 돈을 돌려받지 못하는 것은 그 불법원인이 돈을 준 사람과 돈을 받은 사람 모두에게 있는 경우에 한합니다. 귀하의 경우는 갑이 노름이라는 불법행위에 돈을 쓸 것인지 모르는 상태에서 돈을 빌려준 것이므로 민법 제746조 단서규정에 의하여 돈을 돌려받을 수 있습니다. 만약 귀하가 돈을 빌려줄 때 이 돈을 갑이 노름판에서 쓰리라는 것을 미리 알고 있었다고 한다면 돈을 돌려받을 수 없습니다.

이 사례와 관련하여 다음과 같은 경우도 알아두면 좋습니다. 소위 노름빚에 관한 문제입니다. 흔히 노름판에서 노름에 관련하여 채권 채무가 성립되는 경우, 노름빚은 갚지 않아도 됩니다. 만약 노름빚도 법적으로 갚아야 한다면 이것은 법이 노름행위를 조장하는 결과가 될 것이기 때문입니다.

Ⅲ. 불법행위

불법행위란 어떤 자가 타인에게 위법하게 손해를 가한 행위를 말한다. 불법행위가 있으면 가해자는 피해자에게 손해를 배상해야 한다. 즉, 불법행위에 기인하여 피해자는 채권자가 되고, 가해자는 채무자가 되는 것이다. 이러한 채권 채무관계는 당사자가 약정하여 생기는 것이 아니라 법에서 정하고 있다는 점에서, 불법행위는 법정손해배상청구권의 발생원인이 된다.

불법행위는 동시에 범죄행위가 되는 경우가 많다. 어떤 불법행위가 범죄행위를 구성하게 되면 여기에서부터 손해배상이라는 문제와 형사상의 형벌이라는 대응이 나타나게 된다. 전자를 민사책임이라 하고, 후자를 형사책임이라고 한다.

중세 이전까지만 해도 민사책임과 형사책임은 미분화상태에 있었으나, 현대법의 구조에서는 양책임은 엄격하게 분화되어 있다. 따라서 예컨대, 타인의 재물을 훔친 자는 절도죄에 상응하는 형벌을 받는 것과는 별도로, 피해자에 대하여 손해를 배상해야 하는 민사책임도 동시에 지게 된다. 형사책임을 다했다고 민사책임이 면제되는 것이 아니고, 반대로 민사책임을 이행했다고 형사책임이 면제되는 것도 아니다.

일반적으로 불법행위가 성립되기 위해서는 다음과 같은 요건을 갖추어야 한다. 첫째, 가해자의 고의 과실이 있어야 한다. 둘째, 가해자가 가해행위에 대하여 책임을 질 능력(이를 책임능력이라 함)이 있어야 한다. 셋째, 가해행위가 위법해야 한다. 넷째, 가해행위로 인하여 손해가 발생했다는 인과관계가 있어야 한다.

1. 불법행위에 기한 손해배상의 범위

불법행위에 기한 손해배상의 범위는 채무불이행으로 인한 손해배상의 범위와 일치한다. 따라서 통상손해와 특별손해로 나누어서 구체적인 사례에 따라 그 범위를 정한다.

사례

평소 독실한 불교신자였던 아버님이 갑이 운전하던 승용차에 치여 돌아가셨습니다. 장례식은 불교식으로 치루었고 갑과의 합의과정에서 장례비용이나 손해배상, 위자료 등에 관해서는 원만하게 합의가 되었습니다. 그러나 유가족들로서는 돌아가신 분을 위하여 49제를 지내야겠으니 그 비용을 갑이 부담하라고 하였으나 갑은 거기에는 응할 수 없다고 합니다. 49제비용은 갑에게 청구할 수 없습니까?

해설

갑이 불법행위로 인하여 손해배상을 해야 함은 당연합니다. 문제는 손해배상의 범위가 어디까지이냐 하는 점입니다. 불법행위로 인하여 타인의 생명을 침해한 자는 통상적인 재산상 손해는 물론이고, 일정한 범위의 사람에게는 정신적인 손해배상(이를 위자료라고 함)까지 해야 하며, 장례비용도 손해배상액에 포함됩니다.

사람은 언젠가는 죽게되어 있으므로 장례비용은 손해가 아니지 않는가 하는 의문이 있을 수 있겠지만, 판례는 일관되게 손해배상액에 장례비를 포함시키고 있습니다. 관련하여 "고의 또는 과실에 의하여 타인의 생명을 해한 사람은 그 장례에 관한 비용을 손해로서 배상할 의무가 있다 할 것이고, 누구든지 사망은 조만간 면할 수 없는 운명이요 그 비용은 사망자의 친족이 당연히 부담할 것이라는 이유로 그 배상의무를 면할 수 없다고 해석함이 상당하다(대판, 1966.10.11. 66다1456)."는 판례가 있습니다.

문제는 49제비용인데, 오래된 판례로 "사람이 사망한 경우 사망자와 유가족들의 사회적 지위와 사망의 원인, 경위 등에 비추어 보아 49일제, 100일제를 올리는 것은 우리나라의 보통의 풍습이다(대판, 1964.6.2. 63다804)."라고 하여 49제비용을 장례비용에 포함되는 것으로 보는 판례가 있습니다. 하지만 오늘날에도 이 판례가 그대로 타당한지는 의문이 있습니다. 왜냐 하면 세월이 변함에 따라 장례풍속도 변하고 있고, 특히 종교에 따라서 장례의 풍속이 다른 점을 인정해야 할 것입니다. 위 사례와 같이 망인이나 가족들이 모두 독실한 불교신자라면 49제비용은 장례비에 포함시킬 수 있겠지만, 그렇지 않는 경우에는 49제비용이 당연히 장례비에 포함된다고 할 수 없을 것입니다.

참고조문

제750조(불법행위의 내용) 고의 또는 과실로 인한 위법행위로 타인에게 손해를 가한 자는 그 손해를 배상할 책임이 있다.

사례

저의 이웃에 사는 갑은 며칠 전부터 종전의 자기 집을 허물고 거기에 3층 건물을 짓는다고 합니다. 갑의 계획대로 건물이 완공되고 나면 틀림없이 저의 집에 그늘이 지고 전망도 나빠질 것이 예상되어 갑에게 따졌더니, 그는 시청으로부터 공사허가를 받아서 하는 일이고 자기 소유의 땅에 공사를 하는데 웬 참견이냐는 등 도대체 말이 통하지 않습니다. 갑이 공사를 하지 못하도록 할 방법이 없습니까?

해설

사례는 일조권, 조망권 등에 관한 질문입니다. 요즘의 일상생활에서 햇빛이나 조망, 프라이버시 등의 보호가 갈수록 중요한 문제로 부각되고 있습니다. 이들 분쟁에 관하여는 원칙적으로 원인을 제공한 자가 손해를 배상하도록 합니다만, 일정한 경우에는 피해자가 참아야 할 경우도 있습니다. 이를 법률적인 표현으로 말하자면, 수인한도를 초과한 경우에는 피해자는 이들 권리의 침해를 이유로 손해배상을 청구할 수 있지만, 수인한도 내의 침해인 경우에는 손해배상을 청구할 수 없다는 뜻입니다. 여기에서 수인한도란 바로 참아야 할 정도라는 뜻입니다. 문제는 어떤 경우가 수인한도이냐 하는 것인데, 이에 대하여는 일률적으로 말하기 어려우나, 가령 현실적인 침해의 정도가 현저하게 커서 사회통념상 참기 어려운 경우에는 수인한도를 벗어난 경우로 볼 수 있습니다(대판, 1999.1.26. 98다23850).

일조권과 관련하여 판례는, 건축법의 규정에 상관없이, 동짓날을 기준으로 하여 오전 9시부터 오후 3시까지 6시간 중 연속하여 2시간 이상, 오전 8시부터 오후 4시까지의 8시간 중 총 4시간 이상의 일조가 확보되어야 하고, 위 두 가지 기준 중 어느 하나에 미치지 못하면 일조권이 침해된 것으로 보고 있습니다(대판, 2014.2.27. 2009다40462). 이 경우 일조권 침해를 받은 피해자는 가해 건물의 소유자 또는 건설회사를 상대로 손해배상을 청구할 수 있고, 아직 건물이 완공되기 전에는 컴퓨터 시뮬레이션을 통해 일조권 침해사실을 증명하여 공사중지가처분도 신청할 수 있습니다. 그리고 일조권 피해가 발생한 경우에 인접 주택의 소유자로서는 일조권이 침해됨으로 인하여 떨어진 시가하락분에 대하여 손해배상을 청구할 수도 있습니다. 가해자가 공사승인을 받았다거나 준공검사를 받았다거나 하여 피해자가 손해배상을 청구할 수 없는 것은 아닙니다. 다만 구체적인 손해배상액을 산정하는데 참작이 될 따름입니다. 이상의 내용은 조망권의 경우에도 대체로 적용이 됩니다. 따라서 귀하가 위에서 설명한 기준을 참고하여 일조권이나 조망권이 침해당할 염려가 있다고 판단하면, 갑을 상대로 공사중지가처분을 신청할 수 있고, 공사가 완료된 이후에는 손해배상을 청구할 수 있습니다.

사례

저는 한적한 시골길을 혼자서 운전하다가 길가에서 지나가는 자동차를 세우는 할머니 한 분을 태워드렸습니다. 그런데 운전을 하다가 깜빡 조는 바람에 가로수를 받아서 저는 경미한 부상을 입었습니다만 할머니는 왼쪽 다리가 골절되는 큰 부상을 입었습니다. 할머니의 가족들이 저에게 치료비를 포함하여 손해배상을 하라고 요구하는데, 이에 응해야 하는지요?

해설

자동차운전자가 호의로 운임을 받지 않고 다른 사람을 그의 자동차에 태워서 운행하다가 사고가 일어나 생기는 법적 문제를 소위 호의동승의 문제라고 합니다, 호의동승은 무상으로 이루어지기 때문에 유상계약의 원리를 그대로 적용하기에 적당하지 않은 점이 있습니다. 하지만 호의동승 중에 운전자의 과실로 사고가 발생하여 동승자가 부상을 당하거나 사망한 경우, 운전자에게 손해배상의무를 인정할 것인지, 있다면 그 범위를 어떻게 정할 것인지 문제가 됩니다. 이에 대해서는 학설상 다툼이 있습니다. 첫째, 운전자의 책임을 완전히 부정하는 견해가 있습니다. 이 견해에 의하면 호의동승을 부탁하는 자는 사고에 대한 위험도 승낙한 것으로 보아 운전자에게 배상책임을 물을 수 없다고 하거나, 운전자와 동승자 사이에는 이미 묵시적 면책특약이 있으므로 운전자에게 그 책임을 물을 수 없다고 합니다. 둘째, 민법상의 과실상계규정을 유추적용하여 운전자의 배상책임을 제한하려는 견해가 있습니다. 그러나 판례는 "운전자는 호의동승자에 대하여 전 책임을 져야 한다. 다만 운행의 목적, 호의동승자와 운전자와의 인적 관계, 피해자가 차량에 동승한 경위, 특히 동승요구의 목적과 적극성 등의 제반 사정에 비추어 가해자에게 일반의 교통사고와 같은 책임을 지우는 것이 신의칙이나 형평의 이념에 비추어 매우 불합리한 것으로 인정되는 경우에는 그 배상액을 경감할 사유가 된다"(대판, 1992.6.9. 92다10586. 대판, 1987.12.22. 86다카2994)고 판시하고 있습니다. 이 판례에 따르면 귀하는 손해배상책임을 면할 수 없지만, 배상액의 일부를 감경받을 수는 있습니다.

호의동승의 경우 손해배상액을 감경하는 여러 가지 사유 중에서 특히 유의해야 할 점은, 호의동승을 하게 된 경위가 어떠하냐 하는 것입니다. 즉, 동승자가 자동차를 적극적으로 세워서 동승하다가 운전자의 과실로 사고가 났다면 운전자의 배상책임이 많이 감경될 것입니다. 반대로 동승자가 자동차에 동승할 의사가 없음에도 불구하고 운전자의 적극적인 권유에 마지못해 동승하다가 사고가 난 경우에는 운전자는 무거운 배상책임을 질 수 있습니다.

2. 위자료

정신적인 손해배상액을 소위 위자료라고 한다. 가해자는 불법행위에 기한 위자료에 대하여도 배상책임이 있다.

사례

저와 남편은 혼인신고를 하지 못했지만 남부럽지 않게 금슬좋은 부부로서 지내왔습니다. 어느 날 아침 남편이 출근하다가 갑이 운전하던 승용차에 치여 그 자리에서 즉사하고 말았습니다. 하늘이 무너지는 것같은 충격을 받았습니다만 일단 장례식은 치루었습니다. 앞으로 살아갈 일을 생각하면 걱정이 태산같아서 갑으로부터 손해배상을 될 수 있으면 많이 받으려고 합니다. 그런데 남편의 사망으로 인하여 받은 재산상 손해에 대하여는 갑과 대체적인 합의가 됩니다만, 저가 입은 정신적인 손해에 대해서는 정식부부가 아니라는 이유로 갑은 법적인 배상책임이 없다고 주장합니다. 저의 정신적인 손해는 돈으로 환산할 수 없을 만큼 엄청난데, 정식부부가 아니라는 이유 때문에 이를 배상받지 못한다면 너무 억울합니다. 과연 저는 정신적인 손해배상을 청구할 수 없습니까?

해설

사망사고가 일어난 경우 피해자측이 입는 손해는 재산상 손해와 정신적 손해 두 가지로 나누어 볼 수 있습니다. 이 때 정신적 손해액 즉 위자료를 청구할 수 있는 사람에는 제한이 따릅니다. 가령 어떤 사람이 사고로 사망한 경우 그와 친하거나 일정한 관계에 있는 사람들은 정신적인 손해를 받게 되겠지만, 이들 모두에게 위자료청구권을 주는 것은 가해자에게 너무 가혹하므로 위자료청구권자의 범위를 제한하고 있습니다.

문제는 누구에게 위자료청구권이 있는가 하는 점입니다. 민법은 생명침해로 인한 위자료의 경우 피해자의 직계존속, 직계비속 및 배우자에게 위자료청구권을 인정합니다만, 이 때 위자료청구권자는 엄격하게 해석하지 않는 것이 학설 및 판례의 태도입니다.

배우자라는 개념을 엄격하게 해석한다면 혼인신고되어 있는 혼인(이를 법률혼이라 함)관계에 있어서 타방당사자라고 하겠습니다만, 생명침해로 인한 위자료청구권자로서의 배우자는 일반적으로 사실혼관계에 있는 배우자도 포함하는 개념이라고 보고 있습니다. 판례는 "내연관계에 있는 배우자도 법률상 혼인관계에 있는 배우자에 준하여 손해배상청구권이 있다."(대판, 1967.1.31. 66다2216)고 하여 사실혼관계에 있는 배우자에게 위자료청구권을 인정하고 있습니다.

따라서 귀하는 갑에 대하여 정신적 고통으로 말미암은 위자료를 청구할 수 있습니다. 그러나 사람에 따라, 상황에 따라 위자료의 구체적인 금액은 달라질 수밖에 없을 것입니다. 구체적인 위자료의 산정은 위자료청구권자의 직업, 년령, 사회적 지위, 가해자의 재산정도 등을 종합적으로 고려하여 정해집니다.

참고조문

제751조(재산 이외의 손해의 배상) ① 타인의 신체, 자유 또는 명예를 해하거나 기타 정신상 고통을 가한 자는 재산 이외의 손해에 대하여도 배상할 책임이 있다.

제752조(생명침해로 인한 위자료) 타인의 생명을 해한 자는 피해자의 직계존속, 직계비속 및 배우자에 대하여는 재산상의 손해없는 경우에도 손해배상의 책임이 있다.

3. 감독자의 책임

불법행위로 책임을 질 수 있는 능력을 책임능력이라 한다. 책임능력은 의사능력과 같은 개념이다. 따라서 정상적인 판단능력이 없는 의사무능력자는 곧 책임무능력자이다. 책임무능력자에 대하여는 이를 감독해야 할 의무가 부과되어 있는 사람이 따로 정해져 있다. 책임무능력자가 불법행위를 한 경우 감독자에게 무거운 책임이 주어져 있다.

사례

저의 10살짜리 아들이 동갑내기인 갑의 아들과 아파트 놀이터에서 씨름을 하고 놀다가 오른쪽 팔에 전치4주의 치료를 요하는 골절상을 입었습니다. 치료비로 30만원 정도 들 것 같습니다. 처음에 갑이 제대로 사과만 했더라면 같은 아파트 단지내에 살면서 아이들끼리 놀다가 다친 일이니 속이 상하지만 참고 넘길려고 했습니다. 그러나 사고가 있은 지 일주일이 넘었는데도 갑은 아무런 연락이 없습니다. 괘씸하다는 생각이 들어 그대로 있을 수가 없었습니다. 갑에게 가서 치료비를 지급하라고 하니, 갑은 아이들끼리 놀다가 일어난 일을 가지고 치료비 운운하느냐면서 거절합니다. 저는 갑에게 치료비를 청구할 수 없습니까?

해설

불법행위를 한 사람은 원칙적으로 손해배상을 해야 할 책임이 있습니다. 그러나 불법행위자가 그 행위의 책임을 부담할 만한 정신적인 능력(이를 책임능력이라 함)이 없는 때에는 배상책임이 없습니다.

책임능력이란 통상인이 가지는 정상적인 판단능력을 말하는데, 책임무능력자는 그의 행위가 설사 불법행위를 구성하였다고 하더라도 손해배상책임이 없습니다. 자기의 행위로 인하여 어떠한 결과가 발생하리라는 것을 정확하게 인식하지 못하는 책임무능력자에게 그 행위의 결과에 대한 책임을 지우는 것은 그에게 부당한 결과가 되고, 대부분의 경우 책임무능력자는 자력이 없을 터이므로 결과적으로 피해자가 충분한 배상을 받지 못할 우려가 있기 때문입니다.

이 사례에서 불법행위를 한 사람은 갑의 아들입니다. 그런데 갑의 아들은 10살짜리 소년으로서 책임능력이 없다고 보입니다. 따라서 그는 그의 불법행위에 대하여 손해배상책임을 부담하지 않습니다. 갑의 아들에게 직접 책임을 물을 수 없는 경우에는 그 아이를 감독할 법정책임있는 사람에게 책임을 추궁할 수 있습니다. 갑은 그의 아들에 대한 친권자로서 아들을 감독할 의무가 있습니다. 따라서 갑에게 치료비 등의 손해배상을 청구할 수 있습니다.

민법은 감독자가 감독을 게을리 하지 않았다면 손해배상책임을 면하도록 규정하고 있습니다만, 감독자가 감독의무를 충분하고 성실하게 수행했다고 인정되는 경우는 실제로 거의 없습니다. 그렇다면 철없는 아이들끼리 장난하다가 일어난 사고에 대하여 가해어린이의 부모는 언제나 손해배상책임이 있는 결과가 됩니다.

위와 같은 해석은 사리분별력이 없는 미성년자의 경우에 적용됩니다만, 성년자라고 하더라도 심신상실의 상태에 놓여 있는 사람이 불법행위를 한 경우에도 유사한 법리가 적용됩니다.

참고조문

제753조(미성년자의 책임능력) 미성년자가 타인에게 손해를 가한 경우에 그 행위의 책임을 변식할 지능이 없는 때에는 배상의 책임이 없다.

제754조(심신상실자의 책임능력) 심신상실 중에 타인에게 손해를 가한 자는 배상의 책임이 없다. 그러나 고의 또는 과실로 인하여 심신상실을 초래한 때에는 그러하지 아니하다.

제755조(감독자의 책임) ① 다른 자에게 손해를 가한 사람이 제753조 또는 제754조에 따라 책임이 없는 경우에는 그를 감독할 법정의무가 있는 자가 그 손해를 배상할 책임이 있다. 다만, 감독의무를 게을리 하지 아니한 경우에는 그러하지 아니하다.

② 감독의무자를 갈음하여 제753조 또는 제754조에 따라 책임이 없는 사람을 감독하는 자도 제1항의 책임이 있다.

사례

만 13세로 중학교 1학년에 재학 중인 저의 집 아이가 학교공부를 마치고 교내 운동장에서 축구놀이를 하다가 사소한 시비 끝에 같은 반 아이와 싸움을 하게 되었고 이빨이 3개 부러지는 부상을 입었습니다. 가해 아이의 부모들이 진심으로 사과를 하고 있지만 생활이 넉넉하지 못하여 치료비를 청구하더라도 받기는 어려울 것 같습니다. 학교 운동장에서 일어난 일이니 만큼 담임선생님이나 학교측에 손해배상을 청구할 수는 없을까요?

해설

먼저 만 13살 된 중학생이 불법행위에 대하여 책임을 지는지에 대해서 봅니다. 이 문제는 구체적인 사정에 따라 결론이 다르기 때문에 일률적으로 말하기 곤란합니다만, 대체로 그에게 책임을 바로 묻기는 어려울 것 같습니다. 따라서 사례와 같은 경우에는 가해 아이의 부모에게 자식을 제대로 감독하지 못한 책임을 물어서 민법 제755조에 의한 손해배상을 청구할 수 있습니다.

다음으로 학교에서 일어난 사고에 대하여 학교측에 책임을 추궁할 수 있는지에 대해서 보겠습니다. 원칙적으로 학교의 교장이나 교사는 학생을 보호・감독할 의무가 있습니다. 그러나 이러한 의무는 학교 내에서 일어나는 학생의 모든 생활관계에 대해서 생기는 것이 아니라, 학교에서의 교육활동이나 이와 밀접한 관계에 있는 생활관계에 한해서만 생기는 것입니다. 그리고 보호・감독의무가 있는 생활관계라고 하더라도 사고가 학교생활에서 통상 발생할 수 있을 것으로 예측되는 경우에만 교장이나 교사는 책임을 지는 것입니다. 이 때 예측가능성이 있는지 여부에 대해서는, 교육활동을 한 때와 장소, 가해자의 분별능력, 가해자의 평소의 성행, 가해자와 피해자의 관계, 기타 여러 사정을 종합적으로 고려하여 판단합니다(대판, 1997.6.27. 97다15258 참조). 그렇다면 이 사례와 같이 학교의 일과가 끝난 다음 친구들끼리 운동장에서 놀이를 하다가 사고가 생긴 경우에 대해서는 담임선생님이나 학교측에 책임을 묻기 어렵다고 하겠습니다.

결국은 가해 아이의 부모에게 감독의무를 제대로 하지 않은 책임을 묻는 방법외에는 별 도리가 없다고 보입니다. 그리고 그들에게 책임을 묻는다고 하더라도 아이들의 싸움으로 다친 사고이기 때문에 피해자도 어느 정도의 잘못이 있다고 하겠으며, 구체적인 손해배상액을 산정할 때에는 그 잘못만큼은 과실상계를 하게 됩니다. 참고로 고등학생끼리 싸움을 한 경우 피해자의 잘못을 30퍼센트 인정한 판례(대판, 1989.5.9. 88다카2745)가 있음을 알려 드립니다.

4. 사용자책임

다른 사람을 시켜서 일정한 사무를 보게 한 사용자는 피용자가 그 사무와 관련한 일로 타인에게 손해를 가한 경우, 그 손해를 배상할 책임이 있다. 민법이 이러한 제도를 둔 이유는 대부분의 경우 피용자는 충분한 자력이 없으므로 피해자를 두텁게 보호하기 위해서이다.

사례

저는 중국음식점을 경영하는 사람입니다. 저의 집 종업원이 오토바이를 타고 식사배달을 가다가 갑이 타고 가던 자전거를 뒤에서 들이받아, 갑은 약 3주간의 치료를 요하는 부상을 입고 자전거도 크게 부서졌습니다. 갑은 저에게 손해배상을 하라고 하는데, 저에게 배상책임이 있는지요?

해설

중국음식점을 경영하는 귀하는 종업원이 음식점영업과 관련한 일로 타인에게 손해를 가한 경우 사용자로서 그 손해를 배상해야 하는 것이 원칙입니다. 민법은 사용자가 피용자의 선임이나 감독에 상당한 주의를 기울였다면 사용자가 면책되도록 규정하고 있습니다만, 이러한 경우는 실제로 거의 인정되지 않는 실정입니다. 역시 피해자를 두텁게 보호하기 위한 배려에서입니다. 즉, 사용자의 배상책임은 그러한 의미에서 상당히 무거운 책임이라고 할 수 있습니다.

그리고 피용자가 한 불법행위가 사무집행에 관련한 일인지의 여부에 대해서도 학설 및 판례는 일반적으로 엄격하게 해석하지 않는 경향이 있습니다. 즉, 판례는 "피용자가 사무집행에 관하여라는 구절은 피용자의 행위가 실질적으로는 그의 직무집행 행위자체에 속하는 것이 아니라 할지라도 그 행위를 외형적으로 관찰할 때 피용자의 직무집행행위와 유사하여 그 직무의 범위내에 속하는 행위로 보여지는 경우까지를 포함한다."(대판, 1967.2.7. 65다1702)고 하고 있습니다.

따라서 귀하는 갑의 손해배상청구를 면할 수 없습니다. 단, 귀하가 갑에 대하여 손해배상을 한 경우에는 종업원에게 구상을 청구할 수는 있습니다.

참고조문

제756조(사용자의 배상책임) ① 타인을 사용하여 어느 사무에 종사하게 한 자는 피용자가 그 사무집행에 관하여 제3자에게 가한 손해를 배상할 책임이 있다. 그러나 사용자가 피용자의 선임 및 그 사무감독에 상당한 주의를 한 때 또는 상당한 주의를 하여도 손해가 있을 경우에는 그러하지 아니하다.

② 사용자에 갈음하여 그 사무를 감독하는 자도 전항의 책임이 있다.

③ 전2항의 경우에 사용자 또는 감독자는 피용자에 대하여 구상권을 행사할 수 있다.

5. 공작물점유자의 책임

공작물의 점유자나 소유자는 공작물의 흠으로 인하여 타인이 손해를 입은 경우 그 손해를 배상해야 한다. 만약 점유자가 소유자와 다른 사람일 경우에는 일차적으로 점유자가 책임을 지고, 점유자가 손해의 방지를 위하여 필요한 주의를 기울였다면 소유자가 이차적으로 책임을 진다.

사례

저는 갑의 집에 전세들어 살고 있습니다. 지난 여름 태풍이 불어 집의 담장에 금이 가서 붕괴할 위험이 생겼습니다. 이러한 사실을 갑에게 알리고 수선해 줄 것을 요청하였더니, 갑은 담장이 무너지면 행인들이 다칠 염려도 있다면서 곧 고쳐주겠다고 약속을 하였습니다. 그런데 며칠 뒤 다시 태풍이 불어 담장은 염려한 대로 무너지고 말았습니다. 이로 말미암아 마침 그 때 담장옆을 지나가던 을이 머리에 타박상을 입어 전치3주의 진단이 났습니다. 을은 저에게 손해배상을 해달라고 합니다. 저에게 손해배상책임이 있는지요?

해설

귀하는 갑이 소유하는 집을 점유하는 사람으로서 집의 하자로 인하여 타인에게 손해가 발생하였다면 일차로 책임을 져야 하는 것이 원칙입니다. 그런데 담장의 하자에 대하여 귀하는 소유자인 갑에게 수선을 요청하였고, 갑이 수선해 줄 것을 약속하였으므로 귀하는 집의 점유자로서 해야 할 주의의무를 다하였다고 할 수 있습니다. 따라서 귀하는 손해배상책임을 면하게 됩니다.

점유자가 책임을 면하면 소유자가 책임을 져야 하므로 이 사안에서는 소유자인 갑에게 손해배상책임이 있습니다. 그리고 소유자가 책임을 지는 경우는 아무리 소유자가 주의의무를 다하더라도 책임을 면하지 못하도록 되어 있습니다.

한편 도로의 사정으로 말미암아 사고가 나는 경우가 있습니다. 도로 역시 공작물이므로 도로의 관리기관이 공작물점유자의 책임을 지는지 실제로 문제가 되고 있습니다. 예컨대, 편도 2차선 고속도로의 갓길과 2차선에 걸쳐 고여 있는 빗물에 차량이 미끄러져 180° 회전하면서, 같은 사정으로 미끄러져 갓길에 정차하여 차량을 점검하고 있던 다른 운전자를 들이받은 사고가 발생한 경우에 고속도로의 설치・관리상의 흠이 있으므로 도로의 관리기관은 책임을 져야 한다는 판례가 있습니다(대판, 1999.12. 24. 99다45413 참고). 그러나 승용차 운전자가 편도 2차선의 국도를 진행하다가, 반대차선을 진행하던 차량의 바퀴에 튕기어 승용차 앞 유리창을 뚫고 들어온 쇠파이프에 맞아 사망한 경우에, 국가의 손해배상책임을 부정한 사례도 있습니다

(대판, 1997.4.22. 97다3194 참고). 결국 도로의 사정으로 손해가 발생한 경우에 도로의 관리기관이 책임을 지는지 여부는 도로의 위치 등 장소적인 조건, 도로의 구조, 교통량, 사고가 날 때의 교통사정 등 도로의 이용상황과 그 본래의 이용목적 등 제반 사정과 흠의 위치나 형상 등을 종합적으로 고려하여 사회통념에 따라 판단할 문제입니다.

참고조문

제758조(공작물등의 점유자, 소유자의 책임)
① 공작물의 설치 또는 보존의 하자로 인하여 타인에게 손해를 가한 때에는 공작물점유자가 손해를 배상할 책임이 있다. 그러나 점유자가 손해의 방지에 필요한 주의를 해태하지 아니한 때에는 그 소유자가 손해를 배상할 책임이 있다.
② 전항의 규정은 수목의 재식 또는 보존에 하자있는 경우에 준용한다.
③ 전2항의 경우에 점유자 또는 소유자는 그 손해의 원인에 대한 책임있는 자에 대하여 구상권을 행사할 수 있다.

6. 공동불법행위

여러 사람이 공동으로 불법행위를 하는 경우를 소위 공동불법행위라고 한다. 공동불법행위가 있으면 불법행위자들은 연대하여 손해를 배상해야 한다.

사례

저는 밤중에 길을 가다가 깡패들에게 습격을 당하여 가지고 있던 현금과 귀중품 등을 빼앗기고 이빨도 2개 부러졌습니다. 마침 현장을 순찰 중이든 경찰이 이들을 뒤쫓아 그 중 한명인 갑을 붙잡았습니다. 갑에게 저가 당한 신체적 손상 및 재산상 손해를 배상하라고 하니, 자기는 현금 등을 빼앗지 않고 단순히 망만 보았다고 항변합니다. 갑이 하는 말을 들어 보니 실제로 그런 것 같습니다. 다른 깡패들을 붙잡기 전에는 갑에게 저의 손해 전부를 배상하라고 청구할 수 없습니까?

해설

가해자가 누구인지 분명하지 아니한 공동불법행위의 경우에도 행위자들은 연대책임을 부담하도록 하고 있습니다. 그리고 불법행위를 시킨 자(교사자)나 불법행위를 도와준 자(방조자)도 공동불법행위자로 간주합니다. 공동불법행위자의 책임을 무거운 연대책임으로 하고 있는 이유는 피해자를 보다 두텁게 보호하기 위해서입니다. 이때 연대책임이란 말은 채무자 중의 어느 한 사람에게 채무전부의 이행을 청구할 수 있다는 의미입니다. 이렇게 하는 것이 결과적으로 채권자(피해자)

에게 더욱 유리하기 때문입니다.

따라서 귀하는 단순한 방조자에 불과한 갑이라 하더라도 그에게 모든 손해를 배상하라고 청구할 수 있습니다. 물론 갑이 손해전부를 배상하고 나서 다른 깡패들에게 구상권을 행사할 수 있지만, 그것은 귀하와는 별도의 문제입니다.

참고조문

제760조(공동불법행위자의 책임) ① 수인이 공동의 불법행위로 타인에게 손해를 가한 때에는 연대하여 그 손해를 배상할 책임이 있다.
② 공동아닌 수인의 행위 중 어느 자의 행위가 그 손해를 가한 것인지를 알 수 없는 때에도 전항과 같다.
③ 교사자나 방조자는 공동행위자로 본다.

7. 정당방위와 긴급피난

불법행위가 성립되려면 그 행위가 위법성을 띠고 있어야 한다. 그런데 외관상 불법행위로 보이는 경우에도 위법성이 없어질 때가 있다. 민법은 위법성이 없게 되는 경우로 소위 정당방위와 긴급피난이라는 제도를 두고 있다. 정당방위란 타인의 불법행위에 대하여 자기나 제3자의 이익을 보호하기 위하여 부득이 타인에게 손해를 가한 경우에는 손해배상책임을 면해 주는 제도이다. 긴급피난이란 급박한 위난을 피하기 위해 부득이 타인에게 손해를 가한 경우 역시 손해배상책임을 면해 주는 제도이다.

사례

저는 한적한 교외에서 애인과 데이트를 하다가 3명의 불량배를 만났습니다. 흉기를 소지한 그들은 금품을 요구하였습니다. 다른 사람들의 구원을 요청할 형편이 아니어서 평소 익혀둔 무술로 이들을 모두 물리쳤습니다. 그러는 과정에서 불량배 중 한명인 갑은 갈비뼈가 3대 부러지는 부상을 입었습니다. 갑이 치료비를 달라고 하는데 이를 배상해야 하는지요?

해설

귀하의 경우 불량배를 처치하기 위하여 그들을 폭행한 행위는 정당방위에 해당한다고 할 수 있습니다. 따라서 설사 불량배들이 부상이라는 손해를 입었다고 하더라도 그 손해를 배상해주지 않아도 됩니다. 귀하는 갑에 대하여 손해배상책임이 없습니다.

다만 주의할 것은 정당방위라고 하기 위해서는 방어행위가 부득이 해야 하고, 또 상당한 것이어야 합니다. 상당하다는 말은 타인의 가해행위에 대한 방어행위가 지나쳐서는 안된다는 뜻입니다. 예컨대 상대방이 단순히 재물만 훔치려고 하는데 이를 뻔히 알면서도 그를 살해하였다면 방어행위가 지나친 것이라고 할 수 있으므로, 이러한 경우에는 정당방위가 성립되지 않습니다. 따라서 방어행위를 한 자는 손해를 배상해야 합니다.

그러나 방어행위가 지나쳐서 손해를 배상해야 하는 경우에도 손해배상액은 상당한 액수만큼 경감됩니다. 왜냐하면 방어행위를 유발시킨 사람에게 과실이 있기 때문입니다. 이와 같이 피해자에게 과실이 있기 때문에 손해배상액을 경감하는 것을 과실상계라고 합니다.

참고조문

제761조(정당방위, 긴급피난) ① 타인의 불법행위에 대하여 자기 또는 제3자의 이익을 방위하기 위하여 부득이 타인에게 손해를 가한 자는 배상할 책임이 없다. 그러나 피해자는 불법행위에 대하여 손해의 배상을 청구할 수 있다.
② 전항의 규정은 급박한 위난을 피하기 위하여 부득이 타인에게 손해를 가한 경우에 준용한다.

제763조(준용규정) 제393조(손해배상의 범위), 제394조(손해배상의 방법), 제396조(과실상계), 제399조(손해배상자의 대위)의 규정은 불법행위로 인한 손해배상에 준용한다.

제396조(과실상계) 채무불이행에 관하여 채권자에게 과실이 있는 때에는 법원은 손해배상의 책임 및 그 금액을 정함에 이를 참작하여야 한다.

8. 그 밖의 문제

위에서 불법행위에 관한 몇 가지 사례를 살펴보았다. 아래에서는 비교적 최근에 자주 문제가 되고 있는 제조물책임에 관한 문제, 의료사고, 피해자의 승낙 등에 관한 사례를 보기로 한다.

사례

저가 얼마 전 전기밥솥을 구입하여 일주일 정도 사용하던 중 갑자기 폭발하여 저의 아들이 1도화상을 입는 부상을 입었습니다. 분명히 전기밥솥의 제조과정에 문제가 생겨 일어난 사고인 것 같아 제조회사를 상대로 손해배상을 청구하려고 하는데, 제조과정 등을 잘 알지 못해 제조업자의 과실을 입증하기가 쉽지 않습니다. 이 경우 어떻게 해야 하는지요?

해설

우리의 일상생활에서 전기밥솥 등 가전제품이 갑자기 폭발하거나 전기장판 등이 과열되어 화재사고가 발생하는 일들이 종종 발생하고 있습니다. 이러한 경우를 대비하여 2002년 7월 1일부터 제조물책임법을 시행하고 있습니다. 이 법은 제조업자가 제조물의 결함으로 인해 생명・신체・재산상 손해를 가한 경우 제조업자가 그 책임을 지도록 하고 있습니다. 여기서 말하는 제조물의 결함에는, ① 제조물이 원래 의도한 설계와 다르게 제조되거나 가공됨으로써 안전하지 못하게 된 제조상의 결함, ② 제조업자가 소비자를 고려하여 합리적으로 설계하지 못하는 바람에 피해가 발생한 설계상의 결함, ③ 제조업자가 올바른 사용법이나 경고의 표시를 소홀히 하여 피해자에게 손해가 발생한 표시상의 결함 등이 포함됩니다. 그리고 이 법은 제조업자 등의 고의나 과실이 없는 경우에도 손해를 배상하도록 하는 무과실책임이라는 무거운 책임을 제조업자에게 지우고 있습니다.

판례는 "고도의 기술이 집약되어 대량으로 생산되는 제품의 결함을 이유로 그 제조업자에게 손해배상책임을 지우는 경우, 그 제품의 생산과정은 전문가인 제조자만이 알 수 있어서 그 제품에 어떠한 결함이 존재하였는지, 그 결함으로 인하여 손해가 발생한 것인지 여부는 일반인으로서는 밝힐 수 없는 특수성이 있어서, 소비자측이 제품의 결함 및 그 결함과 손해의 발생과의 사이의 인과관계를 과학적・기술적으로 입증한다는 것은 지극히 어려우므로, 그 제품이 정상적으로 사용되는 상태에서 사고가 발생한 경우, 소비자측에서 그 사고가 제조업자의 배타적 지배하에 있는 영역에서 발생하였다는 점과, 그 사고가 어떤 자의 과실 없이는 통상 발생하지 않는다고 하는 사정을 증명하면, 제조업자측에서 그 사고가 제품의 결함이 아닌 다른 원인으로 말미암아 발생한 것임을 입증하지 못하는 이상, 그 제품에 결함이 존재하며 그 결함으로 말미암아 사고가 발생하였다고 추정하여, 손해배상책임을 지울 수 있도록 입증책임을 완화하는 것이, 손해의 공평・타당한 부담을 그 지도원리로 하는 손해배상제도의 이상에 맞다"고 하고 있습니다(대판, 2004.3.12. 2003다16771). 그리고 손해를 배상받기 위해서는 피해자가 그 피해사실이나 손해배상책임자를 안 때로부터 3년 내에, 제조업자가 그 제조물을 공급한 날로부터 10년 이내에 청구해야 합니다. 따라서 귀하는 밥솥의 폭발로 피해가 발생한 사실만 입증하면 족하고, 그 밥솥의 결함이나 하자로 인하여 손해가 발생하였다는 구체적인 입증까지는 하지 않아도 됩니다.

참고조문

제조물 책임법

제1조(목적) 이 법은 제조물의 결함으로 발생한 손해에 대한 제조업자 등의 손해배상책임을 규정함으로써 피해자 보호를 도모하고 국민생활의 안전 향상과 국민경제의 건전한 발전에 이바지함을 목적으로 한다.

제3조(제조물 책임) ① 제조업자는 제조물의 결함으로 생명·신체 또는 재산에 손해(그 제조물에 대하여만 발생한 손해는 제외한다)를 입은 자에게 그 손해를 배상하여야 한다.

② 제1항에도 불구하고 제조업자가 제조물의 결함을 알면서도 그 결함에 대하여 필요한 조치를 취하지 아니한 결과로 생명 또는 신체에 중대한 손해를 입은 자가 있는 경우에는 그 자에게 발생한 손해의 3배를 넘지 아니하는 범위에서 배상책임을 진다. 이 경우 법원은 배상액을 정할 때 다음 각 호의 사항을 고려하여야 한다.

1. 고의성의 정도
2. 해당 제조물의 결함으로 인하여 발생한 손해의 정도
3. 해당 제조물의 공급으로 인하여 제조업자가 취득한 경제적 이익
4. 해당 제조물의 결함으로 인하여 제조업자가 형사처벌 또는 행정처분을 받은 경우 그 형사처벌 또는 행정처분의 정도
5. 해당 제조물의 공급이 지속된 기간 및 공급 규모
6. 제조업자의 재산상태
7. 제조업자가 피해구제를 위하여 노력한 정도

③ 피해자가 제조물의 제조업자를 알 수 없는 경우에 그 제조물을 영리 목적으로 판매·대여 등의 방법으로 공급한 자는 제1항에 따른 손해를 배상하여야 한다. 다만, 피해자 또는 법정대리인의 요청을 받고 상당한 기간 내에 그 제조업자 또는 공급한 자를 그 피해자 또는 법정대리인에게 고지(告知)한 때에는 그러하지 아니하다.

제7조(소멸시효 등) ① 이 법에 따른 손해배상의 청구권은 피해자 또는 그 법정대리인이 다음 각 호의 사항을 모두 알게 된 날부터 3년간 행사하지 아니하면 시효의 완성으로 소멸한다.

1. 손해
2. 제3조에 따라 손해배상책임을 지는 자

② 이 법에 따른 손해배상의 청구권은 제조업자가 손해를 발생시킨 제조물을 공급한 날부터 10년 이내에 행사하여야 한다. 다만, 신체에 누적되어 사람의 건강을 해치는 물질에 의하여 발생한 손해 또는 일정한 잠복기간(潛伏期間)이 지난 후에 증상이 나타나는 손해에 대하여는 그 손해가 발생한 날부터 기산(起算)한다.

사례

저는 대학 3학년에 재학 중인 여학생입니다. 석달 전 모 성형외과에서 허벅지와 종아리부분의 지방질을 제거하는 수술을 받았는데, 수술 후 걸음도 제대로 걸을 수 없을 정도로 심한 통증에 시달리고 있습니다. 이로 인하여 다른 성형외과에서 여러 번 재수술을 받았지만 회복이 되지 않고 있으며, 그 때문에 저는 대인기피증까지 생기게 되었습니다. 만약 의사가 수술을 하기 전에 이러한 부작용의 가능성을 충분히 설명했다면 수술을 받지 않았을 텐데, 의사는 저에게 아무런 이야기도 하지 않은 채 수술을 감행하여 이 지경이 되고 말았습니다. 수술후유증으로 인한 재수술 비용 등 경제적 손실은 물론이고, 정신적으로도 큰 상처를 입고 있습니다. 손해배상을 받고 싶은데 어떻게 하면 되는지요?

해설

환자가 의사에게 진료를 의뢰하고 의사가 환자에게 치료행위를 하는 것은 일종의 계약입니다. 이러한 의료계약에 의하여 환자는 의사에게 치료비를 지급하고, 의사는 환자에게 일정한 진료의무를 다해야 합니다. 특히 의사는 환자를 치료하기 위하여 의료적 조치를 다해야 할 진료의무, 의료행위를 통해서 알게 된 환자의 비밀을 지켜야 할 비밀준수의무, 환자가 자신의 치료에 대해 스스로 결정할 수 있도록 치료상황이나 과정 및 부작용 등을 설명해야 하는 설명의무, 환자를 치료하는데 최선의 주의의무를 다해야 할 의무 등을 지고 있습니다.

의료행위가 개시되어 종료되기까지 과정에서 의사측이 위의 의무를 제대로 이행하지 않아서 환자에게 손해가 발생하는 경우를 보통 의료과오라고 합니다. 의료과오가 있으면 환자측은 의사측에 대하여 손해배상을 청구할 수 있고, 이 때에는 정신적인 손해배상까지 청구할 수 있습니다. 이 때 대개의 경우 의사가 아닌 일반인으로서는 과연 의사측이 주의의무 등을 다했는지 증거를 대기가 쉽지 않을 것입니다. 따라서 재판실무에서는 환자측에 발생한 손해가 의료행위로부터 생긴 것이 아니라는 증거를 의사측이 대도록 처리하고 있습니다. 즉, 의사측이 이러한 증거를 제대로 대지 못하면 의료행위와 손해 사이에 인과관계가 있는 것으로 추정하고 있습니다(대판, 2000.9.8. 99다48245). 비슷한 사례의 경우 판례는 일관되고 있습니다(대판, 2003.1.24. 2002다3822). 환자측을 두텁게 보호하기 위한 고려입니다.

사례

저는 대학 2학년에 재학 중인 학생입니다. 학교체육대회 중 축구를 하다가 상대방팀의 갑과 부딪치는 바람에 무릎십자인대가 파열되는 큰 부상을 입었습니다. 이미 수술비로 300여만원이 들었고, 앞으로 500만원 가량의 치료비가 더 들 것이라고 합니다. 가해자인 갑이 책임을 지든지, 아니면 학교의 체육행사 중에 발생한 일이니 학교측이 책임을 져야하는 건 아닌지요?

해설

불법행위로 인한 손해배상책임을 묻기 위해서는 다음과 같은 요건이 필요합니다. 첫째 가해자의 과실이 있어야 하고, 둘째 가해자에게 책임능력이 있어야 하며, 셋째 가해행위가 위법해야 하고, 넷째 가해행위로 인하여 손해가 발생하였다는 인과관계가 있어야 합니다. 이 모든 요건을 충족할 때 비로소 피해자는 손해배상을 청구할 수 있습니다.

이 사안과 관련하여 문제가 되는 점은 과연 가해자가 피해자와 함께 축구를 한 것이 위법한 일인가 하는 점입니다. 만약 위법한 일이 아니라면 결국 손해배상의 요건 중 하나를 충족시키지 못하기 때문에 손해배상을 청구할 수 없게 됩니다. 비록 축구가 위험한 운동이라 하더라도, 그렇다고 해서 위법한 일이라고 할 수는 없을 것입니다. 그리고 피해자로서는 축구경기 중에 발생할 수 있는 사고에 대하여 미리 승낙을 한 것으로 볼 수 있기도 합니다. 이러한 사정은 스포츠 일반에 두루 적용되는 이치라 하겠습니다. 결론적으로 귀하는 가해자에 대하여 손해배상을 청구할 수 없습니다. 그리고 학교행사에서 발생한 사고이기 때문에 학교측이 치료비를 모두 지급해야 한다는 주장도 성립되지 않습니다. 하지만 학내행사로 말미암아 발생하는 사고에 대하여 학교가 만약 보험에 가입하고 있었다면, 보험금은 청구할 수 있을 것입니다.

학교에서 일어난 사고에 대해서 학교측의 책임여부는 여러 가지 사정을 종합해서 판단할 문제입니다. 즉, 학교측은 학교 내에서 일어나는 학생의 모든 생활관계에 대해서 지도·감독할 의무를 지는 것이 아니라, 학교에서의 교육활동 및 이와 불가분의 관계에 있는 생활관계(예컨대, 수학여행이나 학교가 개최하는 체육행사 등)에 한해서만 지도·감독할 의무를 질 따름입니다. 그리고 학교의 지도·감독의무가 인정되는 생활관계라 하더라도 교육활동을 한 때, 장소, 가해자의 분별능력, 가해자의 성행, 가해자와 피해자의 관계, 기타 여러 사정을 고려하여, 그러한 사고가 학교생활에서 통상 발생할 수 있다고 예측되거나 또는 그 예측가능성(사고발생의 구체적 위험성)이 있는 경우에 한해서 학교측의 의무가 인정되는 것입니다. 요컨대, 사고가 학교의 교육활동과 밀접한 관련이 있는 활동으로부터 비롯되었고, 또한 예측가능한 사고임에도 불구하고 학교측이 지도·감독을 게을리 한 경우에 한해서 학교측이 책임을 지는 것입니다(대판, 1999.9.17. 99다23895; 대판, 2002.12.10. 2000다55126).

제 3 편

가족관계와 법

제1장 가족법은 어떠한 법인가?

제1절 가족관계의 특성과 가족법

제1장 가족법은 어떠한 법인가?

사적인 법률관계는 크게 재산을 둘러싼 관계와 가족을 대상으로 하는 관계로 구분할 수 있다. 재산관계를 규율하는 법을 재산법이라 하고, 가족관계를 규율하는 법을 가족법 혹은 신분법이라고 한다. 가족법은 다시 친족법과 상속법으로 나누어 볼 수 있다. 우리 민법은 제4편에서 친족관계를, 제5편에서 상속관계를 규정하고 있다.

어느 시대 어느 사회에서나 부부간의 혼인관계와 이를 바탕으로 하는 부모의 자녀에 대한 친자관계는 존재한다고 볼 수 있다. 그리고 이들 가족관계가 발달 분화하여 친족관계가 형성되는 것도 당연한 일이다.

가족관계는 운명적인 관계이다. 재산관계는 당사자들이 충분히 계산하여 선택할 여지가 있지만, 가족관계는 그렇지 않다. 물론 혼인관계는 당사자들이 선택하는 관계이긴 하지만, 그것은 매매나 임대차 등과 같은 타산적인 관계가 아니라 애정을 매개로 하는 맹목적인 관계이다. 그러한 의미에서 가족관계는 비합리적 관계라고도 할 수 있다. 재산관계는 인위적, 타산적, 합리적인 관계인데 대하여, 가족관계는 자연적, 협동적, 맹목적인 관계이다. 재산관계는 이익사회(Gesellschaft)의 관계라고 한다면, 가족관계는 협동사회(Gemeinschaft)의 관계이다.

재산관계에 비하여 가족관계는 위와 같은 특성을 지니고 있으므로, 가족법에는 재산법에 적용되는 원칙과 다른 원칙이 적용된다. 즉, 가족법에서는 제한능력자라도 의사능력이 있으면 유효한 신분행위를 할 수 있는 것이 원칙이며, 의사표시에 관한 민법총칙의 규정도 신분행위에는 그대로 적용되는 것은 아니다. 뿐만 아니라 신분행위는 원칙적으로 대리할 수 없으며, 신분행위에 조건과 기한을 붙이는 것도 원칙적으로 허용되지 아니한다.

한편 신분행위에는 요식성이 특히 요구된다. 사람의 신분은 재산관계에도 중대한 영향을 미치는 것이므로, 신분의 변동은 이를 공시할 필요가 있고, 따라서 요식행위로 하는 경우가 많다. 즉, 혼인, 입양, 이혼, 파양, 인지, 한정승인, 상속포기 등의 신분행위는 법률이 정하는 바에 따라 신고하지 아니하면 법률상의 효과를 얻지 못한다. 혼인의 경우를 예로 들면, 혼인은 가족관계의 등록 등에 관한 법률에 따른 신고를 해야만 비로소 법률적으로 성립된다. 신고를 하지 아니한 부부관계는 그것이 아무리 혼인의 실질을 가지고 있다 하더라도 법률상의 혼인이 되지 못한다. 그것은 이른바 사실혼에 불과한 것이다. 유언에 있어서도 특히 엄격한 요식성이 요구된다.

제2절 가족법의 변화

제1장 가족법은 어떠한 법인가?

우리 민법 중 재산법 규정은 대부분 서양법을 모델로 하고 있다. 이에 비하여 민법의 가족법 규정은 우리 고유의 미풍양속을 바탕으로 현대의 시대정신을 반영하고 있는, 우리나라 고유의 법이라는 점에서 재산법 규정과 대비가 된다. 가족법 규정은 1990년 남녀평등을 구현하는 방향으로 대폭 개정되었고, 이후 소폭의 개정이 있었다. 그리고 2005년 3월 31일 가족법개정에서는 그 동안 논란을 해 오던 호주제를 양성평등이라는 헌법이념과 시대변화에 따라 폐지하고, 입양제도를 현실화하여 양자의 복리를 증진시키는 방향으로 개정을 하는 등 오랜 숙원을 해결하였다. 아울러 가족의 범위를 현대의 시대상황에 맞게 새로이 설정하였으며, 혼인의 무효 및 취소에 관한 규정을 정비함으로써 혼인제도의 적정화를 도모하고 있으며, 동성동본금혼제도와 친생부인의 소의 제척기간을 헌법불합치결정의 취지에 따라 합리적으로 조정하였으며, 양친과 양자에게 친족관계를 인정하면서 양친의 성과 본을 따르게 하는 친양자제도를 도입함으로써 자의 복리를 한층 강화하는 등의 제도적 정비도 함께 하였다. 이와 같이 새로운 제도를 시행함으로써 우리나라는 양성평등이라는 이념에 한발짝 더 다가가게 되었으며, 2007년 12월 21일 가족법개정에서는 헌법상의 양성평등 원칙 구현을 위하여 남녀의 약혼연령 및 혼인적령을 만 18세로 일치시키는 한편, 신중하지 못한 이혼을 방지하기 위하여 이혼숙려기간 제도를 도입하는 등의 조치를 취하였다.

한편, 가족법의 환경변화에 따라 2011년 3월 7일 법률 제10429호로 민법을 일부 개정하여 2013년 7월 1일부터 시행하게 되었는데, 주요 내용은 다음과 같다.

먼저, 청소년의 조숙화와 공직선거법 등의 법령 및 사회·경제적 현실을 반영하여 성년에 이르는 연령을 만 20세에서 만 19세로 낮추었다(제4조). 성년연령을 낮추는 것은 세계적인 경향이다. 그리고 행위능력과 관련해서 능동적이고 적극적인 사회복지시스템인 성년후견·한정후견·특정후견제도를 도입하고, 후견제도를 내실화하고 성년후견 등을 필요로 하는 노인, 장애인 등에 대한 보호를 위해 질병, 장애, 노령, 그 밖의 사유로 인한 정신적 제약으로 일시적 후원 또는 특정한 사무에 관한 후원이 필요한 사람에 대하여 특정후견심판을 할 수 있도록 하였다(제9조, 12조, 제14조의2). 또한 성년후견제도의 효율성을 제고하기 위해 성년후견을 받는 사람의 법률행위 중 일용품의 구입 등 일상생활에 필요한 행위나 후견개시의 심판에서 달리 정한 것은 취소할 수 없도록 하고, 한정후견을 받는 사람의 법률행위는 가정법원에서 한정후견인의 동의 사항으로 결정한 것이 아닌 이상 확정적으로 유효한 법률행위로 인정하였다(제10조, 제13조). 그리고 후견계약제도를 도입해서 후견을 받으려는 사람이 사무를 처리할 능력이 부족한 상황에 있거나, 부족하게 될 상황에 대비해서 재산관리 및 신상보호에 관한 사무의 전부 또는 일부를 자신이 원하는 후견인에게 위탁하는 내용의 후견계약을 체결할 수 있도록 하였다. 나아가 후견계약은 공정증서로 작성하도록 하고, 그 효력발생 시기를 가정법원의 임의후견감독인 선임 시로 하는 등 피후견인의 권익을 보호할 수 있는 제도적 장치를 마련하는 한편, 거래의 안전을 보호하고 피성년후견인과 거래하는 상대방인 제3자를 보호하기 위하여 후견계약 등을 등기하여 공시하도록 하였다(제959조의14부터 제959조의20 신설). 아울러 2015년 10월 16일부터 시행하는 개정민법에서는 부모의 학대나 개인적인 신념 등으로 자녀의 생명이나 신체 등에 손해가 발생할 위험이 있는 경우에 친권의 일시정지 또는 일부제한제도를 도입하였다. 이러한 제도의 신설이나 변화로 가족법상의 정의실현에 한 걸음 더 나아갈 수 있게 되었다는 점은 큰 의의가 있다고 본다.

제2장 약혼과 혼인

제1절 약 혼

약혼은 장차 혼인을 하고자 하는 남녀 사이의 계약으로서, 사회실제의 관행을 존중하여 현행법상 명문으로 규정하고 있다. 약혼은 혼인하려는 당사자의 합의로 성립한다. 약혼은 실질적인 혼인생활을 하면서 다만 혼인신고를 하지 아니한 소위 사실혼과는 구별된다. 그리고 약혼은 일명 혼인예약이라고도 하는데, 이 때의 예약은 재산법상의 예약과는 달라서 본계약이라 할 수 있는 혼인을 강제할 수는 없다. 혼인에는 무엇보다도 당사자의 자유로운 혼인의사가 요구되기 때문이다.

Ⅰ. 약혼의 자유

약혼은 일정한 형식을 요하지 않고 당사자들의 합의만으로 성립하는 것이 원칙이다. 따라서 예물의 교환이나 약혼식의 거행 등이 반드시 필요한 것은 아니다. 현행법이 약혼에 아무런 방식을 요구하지 않고 있는 것을 기화로 사기약혼 등의 폐해가 생길 소지가 있다. 따라서 관행상 약혼이라고 인정할 만한 외형적인 사실이 전혀 없고, 당사자가 단순히 장래를 약속한다는 등의 합의를 한 경우, 이를 약혼의 합의로 보아야 할 것인지 하는 문제는 신중하게 판단해야 한다.

성년자는 그의 자유로운 의사에 의하여 약혼을 할 수 있으며, 미성년자도 남녀 불문하고 만 18세가 되면 부모 또는 미성년후견인의 동의를 얻어 역시 약혼이나 혼인을 할 수 있다. 약혼에 관하여 명문으로 규정하는 입법례와 판례상으로만 인정하는 경우가 있는데, 우리나라는 명문으로 약혼을 규정하고 있다.

사례

저의 부친과 갑녀의 부친은 죽마고우로서 2세가 태어나면 혼인을 시키기로 약속을 하였다고 합니다. 저는 27세의 청년으로 대학다닐 때 사귀던 을녀와 장래를 약속한 사이이고 을녀와 꼭 결혼을 하려고 합니다만, 저의 부친이 친구분과의 약속은 어떠한 일이 있어도 지켜야 한다고 하시면서, 을녀와의 결혼을 반대하십니다. 부친의 약속은 법적으로 효력이 있는지요?

해설

성년자인 귀하와 을녀는 자유로운 의사에 따라 약혼이나 혼인을 할 수 있습니다.

옛날부터 내려오는 우리 나라의 풍속 중에 부모들이 2세들의 혼인을 미리 약속하는 경우가 있었습니다. 이를 정혼이라 하는데, 정혼은 약혼과는 달리 민법상 인정된 제도가 아닙니다. 그리고 정혼은 당사자들의 자유로운 의사를 가장 중요한 요소로 하는 혼인 및 약혼제도의 취지에 비추어 보아 오늘날은 그 타당성을 잃은 풍속이라 하겠습니다. 따라서 부친들끼리의 약속은 아무런 법적 효력을 가지지 않으므로 안심하고 을녀와 약혼이나 혼인을 할 수 있습니다.

참고조문

제800조(약혼의 자유) 성년에 달한 자는 자유로 약혼할 수 있다.

제801조(약혼나이) 18세가 된 사람은 부모나 미성년후견인의 동의를 받아 약혼할 수 있다. 이 경우 제808조를 준용한다.

제807조(혼인적령) 18세가 된 사람은 혼인할 수 있다.

Ⅱ. 약혼의 해제

약혼은 강제이행을 청구할 수 없으므로, 정당한 사유가 있는 경우 언제나 약혼을 해제할 수 있다. 약혼의 해제는 상대방에 대한 의사표시로써 하고, 상대방에게 의사표시를 할 수 없는 경우에는, 해제의 원인이 있음을 안 때에 해제된 것으로 본다.

약혼을 해제한 경우 과실있는 상대방에 대하여 손해배상을 청구할 수 있으며, 이 때 손해배상에는 정신적인 손해까지 포함된다. 약혼을 할 때 흔히 교환하는 예물은 약혼을 해제한 경우 서로 반환을 청구할 수 있다. 그러나 약혼해제의 원인이 일방에게만 있을 경우 상대방은 예물을 반환하지 않아도 무방하다. 약혼해제의 책임이 쌍방에게 있는 경우에는 과실상계의 법리에 따라 예물반환의 범위를 정한다.

사례

저는 지난 봄 갑남과 양가부모님 및 친지들을 모시고 약혼을 하였습니다. 결혼식은 갑이 아직 대학생이라서 졸업 후 취업하면 적당한 시기에 올리기로 하였습니다. 그런데 요즈음 갑이 잘 만나주지도 않고 행동이 수상하여 추궁해 보니, 같은 과 여학생인 을녀와 교제중이라는 사실을 알아내었습니다. 최근에는 갑과 을이 2박3일 동안 설악산에 여행을 다녀왔다는 사실도 밝혀졌습니다. 오기가 생겨 지금 당장 갑에게 혼인을 하자고 하니 그럴 수는 없다고 합니다. 혼인을 강제할 방법은 없습니까? 그리고 만약 이런 부도덕한 갑과는 혼인을 할 수 없어 파혼하고자 하면, 이에 관련되는 법률문제도 알고 싶습니다.

해설

혼인도 계약의 일종이라 할 수 있고, 약혼을 일명 혼인예약이라고도 합니다. 일반적으로 재산법적인 관계에 있어서는 본계약을 체결하기 전에 예약을 하여 본계약의 체결을 강제할 방법이 있습니다. 그러나 약혼을 혼인의 예약이라고 하더라도 이는 신분법상의 예약이기 때문에, 약혼의 이행, 즉 혼인을 강제할 수는 없습니다. 혼인에는 무엇보다도 당사자의 자유로운 혼인의사가 필수적이기 때문입니다.

혼인은 인생에 있어서 대단히 중요한 일이므로 신중하게 해야 합니다. 따라서 한 순간의 감정에 치우쳐 혼인을 한다는 것은 매우 위험하고 어리석은 처사라 하겠습니다. 특히 이런 부도덕한 갑남과 오기로 혼인을 한다는 것은 오히려 불행을 자초할 염려가 있으므로, 차라리 파혼을 모색하는 방법이 현명한 선택이라고 하겠습니다.

약혼은 일정한 사유가 있으면 이를 해제할 수 있습니다. 위의 경우 약혼의 상대방인 갑에게 약혼을 파기한 책임이 있다고 보입니다. 약혼으로 당사자는 혼인의 성립을 위하여 성실하게 노력할 의무가 있고, 갑의 행위는 이러한 의무에 위반한 것으로 보여집니다. 이러한 사유는 혼인을 하기 어려운 중대한 사유에 해당합니다. 따라서 귀하는 갑에게 약혼해제의 의사표시를 함으로써 약혼을 해제할 수 있습니다.

약혼의 해제가 있으면 당사자 일방은 과실있는 상대방에게 손해배상을 청구할 수 있습니다. 이 때 손해배상에는 정신적인 손해, 즉 위자료까지 포함됩니다.

대개의 경우 약혼을 하면서 예물을 서로 교환하게 되는데, 약혼해제로 이미 교환한 예물은 어떻게 취급할 것인가 하는 문제가 생기게 됩니다. 이 사례와 같이 약혼의 당사자 중 어느 일방이 약혼을 파기시킨 책임을 부담해야 하는 경우에는 과실있는 상대방은 교부받은 예물을 상대방에게 반환해야 합니다. 그러나 과실없는 당사자는 예물을 돌려주지 않아도 된다는 것이 통설적 견해입니다. 따라서 귀하는 갑으로부터 받은 예물을 돌려주지 않아도 되지만, 갑에게 준 예물은 반환하라고 청구할 수 있습니다.

참고조문

제803조(약혼의 강제이행금지) 약혼은 강제이행을 청구하지 못한다.

제804조(약혼해제의 사유) 당사자 한쪽에 다음 각 호의 어느 하나에 해당하는 사유가 있는 경우에는 상대방은 약혼을 해제할 수 있다.

1. 약혼 후 자격정지 이상의 형을 선고받은 경우
2. 약혼 후 성년후견개시나 한정후견개시의 심판을 받은 경우
3. 성병, 불치의 정신병, 그 밖의 불치의 병질(病疾)이 있는 경우
4. 약혼 후 다른 사람과 약혼이나 혼인을 한 경우
5. 약혼 후 다른 사람과 간음(姦淫)한 경우
6. 약혼 후 1년 이상 생사(生死)가 불명한 경우
7. 정당한 이유 없이 혼인을 거절하거나 그 시기를 늦추는 경우
8. 그 밖에 중대한 사유가 있는 경우

제805조(약혼해제의 방법) 약혼의 해제는 상대방에 대한 의사표시로 한다. 그러나 상대방에 대하여 의사표시를 할 수 없는 때에는 그 해제의 원인있음을 안 때에 해제된 것으로 본다.

제806조(약혼해제와 손해배상청구권) ① 약혼을 해제한 때에는 당사자 일방은 과실있는 상대방에 대하여 이로 인한 손해의 배상을 청구할 수 있다.

② 전항의 경우에는 재산상 손해외에 정신상 고통에 대하여도 손해배상의 책임이 있다.

③ 정신상 고통에 대한 배상청구권은 양도 또는 승계하지 못한다. 그러나 당사자간에 이미 그 배상에 관한 계약이 성립되거나 소를 제기한 후에는 그러하지 아니하다.

제2절 혼 인

제2장 약혼과 혼인

혼인은 평생 부부로서 함께 생활할 것을 목적으로 하는 남녀의 본능적인 결합이다. 그러나 남녀의 본능적 결합을 모두 혼인으로 볼 수는 없다. 남녀의 결합이 혼인이기 위해서는 그것이 반드시 그 사회에서 용인되는 것이어야 한다. 환언하면 혼인은 일종의 사회제도라고 할 수 있다.

Ⅰ. 혼인의 성립과 무효 · 취소

1. 혼인의 성립

현행법상 혼인이 성립되기 위해서는 먼저 각 당사자의 자유로운 혼인의사가 전제되어야 한다. 그리고 민법의 각 규정에서 정하고 있는 요건(이를 실질적 요건이라 함)을 갖추어야 하고, 다음 가족관계의 등록 등에 관한 법률에서 정하고 있는 혼인신고(이를 형식적 요건이라 함)를 마쳐야만 비로소 혼인이 성립한다. 이렇게 법적 요건을 두루 갖춘 혼인을 법률혼이라 한다. 이에 대하여 혼인신고를 마치지 아니한 혼인을 사실혼이라 하는데, 판례상으로 사실혼도 법률혼에 준하여 보호하는 경우가 있기는 하나, 법률혼과 꼭 같은 정도로 보호하는 것은 아니다.

사례

갑남은 을녀와 혼인을 하여 1남 1녀의 자식까지 두고 살아 왔으나 을이 종교상의 이유로 어느 날 가출을 하여 행방을 알지 못하고 있던 딱한 처지에 있었습니다. 이러한 사정을 잘 알고 있던 저는 갑이 을과 이혼할 것을 조건으로 갑과 동거하게 되었습니다. 동거를 한 이후에 저는 갑에게 빨리 을과 이혼을 하고 저와 혼인신고를 하도록 종용하였지만 갑은 여러 가지 핑계로 차일피일 하였고, 이 때문에 자주 다투기도 하였습니다. 그런데 언제부터인가 갑이 병녀와 바람을 피우는 것을 알게 되었습니다. 이제는 더 이상 같이 살기 싫어서 갑에게 헤어지자고 하면서 위자료를 달라고 하니까 갑은 저와의 관계는 정식부부가 아니기 때문에 한푼도 줄 수 없다고 합니다. 저가 갑으로부터 위자료를 받을 수 없는 것입니까?

해설

민법상 혼인이란 혼인신고를 한 법률혼을 말합니다. 혼인신고를 하지 않은 상태에서 사실상 부부관계를 유지하는 것을 사실혼이라고 합니다. 사실혼도 법률혼에 준하여 보호가 되기는 하지만 보호받는 정도는 법률혼에 비하여 아무래도 미흡합니다.

귀하는 갑과 동거를 하고 있었다고 하니까 외관상으로는 갑과 사실혼관계에 있었던 것으로 볼 수가 있겠습니다만, 그러나 그러한 관계는 갑과 을의 혼인이 아직도 유효한 상태에서 이루어진 것으로서, 엄격하게 말하자면 보호를 받을 수 있는 사실혼이라고 할 수 없습니다. 왜냐 하면 귀하와 갑과의 관계는 중혼인 동거관계이기 때문입니다. 판례도 "법률상의 혼인을 한 부부의 어느 한 쪽이 집을 나가 장기간 돌아오지 아니하고 있는 상태에서, 부부의 다른 한 쪽이 제3자와 혼인의 의사로 실질적인 혼인생활을 하고 있다고 하더라도, 특별한 사정이 없는 한 이를 사실혼으로 인정하여 법률혼에 준하는 보호를 할 수는 없다(대판, 1996.9.20. 96므530; 대판, 2001.4.13. 2000다52943))"고 합니다.

만약 귀하와 갑과의 관계가 보호할 수 있는 사실혼관계라고 한다면, 갑의 잘못으로 사실혼관계를 유지하기 어렵게 되었으므로, 귀하는 그 사실혼을 해소하면서 갑에게 위자료청구권이나 재산분할청구권을 행사할 수 있겠습니다만, 이 사례는 그러한 경우에 해당되지 않기 때문에 결국 귀하는 갑에게 위자료를 청구할 수 없습니다.

참고조문

제812조(혼인의 성립) ① 혼인은 「가족관계의 등록 등에 관한 법률」에 정한 바에 정한 바에 의하여 신고함으로써 그 효력이 생긴다.

② 전항의 신고는 당사자 쌍방과 성년자인 증인 2인의 연서한 서면으로 하여야 한다.

사례

저는 갑남과 결혼을 전제로 약 3개월 사귀다가 지난 봄에 결혼식을 올리고 신혼여행을 갔습니다. 여행 중에 우리는 결혼예물 문제로 다투게 되었고, 이때 저는 갑남의 성격에 대하여 잘 알지도 못한 채 결혼을 서둘렀다는 후회를 하였습니다. 그러나 여행은 무사히 마쳤고 그 후 혼인신고서를 작성하여 갑이 아직 제출하지 않은 상태에서 다시 크게 다투는 일이 있었습니다. 이런 남자와 한 평생을 살 것을 생각하니 앞이 캄캄하여 갑과는 헤어지기로 결심을 하였습니다. 그런데 만약 갑이 혼인신고서를 제출하면 저는 정식으로 갑의 아내가 되는 것입니까?

해설

혼인을 할 때에는 무엇보다도 당사자의 혼인하려는 의사가 가장 중요합니다. 혼인의사가 없는 혼인은 무효입니다. 그런데 혼인의사는 혼인신고서를 작성할 때에도 물론 있어야 하지만, 혼인신고서를 제출할 때에도 있어야 합니다. 따라서 혼인신고서를 아직 제출하지 않은 단계에서 정말 혼인을 할 의사가 없다면 지금이라도 상대방에게 혼인할 의사가 없다고 명백하게 밝혀서 혼인을 철회할 수 있습니다. 만약 혼인의사를 철회했음에도 불구하고 상대방이 혼인신고서를 제출하더라도 그러한 혼인은 무효입니다. 그런데 혼인이 무효가 되더라도 가족관계등록부에 이미 혼인신고가 기재되어 있는 상황이라면, 그 기재를 바로 고치기 위해서 별도의 노력이나 시간이 들 수도 있습니다. 따라서 사례와 같은 경우에는 처음부터 아예 혼인신고가 가족관계등록부에 기재되지 않도록, 가령 관련 공무원에게 미리 연락을 해 두어서 갑이 혼인신고서를 제출하더라도 이를 수리하지 말도록 연락을 해 두는 것이 좋겠습니다.

2. 혼인의 무효와 취소

신분상의 법률행위도 일정한 사유가 있으면 이를 무효로 하거나 취소할 수 있다. 그러나 재산상의 법률행위와 달라서 그 효과에 차이가 있다. 즉, 재산상의 행위는 무효나 취소가 되면 원칙적으로 원상회복이 가능하다. 그러나 신분상의 행위는 무효나 취소가 되더라도 원칙적으로 원상회복이 되지 않는다. 혼인이 무효나 취소가 되더라도 사정은 같다.

당사자간에 혼인의 합의가 없는데도 혼인신고된 경우나, 일정한 친족간의 혼인은 무효이다. 혼인무효의 사유가 있는 경우 가정법원에 혼인무효의 소를 제기하여 확정판결을 받은 다음, 가족관계등록부사항을 정정할 수 있다.

그리고 혼인취소의 사유가 있으면 취소권자가 가정법원에 혼인취소를 위한 조정을 신청해야 하며, 조정이 성립되지 않으면 제소신청을 해서 재판에 의하여 혼인을 취소할 수 있다. 혼인이 취소되면 장래에 향하여 혼인관계가 소멸하게 된다.

사례

같은 마을에 사는 갑은 미혼여성인 저를 짝사랑하던 중에 저와 아무런 상의도 하지 않은 채 일방적으로 저와 혼인신고를 하였습니다. 이런 사실을 그 뒤 우연히 알게 된 저는 앞으로 결혼을 하는데 큰 지장이 있을 것 같아 걱정입니다. 지금도 갑과 혼인할 의사는 전혀 없는데 어떻게 하면 좋겠습니까?

해설

혼인할 의사가 없이 이루어진 혼인은 무효입니다. 귀하의 말대로라면 이 혼인은 무효임이 명백하다고 보이므로, 가족관계의 등록 등에 관한 법률상의 등록기준지(폐지된 호적법상의 본적지)를 관할하는 가정법원(가정법원이 없는 곳은 지방법원의 가사부)의 허가를 받아 가족관계등록부의 정정을 신청할 수 있습니다.

그러나 법원이 가족관계등록부사항의 정정을 허가해 주는 과정에서 이해관계인이 이의를 제기하면 결국 법원의 재판을 통하여 문제를 해결할 수밖에 없습니다. 이 때에는 갑을 상대로 하여 혼인무효의 소를 가정법원에 제기하면 됩니다.

혼인무효의 소에 의하여 혼인의 무효가 판결로써 확정되면, 판결확정일로부터 1개월 이내에 이 판결의 등본과 판결확정증명서를 첨부하여 가족관계의 등록 등에 관한 법률에 따른 신고를 하면 됩니다. 뿐만 아니라 귀하가 무효인 혼인으로 말미암아 재산적·정신적 손해를 입은 경우 이를 배상해 줄 것을 갑에게 청구할 수도 있습니다.

참고조문

제815조(혼인의 무효) 혼인은 다음 각 호의 어느 하나의 경우에는 무효로 한다.
1. 당사자간에 혼인의 합의가 없는 때
2. 혼인이 제809조제1항의 규정을 위반한 때
3. 당사자간에 직계인척관계가 있거나 있었던 때
4. 당사자간에 양부모계의 직계혈족관계가 있

었던 때

제825조(혼인취소와 손해배상청구권) 제806조(약혼해제와 손해배상청구권)의 규정은 혼인의 무효 또는 취소의 경우에 준용한다.

가족관계의 등록 등에 관한 법률

제105조(무효인 행위의 가족관계등록기록의 정정) ① 신고로 인하여 효력이 발생하는 행위에 관하여 등록부에 기록하였으나 그 행위가 무효임이 명백한 때에는 신고인 또는 신고사건의 본인은 사건 본인의 등록기준지를 관할하는 가정법원의 허가를 받아 등록부의 정정을 신청할 수 있다.

제107조(판결에 의한 등록부의 정정) 확정판결로 인하여 등록부를 정정하여야 할 때에는 소를 제기한 사람은 판결확정일부터 1개월 이내에 판결의 등본 및 그 확정증명서를 첨부하여 등록부의 정정을 신청하여야 한다.

사례

저와 아내는 혼인한 지 15년이 되는 부부로서 슬하에 1남1녀의 자식을 두고 그 동안 무난하게 살아 왔습니다. 그런데 평소 쾌활한 성격의 아내가 약 한달전부터 말못할 고민이 있는지 거의 말을 하지 않고, 얼굴에는 수심이 가득하였습니다. 까닭을 물어봐도 도무지 대답을 하지 않고 있다가 하루는 윽박지르듯이 추궁하니까, 아내는 과거를 고백하였습니다. 저와 결혼하기 전 철없던 시절에 한 남자와 교제를 하였는데, 사내아이까지 출산을 하였답니다. 그러다가 두 사람은 헤어지고 아이는 고아원에 맡겼었는데, 그 아이가 이제는 성년자가 되어 생모를 찾아왔다는 것입니다. 저로서는 그러한 과거가 있음에도 불구하고 태연하게 남편을 속이고 살아온 아내에게 엄청난 배신감을 느끼고 더 이상 같이 살기 어려운데 어떻게 하면 좋습니까?

해설

혼인 전에 배우자 아닌 자와 성적인 관계를 가졌다고 하더라도, 그 자체만으로는 재판상 이혼사유가 되지 않습니다. 귀하가 굳이 지금의 혼인관계를 정리하고자 한다면 방법은 있습니다. 즉, 아내가 중요한 과거를 숨기고 귀하와 혼인을 한 것이기 때문에 이는 혼인의 취소사유에 해당할 수 있습니다. 무릇 모든 혼인에는 어느 정도의 사기나 착오는 예상됩니다만, 아내가 사생아를 출산하였다는 사실을 숨기고 혼인을 하였다면, 이는 사기에 의하여 혼인의 의사표시를 한 경우에 해당하는 것으로 볼 수 있고, 따라서 그러한 혼인은 취소할 수 있습니다. 혼인의 취소를 위해서는 반드시 가정법원에 조정을 신청해야 합니다(조정전치주의). 조정이 성립되지 않은 경우에는 혼인취소의 소를 가정법원에 청구할 수 있습니다. 혼인이 취소되더라도 지금까지의 혼인의 효과는 그대로 유효하고, 따라서 자녀들도 혼인중의 자로서의 신분을 그대로 유지합니다. 주의할 것은 혼인취소를 청구할 때에는 취소사유를 안 날로부터 3개월 안에 해야 한다는 점입니다. 민법에서 이렇게 짧은 기간의 제한을 두고 있는 취지는, 될 수 있으면 현재의 혼인을 유지하는 것이 바람직하다는데 있습니다.

참고조문

제816조(혼인취소의 사유) 혼인은 다음 각 호의 어느 하나의 경우에는 법원에 그 취소를 청구할 수 있다.

1. 혼인이 제807조 내지 제809조(제815조의 규정에 의하여 혼인의 무효사유에 해당하는 경우를 제외한다. 이하 제817조 및 제820조에서 같다) 또는 제810조의 규정에 위반한 때
2. 혼인당시 당사자일방에 부부생활을 유지할 수 없는 악질 기타 중대한 사유있음을 알지 못한 때
3. 사기 또는 강박으로 인하여 혼인의 의사표시를 한 때

제823조(사기, 강박으로 인한 혼인취소청구권의 소멸) 사기 또는 강박으로 인한 혼인은 사기를 안 날 또는 강박을 면한 날로부터 3월을 경과한 때에는 그 취소를 청구하지 못한다.

제824조(혼인취소의 효력) 혼인의 취소의 효력은 기왕에 소급하지 아니한다.

Ⅱ. 혼인의 효과

남녀가 혼인을 하면 부부로서의 생활공동체가 성립하여 신분상 및 재산상 일정한 효과가 발생한다. 신분상으로는 친족관계가 형성되어 당사자는 서로 동거 · 부양 · 협조 · 정조의무 등을 지게 된다. 재산상으로는 부부재산제가 적용된다. 부부재산제는 혼인을 한 당사자가 혼인 당시에 재산을 가지고 있거나 혼인한 뒤에 새로이 재산을 취득하는 경우 그 재산의 귀속문제를 해결하기 위한 제도이다. 부부재산제는 구체적으로 부부재산계약과 법정재산제로 나누어 볼 수 있다. 부부재산계약이라 함은 부부가 혼인 전에 가지고 있었던 재산에 관해 합의를 하는 경우이다. 혼인 이후에는 이를 원칙적으로 변경할 수 없도록 하고 있다. 이를 쉽게 변경할 수 있도록 허용하면 대체로 아내에게 불리할 것을 염려해서 법원의 허가가 없는 한 변경하지 못하도록 하고 있다. 그런데 부부재산계약은 실제로는 거의 이용되지 않는 제도이다. 한편, 부부가 혼인 중에 취득한 재산으로서 그 귀속이 애매할 때에는 민법의 규정에 따라 부부의 공유재산으로 추정하는 등 법정

재산제가 있다.

부부는 일상가사에 대하여 서로 대리권이 있다. 이를 부부의 일상가사대리권이라고 한다. 그리고 일상가사대리권의 행사로 인하여 부부의 일방이 제3자에게 채무를 부담한 경우 부부의 다른 당사자는 이 채무에 대하여 연대책임이 있다.

여기서 일상가사란 부부의 공동생활에 필요한 통상적인 사무를 말하는데, 그 구체적인 범위나 내용 등은 부부의 생활정도, 사회적 지위, 직업, 재산, 수입정도 등을 종합적으로 고려하여 정하게 된다.

사례

저는 남편과 혼인한지 10년쯤 되는 30대 중반의 가정주부입니다. 2년 전 저의 친정아버지께서 돌아가실 때 저에게 유산으로 주택을 한 채 남기셨습니다. 당연히 우리 집안의 중심은 남편이므로 이 주택을 남편의 명의로 해 두었습니다. 그런데 문제가 생긴 것입니다. 최근 경기가 좋지 않은 통에 남편의 사업도 실패를 보게 된 것입니다. 남편의 채권자들이 남편명의로 되어 있는 이 주택에 대하여 압류를 하여 경매절차를 밟으려고 합니다. 저의 재산임을 증명하여 강제집행을 면하고 싶은데 어떻게 하면 좋겠습니까?

해설

혼인을 하면 신분상의 효과로서 친족관계가 형성된다든지, 부부간에 정조의무나 동거의무가 생기기도 하지만, 재산상의 효과로서 우리 민법은 진정한 남녀평등을 이루기 위하여 부부재산제도를 채택하고 있습니다. 부부재산제도는 부부가 혼인 전에 재산관계에 관하여 자유롭게 계약을 체결할 수 있도록 하는 부부재산계약제와 부부재산계약이 없을 경우 부부간의 재산관계를 민법의 규정에 따라 처리하도록 하는 법정재산제가 있습니다. 부부법정재산의 내용으로는 배우자일방의 고유재산과 배우자일방의 특유재산으로 나눌 수 있는데, 고유재산이라 함은 일방당사자가 혼인 전부터 소유한 재산이고, 특유재산이라 함은 혼인 중에 부부일방이 제3자로부터 상속이나 증여받은 재산, 그 재산으로부터 생긴 수익, 그리고 각자의 장신구나 의복 등을 말합니다.

부부의 재산관계귀속은 다음과 같은 4가지로 대별해 볼 수 있는데 첫째로, 부부의 공유로 되어 있는 재산입니다. 이 재산에 관하여 일방은 타방에 대하여 그 지분을 주장할 수 있습니다. 두번째로 부부 각자의 이름으로 되어 있는 경우입니다. 이와 같은 경우는 특유재산이나 고유재산이 명확하게 드러나기 때문에 큰 문제가 생기지 않습니다. 세번째로 소유명의는 부부일방당사자로 되어 있으나 실질적으로는 공유인 재산인데, 이것은 혼인 중에 부부가 협력하여 취득한 재산을 말합니다. 네번째로 소유명의는 부부일방당사자로 되어 있으나 실제로는 타방당사자의 특유재산이나 고유재산인 경우입니다. 위 사례는 바로 네번째 경우에 해당됩니다.

따라서 귀하의 경우와 같이 재산을 남편의 명의로 해 두었다고 하더라도, 돌아가신 친정아버지로부터 상속받은 재산이 명확하다면, 이 재산은 귀하의 특유재산이 되므로, 남편의 채권자들은 제3자의 재산인 귀하의 재산에 대하여 권리를 행사하지 못합니다. 이 경우 귀하는 법원의 압류결정에 대하여 이의를 신청하여 강제집행을 면할 수 있습니다.

참고조문

제830조(특유재산과 귀속불명재산) ① 부부의 일방이 혼인 전부터 가진 고유재산과 혼인 중 자기의 명의로 취득한 재산은 그 특유재산으로 한다.

② 부부의 누구에게 속한 것인지 분명하지 아니한 재산은 부부의 공유로 추정한다.

제831조(특유재산의 관리 등) 부부는 그 특유재산을 각자 관리, 사용, 수익한다.

사례

저는 친구의 간곡한 부탁으로 그가 사채업자로부터 돈 500만원을 빌리는 일에 보증을 서주었습니다. 친구는 돈을 제 때 갚지 못하고 행방을 감추어 버렸습니다. 사채업자는 저가 보증을 섰으므로 채무를 변제하라고 매일같이 독촉을 하였습니다. 이런 사실을 남편이 알면 큰일 날까봐 저 혼자 힘으로 해결하려고 하였습니다. 그러나 가정주부인 저로서는 월평균수입이 200만원 가량인 남편 몰래 돈 500만원을 마련하기가 쉽지 않아, 결국 다른 사채업자로부터 돈을 빌려서 보증채무를 갚았고, 빌린 돈은 또 다른사람에게 빌려서 갚고 하다보니, 어느새 남편 몰래 빚이 1,000만원을 넘고 있습니다. 채권자들로부터 돈을 빌릴 때에는 남편의 도장을 몰래 파서 남편의 이름으로 빌렸습니다. 채권자들이 집에 들이닥쳐 남편이 이 사실을 알게 되었습니다. 채권자들은 저에게 재산이 없는 줄 알고 남편이 갚아야 한다고 합니다. 남편은 지금까지 전혀 모르는 일이기 때문에 그럴 수 없다고 항변하고 있는데, 과연 남편은 책임을 지지 않아도 되는지요?

해설

이 사례의 경우 귀하가 채권자들로부터 돈을 빌린 일이 일상가사대리권의 범위 내의 일인지가 가장 중요한 문제입니다. 일상가사인 법률행위란 부부가 공동생활을 영위하는데 필요한 보통의 법률행위를 말하는데, 그 내용과 범위는 그 부부공동체의 생활구조나 정도, 부부의 생활장소인 지역사회의 사회통념 등에 따라 결정됩니다. 그리고 구체적인 법률행위가 일상가사에 해당하는지를 판단할 때에는 그 법률행위의 종류나 성질 등 객관적 사정과 함께, 가사처리자의 주관적 의사와 목적, 부부의 사회적 지위・직업・재산・수입능력 등 현실적 생활상태를 종합적으로 고려하여 사회통념에 따라 판단합니다. 따라서 가령 금전차용행위도 그 차용의 목적, 실제의 지출용도, 기타의 사정 등을 고려하여 그것이 부부의 공동생활에 필요한 자금조달을 목적으로 하는 것이라면 일상가사에 속한다고 보아야 할 것입니다. 아파트 구입비용 명목으로 차용한 경우, 그 금액이 다소 고액이라 하더라도 그 돈이 부부공동체 유지에 필수적인 주거 공간을 마련하기 위한 것이라면 금전차용행위는 일상가사에 속한다고 볼 수 있습니다(대판, 1999.3.9. 98다46877).

사례의 경우 월평균수입이 200만원 가량인 남편의 아내로서 별도의 수입이 없는 가정주부가 남편 몰래 그의 인장을 파서 남편명의로 돈을 빌린 일은 일상가사의 범위 밖의 일이라고 하겠습니다. 설사 남편이 그의 의사와 전혀 관계없이 채무자로 되어 있다고 하더라도 남편은 진정한 채무자라고 할 수 없고, 또 귀하도 남편의 대리인으로서 돈을 빌렸다고 할 수도 없습니다. 따라서 남편이 스스로 아내의 채무를 갚겠다고 하지 않는 이상 남편은 귀하의 채무에 대하여 책임을 지지 않아도 무방합니다.

이 사례에서 알 수 있듯이 별도의 수입이 없는 가정주부와 금전거래를 하고자 하는 상대방으로서는, 그 거래가 일상적인 가사의 범위에 속하는지 여부를 신중하게 판단해서 해야 하고, 만약 일상가사의 범위 밖의 일이라고 판단되면 반드시 남편의 의사를 사전에 명확하게 해두는 일이 중요합니다.

참고조문

제827조(부부간의 가사대리권) ① 부부는 일상의 가사에 대하여 서로 대리권이 있다.
② 전항의 대리권에 가한 제한은 선의의 제3자에게 대항하지 못한다.

제832조(가사로 인한 채무의 연대책임) 부부의 일방이 일상의 가사에 관하여 제3자와 법률행위를 한 때에는 다른 일방은 이로 인한 채무에 대하여 연대책임이 있다. 그러나 이미 제3자에 대하여 다른 일방의 책임없음을 명시한 때에는 그러하지 아니하다.

제3장 이 혼

제1절 이혼의 의의

일단 유효하게 성립된 혼인이 배우자 일방의 사망이나 실종선고, 이혼 등의 사유로 종료되는 것을 일반적으로 혼인의 해소라고 한다. 말하자면 이혼은 혼인해소의 한 유형이다.

혼인은 원래 남녀간의 영속적인 결합을 목적으로 하므로, 혼인의 본질에서 본다면 이혼은 정상적인 일이라고 할 수 없다. 그러나 아무리 해도 유지할 수 없는 혼인을 법률상 계속 유지시키도록 강제하는 것은 당사자에게 오히려 가혹하다고 할 수 있으므로, 대부분의 현대국가는 이혼을 할 수 있도록 규정하고 있다.

이혼은 부부가 서로 협의하여 할 수도 있고, 민법에서 정한 일정한 사유가 있으면 재판을 통하여 할 수도 있다. 전자의 경우를 협의상 이혼이라 하고, 후자의 경우를 재판상 이혼이라고 한다.

이혼을 하면 지금까지의 혼인관계는 장래에 향해서 소멸하지만, 기왕의 혼인은 그대로 유효한 것으로 인정된다. 따라서 이혼을 하더라도 子의 신분관계는 혼인 중의 출생자로 유지된다. 다만, 자에 대해 친권자와 양육권자를 정해야 한다. 그리고 이혼으로 부부공동체가 해체되므로 당사자의 일방이 다른 당사자에게 재산분할을 청구할 수 있다. 한편 재판상 이혼의 경우 이혼에 책임있는 당사자에 대하여 재산상 손해와 정신적 손해(위자료)의 배상을 청구할 수 있다.

제2절 이혼의 원인과 효과

협의상 이혼의 경우 그 원인은 묻지 않는다. 다만, 협의이혼이 유효하게 성립되기 위해서는 당사자간에 이혼의 합의와 이혼신고가 있어야 한다. 그리고 당사자는 원칙적으로 일정한 기간(양육해야 할 자녀가 있는 경우는 3개월, 양육해야 할 자녀가 없는 경우는 1개월. 이를 이혼숙려기간이라 함)이 경과한 후 가정법원으로부터 이혼의사 확인을 받아야만 이혼을 할 수 있다. 아울러 협의이혼을 하고자 하는 부부에게 양육자의 결정, 양육비용의 부담, 면접교섭권의 행사여부 및 그 방법 등이 기재된 양육사항과 친권자결정에 관한 협의서 또는 가정법원의 심판정본을 이혼확인시 의무적으로 제출해야 한다. 이러한 조치들은 신중하지 못한 이혼을 방지하고, 이혼 가정 자녀의 양육환경을 개선하기 위해서 두고 있는 것이다. 그리고 협의상 이혼을 하고자 하는 사람은 가정법원의 확인서등본을 받은 날로부터 3개월 이내에 이혼신고를 해야만 비로소 이혼이 성립된다. 따라서 당사자가 협의이혼서를 작성하고 법원으로부터 이혼의사의 확인을 받았다고 해서 바로 이혼이 성립되는 것이 아니라, 지정된 기간 안에 이혼신고를 해야만 이혼이 성립되고 효력이 생기게 된다는 점을 유의해야 한다. 재판상 이혼의 경우에는 민법에서 정하고 있는 일정한 사유가 있어야 하고, 재판이 확정된 날로부터 1개월 이내에 이혼신고를 하여야 한다.

그리고 협의상 이혼이든 재판상 이혼이든 불문하고, 이혼을 하면서 친권자나 양육권자가 아니어서 미성년의 자를 보호하거나 양육할 수 없는 당사자는, 그 子와 직접 만나거나 전화나 편지 등으로 접촉할 수 있는 권리를 가지는데, 이를 면접교섭권이라 한다. 다만, 자의 복리를 위해 필요한 때에는 면접교섭권을 제한하거나 박탈할 수 있다.

사례

저는 5년 전 남편과 중매결혼하여 두 아이를 두고 있는 가정주부입니다. 결혼 이후 남편과의 성격차이로 지금까지 부부관계가 원만하지 못하였으나, 가정을 유지해야 한다는 생각에서 참고 지내왔습니다. 그러나 최근들어 남편은 더욱 냉담해지고 심지어는 폭행을 하기도 하여 이제는 더 이상 같이 살고 싶지 않습니다.

이혼을 하더라도 아이들은 저가 키우고 싶은데, 저에게는 아이들을 양육하기 위한 별도의 재산이나 수입이 거의 없고, 남편도 현재 살고 있는 집 한채와 매월 100만원 가량의 월급이 재산의 전부라고 할 수 있습니다. 남편과 협의이혼을 할 경우 법률문제에 대하여 알려주십시오.

해설

협의이혼을 하려는 자는 먼저 가정법원이 제공하는 이혼에 관한 안내를 받아야 하고, 가정법원은 필요한 경우 당사자에게 상담에 관하여 전문적인 지식과 경험을 갖춘 전문상담인의 상담을 받을 것을 권고할 수 있습니다. 그리고 협의이혼을 하고자 할 때에는 당사자의 이혼의사가 있는지 여부에 대하여 가정법원으로부터 확인을 받아야만 하는데, 가정법원에 이혼의사의 확인을 신청한 당사자는 협의이혼의 안내를 받은 날부터 3개월 혹은 1개월의 이혼숙려기간이 지난 후에 이혼의사의 확인을 받을 수 있습니다. 한편 협의이혼을 하고자 하는 부부에게 양육자의 결정, 양육비용의 부담, 면접교섭권의 행사여부 및 그 방법 등이 기재된 양육사항과 친권자결정에 관한 협의서 또는 가정법원의 심판정본을 이혼의사 확인시 의무적으로 제출하도록 하고 있습니다.

그리고 이혼으로 인하여 부부의 생활공동체는 해체되므로, 부부가 공동으로 운영하던 경제생활은 끝나고 공동경제의 청산단계에 들어가게 되고, 이 때 인정되는 권리로 재산분할청구권이 있습니다. 재산분할청구권은 부부공동체를 영위하면서 얻은 재산을 분할하도록 청구하는 권리입니다.

재산분할청구권의 대상이 되는 재산은 원칙적으로 혼인 이후 이혼할 때까지 부부가 공동으로 경제활동을 하여 취득한 재산입니다. 따라서 혼인하기 이전부터 가지고 있었던 각자의 재산이나, 혼인 이후의 재산이더라도 상속과 같은 사정으로 취득한 재산은 공동의 노력으로 취득한 재산이라 할 수 없기 때문에 원칙적으로 분할의 대상이 되지 않습니다. 그러나 별도의 수입이 없는 가정주부라고 하더라도 남편의 수입만으로 취득한 부동산에 대하여 그 분할을 청구할 수 있습니다. 가정주부는 가사노동으로 부동산의 취득을 도왔다고 할 수 있기 때문입니다. 이 때 재산분할청구권은 이혼한 날로부터 2년이 경과하면 소멸하게 된다는 점을 유의해야 합니다.

참고조문

제834조(협의상 이혼) 부부는 협의에 의하여 이혼할 수 있다.

제836조(이혼의 성립과 신고방식) ① 협의상 이혼은 가정법원의 확인을 받아 「가족관계의 등록 등에 관한 법률」의 정한 바에 의하여 신고함으로써 그 효력이 생긴다.

② 전항의 신고는 당사자쌍방과 성년자인 증인 2인의 연서한 서면으로 하여야 한다.

제836조의2(이혼의 절차) ① 협의상 이혼을 하려는 자는 가정법원이 제공하는 이혼에 관한 안내를 받아야 하고, 가정법원은 필요한 경우 당사자에게 상담에 관하여 전문적인 지식과 경험을 갖춘 전문상담인의 상담을 받을 것을 권고할 수 있다.

② 가정법원에 이혼의사의 확인을 신청한 당사자는 제1항의 안내를 받은 날부터 다음 각 호의 기간이 지난 후에 이혼의사의 확인을 받을 수 있다.

1. 양육하여야 할 자(포태 중인 자를 포함한다. 이하 이 조에서 같다)가 있는 경우에는 3개월
2. 제1호에 해당하지 아니하는 경우에는 1개월

③ 가정법원은 폭력으로 인하여 당사자 일방에게 참을 수 없는 고통이 예상되는 등 이혼을 하여야 할 급박한 사정이 있는 경우에는 제2항의 기간을 단축 또는 면제할 수 있다.

④ 양육하여야 할 자가 있는 경우 당사자는 제837조에 따른 자(子)의 양육과 제909조제4항에 따른 자(子)의 친권자결정에 관한 협의서 또는 제837조 및 제909조제4항에 따른 가정법원의 심판정본을 제출하여야 한다.

제837조(이혼과 자의 양육책임) ① 당사자는 그 자(子)의 양육에 관한 사항을 협의에 의하여 정한다.

② 제1항의 협의는 다음의 사항을 포함하여야 한다.

1. 양육자의 결정
2. 양육비용의 부담
3. 면접교섭권의 행사 여부 및 그 방법

③ 제1항에 따른 협의가 자(子)의 복리에 반하는 경우에는 가정법원은 보정을 명하거나 직권으로 그 자(子)의 의사(意思) · 연령과 부모의 재산상황, 그 밖의 사정을 참작하여 양육에 필요한 사항을 정한다.

④ 양육에 관한 사항의 협의가 이루어지지 아니하거나 협의할 수 없는 때에는 가정법원은 직권으로 또는 당사자의 청구에 따라 이에 관하여 결정한다. 이 경우 가정법원은 제3항의 사정을 참작하여야 한다.

⑤ 가정법원은 자(子)의 복리를 위하여 필요하다고 인정하는 경우에는 부 · 모 · 자(子) 및 검사의 청구 또는 직권으로 자(子)의 양육에 관한 사항을 변경하거나 다른 적당한 처분을 할 수 있다.

⑥ 제3항부터 제5항까지의 규정은 양육에 관한 사항 외에는 부모의 권리의무에 변경을 가져오지 아니한다.

제837조의2(면접교섭권) ① 자(子)를 직접 양육하지 아니하는 부모의 일방과 자(子)는 상호 면접교섭할 수 있는 권리를 가진다.

② 자(子)를 직접 양육하지 아니하는 부모 일방의 직계존속은 그 부모 일방이 사망하였거나 질병, 외국거주, 그 밖에 불가피한 사정으로 자(子)를 면접교섭할 수 없는 경우 가정법원에 자(子)와의 면접교섭을 청구할 수 있다. 이 경우 가정법원은 자(子)의 의사(意思), 면접교섭을 청구한 사람과 자(子)의 관계, 청구의 동기, 그 밖의 사정을 참작하여야 한다.

③ 가정법원은 자의 복리를 위하여 필요한 때에는 당사자의 청구 또는 직권에 의하여 면접교섭을 제한 · 배제 · 변경할 수 있다.

제839조의2(재산분할청구권) ① 협의상 이혼한 자의 일방은 다른 일방에 대하여 재산분할을 청구할 수 있다.

② 제1항의 재산분할에 관하여 협의가 되지 아니하거나 협의할 수 없는 때에는 가정법원은 당사자의 청구에 의하여 당사자 쌍방의 협력으로 이룩한 재산의 액수 기타 사정을 참작하여 분할의 액수와 방법을 정한다.

③ 제1항의 재산분할청구권은 이혼한 날로부터 2년을 경과한 때에는 소멸한다.

제909조(친권자) ① 부모는 미성년자인 자의 친권자가 된다. 양자의 경우에는 양부모가 친권자가 된다.

② 친권은 부모가 혼인 중인 때에는 부모가 공동으로 이를 행사한다. 그러나 부모의 의견이 일치하지 아니하는 경우에는 당사자의 청구에 의하여 가정법원이 이를 정한다.
③ 부모의 일방이 친권을 행사할 수 없을 때에는 다른 일방이 이를 행한다.
④ 혼인외의 자가 인지된 경우와 부모가 이혼한 경우에는 부모의 협의로 친권자를 정하여야 하고, 협의할 수 없거나 협의가 이루어지지 아니하는 경우에는 가정법원은 직권으로 또는 당사자의 청구에 따라 친권자를 지정하여야 한다. 다만, 부모의 협의가 자(子)의 복리에 반하는 경우에는 가정법원은 보정을 명하거나 직권으로 친권자를 정한다.
⑤ 가정법원은 혼인의 취소, 재판상 이혼 또는 인지청구의 소의 경우에는 직권으로 친권자를 정한다.
⑥ 가정법원은 자의 복리를 위하여 필요하다고 인정되는 경우에는 자의 4촌 이내의 친족의 청구에 의하여 정하여진 친권자를 다른 일방으로 변경할 수 있다.

가족관계의 등록 등에 관한 법률

제75조(협의상 이혼의 확인) ① 협의상 이혼을 하고자 하는 사람은 등록기준지 또는 주소지를 관할하는 가정법원의 확인을 받아 신고하여야 한다. 다만, 국내에 거주하지 아니하는 경우에 그 확인은 서울가정법원의 관할로 한다.
② 제1항의 신고는 협의상 이혼을 하고자 하는 사람이 가정법원으로부터 확인서등본을 교부 또는 송달받은 날부터 3개월 이내에 그 등본을 첨부하여 행하여야 한다.
③ 제2항의 기간이 경과한 때에는 그 가정법원의 확인은 효력을 상실한다.
④ 가정법원의 확인 절차와 신고에 관하여 필요한 사항은 대법원규칙으로 정한다.

사례

저와 남편은 혼인을 한지 15년째 되는 중년부부입니다. 저희들이 갓 혼인을 하였을 때는 남편은 회사의 신입사원이었고 저는 은행의 여직원이었습니다. 단칸방 하나를 얻어 맨주먹으로 살림을 시작하였지만 둘이서 성실하게 맞벌이를 한 결과 지금은 집도 하나 장만하고 남편의 고향에 토지도 제법 사 두었습니다. 그런데 살림이 좀 넉넉해지니까 남편이 바람을 피우기 시작한 것입니다. 시내에 있는 한 술집마담과 외박을 일삼고 최근에는 집에도 잘 들어오지 않습니다. 이러한 남편과 더 이상 산다는 것은 의미가 없을 것 같아 재판상 이혼청구를 하려고 합니다. 만일 이혼을 한다면 남편의 명의로 되어 있는 이러한 재산에 대하여 권리를 주장할 수 있습니까?

해설

부부가 이혼을 하게 되면 부부의 생활공동체는 해체되고, 부부가 공동으로 운영하던 경제생활도 정리를 하게 됩니다. 그런데 혼인 중에 취득한 재산에 대하여는 서로가 이혼을 예상하여 각자 그 소유를 그때 그때마다 정하는 것은 아닐 것입니다. 따라서 공동경제가 종료하는 경우에는 합리적으로 재산을 분할하는 중요한 문제가 발생합니다. 이혼을 한 후에도 양 당사자의 생활수준에 큰 차이가 나지 않도록 조치하는 것은 오늘날의 도덕률에 비추어 보더라도 타당합니다.

그리고 우리 나라의 고전적인 가정경제는 주로 남편의 경제적 수입에 의존하고, 아내는 가사노동으로 남편을 배후에서 지원하는 역할을 하는 것이 일반적이었습니다. 따라서 혼인 중에 취득한 재산은 거의 남편의 명의로 해 두었으니, 아내의 경제적 지위는 열악한 위치에 있다고 볼 수 있습니다. 그러나 이러한 경우에도 최근 법원의 재산분할결정을 보면, 아내에게 거의 절반 가까이 재산분할청구권을 인정하고 있습니다. 예전에 비하여 많은 변화가 있었다고 볼 수 있습니다. 그리고 가령 남편에게 책임있는 사유로 이혼을 하는 경우에 재산을 분할하면서 위자료성격의 손해배상까지 합쳐서 분할을 해 주기도 합니다. 만약 이미 남편이 채무초과의 상태에 있다거나 또는 어떤 재산을 분할한다면 무자력이 되는 경우에도 재산을 분할할 수 있습니다. 즉, 그러한 분할로 남편의 채권자들에게는 담보가 줄어드는 불리함이 있더라도 분할 자체를 문제삼을 수는 없습니다. 판례는 만약 남편의 유일한 재산인 집의 소유권을 이혼하는 아내에게 재산분할의 목적 내지 위자료의 성격으로 모두 넘겨주더라도 남편의 채권자들이 이를 문제삼을 수 없다(대판, 2001.5.8. 2000다58804)고 합니다.

사례와 같이 맞벌이부부로서 성실하게 재산을 모아 어느 정도 부를 축적했다면, 이 재산들이 설사 남편의 명의로 되어 있다고 하더라도 법적으로는 부부공동재산으로 보아야 하며, 따라서 이에 대하여 귀하에게 절반정도의 재산분할청구권이 인정될 수 있을 것입니다.

그리고 만일 귀하가 혼인 전에 재산을 가지고 있었다면 그 재산은 고유재산이고, 혼인 후에 친정아버지 등으로부터 상속을 받은 재산 등이 있으면 특유재산으로서 재산분할의 대상에서 제외됩니다.

제3절 재판상 이혼

이혼을 하고자 하나 이혼의 협의가 잘 되지 않으면 일정한 사유가 있을 때에 한하여 재판상 이혼을 청구할 수 있다. 재판상 이혼을 청구하기 위해서는 먼저 가정법원에 조정을 신청해야 한다(조정전치주의, 가사소송법 제50조). 조정이 성립되지 않으면 조정신청을 한 때에 소를 제기한 것으로 본다(가사소송법 제60조, 민사조정법 제36조).

사례

언제부터인지 남편의 행동이 수상하여 은밀하게 알아보니 약 1년 전쯤부터 남편은 같은 회사 여직원과 불륜관계를 맺고 있었습니다. 이런 사실을 추궁하였더니 남편은 여직원과의 관계를 청산하고, 다시는 그런 일이 없도록 하겠다고 하기에 용서해 주었습니다.

그런데 약 한달 전 저의 친구로부터 연락이 오기를 남편이 밤늦은 시각에 어떤 여인과 호텔에서 같이 나오는 것을 보았다는 것입니다. 며칠을 두고 남편을 미행한 결과 밤10시경 남편과 그 여직원이 속옷차림으로 여관방에 함께 있는 것을 직접 목격하였습니다. 아마도 그 여직원과의 관계가 계속되고 있었던 것 같습니다. 남편의 이런 행동으로 심한 배신감과 충격을 느껴서 이혼을 요구하였지만 남편은 이에 응하지 않고 있습니다. 이혼을 할 방법이 없습니까?

해설

부부는 혼인생활의 순결과 부부공동생활의 평화와 안전을 지킬 의무가 있습니다. 이러한 의무로부터 부부는 배우자로서의 정조를 지켜야 할 의무가 나옵니다. 배우자가 지켜야 할 정조의무에 위반한 행위를 소위 부정한 행위라 합니다. 부정한 행위라는 개념은 간통이라는 개념보다 넓은 개념입니다. 그리고 부정한 행위인지의 여부에 대하여는 사안에 따라 그 정도와 상황을 고려하여 판단할 문제입니다. 배우자의 일방이 부정한 행위를 하면 재판상 이혼사유가 됩니다.

부정한 행위로 재판상 이혼을 청구할 때는 다음과 같은 유의할 점이 있습니다. 즉, 부정한 행위를 사전에 동의하거나 사후에 용서한 경우는 그 부정한 행위를 이유로 재판상 이혼을 청구할 수 없습니다. 그리고 부정한 행위를 안 날로부터 6개월, 부정한 행위가 있은 날로부터 2년을 경과하면 역시 재판상 이혼을 청구할 수 없습니다.

위의 사례에서 귀하는 남편의 종전의 부정한 행위에 대하여는 용서를 해주었기 때문에 더 이상 이를 이유로 재판상 이혼을 청구할 수는 없습니다. 그러나 용서한 이후에 다시 남편이 종전에 불륜관계를 맺었던 여자와 여관방에서 속옷차림으로 함께 있었다고 한다면, 이는 새로운 부정행위가 있는 것으로 해석할 수 있습니다. 따라서 귀하는 새로운 부정행위를 이유로 재판상 이혼을 청구할 수 있습니다. 단,

남편의 새로운 부정행위를 안 날로부터 6개월 이내에 재판상 이혼을 청구해야 하고, 적어도 부정행위가 있은 날로부터 2년 내에 재판상 이혼을 청구해야 하며, 이 기간을 경과하면 이제는 재판상 이혼을 청구할 수 없습니다.

물론 재판상 이혼을 청구할 때에는 재산적·정신적 손해배상도 아울러 청구할 수 있습니다. 그리고 자녀의 양육문제나 재산분할청구권에 관해서는 협의상 이혼에서 본 바와 같이 해결하면 됩니다.

참고조문

제840조(재판상 이혼원인) 부부의 일방은 다음 각호의 사유가 있는 경우에는 가정법원에 이혼을 청구할 수 있다.

1. 배우자에 부정한 행위가 있었을 때
2. 배우자가 악의로 다른 일방을 유기한 때
3. 배우자 또는 그 직계존속으로부터 심히 부당한 대우를 받았을 때
4. 자기의 직계존속이 배우자로부터 심히 부당한 대우를 받았을 때
5. 배우자의 생사가 3년 이상 분명하지 아니한 때
6. 기타 혼인을 계속하기 어려운 중대한 사유가 있을 때

제841조(부정으로 인한 이혼청구권의 소멸) 전조 제1호의 사유는 다른 일방이 사전동의나 사후용서를 한 때 또는 이를 안 날로부터 6월, 그 사유있은 날로부터 2년을 경과한 때에는 이혼을 청구하지 못한다.

제843조(준용규정) 재판상 이혼에 따른 손해배상책임에 관하여는 제806조를 준용하고, 재판상 이혼에 따른 자녀의 양육책임 등에 관하여는 제837조를 준용하며, 재판상 이혼에 따른 면접교섭권에 관하여는 제837조의2를 준용하고, 재판상 이혼에 따른 재산분할청구권에 관하여는 제839조의2를 준용하며, 재판상 이혼에 따른 재산분할청구권 보전을 위한 사해행위취소권에 관하여는 제839조의3을 준용한다.

사례

저는 결혼 전에 같은 직장에 근무하던 갑이란 남성과 서로 결혼을 약속한 사이였고, 육체관계까지 가졌습니다. 그러나 갑의 집안 어른들이 완강하게 우리의 결혼을 반대하는 바람에 서로 헤어지고 말았습니다. 그 후 이러한 사실을 전혀 모르는 지금의 남편을 만나서 과거를 잊고 나름대로 행복하게 지내고 있었습니다. 그런데 어느 날 남편이 저의 과거를 우연히 알게 되었고, 이를 이유로 남편은 저에게 이혼을 요구하고 있습니다. 저로서는 이혼을 하고 싶지 않은데, 남편은 재판을 해서라도 이혼을 하고자 합니다. 남편의 뜻대로 정말 이혼이 되는 것입니까?

해설

사례는 혼전부정행위가 재판상 이혼사유가 되는가 하는 것인데, 단순히 그러한 사실이 존재하는 것만으로는 이혼사유가 되지 않는다고 볼 수 있습니다. 왜냐하면 부부간에 지켜야 할 순결의무는 혼인을 한 이후부터이지 그 이전까지 소급되는 의무가 아니기 때문입니다. 판례도 "민법 제840조제1호 소정의 재판상 이혼사유인 배우자에 부정한 행위가 있었을 때라 함은 혼인한 부부간의 일방이 부정한 행위를 한 때를 말하는 것이므로 혼인 전 약혼단계에서 부정한 행위를 한 때에는 위 제1호의 이혼사유에 해당한다고 할 수는 없다(대판, 1991.9.13. 91므85, 92)."고 합니다.

그렇다면 혼전의 부정한 행위가 제840조제6호의 '기타 혼인을 계속하기 어려운 중대한 사유'에 해당하지는 않는지 살펴 봅니다. 혼인을 계속하기 어려운 중대한 사유란 혼인관계가 심각하게 파탄되어서 다시는 혼인공동체를 회복할 수 없을 정도의 객관적 사실이 있어야 하고, 그러한 사정이 있음에도 불구하고 혼인생활을 계속 강요하는 것이 배우자의 어느 일방에게 참을 수 없는 고통이 되는 정도의 사유라야 합니다. 판례도 "혼인을 계속하기 어려운 중대한 사유가 있을 때라 함은 부부간의 애정과 신뢰가 바탕이 되어야 할 혼인의 본질에 상응하는 부부공동생활 관계가 회복할 수 없을 정도로 파탄되고, 그 혼인생활의 계속을 강제하는 것이 일방 배우자에게 참을 수 없는 고통이 되는 경우를 말하며, 이를 판단함에 있어서는 혼인계속의사의 유무, 파탄의 원인에 관한 당사자의 책임 유무, 혼인생활의 기간, 자녀의 유무, 당사자의 연령, 이혼 후의 생활보장, 기타 혼인관계의 제반사정을 두루 고려하여야 한다(대판, 2009. 12.24. 2009므2413)."고 합니다.

따라서 혼전의 부정행위가 있었다는 사실만으로서는 혼인을 계속하기 어려운 중대한 사유가 있다고 단정할 수 없습니다. 하지만 혼인하기 전의 부정행위도 가령 서로 초혼인 부부사이에 이를 고백하지 않은 채 혼인을 하였다가 뒤에 그러한 사실이 밝혀졌고, 이로 말미암아 가정의 평화가 심각하게 파탄되어서 더 이상 혼인을 계속하기 어렵게 된 경우에는 제840조제6호의 사유에 해당되어서 이혼이 인정될 수도 있을 것입니다. 요컨대 혼전의 부정행위 자체만으로 바로 재판상 이혼사유가 되는 것은 아니지만, 그로 인하여 가정이 파탄되어서 더 이상 혼인관계를 회복시키기 어렵고, 또 혼인을 지속시키는 것이 배우자 중 어느 한쪽에 참을 수 없는 고통이 되는 경우에는 재판상 이혼사유에 해당될 수 있습니다.

제4장 부모와 자

제1절 친자관계

제4장 부모와 자

부부가 혼인을 하여 자식을 두면 이들 사이에 친자관계가 만들어진다. 그런데 친자관계는 단순한 자연적인 관계가 아니라 사회적인 관계이다. 가령 혼인외의 출생자는 생부와 자연적인 혈연관계가 있지만, 그렇다고 하여 당연히 생부와 법적인 친자관계가 만들어지는 것은 아니다. 반면에 양자는 양부모와 자연적인 혈연관계가 없지만 법적으로는 이들 사이에 친자관계가 인정된다. 그러니까 자연적인 혈연관계가 있다고 해서 당연히 친자관계가 만들어지는 것도 아니고, 반대로 혈연관계가 없다고 해서 친자관계를 만들 수 없는 것도 아니라는 말이다. 이를 두고 친자관계를 사회적인 관계라고 하는 것이다.

역사적으로 보면 친자관계의 형성방법이나 정도, 친자관계의 효과 등에 관하여 많은 변화가 있어 왔다. 봉건사회에서의 친자관계는 주로 혈연에 의하여 형성되었고, 자식은 어버이의 권위에 거의 절대적으로 복종해야 했으며, 양자제도도 양자 자신을 위하기 보다는 조상에 대한 제사나 집안을 계승할 필요에 의한 것이 대부분이었다. 이러한 친자관계의 봉건적 요소는 근대 이후의 사회에서 많이 개선되어 오늘에 이르고 있다. 민법은 어떤 사람 사이에 친자관계가 존재하는지, 그리고 그들 사이에는 어떠한 법적 효과가 생기는지에 관하여 규정하고 있다.

제2절 인 지

제4장 부모와 자

인지란 혼인외에 출생한 자를 그 생부 또는 생모가 자기의 자라고 인정하는 행위이다. 혼인외의 출생자와 그 모와의 관계는 출산에 의하여 당연히 인정되므로, 생모가 아이를 버린 경우를 제외하고는 별도로 인지가 필요하지 않을 것이다. 그러나 혼인외의 출생자(혼외자라고도 함)와 그 생부와의 부자관계는 오로지 인지에 의해서만 생긴다. 따라서 인지가 없는 한 혼인외의 출생자는 부를 가질 수 없다. 인지에는 임의인지와 강제인지가 있다. 임의인지는 생부모가 혼인외의 출생자를 스스로 자식이라고 인정하여 자신의 가족관계등록부에 입적을 시키는 경우이고, 강제인지란 생부모가 임의인지를 하지 않는 경우에 혼인외의 출생자나 그의 직계비속이 생부모로 추정되는 이를 상대로 인지청구의 소를 제기하여 친자임을 강제로 증명하는 인지의 방법이다.

사례

저는 대학생입니다. 어릴 때부터 아버지가 계시지 않아서 설움도 많이 받았습니다. 어머니께 왜 나는 아버지가 안 계시느냐고 물어보면 그때마다 어머니는 눈물만 흘리시고 대답을 해 주시지 않았습니다. 저가 성인이 된 후 어느 날 어머니는 놀라지 말라고 말씀하시면서 이 지역에서 이름만 들으면 삼척동자도 다 아는 갑이라고 하는 분이 저의 아버지라고 말씀하셨습니다. 저에게는 큰 충격이 아닐 수 없었습니다. 여러 정황으로 보아 그분이 저의 아버지가 분명한 것 같습니다. 하루는 갑을 찾아 뵙고 사정을 말씀 드리니까 펄쩍 뛰시며 부인을 하십니다. 저는 그분의 친자임을 증명하여 애비없는 자식이라는 굴레에서 벗어나고 싶은데 어떻게 하면 됩니까?

해설

인지를 통하여 문제를 해결할 수 있습니다. 위의 경우 갑이 임의인지를 하지 아니하므로 귀하가 인지청구권을 행사해서 친자임을 증명하는 강제인지의 방법이 있습니다. 인지청구권을 행사할 때는 인지청구소송을 하기 전에 반드시 법원의 조정을 거쳐야 합니다. 법원에서 조정이 이루어지면 조정조서를 첨부하여 인지신고를 하면 되고, 조정이 성립되지 아니할 때에는 재판절차로 들어가게 됩니다. 귀하가 인지청구를 하고 갑이 인지를 거부하는 경우에 두 사람은 충분한 증거를 법원에 제출해야 합니다. 이러한 증거 외에 법원은 직권으로 유전자검사나 혈액형검사 등을 할 수 있습니다. 혹 갑이 이러한 검사를 거부하면 법원이 직접 개입하여 검사명령을 발하고, 그 결과 갑이 귀하의 부라는 사실이 판명되면 귀하께서는 재판이 확정된 날로부터 1개월 이내에 재판의 등본과 확정증명서를 첨부하여 갑의 시·읍·면의 사무소에 신고하면 됩니다. 아울러 귀하에게 직계비속이 있으면, 그 직계비속도 인지청구를 할 수 있습니다.

참고조문

제855조(인지) ① 혼인외의 출생자는 그 생부나 생모가 이를 인지할 수 있다. 부모의 혼인이 무효인 때에는 출생자는 혼인외의 출생자로 본다. ② 혼인외의 출생자는 그 생부가 혼인한 때에는 그때로부터 혼인 중의 출생자로 본다.

제863조(인지청구의 소) 자와 그 직계비속 또는 그 법정대리인은 부 또는 모를 상대로 하여 인지청구의 소를 제기할 수 있다.

제3절 양　자

양자제도는 혈연적인 친자관계가 없는 사람 사이에 친자관계를 의도적으로 만드는 제도로서, 아주 오랜 역사를 지니고 있다. 봉건적인 양자제도는 집안을 계승하기 위한 양자 내지 부모를 위한 양자를 주로 하였으나, 근대적인 양자제도는 양자 자신의 복지를 위한다는데 중점을 두고 있다. 양친자관계는 양친이 될 사람과 양자가 될 사람 사이의 입양에 의하여 성립되는데, 입양이 성립되기 위해서는 민법이 규정하고 있는 요건(이를 입양의 실질적 요건이라 함)과 가족관계의 등록 등에 관한 법률상의 요건(이를 입양의 형식적 요건이라 함)을 구비해야 한다.

사례

저희 부부는 10년째 아이를 낳지 못하고 있습니다. 젊었을 때는 자식이 없어도 살아가는데 큰 어려움이 없겠지 생각했지만, 나이가 들수록 쓸쓸함이 더해지고 있습니다. 그래서 저희들은 아이를 하나 입양시키기로 결정을 하고 친구의 소개로 한 고아원을 찾아갔습니다. 고아원 원장을 찾아 뵙고 사정을 이야기하며 3세 미만의 여아를 입양시키고 싶다며 말씀드리니 예쁜 아이를 소개해 주셨습니다. 그런데 이 아이의 성은 김씨이고 저는 정가인데, 아이의 성을 저의 성으로 바꾸어서 입양을 할 수 있는지요?

해설

먼저 입양이 제대로 성립되기 위해서는 민법상 요건인 실질적 요건과 가족관계의 등록 등에 관한 법률상의 요건인 형식적 요건을 모두 구비해야 합니다. 민법이 규정하고 있는 요건으로서 첫째, 양친이 될 사람과 양자가 될 사람이 입양에 관하여 합의를 해야 합니다. 사례의 경우 입양될 사람이 13세 미만이므로, 이 때에는 법정대리인이 대신하여 입양에 대한 승낙을 하면(이를 대락이라고 함) 입양이 가능합니다. 따라서 위와 같은 경우에는 고아원 원장이 후견인으로서 가정법원의 허가를 받아 대락을 하면 입양이 가능합니다. 둘째로 양부모가 성년이어야 합니다. 다음 가족관계의 등록 등에 관한 법률상의 형식적 요건으로는 당사자쌍방과 성년자인 증인 2인 이상이 연서해서 신고를 해야 합니다. 즉, 귀하 부부와 대락을 한 원장 그리고 성년의 증인 2명이 연서하면 됩니다. 이러한 실질적 요건과 형식적 요건이 모두 구비되면 양자는 양가에 입적하게 되고, 양자와 양부모 사이에는 서로 친자관계가 발생하고, 따라서 부양관계, 상속관계도 생기게 됩니다.

그런데 귀하 부부는 성이 다른 양자를 들이는 것이므로 양자가 양부의 성을 따라야 하는가가 문제로 됩니다. 이 문제에 대한 해결책으로 민법은 친양자제도를 두고 있습니다. 친양자는 부부의 혼인중 출생자로 보게 되므로, 성과 본의 문제는 걱정할 필요가 없게 되었습니다. 즉 양자의 성을 귀하의 성으로 바꿀 수 있게 되었습니다.

참고조문

제781조(자의 성과 본) ① 자는 부의 성과 본을 따른다. 다만, 부모가 혼인신고시 모의 성과 본을 따르기로 협의한 경우에는 모의 성과 본을 따른다.

제866조(입양을 할 능력) 성년이 된 사람은 입양(入養)을 할 수 있다.

제869조(입양의 의사표시) ① 양자가 될 사람이 13세 이상의 미성년자인 경우에는 법정대리인의 동의를 받아 입양을 승낙한다.
② 양자가 될 사람이 13세 미만인 경우에는 법정대리인이 그를 갈음하여 입양을 승낙한다.

제878조(입양의 성립) 입양은 「가족관계의 등록 등에 관한 법률」에서 정한 바에 따라 신고함으로써 그 효력이 생긴다.

제908조의2(친양자 입양의 요건 등) ① 친양자(親養子)를 입양하려는 사람은 다음 각 호의 요건을 갖추어 가정법원에 친양자 입양을 청구하여야 한다.

1. 3년 이상 혼인 중인 부부로서 공동으로 입양할 것. 다만, 1년 이상 혼인 중인 부부의 한쪽이 그 배우자의 친생자를 친양자로 하는 경우에는 그러하지 아니하다.
2. 친양자가 될 사람이 미성년자일 것
3. 친양자가 될 사람의 친생부모가 친양자 입양에 동의할 것. 다만, 부모가 친권상실의 선고를 받거나 소재를 알 수 없거나 그 밖의 사유로 동의할 수 없는 경우에는 그러하지 아니하다.
4. 친양자가 될 사람이 13세 이상인 경우에는 법정대리인의 동의를 받아 입양을 승낙할 것
5. 친양자가 될 사람이 13세 미만인 경우에는 법정대리인이 그를 갈음하여 입양을 승낙할 것

② 가정법원은 다음 각 호의 어느 하나에 해당하는 경우에는 제1항제3호·제4호에 따른 동의 또는 같은 항 제5호에 따른 승낙이 없어도 제1항의 청구를 인용할 수 있다. 이 경우 가정법원은 동의권자 또는 승낙권자를 심문하여야 한다.

1. 법정대리인이 정당한 이유 없이 동의 또는 승낙을 거부하는 경우. 다만, 법정대리인이 친권자인 경우에는 제2호 또는 제3호의 사유가 있어야 한다.
2. 친생부모가 자신에게 책임이 있는 사유로 3년 이상 자녀에 대한 부양의무를 이행하지 아니하고 면접교섭을 하지 아니한 경우
3. 친생부모가 자녀를 학대 또는 유기하거나 그 밖에 자녀의 복리를 현저히 해친 경우

③ 가정법원은 친양자가 될 사람의 복리를 위하여 그 양육상황, 친양자 입양의 동기, 양부모의 양육능력, 그 밖의 사정을 고려하여 친양자 입양이 적당하지 아니하다고 인정하는 경우에는 제1항의 청구를 기각할 수 있다.

제908조의3(친양자 입양의 효력) ① 친양자는 부부의 혼인중 출생자로 본다.
② 친양자의 입양 전의 친족관계는 제908조의2 제1항의 청구에 의한 친양자 입양이 확정된 때에 종료한다. 다만, 부부의 일방이 그 배우자의 친생자를 단독으로 입양한 경우에 있어서의 배우자 및 그 친족과 친생자간의 친족관계는 그러하지 아니하다.

제4절 친 권

제4장 부모와 자

친권이라 함은 부모가 미성년인 자를 보호하고 교양할 권리와 의무를 말한다. 무릇 권리란 대체로 권리자에게 경제적인 이익을 보장하는 것이지만, 친권이란 권리는 그 의무성이 강조되는 권리라는 점에서 특이하다.

사례

저의 여동생은 갑과 혼인하여 슬하에 아홉살, 여섯살난 2명의 조카를 두고 사망하였습니다. 갑작스런 여동생의 사망으로 갑은 매일 술로 세월을 보내면서 아이들을 때리고 가끔씩은 이유도 없이 학교에도 보내지 않는다고 합니다. 뿐만 아니라 심지어 아이들을 앵벌이로 내몰기까지 한답니다. 조카들이 가끔 저에게 찾아와서 아빠가 무섭다며 외삼촌인 저를 부둥켜안고 웁니다. 이러한 매제의 비행 행위를 더 이상 참을 수 없는데 어떻게 하면 좋겠습니까?

해설

친권은 부모가 미성년자인 자식을 지배할 수 있는 권리이지만, 보통의 지배권과는 달리 의무성이 강조되는 권리입니다. 귀하의 매제는 친권자로서 자식들에 대한 의무를 다했다고 보기 어렵습니다. 만일 친권자인 부모가 친권을 남용하여 자식에게 심히 부당한 대우를 하면, 이를 저지하기 위한 방법이 있습니다. 우리 민법은 이러한 경우에 대비하여 친권의 상실, 일시정지 및 일부제한제도를 두고 있습니다. 부 또는 모가 친권을 남용하여 자녀의 복리를 현저히 해치거나 해칠 우려가 있는 경우에는 친권을 상실시키거나 일시정지 및 일부제한을 할 수 있고, 이들 경우에는 미성년후견인을 두어야 합니다. 위 사례의 경우도 친권의 상실, 일시정지 또는 일부제한이 가능한 것으로 보이고, 이 때 조카들의 미성년후견인을 두어서 조카들을 보호할 수 있습니다.

참고조문

제915조(징계권) 친권자는 그 자를 보호 또는 교양하기 위하여 필요한 징계를 할 수 있고 법원의 허가를 얻어 감화 또는 교정기관에 위탁할 수 있다.

제924조(친권의 상실 또는 일시 정지의 선고) ① 가정법원은 부 또는 모가 친권을 남용하여 자녀의 복리를 현저히 해치거나 해칠 우려가 있는 경우에는 자녀, 자녀의 친족, 검사 또는 지방자치단체의 장의 청구에 의하여 그 친권의 상실 또는 일시 정지를 선고할 수 있다.

② 가정법원은 친권의 일시 정지를 선고할 때에는 자녀의 상태, 양육상황, 그 밖의 사정을 고려하여 그 기간을 정하여야 한다. 이 경우 그 기간은 2년을 넘을 수 없다.

③ 가정법원은 자녀의 복리를 위하여 친권의 일시 정지 기간의 연장이 필요하다고 인정하는 경우에는 자녀, 자녀의 친족, 검사, 지방자치단체의 장, 미성년후견인 또는 미성년후견감독인의 청구에 의하여 2년의 범위에서 그 기간을 한 차례만 연장할 수 있다.

제924조의2(친권의 일부 제한의 선고) 가정법원은 거소의 지정이나 징계, 그 밖의 신상에 관한 결정 등 특정한 사항에 관하여 친권자가 친권을 행사하는 것이 곤란하거나 부적당한 사

유가 있어 자녀의 복리를 해치거나 해칠 우려가 있는 경우에는 자녀, 자녀의 친족, 검사 또는 지방자치단체의 장의 청구에 의하여 구체적인 범위를 정하여 친권의 일부 제한을 선고할 수 있다.

제928조(미성년자에 대한 후견의 개시) 미성년자에게 친권자가 없거나 친권자가 제924조, 제924조의2, 제925조 또는 제927조제1항에 따라 친권의 전부 또는 일부를 행사할 수 없는 경우에는 미성년후견인을 두어야 한다.

제5장 상속에 관한 약간의 문제

제1절 상속의 의의

제5장 상속에 관한 약간의 문제

상속이란 사람이 사망한 경우 그의 재산이 다른 일정한 사람에게 이전되는 것을 말한다. 재산의 이전이라는 점에서 보면 상속은 사유재산제도의 반영이라 할 수 있는데, 그 구체적인 모습은 시대에 따라 민족에 따라 매우 다양하다. 그러나 사람의 사망에 의하여 재산이 일정한 사람에게만 이전되는 근거가 무엇인가 즉, 상속의 근거에 대하여는 많은 논란이 있어 왔다.

종전에 우리 나라는 호주상속과 재산상속의 두 가지 상속제도를 가지고 있었으나, 2005년 민법의 개정으로 호주제도가 폐지됨에 따라 지금은 재산상속제도만 존재하고 있다.

제2절 상 속 분

제5장 상속에 관한 약간의 문제

상속분이란 전체 상속재산 중에서 상속인이 차지할 몫을 말한다. 보통 상속재산의 2분의 1 또는 3분의 1 등 상속재산 전체가액에 대한 비율로 표시된다. 상속분은 피상속인의 의사나 법률의 규정에 의하여 정해진다. 전자를 지정상속분이라 하고, 후자를 법정상속분이라 한다. 지정상속분에 대하여는 유류분제도에 의한 제한이 따른다.

사례

사업을 하는 저의 남편이 지난 달 갑자기 사망하였습니다. 유가족으로 저와 시부모님 그리고 장남, 차남 및 출가한 딸이 있습니다. 남편의 재산은 약 1억2천만원 가량인데, 남편의 재산 중 약 3천만원 가량은 장남이 남편을 도와서 형성된 것으로 볼 수 있습니다. 법에 따른 상속이 이루어진다면 유가족들은 각각 얼마씩 상속을 받게됩니까?

해설

이 사례에서 상속인은 귀하와 자녀들입니다. 상속인이 다수일 때 상속재산에 대한 각각의 몫을 상속분이라고 합니다. 피상속인(사망한 사람)이 구체적인 상속분에 대하여 유언으로 별도의 지정을 하고 있으면 상속분은 유류분(상속인에게 법적으로 귀속이 보장되는 일정한 상속분)을 참조하여 원칙적으로 그 유언에 따라 결정됩니다. 그러나 유언이 없으면 민법의 규정에 따라 상속분이 결정됩니다. 이러한 상속분을 법정상속분이라 합니다.

이 사례에서 귀하와 자녀들이 공동상속을 받고, 시부모님은 상속을 받을 수 없습니다. 귀하와 자녀들의 상속재산에 대한 법정상속분은 1.5 : 1 : 1: 1로 나누어 집니다. 그런데 상속재산을 산정할 때에는 주의해야 할 점이 있습니다. 즉, 피상속인의 재산형성에 특별히 기여한 상속인이 있을 경우에는, 그 기여한 부분만큼은 상속재산에서 공제하여 기여자의 몫으로 돌려야 공평할 것이므로 민법은 이러한 취지의 제도를 두고 있습니다. 이를 기여분제도라고 합니다. 구체적인 기여분은 상속인들이 협의해서 정하게 되어 있지만, 협의가 원만하게 성립되지 않으면 기여자의 청구에 의하여 가정법원이 이를 정하도록 하고 있습니다.

귀하의 장남은 남편의 재산형성에 약 3천만원 가량 기여하였다고 하므로, 이 금액은 상속재산에서 공제하여 상속이 이루어집니다. 따라서 남편의 재산 중 9천만원에 대하여 위의 상속분으로 상속되어 귀하는 3천만원(9천만원 × 15/45 = 3천만원), 장남을 제외한 나머지 자녀들은 각 2천만원(9천만원 × 10/45 = 2천만원), 장남은 그의 기여분을 합하여 모두 5천만원(9천만원 × 10/45 + 3천만원 = 5천만원)을 상속받게 됩니다.

참고조문

제997조(상속개시의 원인) 상속은 사망으로 인하여 개시된다.

제1000조(상속의 순위) ① 상속에 있어서는 다음의 순위로 상속인이 된다.

1. 피상속인의 직계비속
2. 피상속인의 직계존속
3. 피상속인의 형제자매
4. 피상속인의 4촌 이내의 방계혈족

② 전항의 경우에 동순위의 상속인이 수인 인 때에는 최근친을 선순위로 하고 동친등의 상속인이 수인인 때에는 공동상속인이 된다.

③ 태아는 상속순위에 관하여는 이미 출생한 것으로 본다.

제1003조(배우자의 상속순위) ① 피상속인의 배우자는 제1000조제1항 제1호와 제2호의 규정에 의한 상속인이 있는 경우에는 그 상속인과 동순위로 공동상속인이 되고 그 상속인이 없는 때에는 단독상속인이 된다.

제1008조의2(기여분) ① 공동상속인 중에 상당한 기간 동거·간호 그 밖의 방법으로 피상속인을 특별히 부양하거나 피상속인의 재산의 유지 또는 증가에 특별히 기여한 자가 있을 때에는 상속개시 당시의 피상속인의 재산가액에서 공동상속인의 협의로 정한 그 자의 기여분을 공제한 것을 상속재산으로 보고 제1009조 및 제1010조에 의하여 산정한 상속분에 기여분을 가산한 액으로써 그 자의 상속분으로 한다.

② 제1항의 협의가 되지 아니하거나 협의할 수 없는 때에는 가정법원은 제1항에 규정된 기여자의 청구에 의하여 기여의 시기, 방법 및 정도와 상속재산의 액 기타의 사정을 참작하여 기여분을 정한다.

제1009조(법정상속분) ① 동순위의 상속인이 수인인 때에는 그 상속분은 균분으로 한다.

② 피상속인의 배우자의 상속분은 직계비속과 공동으로 상속하는 때에는 직계비속의 상속분의 5할을 가산하고, 직계존속과 공동으로 상속하는 때에는 직계존속의 상속분의 5할을 가산한다.

사례

저는 회사에 근무하는 직장여성으로서 직장동료인 갑에게 연민의 정을 느끼게 되었고, 결혼식과 혼인신고는 다음에 하기로 약속하고 동거하기에 이르렀습니다. 갑은 부모나 형제가 전혀 없는 고아로서 성실하게 일하여 꽤 많은 재산을 모아두었습니다. 그런데 갑이 지방으로 출장 가다가 교통사고로 즉사하고 말았습니다. 하늘이 무너져 내리는 것 같은 엄청난 충격을 받았지만, 신변을 정리해야 할 상황이 되었습니다. 주변으로부터 들어보니 갑에게는 가까운 친척이 없기 때문에 모든 재산이 국가에 귀속될 것이라고 합니다. 저는 비록 혼인신고를 하지는 않았지만 수년간 배우자로 살아왔는데, 한 푼도 상속을 받을 수 없습니까?

해설

귀하는 갑과 사실혼관계에 있습니다. 사실혼관계의 당사자는 상속을 받을 수 없는 것이 원칙입니다. 하지만 비록 혼인신고를 하지 않았을 따름이지 사실상 부부로서 공동생활을 해온 사람에게 언제나 상속권을 인정하지 않는다면 부당하기 때문에, 민법은 특별한 경우 특별연고자에 대한 분여제도를 두어서 이 문제를 해결하고 있습니다. 즉, 상속인의 존부가 분명하지 아니한 경우에는 법원은 피상속인의 친족 기타 이해관계인 또는 검사의 청구에 의하여 상속재산관리인을 선임하고 지체 없이 이를 공고합니다. 이러한 공고가 있은 날로부터 3개월이 지나도 상속인의 존부를 알 수 없는 때에는, 상속재산관리인은 지체 없이 일반상속채권자와 유증 받은 자에 대하여 2개월 이상의 기간을 정하여, 그 채권이나 수증을 신고할 것을 공고하도록 하고 있습니다. 이 기간이 지나가도 상속인의 존부를 알 수 없는 때에는, 법원은 관리인의 청구에 의하여 상속인이 있으면 일정한 기간내에 그 권리를 주장하도록 공고해야 하는데, 이 때의 기간은 1년 이상이어야 합니다. 이러한 공고를 상속인수색의 공고라고 합니다. 다음, 이상의 절차나 공고를 했음에도 불구하고 상속인이 나타나지 아니하면 가정법원은 피상속인과 생계를 같이하고 있던 자, 피상속인의 요양간호를 한 자, 피상속인과 특별한 연고가 있던 자의 청구에 의하여 상속재산의 전부 또는 일부를 분여할 수 있도록 하고 있습니다.

위의 여러 가지 공고를 한 뒤에도 갑의 상속인이라고 주장하는 자가 없으면, 귀하는 갑과 생계를 같이한 자나 피상속인과 특별한 연고가 있던 자에 해당되기 때문에, 갑의 재산의 전부 또는 일부를 분여해 달라고 가정법원에 청구를 할 수 있습니다. 이 때의 청구는 상속인수색의 공고기간이 만료된 뒤 2개월 이내에 해야 합니다.

이상의 설명으로 알 수 있는 바와 같이, 상속문제에 관한 한 사실혼당사자는 법률혼의 당사자에 비해 법적으로 보호받기가 매우 까다롭습니다. 귀하가 혼인신고서라는 간단한 서류를 제출하여 혼인신고만 미리 해 두었더라면, 민법의 규정에 따라 간단하게 상속을 받을 수 있었을 터인데, 그렇게 하지 않은 사실혼당사자라서 특별연고자에 대한 분여제도라는 우회적인 보호밖에 받을 수 없는 점이 아쉽습니다.

참고조문

제1053조(상속인 없는 재산의 관리인) ① 상속인의 존부가 분명하지 아니한 때에는 법원은 제777조의 규정에 의한 피상속인의 친족 기타 이해관계인 또는 검사의 청구에 의하여 상속재산관리인을 선임하고 지체 없이 이를 공고하여야 한다.
② 제24조 내지 제26조의 규정은 전항의 재산관리인에 준용한다.

제1056조(상속인 없는 재산의 청산) ① 제1053조제1항의 공고 있은 날로부터 3월내에 상속인의 존부를 알 수 없는 때에는 관리인은 지체 없이 일반채권자와 유증 받은 자에 대하여 일정한 기간 내에 그 채권 또는 수증을 신고할 것을 공고하여야 한다. 그 기간은 2월 이상이어야 한다.
② 제88조제2항, 제3항, 제89조, 제1033조 내지 제1039조의 규정은 전항의 경우에 준용한다.

제1057조(상속인수색의 공고) 제1056조제1항의 기간이 경과하여도 상속인의 존부를 알 수

없는 때에는 법원은 관리인의 청구에 의하여 상속인이 있으면 일정한 기간 내에 그 권리를 주장할 것을 공고하여야 한다. 그 기간은 1년 이상이어야 한다.

제1057조의2(특별연고자에 대한 분여) ① 제1057조의 기간 내에 상속권을 주장하는 자가 없는 때에는 가정법원은 피상속인과 생계를 같이 하고 있던 자, 피상속인의 요양간호를 한 자 기타 피상속인과 특별한 연고가 있던 자의 청구에 의하여 상속재산의 전부 또는 일부를 분여할 수 있다.

② 제1항의 청구는 제1057조의 기간의 만료 후 2월 이내에 하여야 한다.

사례

저의 할아버지는 큰아버지와 아버지, 삼촌의 3형제를 슬하에 두고 계셨습니다. 저의 아버지는 저가 3살 때 돌아가시고 어머니는 재가하여 명절 때 한 번씩 오십니다. 그래서 할아버지 할머니가 저를 키워주셨습니다. 저의 할아버지는 꽤 많은 재산을 소유하고 계셨습니다. 큰아버지와 삼촌은 평소 할아버지의 재산에 대하여 관심이 많았는데, 어느 날 할아버지께서 갑자기 심장마비로 돌아가신 것입니다. 평소 할아버지는 재산에 대하여 어떠한 말씀도 하신 적이 없습니다. 손자인 저에게도 할아버지 재산에 대한 상속권이 있습니까?

해설

상속인이 될 직계비속 또는 형제자매가 상속개시 전에 사망하거나 결격자가 된 경우에 그 직계비속이 있는 때에는, 그 직계비속이 사망하거나 결격된 자의 순위에 갈음하여 상속인이 되며, 상속개시 전에 사망 또는 결격된 자의 배우자도 그 직계비속과 함께 동순위로 공동상속인이 되며, 그 상속인이 없을 때는 단독상속인이 됩니다. 이것을 대습상속이라고 합니다. 대습상속제도는 공평의 이념을 기초로 하는 제도입니다. 대습상속은 상속개시 당시에 태아였던 자에게도 인정됩니다. 태아가 출생하면 상속이 개시된 때에 소급해서 출생한 것으로 보기 때문에 당연히 대습상속인이 됩니다. 그리고 양자도 대습상속인이 될 수 있습니다. 따라서 귀하는 할아버지가 유언을 하지 않고 사망하였으므로, 할아버지의 재산에 대하여 원래 아버지가 받아야 할 상속분만큼 대습상속을 하게 됩니다.

참고조문

제1001조(대습상속) 전조 제1항제1호와 제3호의 규정에 의하여 상속인이 될 직계비속 또는 형제자매가 상속개시 전에 사망하거나 결격자가 된 경우에 그 직계비속이 있는 때에는 그 직

계비속이 사망하거나 결격된 자의 순위에 갈음하여 상속인이 된다.

제1004조(상속인의 결격사유) 다음 각 호의 어느 하나에 해당한 자는 상속인이 되지 못한다.

1. 고의로 직계존속, 피상속인, 그 배우자 또는 상속의 선순위나 동순위에 있는 자를 살해하거나 살해하려 한 자
2. 고의로 직계존속, 피상속인과 그 배우자에게 상해를 가하여 사망에 이르게 한 자
3. 사기 또는 강박으로 피상속인의 상속에 관한 유언 또는 유언의 철회를 방해한 자
4. 사기 또는 강박으로 피상속인의 상속에 관한 유언을 하게 한 자
5. 피상속인의 상속에 관한 유언서를 위조·변조·파기 또는 은닉한 자

제3절 한정승인

한정승인이란 상속인이 상속으로 얻게되는 적극적 재산의 한도내에서 피상속인의 채무와 유증을 변제하는 상속을 말한다. 한정승인을 하고자 할 때에는 상속재산의 목록을 작성하여 반드시 법원에 신고해야 그 효력이 생긴다.

사례

조그만 중소기업을 경영하시던 저의 부친은 시가 2억원 상당의 토지 및 건물과 1,500만원 가량의 주식을 남기시고 지난 달 돌아가셨습니다. 장례식을 치루고 나니 부친에 대하여 채권이 있다고 주장하는 세 사람이 나타나서 상속재산으로부터 빚을 갚으라고 합니다. 부친의 부채총액은 2억5천만원 정도입니다. 부친의 재산을 상속받으면 부채도 상속인들이 갚아야 하는지요?

해설

상속은 소위 포괄승계사유로서 피상속인의 적극적 재산과 소극적 재산 모두가 포괄적으로 상속인에게 이전하는 것이 원칙입니다. 따라서 이 사례에서 상속인이 피상속인의 적극적 재산을 상속한다면 소극적 재산 즉, 부채도 당연히 상속되므로 부친의 부채를 갚아야 할 의무가 생깁니다.

그러나 상속인이 그의 의사와 관계없이 상속에 의하여 경제적인 부담을 당연히 안게 되는 것은 상속인에게 가혹한 일이라 할 수 있으므로, 상속인은 이러한 경우 적극적 재산을 상속받지 않으면서 부채도 부담하지 않을 수 있는 제도적 장치가 마련되어 있습니다. 즉, 상속의 포기 및 한정승인제도가 바로 그것입니다.

상속의 포기란 상속의 효력을 부인하여 피상속인의 권리 및 의무가 상속인에게 이전하지 못하도록 하는 의사표시입니다. 상속인은 상속이 있음을 안 날로부터 3개월 이내에 상속의 포기를 할 수 있습니다. 상속의 포기는 가정법원에 신고를 해야 효력이 생기고, 포기가 있으면 상속이 개시된 때에 소급하여 효력이 있습니다. 그리고 상속인이 한정승인을 하면, 피상속인의 채권자가 상속인의 고유재산에 대하여 강제집행을 할 수 없습니다.

따라서 귀하는 상속의 포기나 한정승인을 이용하여 부친의 부채에 대한 실질적인 부담을 피할 수 있습니다.

참고조문

제1019조(승인, 포기의 기간) ① 상속인은 상속개시있음을 안 날로부터 3월내에 단순승인이나 한정승인 또는 포기를 할 수 있다. 그러나 그 기간은 이해관계인 또는 검사의 청구에 의하여 가정법원이 이를 연장할 수 있다.
② 상속인은 전항의 승인 또는 포기를 하기 전에 상속재산을 조사할 수 있다.
③ 제1항에도 불구하고 상속인은 상속채무가 상속재산을 초과하는 사실(이하 이 조에서 "상속채무 초과사실"이라 한다)을 중대한 과실 없이 제1항의 기간 내에 알지 못하고 단순승인(제1026조제1호 및 제2호에 따라 단순승인한 것으로 보는 경우를 포함한다. 이하 이 조에서 같다)을 한 경우에는 그 사실을 안 날부터 3개월 내에 한정승인을 할 수 있다.

제1028조(한정승인의 효과) 상속인은 상속으로 인하여 취득할 재산의 한도에서 피상속인의 채무와 유증을 변제할 것을 조건으로 상속을 승인할 수 있다.

제1030조(한정승인의 방식) ① 상속인이 한정승인을 할 때에는 제1019조제1항 · 제3항 또는 제4항의 기간 내에 상속재산의 목록을 첨부하여 법원에 한정승인의 신고를 하여야 한다.
② 제1019조제3항 또는 제4항에 따라 한정승인을 한 경우 상속재산 중 이미 처분한 재산이 있는 때에는 그 목록과 가액을 함께 제출하여야 한다.

제1032조(채권자에 대한 공고, 최고) ① 한정승인자는 한정승인을 한 날로부터 5일내에 일반상속채권자와 유증받은 자에 대하여 한정승인의 사실과 일정한 기간내에 그 채권 또는 수증을 신고할 것을 공고하여야 한다. 그 기간은 2월 이상이어야 한다.

제1033조(최고기간 중의 변제거절) 한정승인자는 전조 제1항의 기간만료전에는 상속채권의 변제를 거절할 수 있다.

제1041조(포기의 방식) 상속인이 상속을 포기할 때에는 제1019조제1항의 기간내에 가정법원에 포기의 신고를 하여야 한다.

제6장 유 언

제1절 유언제도

유언이란 사망으로 인하여 신분상・재산상 효력을 발생시킬 것을 목적으로 하여 행하는 단독의 의사표시를 말한다. 사람은 자신과 관련된 신분이나 재산상태가 자신이 죽은 뒤에 자신의 뜻대로 처리되기를 대체로 바랄 것이다. 또 유가족들로서는 사망자의 그러한 의사를 될 수 있으면 존중하여 실천하고자 하는 것이 도의관념에 어울리는 일이라 할 수 있다. 유언제도는 이러한 이유에서 이미 고대사회에서도 발견되는 제도이다.

현행법상 17세 이상의 사람은 유언을 할 수 있다. 단, 피성년후견인은 의사능력이 회복된 때에 한하여 유언을 할 수 있다. 유언의 내용은 법에서 정하고 있다. 따라서 법에서 정하지 아니한 내용에 관하여 설사 유언이 있었다고 하더라도 그것은 법적 의미의 유언이 아니다. 예컨대 도덕적인 의미를 가진 유훈 등은 법적 의미의 유언이 아니다.

그리고 유효한 유언이 되기 위해서는 엄격한 방식에 따라야만 된다. 현행법에서 규정하고 있는 유언의 방식으로는 다음의 것들이 있다. 즉, 유언은 자필증서, 녹음, 공정증서, 비밀증서, 구수증서의 다섯 가지 방식 중 어느 하나에 따라 해야 한다. 이러한 방식에 관한 구체적인 방법은 민법에서 명문으로 규정하고 있다.

제2절 유언의 방식

제6장 유 언

유언은 엄격한 방식에 따라야 제대로 효력이 발생한다. 죽은 사람은 말이 없으므로 과연 본인의 의사가 무엇인가를 정확하게 확보해두기 위하여 유언의 방식을 엄격하게 정해두고 있다.

사례

저는 지금까지 상당한 재산을 모았습니다. 저가 죽은 뒤 저의 재산을 둘러싸고 가족들 간에 알력이 있을까봐 걱정이 되어 미리 유언을 해두고 싶습니다. 유언을 하는 방법에 관하여 알려주시기 바랍니다.

해설

유언은 반드시 법에서 정한 다섯 가지 방식 중 어느 하나에 따라서 해야 효력이 있습니다. 가장 간단한 방식으로 먼저 자필증서에 의한 유언이 있습니다. 이 유언은 유언자가 유언의 전문과 년월일, 주소, 성명을 스스로 쓰고 날인함으로써 성립됩니다. 이 유언은 유언자 자신이 직접 글로 쓰는 것이 절대적인 요건이므로, 타인에게 구수나 필기시킨 것, 컴퓨터로 작성한 것 등은 자필증서로 인정되지 않습니다. 년월일이 없는 것은 무효이나, '만 60세 생일' 등으로 쓰는 것은 무방합니다. 성명도 본인임을 알 수 있는 정도의 기재이면 되므로 예명이나 호를 기재해도 괜찮습니다. 날인은 무인으로 하여도 좋으나 문자를 삽입, 삭제, 변경할 때에는 반드시 유언자가 직접 쓰고 날인해야 합니다. 자필증서에 의한 유언은 간단하다는 장점이 있습니다만, 문자를 모르는 사람은 이용할 수 없고, 유언증서의 유무가 사후에 판명되기 어려우며, 위조나 변조의 위험이 따른다는 단점도 있습니다.

다음, 녹음에 의한 유언의 방식이 있습니다. 이 유언은 유언자가 유언의 취지 및 그 성명과 년월일을 구술하고, 이에 참여한 증인이 유언의 정확함과 그 성명을 구술함으로써 성립됩니다. 녹음에 의한 유언은 유언자의 육성을 사후에도 보존할 수 있고, 녹음기만 있으면 간편하게 할 수 있다는 장점이 있는 반면, 녹음된 것이 잘못하면 훼손될 수도 있는 흠이 있습니다.

셋째, 공정증서에 의한 유언방식이 있습니다. 이것은 유언자가 증인 2인이 참여한 공증인의 면전에서 유언의 취지를 이야기한 것을 공증인이 받아 적은 뒤, 이를 낭독하여 유언자와 증인들이 그 정확함을 승인한 다음, 각자 서명 또는 기명날인하여 이루어지는 유언입니다. 이 방식은 유언의 존재를 명확하게 하고, 그 내용을 확보할 수 있다는 점에서 유용한 방식입니다.

넷째, 비밀증서에 의한 유언이 있습니다. 유언자가 자기의 성명을 기입한 증서를 엄봉날인하고 이를 2인 이상의 증인의 면전에 제출하여 자기의 유언서임을 표시한 후, 그 봉서표면에 제출년월일을 기재하고 유언자와 증인이 각각 서명 또는 기명날인하여 작성한 것을 비밀증서에 의한 유언이라고 합니다. 이 때 유언봉서는 그 표면에 기재된 날로부터 5일 이내에 공증인이나 법원서기에게 제출하여 그 봉인 위에 확정일자인을 받아두어야 효력이 있습니다. 유언의 존재를 명확하게 해두고 싶지만 그 내용을 자기의 생전에는 비밀로 하고 싶을 때 이용할 수 있는 유언의 방식입니다. 그리고 비밀증서에 의한 유언이 그 방식에 흠결이 있을 경우 그 증서가 자필증서의 방식에 적합한 것일 때에는 자필증서에 의한 유언으로 간주됩니다.

다섯째, 구수증서에 의한 유언의 방식이 있습니다. 질병 기타 급박한 사유로 인하여 앞의 네 가지 방식으로 유언을 할 수 없을 때, 유언자가 2인 이상의 증인을 참여하게 한 후 그 1인에게 유언의 취지를 구수하고, 그 구수를 받은 자가 이를 필기낭독하여 유언자와 증인이 그 정확함을 승인한 후, 각자 서명 또는 기명날인하여 작성하는 유언의 방식입니다. 이 유언은 그 증인 또는 이해관계인이 급박한 사유가 종료한 날로 부터 7일 이내에 가정법원에 그 검인을 신청해야 합니다.

유언은 이상과 같은 여러 가지 방식이 있으므로 유언자가 자기에게 적절한 방식을 임의로 선택하여 하면 됩니다.

참고조문

제1060조(유언의 요식성) 유언은 본법의 정한 방식에 의하지 아니하면 효력이 생하지 아니한다.

제1061조(유언적령) 만17세에 달하지 못한 자는 유언하지 못한다.

제1066조(자필증서에 의한 유언) ① 자필증서에 의한 유언은 유언자가 그 전문과 년월일, 주소, 성명을 자서하고 날인하여야 한다.

② 전항의 증서에 문자의 삽입, 삭제 또는 변경을 함에는 유언자가 이를 자서하고 날인하여야 한다.

제1067조(녹음에 의한 유언) 녹음에 의한 유언은 유언자가 유언의 취지, 그 성명과 년월일을 구술하고 이에 참여한 증인이 유언의 정확함과 그 성명을 구술하여야 한다.

제1068조(공정증서에 의한 유언) 공정증서에 의한 유언은 유언자가 증인 2인이 참여한 공증인의 면전에서 유언의 취지를 구수하고 공증인이 이를 필기낭독하여 유언자와 증인이 그 정확함을 승인한 후 각자 서명 또는 기명날인하여야 한다.

제1069조(비밀증서에 의한 유언) ① 비밀증서에 의한 유언은 유언자가 필자의 성명을 기입한 증서를 엄봉날인하고 이를 2인 이상의 증인의 면전에 제출하여 자기의 유언서임을 표시한 후 그 봉서표면에 제출년월일을 기재하고 유언자와 증인이 각자 서명 또는 기명날인하여야 한다.
② 전항의 방식에 의한 유언봉서는 그 표면에 기재된 날로부터 5일내에 공증인 또는 법원서기에게 제출하여 그 봉인상에 확정일자인을 받아야 한다.

제1070조(구수증서에 의한 유언) ① 구수증서에 의한 유언은 질병 기타 급박한 사유로 인하여 전4조의 방식에 의할 수 없는 경우에 유언자가 2인 이상의 증인의 참여로 그 1인에게 유언의 취지를 구수하고 그 구수를 받은 자가 이를 필기낭독하여 유언자와 증인이 그 정확함을 승인한 후 각자 서명 또는 기명날인하여야 한다.
② 전항의 방식에 의한 유언은 그 증인 또는 이해관계인이 급박한 사유의 종료한 날로부터 7일내에 법원에 그 검인을 신청하여야 한다.

제1071조(비밀증서에 의한 유언의 전환) 비밀증서에 의한 유언이 그 방식에 흠결이 있는 경우에 그 증서가 자필증서의 방식에 적합한 때에는 자필증서에 의한 유언으로 본다.

제1073조(유언의 효력발생시기) ① 유언은 유언자가 사망한 때로부터 그 효력이 생긴다.

제3절 유언의 철회

제6장 유 언

유언을 하는 것이 자유이듯이 이미 행한 유언을 번복하는 것도 유언자의 자유이다. 유언을 번복하는 것을 유언의 철회라고 한다. 유언의 철회에는 유언자가 임의로 철회하는 임의철회와, 일정한 사유가 있으면 철회로 인정되는 법정철회의 두 가지 방식이 있다.

사례

저는 지난해 60세 생일에 공증인에게 가서 유언을 하였습니다. 유언 중에는 장남에게 법정상속분보다 많은 재산을 상속시키는 내용이 있습니다. 그런데 장남은 요즈음 방탕한 생활만 하고 있어서 아무래도 그에게 많은 재산을 주는 것은 적절하지 않다고 판단되어 후회하고 있습니다. 이미 공정증서에 의한 유언을 하였는데 이를 번복할 수가 있습니까?

해설

물론 가능합니다. 유언자는 유언 또는 생전행위로써 임의철회를 할 수 있습니다.

그리고 다음과 같은 법정철회의 사유가 있으면 유언은 당연히 철회된 것으로 간주됩니다. 즉, 전후의 유언이 서로 저촉될 때에는 그 저촉되는 전유언은 철회한 것으로 간주됩니다. 그리고 유언 후의 생전행위가 유언과 저촉될 경우에는 그 저촉된 부분의 전유언은 철회된 것으로 봅니다. 한편 유언자가 고의로 유언증서나 유증의 목적물을 파훼한(파기하거나 허물어 뜨리는) 때에는 그 파훼한 부분에 관한 유언은 철회된 것으로 간주합니다.

유언이 철회된 경우에는 유언은 처음부터 없었던 것과 같은 결과가 되어 유언자가 사망하더라도 유언의 효력은 생기지 않습니다. 그리고 유언을 철회한 후 그 철회를 다시 철회하여 원래의 유언을 부활시킬 수도 있습니다. 따라서 귀하는 이미 성립된 유언을 위와 같은 방식을 이용하여 철회할 수 있습니다.

참고조문

제1108조(유언의 철회) ① 유언자는 언제든지 유언 또는 생전행위로써 유언의 전부나 일부를 철회할 수 있다.
② 유언자는 그 유언을 철회할 권리를 포기하지 못한다.

제1109조(유언의 저촉) 전후의 유언이 저촉되거나 유언 후의 생전행위가 유언과 저촉되는 경우에는 그 저촉된 부분의 전유언은 이를 철회한 것으로 본다.

제1110조(파훼로 인한 유언의 철회) 유언자가 고의로 유언증서 또는 유증의 목적물을 파훼한 때에는 그 파훼한 부분에 관한 유언은 이를 철회한 것으로 본다.

제4절 유류분제도

제6장 유 언

사유재산제도 아래에서는 원칙적으로 사람은 자기의 재산을 자기의 의사대로 처분할 자유가 있다. 그러나 유언의 자유를 무제한으로 인정하면 바람직스럽지 못한 결과가 생길 우려도 있다. 이러한 이유에서 현행법이 두고 있는 제도가 바로 유류분제도이다.

유류분제도란 피상속인이 상속재산 중에서 일정부분을 일정한 상속인을 위하여 반드시 남겨두어야 하는 제도이다. 바꾸어 말하면 상속인의 입장에서 보면 상속재산 중 일정부분에 대한 취득을 법이 보장해주는 제도인 셈이다.

사례

저는 삼형제 중의 둘째입니다. 부친은 평생 모은 재산을 모친과 다른 형제들에게 유증한다는 유언을 하셨으나 저에게는 아무런 재산도 남겨주지 않고 돌아가셨습니다. 아마 생전에 저가 아버지에게 많은 불효를 하여서 그런 것 같습니다. 부친이 돌아가신 후 그 동안의 불효에 대하여 저는 크게 뉘우치고 있습니다. 그렇지만 부친의 재산을 한 푼도 상속받지 못한다는 것은 억울하다는 생각이 듭니다. 저는 아버지의 유언대로 전혀 상속받지 못하는 것입니까?

해설

현행법상 피상속인의 직계비속에게는 그 법정상속분의 2분의 1을 유류분으로서 인정하고 있습니다. 따라서 귀하는 상속을 받은 상속인들을 공동상대로 하여 귀하의 유류분에 해당하는 재산을 반환하라고 청구할 수 있습니다. 이 청구권은 상속개시와 유증, 증여를 한 사실을 안 때로부터 1년 이내에 행사하지 않으면 소멸하게 됩니다.

그리고 한 가지 주의할 점은 귀하가 부친의 생전에 많은 불효를 하였다고 하는데, 그 구체적인 내용에 따라서는 귀하가 상속인으로서의 자격을 상실할 경우가 있다는 점입니다. 예컨대 부친의 생전에 부친이나 모친 또는 형제들을 고의로 살해하려고 하였다는 등의 불효가 있었다면, 상속인이 될 자격을 상실하기 때문에 이와 같은 경우에는 유류분은 고려되지 않습니다.

참고조문

제1112조(유류분의 권리자와 유류분) 상속인의 유류분은 다음 각호에 의한다.

1. 피상속인의 직계비속은 그 법정상속분의 2분의 1
2. 피상속인의 배우자는 그 법정상속분의 2분의 1
3. 피상속인의 직계존속은 그 법정상속분의 3분의 1
4. 피상속인의 형제자매는 그 법정상속분의 3분의 1

제1113조(유류분의 산정) ① 유류분은 피상속인의 상속개시시에 있어서 가진 재산의 가

액에 증여재산의 가액을 가산하고 채무의 전액을 공제하여 이를 정한다.
② 조건부의 권리 또는 존속기간이 불확정한 권리는 가정법원이 선임한 감정인의 평가에 의하여 그 가격을 정한다.

제1114조(산입될 증여) 증여는 상속개시 전의 1년간에 행한 것에 한하여 제1113조의 규정에 의하여 그 가액을 산정한다. 당사자 쌍방이 유류분 권리자에 손해를 가할 것을 알고 증여를 한 때에는 1년 전에 한 것도 같다.

제1115조(유류분의 보전) ① 유류분 권리자가 피상속인의 제1114조에 규정된 증여 및 유증으로 인하여 그 유류분에 부족이 생긴 때에는 부족한 한도에서 그 재산의 반환을 청구할 수 있다.
② 제1항의 경우에 증여 및 유증을 받은 자가 수인인 때에는 각자가 얻은 유증가액의 비례로 반환하여야 한다.

제1117조(소멸시효) 반환의 청구권은 유류분 권리자가 상속의 개시와 반환하여야 할 증여 또는 유증을 한 사실을 안 때로부터 1년내에 하지 아니하면 시효에 의하여 소멸한다. 상속이 개시한 때로부터 10년을 경과한 때도 같다.

제 4 편

민사분쟁과 법

제1장 민사소송이란 어떤 제도인가?

제1절 민사소송과 자주적 분쟁해결제도

"사회있는 곳에 법이 있다."라는 법률격언이 있다. 2명 이상의 사람으로 구성되는 사회에는 반드시 법이란 규범이 존재한다는 말이다. 그런데 따지고 보면 사람의 사회에는 법이 존재하기 이전에 분쟁이 먼저 있었을 것이고, 이 분쟁을 해결하기 위해 법이 요구되었을 것이다. 아직 중앙집권적인 권력이 출현하기 전의 고대사회에서 분쟁을 그대로 방치하면 사회의 안정에 지장이 생길 수밖에 없으므로, 분쟁해결을 위한 그들 나름대로의 제도적 장치가 필요했을 것이다. 그런데 그 제도적 장치란 것이 분명하지 못하고 들쭉날쭉하면 오히려 그로 말미암아 다시 다른 분쟁이 생길 소지가 있고, 사회적 안정을 기할 수 없게 된다. 따라서 분쟁해결을 위한 제도적 장치로서 가장 먼저 요구되는 것은 분쟁해결을 위한 분명하고 획일적인 절차를 마련하는 일이고, 강제성을 띤 절차법이 그 역할을 담당했을 것으로 추측된다. 그러니까 원시사회에서는 분쟁해결을 위한 절차법이 실체법보다 먼저 요구되었음을 짐작할 수 있다.

민사소송법은 민사적인 분쟁해결을 위한 절차법의 하나이다. 국가권력이 아직 확립되지 못했던 고대사회에서는 사적인 분쟁해결을 당사자에게 맡기는 소위 자력구제를 인정하였다고 한다. 하지만 자력구제를 허용하면 권리가 침해되었을 때 힘이 있는 사람은 구제를 받을 수 있으나, 그렇지 못한 사람은 구제를 받지 못하는 모순이 생긴다. 뿐만 아니라 자력구제를 허용한다면 폭력과 같은 물리적인 힘의 사용을 전제할 수밖에 없는데, 그렇게 되면 사회가 불안하게 되는 상황을 막기도 어려워진다. 따라서 현대국가에서는 자력구제를 금하는 대신에 국가가 권리침해에 대한 구제를 담당하는 소위 국가구제제도를 예외 없이 채택하고 있다.

사적인 분쟁해결을 위한 전형적인 제도가 민사소송이지만, 이것 외에도 분쟁을 당사자가 자주적으로 해결하도록 하는 제도도 있다. 이를 자주적 분쟁해결제도라고 하는데, 화해, 조정, 중재 등이 그러한 제도이다. 아래에서 이들에 대해 간단하게 보도록 한다.

먼저, 화해란 당사자가 서로 양보하여 그들 사이의 분쟁을 끝낼 것을 약정하는 해결방식이다. 화해에는 재판외의 화해와 재판상 화해 두 가지로 나누어 볼 수 있다. 재판외의 화해란 민법상 화해계약을 말하는데, 당사자가 자주적으로 화해의 내용을 계약으로 체결하는 경우이다. 재판상 화해는 다시 제소전 화해와 소송상 화해의 두 종류로 나누어진다.

제소전 화해는 소송을 제기하기 전에 분쟁당사자의 일방이 지방법원단독판사에 화해신청을 하여 이루어지는 화해로서, 화해가 성립되면 그 효력에 있어서 소송상 화해와 다른 점이 없다. 제소전 화해는 예상되는 분쟁을 미리 신속하고 간편한 절차에 의하여 해결할 수 있도록 한다는 취지에서 마련된 제도이지만, 본래의 취지와 어긋나게 종전에는 주로 고리대금업자가 폭리를 취하는 방법으로 많이 이용된 폐단이 있었다.

소송상 화해는 소송계속 중에 다툼이 있는 권리관계에 대하여 당사자 쌍방이 서로 양보하여 그 내용을 법원에 진술하여 이러한 내용이 조서로 기재되면, 소송은 이제 그것으로 종료되도록 하는 제도이다. 우리 나라는 외국에 비하여 소송상 화해로써 소송이 종료되는 비율이 상대적으로 매우 저조하다는 지적이 있다. 소송상 화해로 분쟁을 해결하는 경향이 두드러지면 그만큼 법원도 부담을 덜게 될 것이고, 이는 공정한 재판을 위하여 바람직한 현상이 될 것이다.

한편, 민사소송법은 화해권고결정제도를 신설하여 자주적인 분쟁해결을 위한 노력을 한층 강화하고 있다(민사소송법 제225조 이하). 즉, 소송절차의 단계에 관계없이 법원이나 법관은 직권으로 당사자의 이익, 그 밖의 모든 사정을 참작하여 청구의 취지에 어긋나지 않는 범위 안에서 사건의 공평한 해결을 위한 화해권고결정을 할 수 있다. 이 결정에 대하여 당사자는 조서나 결정을 송달받은 날로부터 2주일 안에 이의를 신청할 수 있으며, 적법한 이의신청이 있으면 소송은 화해권고결정 이전의 상태로 돌아간다. 이의신청이 없으면 화해권고결정은 재판상 화해와 같은 효력을 가진다.

조정이란 법관이나 조정위원회가 분쟁당사자 사이에 개입하여 화해를 유도하는 절차이다. 조정이 성립되어 조정조서가 기재되면 재판상 화해와 동일한 효력이 생기게 된다(민사조정법 제29조). 소송에 비하여 그 비용이 저렴하며, 신속 간편하게 처리한다는 장점이 있는 당사자의 자주적 분쟁해결방식이다. 조정에는 법원에 의한 조정과 각종 행정위원회에 의한 조정이 있다. 법원에 의한 조정에는 민사조정법에 의한 조정과 가사소송법에서 정하고 있는 가사조정이 있다(가사소송법 제49조 이하). 민사조정법은 소송물가액의 다과에 불문하고 모든 민사분쟁에 대하여 당사자가 조정을 신청할 수 있으므로 민사조정은 민사분쟁해결을 위한 일반적인 제도의 하나이다.

우리 나라의 각종 행정위원회에서 마련하고 있는 주요한 조정제도로는 소비자분쟁조정위원회(소비자기본법 제60조 이하), 의료분쟁조정위원회(의료사고 피해구제 및 의료분쟁 조정 등에 관한 법률 제19조), 환경분쟁조정위원회(환경분쟁조정법 제4조 이하), 한국저작권위원회(저작권법 제112조 이하) 등을 들 수 있다.

중재라 함은 당사자의 합의로 선출된 중재인의 중재판정에 당사자가 복종함으로써 분쟁을 해결하는 제도이다. 중재의 본질은 중재인이라는 법관아닌 사인이 하는 재판이라고 할 수 있다. 중재는 단심제이므로 일반재판에 비하여 신속하고, 또한 일반적으로 해당분야의 전문가가 중재인이 되므로 보다 합리적인 판단을 도출하기 용이하다는 장점이 있다. 그러나 중재인은 당사자가 선임하기 때문에 자칫 중재인이 당사자의 이익대변자로 변질될 염려도 있다. 실제 중재제도는 국제간의 무역거래에서 발생하는 분쟁을 해결하는 제도로 많이 이용되고 있다.

제2절 민사소송절차의 종류

민사소송절차에는 통상소송절차와 특별소송절차가 있다. 통상소송절차에는 판결절차와 강제집행절차가 있으며, 이에 부수하는 절차도 있다. 특별소송절차에는 특수한 민사사건에 적용되는 절차로서 소액사건심판절차, 독촉절차, 가사소송절차, 채무자 회생 및 파산에 관한 법률(2005년 3월 31일 법률 제7428호)에 따른 회생절차, 파산절차, 개인회생절차 등이 있다.

Ⅰ. 통상소송절차

1. 판결절차

재판에 의하여 실체법상의 권리 내지 법률관계를 확정하는 절차이다. 판결절차는 원고가 피고를 상대로 법원에 대하여 일정한 권리 내지 법률관계를 주장하면, 법원이 그 주장의 당부에 대하여 판결로써 재판하는 절차이다. 본래적 의미의 민사소송은 이 판결절차를 지칭하는 말이다. 판결절차는 소에 의하여 개시되고 법원의 종국판결에 의하여 종료된다.

2. 강제집행절차

판결절차에 의하여 확정된 의무를 채무자가 이행하지 아니하면 채권자의 신청에 의하여 국가(집행기관)가 강제력을 발동하여 그 실현을 도모하는 절차이다. 강제집행절차로 들어가기 위해서는 사법상의 채무의 내용이나 범위, 정도 등이 공적으로 표창되어 있는 문서가 있어야 하는데, 이를 집행권원이라고 한다. 집행권원에는 여러 종류가 있으나 확정된 종국판결은 가장 전형적인 집행권원이다.

3. 부수절차

판결절차나 강제집행절차에 부수하는 절차로서 증거보전절차, 소송비용액확정절차, 집행보전절차, 집행문부여절차 등이 있다. 증거보전절차는 판결절차에서 정한 증거조사기간까지 기다려서는 증거조사가 곤란할 경우 미리 그 증거를 조사하는 절차이다.

집행보전절차는 장래의 강제집행이 불가능하거나 곤란할 사정이 있는 경우에 현상의 변경을 금지함으로써 집행을 보전하는 절차이다. 이에는 가압류절차와 가처분절차가 있다. 가압류절차는 금전채권의 확보를 위하여 채무자의 처분을 금하는 보전절차이다. 가처분절차에는 금전채권 이외의 다툼의 대상에 관한 청구권을 보전하기 위한 가처분과 임시의 지위를 정하는 가처분이 있다.

Ⅱ. 특별소송절차

1. 소액사건심판절차

통상소송절차에 비하여 간이한 절차인 소액사건심판절차는, 금전이나 기타의 대체물 또는 유가증권의 지급을 목적으로 하는 사건의 소송물가액이 3,000만원을 초과하지 아니하는 제1심사건(민사소액사건)을 간이하게 처리하기 위한 절차로서 통상소송절차와 다른 특칙을 두고 있다. 소액사건심판법 및 소액사건심판규칙에서 규정하고 있다.

통상소송절차에 대한 소액사건심판절차의 주요한 특칙은 다음과 같다. 소액사건은 구술로 제소할 수 있고, 구술제소를 할 때는 법원사무관 등의 면전에서 진술하며, 법원 사무관 등은 제소조서를 작성해야 한다(소액사건심판법 제4조). 금전 기타 대체물이나 유가증권의 일정수량의 지급을 목적으로 하는 청구에 있어서 채권자는 소액사건심판법의 적용을 받을 목적으로 청구를 분할하여 그 일부만을 청구할 수 없으며(일부청구의 제한), 이를 위반한 소는 판결로 각하하도록 하고 있다(동법 제5조의2).

뿐만 아니라 법원은 소가 제기된 경우에 특별한 사정이 없으면 결정으로 소장부본이나 제소조서등본을 첨부하여 피고에게 청구취지대로 이행할 것을 권고할 수 있다(동법 제5조의3). 이를 이행권고결정제도라 한다. 피고는 이행권고결정서의 등본을 송달받은 날로부터 2주일내에 서면으로 이의신청을 할 수 있는데, 피고가 이의신청을 한 때에는 원고가 주장한 사실을 다툰 것으로 본다(동법 제5조의4). 피고가 이의신청을 하지 아니하거나 이의신청을 법원이 각하한 때, 그리고 이의신청을 취하한 때에는 이행권고결정은 확정판결과 같은 효력을 가지는 집행권원이 된다(동법 제5조의7). 그리고 이행권고결정에 따라 강제집행을 할 때에는 집행문을 별도로 부여받을 필요없이 강제집행을 할 수 있도록 하여(동법 제5조의8),

통상의 집행권원에 의한 강제집행에 비하여 신속하게 집행할 수 있도록 하고 있다.

그리고 소액사건의 소가 제기되면 판사는 민사소송법의 규정에 불구하고 바로 변론기일을 정할 수 있으며, 판사는 되도록 1회의 변론기일로 심리를 마치도록 해야 하며(동법 제7조), 필요한 경우에는 근무시간외 또는 공휴일에도 개정을 할 수 있다(동법 제7조의2). 변론이 종결된 때에는 즉시 판결을 선고할 수 있다(동법 제11조의2). 당사자의 배우자, 직계혈족 또는 형제자매는 법원의 허가없이도 소송대리인이 될 수 있다(동법 제8조). 또한 법원은 소장, 준비서면 기타 소송기록에 의하여 청구가 이유없음이 명백한 때에는 변론없이 청구를 기각할 수 있으며(동법 제9조), 판사는 필요하다고 인정한 때에는 직권으로 증거조사도 할 수 있다(동법 제10조).

위에서 본 바와 같이 우리 주위에서 자주 일어날 수 있는 소액사건에 관하여는 시민들이 보다 쉽게 재판을 이용할 수 있도록 배려를 하고 있으므로, 이제 적극적으로 소액사건심판절차를 이용하여 분쟁을 해결할 필요가 있다.

2. 독촉절차

금전, 그 밖에 대체물이나 유가증권의 일정한 수량의 지급을 목적으로 하는 청구에 대해 법원은 채권자의 신청에 따라 지급명령을 할 수 있다. 지급명령에 관한 절차를 다른 말로 독촉절차라 한다. 채무자가 지급명령을 송달받은 날로부터 2주 이내에 이의를 하지 않으면, 지급명령은 확정된다. 확정된 지급명령은 집행권원이므로 채권자는 통상소송절차보다 쉽게 집행권원을 얻을 수 있으며, 이것을 가지고 집행문을 부여받을 필요 없이 강제집행을 신청할 수 있다. 민사소송법 제462조 이하 및 민사집행법 제56조 등에서 규정하고 있다.

3. 가사소송절차

인격의 존엄과 남녀의 평등을 기본으로 하고 가정평화와 친족상조의 미풍양속을 유지하기 위해 가사에 관한 소송과 비송 및 조정에 대한 절차의 특례를 규정한 절차이다. 가사소송법에서 규정하고 있다.

4. 도산절차

도산절차란 채무자 회생 및 파산에 관한 법률(보통 채무자회생법이라 한다)에 따른 절차를 말한다. 도산절차는 경제적 파탄에 빠진 채무자가 채무를 변제할 수 없게 된 경우 그의 총 재산으로써 총채권자에게 공평한 만족을 주기 위해, 그리고 이러한 채무자의 갱생을 도모하기 위해 마련되어 있는 절차이다. 이 절차에는 회생절차, 파산절차, 개인회생절차, 국제도산절차 등이 있다.

제2장 민사소송의 기본원리

제1절 당사자주의와 직권진행주의

제2장 민사소송의 기본원리

민사소송의 심리과정은 당사자와 법원의 공동작업으로 진행된다고 할 수 있다. 법원은 소송이 신속 공평하게 진행되도록 주재하고, 당사자는 사건의 진실을 밝힐 소송자료를 제공하는 역할을 수행한다. 그러나 당사자는 법원이 주재하는 소송절차의 진행에 대해 이의나 독촉을 함으로써 간섭할 수 있으며, 반대로 법원은 당사자가 제공하는 소송자료에 대하여 석명권을 행사하는 등 일정한 관여를 할 수 있다.

이와 같이 소송절차는 당사자와 법원이 공동작업으로 진행시켜야 하지만, 어느 쪽에 주도권을 주느냐 하는 문제가 생기게 된다. 당사자에게 주도권을 주는 입장을 당사자주의라 하고, 법원에 주도권을 주는 입장을 직권진행주의라고 한다. 어느 주의를 채택하느냐는 시대에 따라 국가에 따라 다르다. 우리나라는 소송의 진행에 대해서는 법원에 주도권을 주는 직권진행주의를 채택하면서, 동시에 소송자료를 수집하거나 제출하는 작업은 원칙적으로 당사자에게 맡겨서 당사자주의도 채택하고 있다.

제2절 처분권주의와 변론주의

처분권주의란 소송의 개시, 재판의 대상 및 범위, 소송의 종결 등의 사항에 관하여 당사자에게 주도권을 인정하는 주의를 말한다. 처분권주의는 사적 자치 내지 당사자 자치의 원칙을 소송법상으로 표현한 것이라 할 수 있고, 변론주의와 더불어 민사소송법이 채택하는 가장 중요한 원칙 중의 하나이다.

변론주의란 재판의 기초가 되는 소송자료(사실 및 증거)의 수집이나 제출을 오로지 당사자의 책임에 맡기는 주의를 말한다. 법원이 소송자료의 수집을 적극적으로 수행해야 하는 직권탐지주의와 대립되는 개념이다. 일반적으로 변론주의라는 용어는 처분권주의를 포함하는 넓은 의미로 쓰여지고 있지만, 민사소송법에서 이를 명문으로 규정하고 있지는 않다. 그러나 민사소송법의 대원칙임에는 아무런 의심이 없다.

민사소송절차에 변론주의, 처분권주의가 적용되는 결과 다음과 같은 경우를 생각할 수 있다. 예컨대, 갑은 을에 대하여 대여금채권 1,000만원이 있음에도 불구하고 착각하여 700만원의 대여금반환청구소송을 법원에 제기한 경우, 법원은 심리과정에서 1,000만원의 대여금청구권이 갑에게 있음을 알게되었다고 하더라도, 을이 갑에게 1,000만원의 대여금을 지급하라고 재판해서는 안된다. 왜냐하면 원고인 갑이 700만원만 주장했으므로 그 범위 내에서 법원은 판단해야 하기 때문이다. 처분권주의가 적용된 결과이다. 그리고 변론주의가 적용되므로 심리과정에서도 갑이나 을이 주장하거나 제출하는 사실과 증거에 근거하여 사실인정을 해야 한다. 물론 당사자에게만 소송자료의 수집과 제출책임을 부담지우게 하는 것이 적당하지 아니한 경우에, 법원은 보충적으로 직권주의를 가미하기도 하고, 경우에 따라서는 석명권을 행사하여 사실인정을 적절하게 시도하기도 한다.

제3절 주장과 입증

당사자가 법원에 대하여 재판, 증거조사, 송달 등 일정한 행위를 요구하는 행위를 소위 신청이라고 한다. 소를 제기하는 행위는 전형적인 신청행위이다. 이러한 신청이 있으면 법원은 원칙적으로 이에 응답을 해야 한다. 그리고 당사자는 자기의 신청을 이유있게 하기 위하여 법률상, 사실상의 진술과 증거의 신청을 하게 되는데, 이를 공격방어방법이라 한다. 공격방어방법은 다시 주장과 입증으로 나누어 볼 수 있다.

Ⅰ. 주 장

주장이라 함은 당사자의 신청을 이유있게 하기 위해 행하는 당사자의 진술을 말한다. 주장은 다시 법률관계에 관한 법률상의 주장과 사실관계에 관한 사실상의 주장으로 나누어 볼 수 있다.

법률상의 주장에 대하여 상대방이 다투면 법률관계의 기초를 이루는 요건사실에 관하여 입증을 해야 하지만, 상대방이 다투지 않으면 소위 권리자백이 이루어져서 구체적 권리관계가 그대로 승인되는 효과가 발생한다. 사실상의 주장에 대한 상대방의 태도는 부인, 부지, 자백, 침묵 중 어느 하나이다. 부인은 상대방의 주장사실을 부정하는 진술인데, 부인을 당한 상대방이 입증책임을 부담한다. 부지는 상대방의 주장사실을 모른다는 취지의 진술인데, 역시 부지를 진술한 자의 상대방이 입증책임을 진다. 자백은 자기에게 불리한 상대방의 주장사실을 진실하다고 하는 진술인데, 자백이 있으면 따로 입증을 할 필요가 없다. 침묵은 상대방의 주장사실을 적극적으로 다투지 아니하는 태도를 말하는데, 원칙적으로 자백과 동일한 효과가 인정된다.

Ⅱ. 입 증

입증이란 사실상의 주장을 상대방이 다투는 경우, 법관에게 그 증거를 제출하여 법관이 자기에게 유리한 심증을 갖도록 하는 소송행위를 말한다. 재판은 증거에 의하여 이루어져야 하고(증거재판주의), 변론주의 아래에서는 당사자가 자기에게 유리한 사실이 법원에 의하여 확정되도록 하기 위해, 주장사실을 증명할 증거를 법원에 제출하여 그 조사를 요구해야 한다. 그렇게 하지 아니하면 그 사실이 없는 것으로 취급되는 불이익을 입게 된다. 이때 증거를 제출하지 않아서 불이익을 입게 되는 책임을 입증책임이라고 한다.

민사소송법 이론상 "입증책임 있는 곳에 패소 있다."라는 유명한 법률속담이 있다. 민사소송절차가 진행되는 과정을 보면 한 쪽에서 입증책임을 다하면 상대방으로 입증책임이 넘어 간다. 이때 상대방이 입증책임을 다하면 입증책임은 다시 반대편으로 넘어 간다. 소송의 진행과정에서 입증책임은 이 쪽 저 쪽으로 마치 탁구공처럼 왔다 갔다 하는 것이다. 그러다가 마지막 입증책임을 다하지 못한 측이 패소를 당하게 된다. 위의 법률속담은 이러한 모습을 표현한 것이다. 입증책임은 소송의 승패에 직접 관련을 맺는 매우 중요한 개념으로서 당사자의 어느 쪽에 입증책임을 부담시킬 것인가에 관해서 이론상 대립이 있다. 그러나 일반적으로 말하자면, 가령 원고가 어떤 사실을 주장하면 그 사실의 존재에 대해서 입증책임을 부담하고, 이에 대해서 피고가 원고의 주장사실이 확정되는 것을 막기 위해서 다른 사실을 주장한다면, 이에 대해서는 피고가 입증책임을 지게 되는 것이다.

제3장 민사소송의 진행과정

제1절 민사소송절차의 개관

민사소송을 법원에 제기할 때에는 소장을 3통 작성하여 1통은 원고가 보관하고, 2통은 법원에 제출하되 그 중 1통에는 민사소송 등 인지법에 따라 일정한 인지를 붙여야 한다. 피고의 수가 복수이면 그 수만큼 소장을 더 작성하여 제출해야 한다. 소장을 접수한 법원은 바로 피고에게 소장부본과 답변서의 제출 등에 관한 안내문을 송달한다. 만일 소장의 부본이 피고의 주소불명 등의 이유로 피고에게 송달되지 않으면 재판장은 주소를 보정하도록 원고에게 명령하고, 원고가 이 명령에 따르지 않으면 재판장은 소장을 각하한다.

피고가 원고의 청구를 다투는 경우에는 소장의 부본을 송달받은 날부터 30일 이내에 답변서를 제출해야 한다. 피고가 이 기간 안에 답변서를 제출하지 않으면 자백한 것으로 보고 변론 없이 판결할 수 있다. 이를 무변론판결이라고 한다. 피고가 답변서를 제출해서 원고의 주장을 다투는 경우에는 재판장은 변론기일을 정해야 하고, 필요한 경우에는 사건을 변론준비절차에 부쳐야 한다. 변론준비절차에서 당사자는 준비서면으로 공방을 벌리고 증거조사도 실시하며, 이 과정에서 재판장은 사건을 조정에 부치거나 화해권고결정을 할 수도 있다. 조정이나 화해가 성립되지 않으면 변론기일을 열어서 사건을 심리하되, 첫 변론기일에 사건의 심리를 종결하는 것을 원칙으로 한다. 변론준비절차에서 당사자 사이에 정리할 쟁점이 있으면 변론준비기일(쟁점정리기일)을 열어서 당사자를 출석하게 할 수 있다.

만약 사건이 변론준비절차에 부쳐진 뒤 변론준비기일을 지정하지 않은 채 4개월이 지난 때에는 재판장 등은 즉시 변론준비기일을 지정하거나 변론준비절차를 끝내야 한다. 그리고 사건이 변론준비절차에 부쳐진 뒤 6개월이 지난 때에는 변론준비절차를 종결해야 한다. 변론준비기일이 종결되면 이제는 특별한 사정이 없는 한 당사자는 새로운 공격방어방법을 제출할 수 없다. 법원은 변론준비절차를 마친 경우에는 첫 변론기일을 연다. 첫 변론기일에는 변론준비절차에서 정리된 결과에 따라서 바로 증거조사를 해야 한다. 첫 변론기일을 거친 뒤 바로 변론을 종결하는 것이 원칙이다. 만약 변론준비절차를 거친 사건의 경우 그 심리에 2일 이상이 소요되는 때에는 가능한 한 종결에 이르기까지 매일 변론을 진행하며, 특별한 사정이 있는 경우에도 가능한 최단기간 안의 날로 다음 변론기일을 지정한다. 법원은 변론이 종결된 날로부터 2주 이내에 판결을 선고해야 하며, 복잡한 사건이라 하더라도 변론이 종결된 날부터 4주를 넘겨서는 안된다. 판결이 선고되면 법원사무관 등은 판결서를 받은 날부터 2주 이내에 당사자에게 송달해야 하고, 판결에 불복을 하고자 할 때에는 판결서를 송달 받은 날부터 2주 이내에 항소를 해야 한다. 이 기간 안에 항소하지 않으면 판결은 그것으로 확정된다.

제2절 민사소송의 준비

민사소송을 보다 효과적으로 수행하기 위해서는 소장을 법원에 제출하기에 앞서서 미리 공정증서, 가압류, 가처분, 내용증명우편 등의 조치를 해두면 편리하다. 물론 이들을 이용하지 않아도 민사소송을 제기하는데 별도의 지장이 있는 것은 아니다. 그러나 이러한 조치를 해두면 민사소송을 실제로 수행하거나, 강제집행을 할 때에 예상되는 어려움을 사전에 제거할 수 있다는 측면에서 유익한 점이 있다.

Ⅰ. 공정증서

사인간에 작성할 문서를 공증인, 합동법률사무소 또는 법무법인이 공증업무의 일환으로 작성한 문서를 공정증서라고 한다. 공정증서는 보통의 사문서와는 달리 다음과 같은 특수한 효력이 인정된다. 즉, 공정증서는 공문서이므로 그 내용은 당사자의 진정한 뜻에 따라 이루어졌다고 추정된다. 그리고 허위의 내용을 기재하거나 위조하면 공문서위조죄로 처벌을 받는다. 또한 그 원본은 공증인사무소에 보관되므로 언제든지 등본을 교부받을 수 있으며, 증서를 작성한 날짜를 증명할 수 있다.

특히 공정증서가 금전이나 대체물 또는 유가증권의 일정 수량을 지급할 것을 목적으로 하는 것이고, 채무자가 이행하지 아니할 때 즉시 강제집행할 수 있다는 뜻의 기재가 있을 때에는, 그것이 바로 집행권원이 되므로 이것을 가지고 강제집행을 신청할 수 있다. 집행권원이 되는 공정증서를 집행증서라고 하기도 한다.

채권자의 입장에서는 집행증서를 만들어 두면 번거로운 재판절차를 거치지 않고 마치 확정판결을 얻은 것과 같은 효과가 발생하므로 매우 편리한 제도이다. 그리고 집행증서가 아닌 공정증서도 위에서 본 바와 같이 공문서로서의 여러 가지 효과를 가지므로, 장래의 분쟁에 미리 대비한다는 의미에서 공정증서로 해두는 것이 여러모로 유리하다.

Ⅱ. 가압류, 가처분

강제집행을 신청하려면 집행권원이 있어야 한다. 그러나 집행권원을 얻는데에는 대개 많은 시간과 노력이 필요하다. 그리고 집행권원을 얻는 과정에서 채무자가 그의 재산을 은닉할 염려도 있고, 채무자의 재산상태가 급격히 악화될 우려도 있으므로, 채권자는 집행권원을 얻기 전에 채무자의 현재의 재산상태를 보전할 필요가 있다. 이러한 필요에서 현행법이 두고 있는 제도로 가압류와 가처분의 두 가지 제도가 있다. 가압류와 가처분을 합하여 다른 말로는 보전처분이라고도 한다.

가압류란 금전채권자가 장래의 강제집행을 보전하기 위해 채무자의 책임재산을 잠정적으로 압류하여 그 처분권을 박탈하는 제도이다. 가압류로써 보전할 수 있는 권리(이를 피보전권리라 함)는 금전채권이나 금전으로 환산할 수 있는 채권에 한한다. 그리고 가압류는 이를 하지 않으면 판결의 집행을 할 수 없거나 집행이 현저하게 곤란할 염려가 있어야 인정된다. 이를 보전의 필요라고 하는데, 예컨대, 채무자의 책임재산이 채무자의 낭비, 은닉, 훼손 등으로 감소된다든가, 채무자의 도주, 잦은 이사 등의 사유가 있으면 강제집행을 하기 곤란할 경우에 해당하여 보전의 필요가 있다고 할 수 있다.

가처분에는 다툼의 대상에 관한 가처분과 임시의 지위를 정하는 가처분이 있다. 다툼의 대상에 관한 가처분은 비금전채권의 집행보전을 위해 현재의 상태를 유지하기 위한 가처분이고, 임시의 지위를 정하는 가처분은 분쟁으로 인하여 당사자에게 생기는 현존하는 위험을 제거 또는 방지하기 위한 잠정적인 조치이다.

보전처분의 신청이 있으면 법원은 대개 신청내용을 위주로 검토하여 빠른 시일 내에 결정을 내려주므로, 신청인의 입장에서 보면 이는 상대방에 대한 기습공격이 되어 예기치 못한 충격을 줄 수 있는 방법이기도 하다. 법원은 대개 신청인의 진술을 중시하여 보전명령을 내리므로, 경우에 따라서는 신청인의 허위진술에 기초한 가압류나 가처분명령이 내려져서 피신청인에게 피해가 발생할 우려가 있다. 이러한 사정을 고려하여 법원이 보전명령을 내릴 때 담보를 제공하게 할 수 있다.

Ⅲ. 내용증명우편과 배달증명우편

내용증명우편이란 우체국에서 누가 누구에게 언제 어떠한 내용의 서신을 발송했는지 확인해 주는 우편의 한 방식이다.

내용증명우편은 소송에서 직접 요구되는 제도는 아니지만, 일정한 의사표시가 있었다는 사실에 관한 유력한 증거로 삼을 수 있다는 유리한 점이 있다. 그리고 내용증명우편은 소송을 제기하기 앞서 상대방의 태도를 파악하기 위해서 좋은 수단이 될 수 있고, 상대방에게 심리적인 압박을 가하기도 한다는 점에서 실무적으로 많이 이용되는 제도이다. 내용증명우편은 3통을 작성하여 1통에 내용증명을 받아 발송인이 보관하고 1통은 상대방에게 발송하며, 나머지 1통은 발송한 우체국에 장기간 보관되므로 유력한 증거로서 작용하게 된다.

의사표시는 상대방에게 도달해야 효력을 발생한다(의사표시의 효력발생시기에 관한 도달주의 원칙, 민법 제111조). 그런데 내용증명우편만으로는 의사표시가 상대방에 도달했는지 여부가 불분명하다. 이러한 문제를 해결하기 위해 배달증명우편제도를 이용하면 유리하다. 즉, 배달증명우편제도는 일정한 의사표시가 언제 상대방에게 확실하게 도달했는지에 관한 유력한 증거가 되기 때문이다.

배달증명으로 우편을 발송하면 상대방에게 도달한 날짜를 기재한 엽서가 배달 우체국에서 송부되어 오므로, 이것을 가지고 의사표시가 상대방에게 도달하였음을 증명하기 용이하게 된다. 내용증명우편의 실효성을 확보하기 위해서는 배달증명으로 발송할 필요가 있는 것이다.

제3절 변 론

제3장 민사소송의 진행과정

변론이란 변론기일에 법정에서 당사자 쌍방이 재판의 기초가 될 소송자료, 즉 사실과 증거를 제출하고, 법원이 이를 심리하는 절차를 말한다. 재판절차의 핵심을 이루는 절차이다. 변론과정은 당사자가 재판에 필요한 소송자료를 제출하고, 법원이 이를 지휘하고 당사자가 제출한 소송자료를 수령함으로써 진행된다. 특히 당사자가 변론에서 하는 소송행위는 당사자가 하는 본안의 신청과 이를 뒷받침하는 공격방어방법이 주를 이룬다.

그리고 변론과정에는 민사소송의 기본원칙들이 적용된다. 즉, 공개주의, 당사자처분권주의, 변론주의, 직접주의, 구술주의, 적시제출주의 등이 적용되고, 직권주의가 보충적으로 적용된다.

Ⅰ. 변론준비절차

변론준비절차란 변론을 집중적으로 진행하기 위해 변론절차에 들어가기에 앞서 주로 쟁점을 정리하는 절차를 말한다. 일명 쟁점정리절차라고도 한다. 현행 민사소송법은 '신속한 절차의 진행'을 위해 소위 집중심리제도를 채택하고 있는데, 이는 각 사건마다 별도의 변론기일을 정해서 집중적으로 그 사건만 심리하도록 하는 한편, 될 수 있으면 한 번의 변론기일에서 변론을 끝내도록 하는 심리방식이다. 이는 구법상 여러 개의 사건을 한꺼번에 심리하도록 하는 소위 병행심리제도가 신속한 재판에 걸림돌이 되고 있었던 점을 개선하기 위해 도입한 제도이다. 그런데 한 번의 변론기일로 변론을 마감하기 위해서는 그 전제로 미리 당사자 사이의 쟁점을 정리할 필요가 있고, 이를 위한 제도가 변론준비절차이다. 그러니까 집중심리주의를 위한 가장 중요한 제도적 장치가 바로 변론준비절차이다. 변론준비절차에는 준비서면을 교환함으로써 쟁점을 정리하는 절차와 변론준비기일을 열어서 쟁점을 정리하는 절차로 나누어 볼 수 있다.

1. 준비서면

준비서면이란 변론기일에 앞서서 변론의 내용을 적어 법원과 상대방에게 미리 알리는 문서이며, 동시에 당사자의 공격방어방법 및 상대방의 공격방어방법에 대한 대응을 적은 문서이다. 변론에서 주장할 소송자료로 활용하기 위하여는 준비서면에 주장과 증거를 적어서 제출하는 것만으로는 부족하고, 원칙적으로 당사자가 준비서면에 적은 내용을 변론기일에서 직접 진술해야 한다.

준비서면에 적을 사항은 법에서 정하고 있지만, 공격방어방법과 그에 대한 답변이 주된 내용이다. 준비서면에 적지 아니한 사실도 변론기일에서 진술할 수 있지만, 이 때 만약 상대방이 출석하지 아니한 경우에는 새로운 주장으로 허용되지 않는다. 즉, 그 부분에 관하여 상대방의 자백이 있는 것과 같은 효력이 발생하지 않는다. 이 점은 준비서면을 제출했더라면 상대방이 변론기일에 출석하지 않더라도 준비서면의 기재내용을 주장할 수 있다는 점, 그리고 그 기재내용에 관해 상대방이 명백하게 다투지 않고 자백을 한 것과 같은 효력이 발생한다는 점 등에서 준비서면을 제출하지 않은 경우와 다른 점이다. 요컨대 준비서면을 제출해 두면 제출하지 않은 경우에 비해 매우 유리한 입장에 서게 됨을 알 수 있다.

2. 변론준비기일

변론준비절차에서 당사자가 출석하지 않은 채로 준비서면을 계속 교환하고 증거신청이나 증거조사를 했지만 사건이 복잡해서 쟁점이 정리되지 않거나, 사건이 변론준비절차에 부쳐진 뒤 변론준비기일이 지정되지 않은 상태로 4개월이 지난 경우에는, 재판장 등은 변론준비기일을 열어서 당사자를 출석시킨 가운데 변론준비절차를 진행한다. 당사자는 변론준비기일이 끝날 때까지 변론의 준비에 필요한 쟁점과 증거를 모두 정리하여 내어야 한다. 변론준비기일이 끝나면 첫 변론기일에 바로 증거조사를 한다. 변론준비기일에 제출하지 아니한 공격방어방법은 원칙적으로 변론기일에서 제출할 수 없다.

Ⅱ. 본안의 신청과 공격방어방법

변론은 원고가 소장에 기재한 청구취지의 판결을 구한다는 뜻의 진술, 즉 본안의 신청을 함으로써 시작한다. 원고의 본안신청이 있으면 대개의 경우 피고는 소각하 내지 청구기각의 판결을 구하는 신청으로 대응하게 된다. 본안신청에 대한 당부는 법원이 종국판결로써 판단해준다.

공격방어방법이란 당사자가 그들이 한 신청을 이유있게 하기 위하여 제출하는 일체의 재판자료를 일컫는 말이다. 원고가 자기의 청구를 뒷받침하기 위해 제출하는 재판자료를 공격방법이라 하고, 피고가 원고의 청구를 배척하기 위해 제출하는 재판자료를 방어방법이라고 하는데, 양자를 합하여 공격방어방법이라고 한다. 공격방어방법에는 법률상의 주장과 사실상의 주장이 있다. 법률상의 주장이란 소송상의 청구를 이유 있게 하거나 배척하기 위해 법률적인 상태나 권리관계의 존부에 관해 하는 주장이다. 가령, 원고가 금전소비대차계약이 유효하게 성립되어 있고 변제기가 되었다고 주장하거나, 피고가 소유권에 기한 반환청구를 배척하기 위해 목적물의 소유권이 원고에게 없다고 주장하는 경우 등은 법률상의 주장을 하는 경우이다. 사실상의 주장이란 소송상의 청구를 낳게 하는 법률효과를 발생시키는 사실(이를 주요사실 또는 요건사실이라 함)이나 주요사실을 추인하게 하는 간접사실을 진술하는 주장이다. 가령, 원고의 대여금반환청구에 대해서 피고가 다투면 원고가 대여금채권이 존재한다는 것을 뒷받침하기 위해 돈을 빌려주었다는 사실을 주장하는 경우라든가, 피고가 대여금채권의 소멸을 주장하는데 대해 원고가 다투면 피고가 대여금채무를 변제했다는 사실을 주장하는 경우 등은 사실상 주장의 예이다. 사실상의 주장을 하는 경우에는 법관으로 하여금 확신을 가지도록 할 필요가 있다. 이를 증거신청 또는 입증이라고 한다.

상대방의 신청이나 주장을 배척하기 위한 방어방법에는 항변과 부인이라는 방법이 있다. 항변이란 보통 피고가 원고의 청구를 배척하기 위해서 원고의 주장과 양립할 수 있는 별도의 사실을 주장하는 방어방법을 말한다.

부인은 원고의 주장을 배척한다는 점에서는 항변과 같지만, 원고의 주장사실을 아예 부정한다는 점에서 항변과 다르다. 예컨대, 원고가 피고에게 돈 100만원을 빌려주었으나 아직 돌려받지 못하고 있다고 주장하는데 대하여, 피고가 돈을 빌렸다는 사실은 인정하되 이미 갚았으니 원고의 주장을 배척한다고 하면 항변이 된다. 그러나 돈을 빌린 사실이 아예 없다고 하여 원고의 주장을 배척하면 이는 부인이 된다.

항변과 부인의 가장 중요한 차이점은 배척하는 사실에 대한 입증책임을 누가 부담하느냐 하는데 있다. 즉, 항변을 하면 항변자가 항변의 내용에 관해 입증해야 하지만, 부인의 경우에는 부인당하는 사실을 주장한 사람이 입증을 해야 한다. 따라서 실제 소송에 있어서 원고의 사실상의 주장을 배척하는 방법을 선택할 때에는 이러한 점을 잘 고려해서 해야 한다.

제4절 증 거

Ⅰ. 증거란 무엇인가?

재판은 확정된 사실관계에 구체적으로 법을 적용하는 과정이다. 따라서 사실관계의 확정은 재판의 가장 중요한 부분이 된다. 사실관계를 확정함에 있어서 당사자가 다투지 아니하거나 누가 보아도 현저한 사안에 대하여는 그것을 그대로 판결의 기초로 삼을 수 있다. 그러나 당사자의 다툼이 있는 경우에는 결국 법원이 사실관계의 존부를 확정해야 하는데, 이 때 법원은 합리적이고 객관적으로 판단해야 하고, 이러한 법원의 판단에 요구되는 자료가 바로 증거이다. 말하자면 증거는 사실관계의 존부를 확정지우는데 필요한 자료이다.

그리고 증거란 말은 증거방법, 증거자료, 증거원인 등의 뜻으로도 사용되고 있다. 증거방법이란 법관이 오관의 작용으로 조사할 수 있는 유형물을 말한다. 증거방법 중 증인, 감정인, 당사자 등 사람인 증거를 인증이라 하고, 문서, 검증물 등과 같이 물건인 증거를 물증이라 한다. 증거자료란 증거방법의 조사에 의하여 얻은 내용을 말한다. 즉, 증언, 감정결과, 검증결과 등이 증거자료이다. 증거원인이라 함은 법관의 심증형성에 원인이 된 자료나 상황을 말한다. 이에는 증거자료와 변론전체의 취지가 있다. 변론전체의 취지라 함은 증거자료 이외에 당사자의 주장내용이나 태도, 인상 등 일체의 소송자료를 말한다. 변론전체의 취지도 증거원인이 되므로 당사자로서는 특히 유의할 필요가 있다.

증거에 의하여 법관이 가지는 심증의 정도에 따라 증명과 소명이라는 개념이 있다. 증명은 법관이 증명을 요하는 사실(이를 요증사실이라 함)의 존부에 대하여 확신을 얻은 상태, 또는 법관으로 하여금 확신을 얻도록 증거를 제출하는 당사자의 노력을 말한다. 소명이라 함은 법관이 일응 그러할 것이라는 정도의 추측을 얻은 상태, 또는 그러한 상태에 이르도록 증거를 제출하는 당사자의 노력을 말한다. 소명은 증명에 비하여 상대적으로 낮은 정도의 확신을 법관에게 주면 된다. 소명은 법이 특히 규정을 두고 있는 경우에 한하여 인정되는데, 대개의 경우 신속한 절차의 수행이 요구될 때 소명을 요하고 있다.

Ⅱ. 증인신문

증인의 증언으로부터 증거자료를 얻는 증거조사를 증인신문이라고 한다. 증인이란 과거에 경험한 사실을 법원에 보고할 것을 명령받은 제3자를 말한다. 증인은 출석의무와 진술의무, 선서의무가 있다.

출석의무라 함은 소환을 받은 증인이 지정된 일시・장소에 출석해야 하는 의무이다. 증인이 정당한 사유 없이 출석하지 아니한 때에는 법원은 결정으로 증인에게 이로 말미암은 소송비용을 부담하도록 명하고 500만원 이하의 과태료에 처한다. 과태료의 재판을 받고도 정당한 사유 없이 다시 출석하지 아니한 때에는 결정으로 증인을 7일 이내의 감치에 처한다. 감치재판은 그 재판을 한 법원의 재판장의 명령에 따라 법원공무원 또는 경찰공무원이 경찰서유치장, 교도소 또는 구치소에 유치함으로써 집행한다. 뿐만 아니라 법원은 정당한 사유 없이 출석하지 아니한 증인에 대하여 구인명령을 내릴 수도 있다. 그러나 법원은 증인과 증명할 사항의 내용 등을 고려하여 상당하다고 인정하는 때에는 출석·증언에 갈음하여 증언할 사항을 적은 서면을 제출하게 할 수 있다.

진술의무란 증인신문에 대하여 증언할 의무이다. 증인이 정당한 이유 없이 진술의무에 위반한 때에는 증가된 소송비용을 부담하도록 명하고 500만원 이하의 과태료에 처한다. 그러나 증인은 그 증언이 자기나 자기와 밀접한 관련을 가지고 있는 일정한 사람이 공소제기되거나 유죄판결을 받을 염려가 있는 사항 또는 증인이나 앞의 일정한 사람들에게 치욕이 될 사항에 관한 것인 때에는 증언을 거부할 수 있다. 그리고 변호사나 변리사 등 법령에 따라 비밀을 지킬 의무가 있는 직책 또는 종교의 직책에 있거나 이러한 직책에 있었던 사람이 직무상 비밀에 속하는 사항에 대하여 신문을 받은 때, 그리고 기술 또는 직업의 비밀에 속하는 사항에 대하여 신문을 받을 때에도 역시 증언거부권을 행사할 수 있다.

선서의무란 증인이 양심에 따라 진실을 진술할 것을 선서하는 의무이다. 다만 증인이 16세 미만인 사람이거나 선서의 취지를 이해하지 못하는 사람인 때에는 선서의무가 없다. 선서한 증인이 허위진술을 하면 형법상 위증죄로 처벌을 받게 된다. 그러나 증인이 자기 또는 자기와 밀접한 관련이 있는 일정한 사람과 현저한 이해관계가 있는 사항에 관하여 신문을 받을 때에는 선서를 거부할 수 있다. 이를 선서거부권이라 한다. 보통의 증인이 선서를 거부하면 법원은 증가된 소송비용을 부담하도록 명하고 500만원 이하의 과태료에 처한다.

증인신문은 원칙적으로 당사자의 신청에 의한다. 신문을 할 때에는 격리신문의 원칙, 구술신문의 원칙, 교호신문의 원칙이 적용된다.

격리신문의 원칙이란 2인 이상의 증인을 같은 기일에 신문할 때에는 격리하여 각자 신문해야 한다는 원칙이다. 신문하지 아니한 증인이 법정에 있을 때에는 재판장은 뒤에 신문하는 증인을 퇴정시키고 신문해야 한다. 이 원칙은 증인이 다른 증인의 진술에 영향을 받지 않게 하여 자유롭게 진술하도록 하기 위해서이다. 그러나 재판장은 필요하다고 인정할 경우에는 증인 상호간에 대질을 명할 수 있다.

구술신문의 원칙이라 함은 증인의 진술은 구술로 해야 한다는 원칙이다. 그러나 재판장의 허가가 있을 때에는 서류로 진술할 수 있다. 소액사건의 경우에는 판사가 상당하다고 인정할 때에 서면으로 진술할 수 있도록 하고 있다.

교호신문의 원칙이란 당사자가 증인을 신문할 때에 서로 번갈아 가며 신문해야 한다는 원칙이다. 증인신문의 순서에 관한 원칙이다. 즉, 먼저 증인을 신청한 당사자가 증인신문을 한 후(이를 주신문이라 함), 상대방이 신문을 하도록 한다(이를 반대신문이라 함). 반대신문이 끝난 뒤에 주신문을 한 당사자가 다시 신문을 할 수도 있다(이를 재주신문이라 함). 재판장은 당사자의 신문이 끝난 뒤에 증인을 신문할 수 있으나, 필요하다고 인정할 때에는 당사자의 신문 중이라도 스스로 증인을 신문할 수 있다. 합의부원은 재판장에게 알리고 증인을 신문할 수 있다. 재판장이나 합의부원인 법관이 하는 이러한 신문을 보충신문이라 한다.

Ⅲ. 서 증

서증이라 함은 문서의 기재내용인 사상, 의미를 증거자료로 하기 위한 증거조사를 말한다. 여기서 문서라 함은 문자나 기타의 부호에 의하여 사상적 내용이 표현되어 있는 유형물을 의미하므로, 나무조각이나 돌, 금속조각일지라도 사상의 내용이 표현되어 있는 것이면 문서이다.

문서가 실제로 입증사항의 증명에 어떠한 효과를 미치느냐 하는 문제를 문서의 증거력문제라고 한다. 문서의 증거력은 형식적 증거력과 실질적 증거력으로 나누어 볼 수 있다. 형식적 증거력이란 그 문서가 과연 입증자가 주장하는 문서작성자의 사상의 표현으로 볼 수 있는가 하는 점이다. 실질적 증거력이란 그 문서가 요증사실의 증명에 어느 정도 도움을 주느냐 하는 문제이다.

형식적 증거력이란 결국 그 문서가 작성권한있는 자의 자유로운 의사에 의하여 작성되었느냐 하는 문제인데, 이를 문서의 진정성립의 문제라고도 한다. 문서의 진정성립이 인정되지 않으면, 그 문서는 사실인정의 근거로 삼을 수 없다. 문서의 진정성립의 문제와 진정성립이 인정된 문서의 내용이 진실과 부합하느냐

하는 문제(실질적 증거력)는 별개의 문제이다.

형식적 증거력이 있는 문서라고 하더라도, 그 기재가 진실이 아니거나 입증사항과 무관한 것이면 실질적 증거력을 확보할 수 없다. 그러한 문서는 증거가치가 없다. 실질적 증거력의 판단은 법관의 자유심증에 달려있다.

문서에는 공문서, 사문서, 처분문서, 보고문서 등 여러 종류가 있다. 공문서라 함은 공무원이 그 직무권한내의 사항에 관하여 직무상 작성한 문서이다. 공문서 이외의 문서는 사문서이다. 공문서와 사문서는 문서의 형식적 증거력에 있어서 차이가 있다. 공문서는 그 성립이 진정한 것으로 추정되므로, 상대방이 공문서의 진정성립을 다투고자 할 때에는 반대사실의 입증을 해야 한다. 이에 비하여 사문서의 진정성립에 대하여는 입증자가 이를 입증해야 한다. 문서에 작성자 본인 또는 대리인의 서명이나 날인이 있고, 그 서명날인이 진정한 것임을 증명하면 문서 자체가 진정하게 성립된 것으로 추정된다.

처분문서라 함은 증명하고자 하는 법률적 행위(처분)가 그 문서 자체에 의하여 이루어진 문서를 말한다. 계약서, 차용증서, 각서, 어음, 수표와 같은 유가증권은 처분문서이다. 여기에 대하여 작성자가 보고, 듣고, 느끼고, 판단한 바를 기재한 문서를 보고문서라고 한다. 예를 들면 가족관계증명서, 진단서, 편지, 영수증 등은 보고문서이다.

처분문서와 보고문서는 실질적 증거력에 있어서 차이가 있다. 처분문서는 진정성립이 인정되면(즉, 형식적 증거력이 인정되면) 그 실질적 증거력도 당연히 인정된다. 그러나 보고문서는 진정성립이 인정되더라도 작성자의 신분, 직업, 작성의 목적 등 여러 가지 사정을 고려하여 법관이 자유심증으로 실질적 증거력을 다시 판단한다.

제4장 소송의 종료

소송은 일반적으로 법원의 재판 즉, 종국판결이 확정됨으로써 종료되지만, 당사자의 소의 취하나 재판상 화해, 청구의 포기·인낙에 의하여 종료되기도 한다. 아래에서는 재판, 소의 취하, 재판상 화해, 민사조정 등을 중심으로 살펴본다.

제1절 재 판

제4장 소송의 종료

일반적으로 재판이란 말은 소송을 해결하기 위해 법원이 내려주는 종국판결이라는 뜻으로 쓰여지고 있다. 그러나 엄격한 의미에서 재판이란 재판기관의 판단 또는 의사표시로서 소송법상 일정한 효과가 발생하는 법원의 소송행위를 말한다. 재판은 그 주체와 성립절차 등에 따라 판결, 결정, 명령의 세 가지로 나누어 볼 수 있다. 이들의 중요한 차이는 다음과 같다.

판결과 결정은 법원이 하는 재판인데 대하여 명령은 법관이 하는 재판이다. 판결은 변론을 거치는 것이 원칙이나, 결정은 간이·신속을 요하는 절차라서 변론을 거칠지 여부를 법원의 재량에 일임하고 있다. 명령은 변론을 거치지 않고 하는 재판이다. 판결은 선고를 하도록 하고 있지만, 결정·명령은 고지하면 된다. 판결에 대하여는 항소·상고로 불복할 수 있지만, 결정·명령에 대하여는 이의 또는 항고·재항고로 다툴 수 있다. 대체로 판결은 실체적인 사항에 대한 재판을 할 때 요구되고, 결정·명령은 절차사항이나 이에 부수적·파생적인 사항에 대한 재판을 할 때 요구된다. 그리고 이름이 명령이라도 실질이 결정인 경우가 있음을 유의해야 한다. 예컨대, 지급명령은 이름은 명령이지만 재판의 주체가 법관이 아니라 법원이므로 실질은 결정이다.

제2절 소의 취하

제4장 소송의 종료

소의 취하란 원고가 자신이 제기한 소의 전부 또는 일부를 판결이 확정되기 전까지 철회하는 법원에 대한 소송행위이다. 취하는 1심에 소장을 접수시킨 후 판결이 확정되기 전까지 할 수 있으므로, 1심판결이 선고되어 항소하기 전에도 가능하며, 항소심 또는 상고심에서도 가능하다. 1심판결의 선고 전에 취하를 하면 일정한 요건 아래에서 다시 소를 제기할 수 있으나, 1심판결이 선고된 후에 소취하를 하면 이후에는 동일한 사안으로 다시 소송을 제기하지 못한다.

소를 취하할 때에 피고가 본안에 관하여 준비서면을 제출하거나 변론준비기일에서 진술하거나 변론을 한 뒤에는 피고의 동의가 있어야 취하가 인정된다. 이러한 경우에는 소송을 유지하는데 대하여 피고에게도 이해관계가 있을 것이기 때문에 피고의 동의를 요하고 있다. 소의 취하를 할 때에는 원칙적으로 법원에 취하서를 제출해야 한다. 이 때 취하서에는 인지를 붙이지 않아도 되고 별도로 송달료를 내지 않아도 된다. 소취하서는 원본 1통과 피고의 수만큼 부본을 제출해야 한다. 그러나 변론기일이나 변론준비기일에서는 말로도 소의 취하를 할 수 있다.

소가 취하되면 처음부터 소송이 계속되지 않았던 것과 같은 효과가 발생한다. 그러나 소송계속 중에 발생한 소송비용은 원칙적으로 원고가 부담한다. 만약 소송비용을 둘러싸고 다툼이 있으면 당사자의 신청에 의하여 법원이 결정으로 정한다.

주의할 것은 소의 취하로 소송계속이 소급적으로 소멸하는 효과가 발생하므로, 원고는 이미 선고된 판결을 무용지물로 삼기 위해 소취하를 이용할 폐단이 염려된다. 이러한 불합리를 막기 위하여 판결선고 후에 소취하를 하는 경우에는 동일한 소를 다시 제기하지 못하도록 제한을 가하고 있다.

제3절 재판상 화해

제4장 소송의 종료

일반적으로 화해라 함은 양당사자가 서로의 주장을 일정한 정도 양보하여 분쟁을 해결하는 합의를 말한다. 양보하는 정도가 꼭 같아야 할 필요는 없다. 재판상 화해는 재판외의 화해(민법상의 화해계약)와 함께 분쟁의 자주적인 해결방식의 하나이다. 재판상 화해는 소송계속 전에 지방법원단독판사의 면전에서 하는 제소전 화해와 소송상 화해가 있다.

Ⅰ. 소송상 화해

소송상 화해라 함은 소송계속 중 당사자쌍방이 다투고 있던 권리 내지 법률관계에 관하여 법관의 면전에서 서로 그들의 주장을 양보하여 분쟁을 해결하는 소송상의 합의이다. 소송상 화해가 성립되어 이를 조서로 기재하면 확정판결과 동일한 효력이 발생한다.

소송상 화해는 판결에 비하여 신속·간이한 분쟁해결방법이라는 장점이 있다. 뿐만 아니라 판결에 의한 분쟁해결이 일도양단적인 방식인데 대하여 소송상 화해에 의한 분쟁해결은 상호양보함으로써 분쟁을 해결한다는 측면에서 당사자 사이의 첨예한 감정대립을 완화시키는 방법이라는 성질도 가지고 있다. 이러한 의미에서 소송상 화해는 분쟁해결수단으로 널리 이용되는 것이 바람직한 현상이라고 할 수 있겠으나, 우리 나라에서는 실제로 그 이용률이 다른 나라에 비해 저조하다고 한다.

Ⅱ. 제소전 화해

제소전 화해는 당사자가 민사소송을 하기 전에 당사자의 신청에 의하여 지방법원단독판사 앞에서 하는 화해이다. 소송을 하기 전에 소송을 예방하기 위한 화해라는 점에서 소송상 화해와 구별된다. 그러나 그 법적 성질이나 요건, 효력 등은 소송상 화해와 크게 다르지 않다.

제소전 화해의 원래 목적은 이미 존재하는 민사상 분쟁을, 소송을 하기 전에 해결하자는데 있다. 거래 실무에서는 채권자와 채무자 사이에 일어날 수 있는 분쟁을 소송을 통하지 않고 바로 해결할 수 있다는 매력 때문에, 대체로 채권자가 선호하는 분쟁해결방식이다. 그러나 채무자로서는 소송을 통한 분쟁해결방식이 봉쇄된다는 점 때문에 제소전 화해를 할 때에는 특히 신중하게 대처해야 한다. 제소전 화해의 경우 법원은 당사자 사이에 화해를 권고하는 역할을 하는 것이 아니라, 당사자 사이에 성립된 계약을 공증해주는 정도의 역할을 하는데 그치고 만다.

제4절 민사조정

조정은 원래 법관이나 조정위원회가 분쟁당사자 사이에 개입하여 해결을 유도하는 절차를 말한다. 소송에 비해 비용이 저렴하며, 간이 신속하게 분쟁을 해결할 수 있고, 화해와 같이 당사자들의 상호양보로 분쟁을 해결한다는 장점이 있는 분쟁해결방식이다.

민사조정이란 민사조정법에 의한 조정제도로서, 민사에 관한 분쟁을 간이한 절차에 따라 당사자 사이의 상호양해를 통하여 조리를 바탕으로 실정에 맞게 해결하기 위한 제도이다. 민사조정법은 모든 민사분쟁을 대상으로 하는 민사조정에 관한 기본적인 법률인데, 그 주요한 내용은 다음과 같다.

조정의 신청은 서면 또는 구술로 할 수 있고(동법 제5조), 소송이 계속중인 1심법원이나 2심법원은 필요하다고 인정하는 경우에는 항소심판결선고 전까지 소송이 계속중인 사건을 결정으로 조정에 회부할 수 있다(동법 제6조). 조정사건은 원칙적으로 조정담당판사가 처리하지만, 조정담당판사는 스스로 조정을 하거나 조정위원회로 하여금 이를 하게 할 수 있는데, 다만 당사자의 신청이 있는 때에는 조정위원회로 하여금 이를 하게 하여야 한다. 그러나 수소법원(소를 받은 법원)이 조정에 회부한 사건으로서 조정담당판사가 처리하는 것보다 수소법원은 스스로 조정하는 것이 적절하다고 인정한 사건은 스스로 처리할 수 있다(동법 제7조).

조정위원회는 조정장 1인과 조정위원 2인이상으로 구성되는데, 조정장은 법관이 맡고, 조정위원은 고등법원장, 지방법원장 또는 지방법원지원장이 학식과 덕망이 있는 사람 중에서 미리 위촉한다. 다만, 상임 조정위원은 변호사 자격이 있는 사람 중에서 법원행정처장이 위촉한다(동법 제8조, 9조, 10조).

조정절차는 비공개를 원칙으로 하되, 조정담당판사가 인정하는 사람은 방청할 수 있다(동법 제20조). 조정은 당사자 사이에 합의된 사항을 조서에 기재함으로써 성립하고, 성립된 조정은 재판상 화해와 동일한 효력이 생긴다(동법 제28조, 29조). 조정담당판사는 사건의 성질이 조정을 하기에 적당하지 아니하다고 인정하거나, 당사자가 부당한 목적으로 조정신청을 한 것임을 인정하는 때에는, 조정을 하지 아니하는 결정으로 사건을 종결시킬 수 있다(동법 제26조). 그리고 조정담당판사는 당사자 사이에 합의가 성립될 가능성이 없거나, 성립된 합의의 내용이 적당하지 아니하다고 인정하는 때에는, 조정이 성립되지 아니한 것으로 사건을 종결시킬 수 있다(동법 제27조).

조정담당판사는 합의가 성립되지 아니한 사건 또는 당사자사이에 성립된 합의의 내용이 적당하지 아니하다고 인정한 사건에 관하여, 상당한 이유가 없는 한 직권으로 당사자의 이익 기타 모든 사정을 참작하여 신청인의 신청취지에 반하지 아니하는 한도내에서 사건의 공평한 해결을 위한 결정을 해야 한다(동법 제30조). 이를 '조정을 갈음하는 결정'이라고 한다. 이 결정에 대해 당사자는 조서정본이 송달되기 전에도 이의를 신청할 수 있는데, 이의신청을 할 때에는 늦어도 조서정본이 송달된 날부터 2주일 이내에 해야 한다(동법 제34조). 만약 이 기간 안에 이의신청을 하지 않거나, 이미 한 이의신청을 취하하거나, 이의신청이 적법하지 않아서 각하된 경우에는 재판상 화해와 동일한 효력이 생긴다. 조정이 성립되지 않거나 조정을 갈음하는 결정에 대해 적법한 이의신청이 있으면, 조정사건은 통상의 소송절차로 넘어가게 된다(동법 제36조). 즉, 조정신청이 있었던 때에 소의 제기가 있었던 것으로 취급한다.

제 5 편
생활과 문서

제1장 재산관계에 관한 문서

제1절 계약서의 작성

주지하다시피 계약은 반드시 문서로 작성되어야 성립하는 것은 아니다. 말로도 얼마든지 계약은 훌륭하게 성립될 수 있으며, 경우에 따라서는 계약을 체결한다는 의식조차 없이 이루어진 사실상의 행위만으로도 계약이 성립되는 수가 있다. 그러나 실제거래의 현장에서 계약이 체결될 때는 계약서를 작성하는 것이 일반적이고, 계약이 특히 중요한 것일 때에는 대개의 경우 계약서가 작성 교부되는 것이 관행이다.

계약서를 작성하는 가장 중요한 이유는 앞으로 발생할지도 모르는 법적 분쟁을 대비하여 계약 당시에 법률관계를 명확하게 해두고, 만약 소송으로 분쟁을 해결하고자 할 때에는 유력한 증거로서 활용할 수 있다는데에 있다. 그렇다고 하더라도, 어떤 경우에는 계약서를 잘못 작성함으로써 오히려 분쟁을 자초하는 경우도 많이 보게 된다.

계약서를 작성하는 방법은 매우 다양하다. 계약내용에 따라 간단한 것이 있는가 하면, 법률전문가도 세심한 주의를 기울여야 하는 복잡한 것도 많이 있다. 그러나 어떠한 계약서도 계약당사자, 계약내용, 계약체결 년월일, 계약당사자의 서명이라는 네 가지 사항은 반드시 명확하게 표시해 두어야 뒤탈을 막을 수 있다.

제2절 매매계약서

Ⅰ. 부동산매매계약서

다음에 소개하는 매매계약서는 부동산중개업자가 사용하는 표준양식의 한 예이다. 따라서 당사자들이 부동산중개업자의 관여없이 부동산매매계약서를 작성할 때에 이를 참고하면 좋을 것이다.

부 동 산 매 매 계 약 서

□ 매도인용
□ 매수인용
□ 업소보관용

No

부동산 의표시	소재지	시 구 동
	면 적	건물 평( ) 대지 평( ) 기타 평( )
매 매 대 금 금		원정

제1조 위 부동산의 매도인과 매수인 합의하에 아래와 같이 계약함.
제2조 위 부동산매매에 있어 매수인은 매매대금을 아래와 같이 지불키로 함.

계 약 금	원정은 계약시 지불하고
중 도 금	원정은 년 월 일 지불하며
잔 금	원정은 년 월 일 중개업자 입회하에 지불함.

제3조 위 부동산 명도는 년 월 일로 함.
제4조 매도인은 잔금 지급일 현재의 위 부동산에 관련된 채무 및 제세공과금을 변제키로 함.
제5조 매도인은 잔금 수령시 소유권이전(등기)에 필요한 서류를 매수인에게 주기로 함.
제6조 매도인과 중개업자는 별첨 중개물건확인서를 작성하여 서명 날인하고 매수인은 이를 확인 수령함. 다만 매도인은 중개물건확인 설명에 필요한 자료를 중개업자에게 제공하거나 자료수집에 따른 법령에 규정한 실비를 지급하고 대행케 하여야 함.
제7조 중개수수료는 부동산중개업법 제20조 규정에 의한 금액을 계약시50% 잔금지급시 50%를 매매쌍방이 각각 지불키로 함.

제8조 본 계약을 매도인이 위약시는 계약금의 배액을 변상하며 매수인이 위약시는 계약금을 무효로 하고 반환청구할 수 없음.

단,

위 계약조건을 확실히 하고 후일에 증하기 위하여 본계약서를 작성하고 각1통씩 보관한다.

년 월 일

매 도 인	주 소	시 구
	주민등록번호	전화번호 성명 인
매 수 인	주 소	시 구
	주민등록번호	전화번호 성명 인
중개업자	주 소	시 구 허가번호
	상 호	부동산 전화번호 성명 인

* 단서에는 매매목적물의 종물이나 부속물에 관한 특약이나, 매매대금의 지급방법에 관한 특약이 있을 경우 이들을 기재하면 된다. 예컨대, 일반 가옥을 매매할 때에 정원수는 매매의 대상에서 제외한다든지, 목적물에 관하여 이미 임대차계약이 있는 경우 임대보증금에 대한 조치 등을 기재하면 된다.
참고로 '명도'라는 용어는 되도록 사용하지 않는 것이 좋다. 왜냐하면 물건에 대한 사실상의 지배상태, 즉 점유를 이전하는 행위를 인도라고 하고, 부동산의 인도를 거래의 실제에서는 특히 명도라고 하고 있다. 그러나 명도란 말은 일본용어라는 지적이 있으므로 될 수 있으면 삼가하는 것이 좋겠다.

Ⅱ. 환매조건부매매계약서

환매란 매매계약과 동시에 매도인이 목적물을 일정한 조건으로 다시 매수할 수 있도록 하는 특약을 말한다. 환매조건부매매계약은 이러한 환매권을 매도인에게 유보시켜 놓은 매매계약이다. 환매조건부매매계약은 소위 매도담보라는 거래에 자주 이용되는 계약으로서 채권담보의 기능을 한다.

환매조건부매매계약서

매도인(　　)를 갑, 매수인(　　)를 을이라 하여 양당사자는 다음과 같이 부동산매매계약을 체결한다.

제1조 갑은 그가 소유하는 다음 표시의 부동산을 을에게 매도하고, 을은 금　　　원에 이를 매수한다.

부동산의 표시

시　　구

대지　　　　평

위 지상건물　　　　　　평

제2조 본건 매매계약 이행기일인　　년　　월　　일에 갑은 그 소유권이전등기를 경료하여야 하고, 을은 이와 동시에 관할등기소에서 위의 대금을 갑에게 지급한다.

제3조 갑은 본건 부동산에는 저당권 등의 담보물권이 설정되어 있지 않음을 확약한다.

제4조 (1) 갑은　　년　　월　　일까지 본건 매매대금 및 계약의 비용을 제공하여 본건 부동산을 환매하기로 하며 을은 이를 승낙한다.

(2) 갑이 전항의 환매권을 행사할 때에는 그 기일을 을에게 통지하여 관할등기소에서 전항의 대금 및 계약의 비용을 반환하고, 을은 이와 동시에 그 소유권이전등기절차를 이행하여야 한다.

제5조 본건 부동산의 소유권이전등기에 소요되는 등록세 및 등기절차에 관한 비용, 기타 이 계약에 관한 비용은 모두 매수인 을이 부담한다.

위의 계약을 증명하기 위하여 본증서 2통을 작성하여 각자 서명한 다음 각각 1통씩을 소지한다.

년　　월　　일

주 소
매도인 ○○○ 인
주 소
매수인 ○○○ 인

Ⅲ. 매매예약서

장래 일정한 계약을 체결할 것을 미리 약정하는 계약을 예약이라 하고, 그것에 기초하여 체결되는 계약을 본계약이라고 한다. 예약을 하면서 당사자 중 일방 또는 쌍방이 본계약을 체결하겠다는 일방적인 의사표시(이를 예약완결의 의사표시라고 함)를 함으로써 본계약이 체결되도록 하는 권리를 가지게 정할 수 있다. 이러한 권리를 예약완결권이라 한다. 예약완결권은 실제로 예약을 하는데 있어서 가장 중요한 사항이다. 매매예약은 장래의 매매계약에 대한 예약이다.

매 매 예 약 서

예약자○○○는 예약완결권자 ○○○에 대하여 다음의 부동산에 관하여 하기의 약정으로 매매예약을 할 것을 약정하며, 예약완결권자 ○○○는 이를 승낙한다.

물건의 표시
시 구 동 번지
대지 평(혹은 건물의 표시)

제1조 본 예약에 관한 매매대금은 금 원으로 한다.
제2조 예약완결권자는 년 월 일까지 매매완결의 의사표시를 할 수 있다.
제3조 예약완결권자가 전조의 매매완결의 의사표시를 하였을 때 매매계약은 성립하며, 예약자는 예약완결권자를 위하여 본건 물건에 관하여 소유권이전등기절차를 이행하여야 한다. 이 경우 예약완결권자는 위 등기절차와 동시에 제1조의 매매대금을 예약자에게 지급하여야 한다.
제4조 본 예약에 관한 비용 및 전조의 등기에 필요한 등록세 및 등기절차비용은 예약완결권자의 부담으로 한다.

이 계약을 증명하기 위하여 본 예약서 2통을 작성하여 각자 서명날인한 후 1통씩 보유한다.

년 월 일

주 소
예약자○○○ 인
주 소
예약완결권자○○○ 인

* 예약완결권을 당사자 중 일방만 가지고 있는 경우에(이러한 예약을 일방예약이라 한다) 만약 예약완결권의 행사기간에 관한 약정이 없으면, 상대방으로서는 예약완결권자가 언제 예약완결권을 행사할 것인지 궁금하게 되고, 법적으로 불안할 여지가 있다. 이러한 경우 상대방은 예약완결권자에게 예약완결권의 행사여부를 최고할 수 있다. 다음은 예약완결권행사에 대한 최고서의 한 예이다.

최 고 서

년 월 일 본인과 귀하와의 사이에 성립한 매매예약계약에 의한 하기의 부동산에 대한 매매예약에 관하여는 매매완결의 의사표시를 행할 기간의 약정이 없으므로, 오는 년 월 일까지 상기 매매를 완결할 것인지의 여부를 확답하여 주시기를 최고합니다.

(부동산의 표시－생략)

년 월 일

주 소

최고인○○○ 인

주 소

○○○ 귀하

* 예약자(예약완결권자의 상대방)가 위와 같은 예약완결권행사의 최고를 했음에도 불구하고 예약자가 위 기간 안에 확답을 받지 못한 때에는 예약은 그 효력을 상실하게 된다.

Ⅳ. 할부매매계약서

할부매매는 매수인이 할부금을 완납할 때까지 목적물의 소유권을 매도인이 가진다는 점이 가장 큰 특색이다. 따라서 할부매매를 소유권유보부매매라고 하기도 한다. 계약자유의 원칙이 인정되는 이상 이러한 매매도 유효하다.

그러나 할부매매계약서는 약관으로 이미 만들어져 있는 경우가 대부분이고, 약관의 내용이 일방적으로 매수인에게 불리한 경우에는 「약관의 규제에 관한 법률」에 의하여 그 효력을 제한할 수 있다. 할부매매는 대부분 동산을 목적물로 하고 있지만, 부동산에 대한 할부매매도 얼마든지 가능하다.

할 부(월부) 매 매 계 약 서

매도인 ○○○(이하 갑이라 함)은 매수인 ○○○(이하 을이라 함)에게 다음에 표시된 물건을 아래와 같은 조항으로 매매한다.

물건의 표시

○○ 주식회사 제품 형 냉장고 1대

1. 매매대금은 원으로 한다.
2. 을은 갑에게 이 계약 성립과 동시에 금 원, 잔액은 년 월 일부터 매월 25일에 금 원씩 지불한다.
3. 갑은 을에게 이 계약성립과 동시에 본건 물건을 교부한다. 단, 물건의 소유권은 대금의 지급을 완료할 때까지 갑에게 있는 것으로 한다.
4. 을이 본건 물건을 그 용법에 따라 사용하다가 발생하는 고장에 대하여는 제2조의 월부금완료시까지 갑이 무료로 수리한다.
5. 을이 월부금의 지급을 10일 이상 연체한 때에는 갑은 별도의 최고없이 이 계약을 해제할 수 있다.
6. 전조에 의하여 갑이 계약을 해제한 때에는 을은 즉시 본건 물건을 반환하여야 하며, 갑이 이미 수령한 대금 중에서 본건 물건의 사용료조로 1개월당 원 상당의 금액 및 파손 정도에 따라서 갑이 인정하는 손해배상액에 공제하고, 만약 이러한 금액이 이미 갑이 수령한 금액을 초과할 경우에는 을은 즉시 그 부족액을 지불하여야 한다.
7. 본건 물건이 멸실 또는 파손되었을 경우에는 그 사유여하를 막론하고 을이 대금의 전부를 지급하여야 한다.
8. 을이 월부금의 지급을 2회 이상 연체한 때에는 갑은 그의 선택에 따라 제5조의 규정에 불구하고 대금잔액 전부를 일시에 청구할 수 있다.
9. 을은 주소가 변경되면 미리 문서로써 이를 갑에게 통지하여야 하며, 이를 해태한 때에는 갑은 제5조 및 제8조를 적용할 수 있다.

위의 계약을 증명하기 위하여 본 계약서 2통을 작성하여 서명날인한 후 각자 1통씩 보관한다.

년 월 일

위 매수인 주소

○○○ 인

매도인 주소

○○○ 인

* 종전에 실제로 이용되었던 할부매매계약서의 한 모습이다. 요즘에도 부동산할부거래에 있어서는 이러한 유형의 계약서가 이용되기도 하지만, 동산의 할부거래에 관하여는 이제는 거의 할부매매계약서라는 서식을 사용하지 않고, 신용카드 등으로 결제하고 있는 실정이다. 아무튼 할부매매계약서라는 서식을 이용하는 거래에 있어서는 매도인이 미리 이를 인쇄해 두기 때문에 그 내용이 매수인에게 일방적으로 불리한 경우가 있다. 만약 거래의 내용이 「할부거래에 관한 법률」에서 정하고 있는 것보다 매수인에게 불리한 때에는 효력이 발생하지 않는다.

제3절 임대차계약서

Ⅰ. 전세계약서

전세계약은 임대차계약의 일종으로서 전세권이라는 용어를 사용하고 있더라도 그 의미는 물권인 전세권을 뜻하는 것이 아니고, 임차권의 일종인 소위 채권적 전세를 말한다.

전 세 계 약 서

주 소
가옥 소유자(갑) ○ ○ ○

주 소
가옥 전세권자(을) ○ ○ ○

가옥의 표시 시 구
철근콘크리트조 채 건평 평

위 갑과 을 사이에 다음과 같은 조건으로 전세계약을 체결한다.

1. 전세금액은 원정으로 하되, 을은 이 계약성립과 동시에 계약금 원을 갑에게 지급하고, 잔금은 년 월 일 완불하기로 한다.
2. 갑은 전세금 잔액을 지급받은 날에 가옥을 을에게 명도한다.
3. 전세기간은 가옥을 을에게 명도한 날로부터 2년간으로 한다.
4. 을은 갑의 승낙을 받아서 가옥을 개축 또는 변조할 수 있으나, 가옥을 반환할 때에는 갑의 요구에 따라 원상태로 복구하여 반환하여야 한다.
5. 을은 갑의 승낙없이 가옥의 전부 또는 일부를 타인에게 전전세 또는 임대하지 않기로 하며, 갑의 승낙을 받은 때에는 서면으로 따로 약정한다.
6. 전세금은 을이 위 가옥을 갑에게 완전히 명도한 때에 반환한다.
7. 갑이 계약금을 받은 후 이 계약을 해제할 때에는 계약금의 배액을 변상하고, 을이 위약하였을 때에는 계약금을 포기하고 계약을 해제할 수 있다.
8. 이 계약을 증거로 하기 위하여 계약서 2통을 작성하여 각자 서명날인한 것을 각각 1통씩 보관한다.

년 월 일

주 소
가옥소유자 ○ ○ ○ 인

주 소
전세권자 ○ ○ ○ 인

Ⅱ. 건물임대차계약서

임대차계약은 대가를 지급하고 타인의 물건을 사용하는 대표적인 계약으로서, 매매계약과 함께 우리의 경제생활에 대단히 중요한 기능을 하고 있다. 물건이 사용, 수익으로 소멸하지 않는 것이면, 모두 임대차의 목적물로 할 수 있으므로 동산임대차도 가능하지만, 특히 중요한 것은 부동산임대차계약이다.

건 물 임 대 차 계 약 서

주 소
임대인(갑) ○ ○ ○
주 소
임차인(을) ○ ○ ○

위 두 사람은 임대인 ○○○를 갑, 임차인 ○○○를 을이라 하여 다음과 같은 임대차 계약을 체결한다.

목적물(건물)의 표시
시 구
목조기와집 1채 건평 평

1. 보증금은 원으로 정하고, 을은 이 계약이 성립됨과 동시에 갑에게 지급한다.
2. 임대료는 매월 원으로 정하고, 을은 매월 말일까지 갑에게 지급하기로 한다.
3. 이 임대차계약의 존속기간은 이 계약일로부터 2년간(년 월 일)으로 한다.
4. 을은 갑의 승낙없이 이 건물의 전부 또는 일부를 타인에게 양도 또는 전대할 수 없다.
5. 이 건물에 관련되는 제세공과금 및 건물유지에 관계되는 수리비 기타 제반비용은 갑이 부담한다.
6. 을이 제4조를 위반하거나 2개월 이상 임대료의 지급을 연체하였을 때에는 갑은 별도의 최고를 함이 없이 이 계약을 해지할 수 있다.
7. 을은 갑의 승낙없이 임의로 건물의 형태를 조작하거나 바꿀 수 없다.
8. 보증금은 을이 이 건물을 명도하였을 때 반환한다. 다만 임대료의 체납이 있을 때에는 보증금으로써 이를 충당한다.
9. 이 계약을 증명하기 위하여 계약서를 2통 작성하여 각자 서명날인한 후 각각 1통씩 보관한다.

년 월 일

위 임대인(갑) ○ ○ ○ 인

임차인(을) ○ ○ ○ 인

제4절 소비대차계약서

Ⅰ. 금전소비대차계약서

이자가 붙어 있는 금전소비대차의 경우에는 특약이 없는 이상 양당사자에게 기한의 이익이 있는 것으로 보아야 한다. 양당사자에게 기한의 이익이 있을 때에는 상대방의 이익을 배상하고 기한의 이익을 포기할 수 있다. 따라서 이자부금전소비대차의 경우 채무자가 변제기가 도래하기 전에 변제하여 자기에게 주어진 기한의 이익을 스스로 포기할 때에도, 실제로 변제하는 날까지의 이자가 아니라 처음 약정한 변제일까지의 이자를 채권자에게 지급해야 한다.

금 전 소 비 대 차 계 약 서

주 소　　　시　　　구
대 주(갑) ○　○　○

주 소　　　시　　　구
차 주(을) ○　○　○

위 당사자간에 금전의 소비대차를 위하여 다음과 같이 계약한다.

1. 갑은 금　　　원을 을에게 대여하고, 을은 이를 차용한다.
2. 이자는 월　　　원으로 하되, 을은 매월 말일에 갑에게 이를 지급한다.
3. 원금의 변제기는　　　년　월　일로 한다.
4. 원금 및 이자의 변제장소는 이 계약체결 당시의 갑의 주소로 한다.
5. 을이 이자의 지급을 1개월이라도 해태한 때에는 을은 제3조의 기한의 이익을 상실한다.
6. 이 계약을 증명하기 위하여 계약서를 2통 작성하여 각자 서명날인한 후 각각 1통씩 보관한다.

년　　월　　일

주소
위 대주 ○ ○ ○ 인
주소
차주 ○ ○ ○ 인
주소
입회인 ○ ○ ○ 인

Ⅱ. 차용증서

차용증서는 1통을 작성하여 채무자가 채권자에게 교부하는 것이 보통이다. 금전의 차용에 관하여는 채권자가 이를 분명한 증거로 해둘 필요가 절실하기 때문에 이러한 관행이 있는 것으로 판단된다. 그러나 채무자로서도 금전차용에 관하여 증거를 명확하게 해둘 필요는 있다.

즉, 금전차용을 둘러싸고 후일에 법적 분쟁이 발생할 경우, 채권자가 금전차용을 할 때의 내용과 다르게 주장을 한다면 채무자로서는 이에 대하여 적절하게 방어를 할 필요가 있을 것이고, 그러기 위해서는 분명한 증거가 있어야 한다. 그러나 금전차용을 증명할 차용증서를 채권자만 가지고 있을 경우에 채무자로서는 증거를 세우기가 용이하지 않을 염려가 있다. 따라서 금전차용의 경우 차용증서를 작성 교부하는 것보다는 금전소비대차계약서를 2통 작성하여 각각 1통씩 보관하는 것이 나중의 법적 분쟁에 대비하는 현명한 태도라고 하겠다.

차 용 증 서 (1)

일금 원정

1. 전기 금원을 다음과 같은 조건으로 채무자 ○○○가 틀림없이 차용한다.
2. 변제기는 년 월 일로 한다.
3. 이자는 월 원으로 하고, 매월 말일에 지급한다.
4. 원금과 이자의 변제장소는 채권자의 주소지로 한다.
5. 이자를 회 이상 연체한 때에는 채무자는 제2조의 기한의 이익을 상실한다.
6. 채무자의 채무이행은 ○○○가 보증한다.

년 월 일

주 소
채무자 ○ ○ ○ 인
주 소
보증인 ○ ○ ○ 인

주 소
채권자 ○ ○ ○ 귀하

차 용 증 서 (2)

일금 원정

위 금전을 아래의 두 사람이 연대하여 차용합니다. 이자는 월 부로 하되 매월말 일에, 원금은 년 월 일에 모두 귀하에게 지참하여 변제하겠습니다. 만약 이자를 월 이상 연체한 때에는 위 기한에 불구하고 언제든지 청구하여도 무방합니다. 그리고 이 계약에 의한 채무를 청구하실 때에는 두 사람 중 1명에 대하여 전부를 청구하시거나, 또는 동시에 혹은 순차로 두 사람에 대하여 전부를 청구하여도 이의없습니다.

위와 같은 내용으로 금전을 틀림없이 차용하였기에 이 차용증서를 드립니다.

년 월 일

주 소
연대채무자 ○ ○ ○ 인
주 소
연대채무자 ○ ○ ○ 인

주 소
채권자 ○ ○ ○ 귀하

* 차용증서(1)은 법률문장의 형식으로 작성하는 예이고, 차용증서(2)는 보통의 문장으로 작성하는 예이다. 두 가지 모두 차용증서로서 담아야 할 내용을 잘 나타내고 있다. 그러나 문서를 작성하는 가장 중요한 이유는 법률관계를 명확하게 해 두는데 있다. 그렇다면 해석상의 오해가 생길 여지가 상대적으로 적은 법률문장의 형식으로 작성하는 편이 좋을 것이다.

Ⅲ. 준소비대차계약서

당사자 쌍방이 소비대차에 의하지 아니하고 금전이나 기타 대체물을 지급할 의무가 있는 경우에, 당사자가 그 목적물을 소비대차의 목적으로 할 것을 약정하면 소비대차의 효력이 생기게 된다. 이러한 소비대차를 준소비대차라 한다. 예를 들어 갑이 을에게 상품대금으로 돈 100만원을 받을 것이 있을 경우, 두 사람이 이 돈에 대하여 이후 서로 빌리고 빌려준 관계로 한다고 약정을 하면 준소비대차관계가 성립된다. 당사자의 편의를 위하여 인정되는 제도이다.

준 소 비 대 차 계 약 서

일금 원정

1. 위 금액은 원래 차주가 대주에게 지급해야 할 상품대금의 일부이나, 차제에 당사자 간의 약속에 따라 이를 소비대차로 바꿉니다.
2. 이자는 월 원으로 하고, 매월말에 지급하겠습니다.
3. 원금은 년 월 일에 갚겠습니다.
4. 이자를 단 1월이라도 연체한 때에는 위 변제기에 관계없이 원리금을 일시에 청구하더라도 이의를 하지 않겠습니다.

년 월 일

주 소
차 주 ○ ○ ○ 인
주 소
보증인 ○ ○ ○ 인

주 소
대 주 ○ ○ ○ 귀하

Ⅳ. 차용증작성의 허실

무릇 계약서를 작성할 때에는 당사자나 계약의 내용을 정확하게 표시하는 일이 무엇보다 중요하다. 계약서는 법률관계를 분명하게 하여 장래에 발생할 수도 있는 분쟁을 사전에 미리 예방한다는 점에서 작성되고 있지만, 당사자나 계약의 내용을 잘못 기재하거나 애매하게 표시해서 오히려 분쟁을 자초할 위험도 있으므로 세심한 주의가 요구된다. 이러한 주의는 일반적인 계약서를 작성할 때에도 요구되지만, 금전소비대차계약서나 차용증서 등을 작성할 때에 특히 주의해야 한다. 다음에서 이와 관련되는 경우를 실례를 통해 보기로 한다.

1. 당사자가 애매한 경우

> **차 용 증**
>
> 본인은 귀하로부터 일금 오백만원을 차용하되, 이자 오십만원을 포함하여 합계 오백오십만원을 2010년 10월 15일 틀림없이 변제하겠습니다.
>
> 2010년 1월 16일
>
> 차용인 갑을주식회사 경리과장 홍 길 동 인
>
> 김 갑 동 귀하

* 차용증서는 간단한 문구로 작성되어 있을지라도 그 내용이나 당사자 등이 명확하게 기재되어 있다면 아무런 문제가 없다. 실제거래계에서는 차용금액이 그리 많지 않을 때 명함의 뒷면에 차용증을 기재하여 교부하는 경우도 많이 있다.

여기서 문제로 된 차용증서는 간단한 문구로 되어 있지만 원금과 이자, 변제기, 당사자 등이 표창되어 있어서 일응 훌륭하게 성립되어 있는 것처럼 보이지만 차용당사자의 표시에 문제가 있다. 즉, 차용인이 홍길동이라는 개인인지 아니면 갑을주식회사인지가 분명하지 않다. 이러한 경우 변제기일에 채권자가 개인에게 이행을 청구하면 회사에게 책임을 미루고, 회사에 대하여 청구하면 회사는 모르는 일이라고 하면서 개인에게 책임을 전가할 위협이 있다.

만약 홍길동이라는 개인이 순수한 개인적인 목적으로 돈을 빌리려고 한다면, 차용인란에 '갑을주식회사 경리과장'이라는 말은 쓰지 않는 것이 현명하다. 그러나 홍길동이 회사의 자금에 사용하기 위하여 차용하는 경우라면 회사의 자금차용을 책임질 만한 당사자로 표시를 해두는 것이 좋다. 회사에 따라서는 경리과장이 회사의 운영자금을 차용할 권한을 가지고 있는 경우도 있겠지만, 이를 실제거래에서 일일이 알아내기가 용이하지 않을 것이다. 이러한 경우에는 차용인의 명의를 회사의 대표로 하고 회사대표의 인장을 받아두는 것이 바람직하다.

2. 내용이 애매한 경우

> **차 용 증**
>
> 일금 일백만원정
>
> 위 금액을 2010년 2월 1일 틀림없이 차용하였음. 이자는 월 2부로 하되 매월말일에 지급하기로 하며, 원금은 되는대로 상환하기로 함.
>
> 2010년 2월 1일
>
> 차용인 김일동 인
>
> 이이동 귀하

* 이 차용증에서는 '되는대로'라는 문구가 애매한 표현이다. 대주의 입장에서는 '될 수 있으면 빠른 시일내에'라는 의미로 해석될 소지가 있으므로 유리한 문구라고 생각 할 수도 있다. 그러나 차주의 입장에서는 '형편에 따라서 편리한 때에' 갚으면 된다는 의미로 해석할 여지도 있다. 즉, 원금의 변제일에 대한 당사자의 약정이 애매하다는 점이 문제로 된다. 이러한 경우는 결국 변제일을 정하지 아니한 계약으로 해석할 수 있고, 변제일이 없는 금전소비대차계약에 있어서는 채권자는 채무자에게 언제든지 원금과 이자를 청구할 수 있다. 만약 차용인이 형편에 따라 편리한 때에 변제할 의도로 이러한 문구를 사용하였다면, 이 문구 때문에 오히려 변제일없는 채무를 부담하는 어리석은 결과를 초래한 셈이다.

제5절 증여계약서

계약에는 원칙적으로 방식의 자유가 인정되므로 계약서를 작성하건 아니하건 계약의 성립이나 효력에 있어서 차이가 있는 것이 아니다. 그러나 증여계약의 경우에는 서면으로 체결했는지 여부에 따라 그 효력에 있어서 차이가 있다. 즉, 증여의 의사를 서면으로 표시하지 아니한 경우에는 증여자나 수증자는 증여의 이행이 있기 전까지는 증여계약을 해제할 수 있다.

증여의 경우 이와 같이 특별하게 취급하는 이유는 증여자가 경솔하게 무상계약인 증여계약을 체결할 염려가 있으므로, 이를 방지하기 위함이다.

대 지 증 여 계 약 서

○○○ (갑)와○○○(을)는 다음과 같이 증여계약을 체결한다.

1. 증여자 갑은 자기 소유인 하기 대지를 수증자 을에게 증여할 것을 약속하고, 을은 이를 승낙한다.

기

시 구

대지 평

2. 갑은 을에 대하여 년 월 일까지 전기의 대지를 인도하고 동시에 그 대지에 대한 소유권이전절차를 경료한다.

위 계약을 증명하기 위하여 이 증서 2통을 작성 서명날인한 후 각자 1통씩 소지한다.

년 월 일

시　　구
　증여자 ○ ○ ○ 인
시　　구
　수증자 ○ ○ ○ 인

제6절 노무공급계약서

제1장 재산관계에 관한 문서

Ⅰ. 고용계약서

민법상으로 고용은 당사자의 일방(근로자)이 상대방에 대하여 노무를 제공하기로 하고, 상대방(사용자)은 이에 대하여 보수를 지급할 것을 약정함으로써 성립하는 계약이다. 도급, 현상광고, 위임, 임치 등과 함께 소위 노무공급계약의 일종이다.

고용계약에 대하여는 대체로 경제적 약자인 노무자를 보호한다는 차원에서 노동관계법에서 별도로 규정하고 있다. 따라서 민법상의 고용계약이 그대로 적용되는 경우는 그 예가 많지 않다고 할 수 있다. 그러나 비교적 소규모로 맺어지는 고용에 관하여는 민법의 고용계약규정은 아직도 기능을 발휘하고 있다. 아래에서는 소규모로 이루어지는 고용계약의 경우와 운전기사고용계약의 한 예를 소개한다.

고 용 계 약 서

주 소
사용자(갑) ○ ○ ○ 인
주 소
근로자(을) ○ ○ ○ 인

위 당사자 사이에 다음의 고용계약을 체결한다.

1. 을은 갑의 지휘에 따라 ○○에 관한 근로에 성실, 근면하게 종사할 것을 약속하고, 갑은 이에 보수를 지급할 것을 약속한다.
2. 을은 갑이 정한 ○○○ 취업규칙을 준수한다.
3. 을의 근로시간은 1일 시간으로 하되, 근로시간은 갑이 신축할 수 있다. 근로시간의 시종은 ○○○ 취업규칙 또는 갑이 지정하는 바에 따른다.
4. 을은 ○○○취업규칙에 정한 휴업일 및 정당한 사유가 있는 이외에는 갑의 허가 없이 근로를 중단할 수 없다.
5. 을은 식량, 피복, 주거 기타 일체의 비용을 스스로 부담한다.
6. 갑은 보수로 1일의 근로시간에 대하여 금 원을 근로한 일수에 따라 을에게 지급한다. 갑이 제3조에 의하여 근로시간을 연장할 때에는 그 연장한 매시간당 금 원을 지급한다.
7. 전조의 보수는 매월 일에 지급한다.
8. 이 고용계약기간은 년 월 일부터 기산하여 만 년간으로 한다.
9. 을이 이 계약을 위반하거나 기타 부정한 행위를 한 경우에는 갑은 언제든지 해고할 수 있다.
10. 갑이 보수의 지급을 2회 이상 연체하였을 때 또는 을에게 정당한 사유가 있을 때에는 언제나 이 계약을 해지할 수 있다.

위 계약을 증명하기 위하여 이 증서를 작성하고 각자 서명날인한 후 각 1통씩을 보관한다.

년 월 일

사용자(갑) ○ ○ ○ 인
근로자(을) ○ ○ ○ 인

* 취업규칙이라 함은 근로자가 일정한 근로조건으로 노무에 종사하도록 사용자가 정한 여러 가지 규칙을 말한다. 근로기준법은 상시 10인 이상의 근로자를 사용하는 사용자에게 취업규칙을 작성하여 고용노동부 장관에게 신고하도록 강제하고 있다. 취업규칙의 주요한 내용은 근무시간, 임금, 가족수당, 퇴직금 및 퇴직에 관한 사항, 근로자를 위한 교육시설, 안전 보건에 관한 사항, 표창 및 제재에 관한 사항 등 근로조건에 관하여 근로자 전체에 적용될 사항들이다.

운 전 기 사 고 용 계 약 서

운전기사 ○○○를 갑이라 하고 ○○ 주식회사를 을이라 하되, 갑이 부담하는 채무에 대하여 A, B를 연대보증인으로 세워 다음과 같이 고용계약을 체결한다.

제1조(목적)

갑은 을의 지시에 따라 을이 소유하는 자동차로 운전에 관한 노무를 제공하고, 을은 이에 따른 보수를 지급하기로 한다. 단, 갑은 운전에 관한 노무를 타인에게 대행시키거나 대리시킬 수 없다.

제2조(보수액, 지급방법)

을은 갑에게 매월 금 　　　원을 보수로서 지급하되, 그 지급시기는 매월말일로 한다. 단, 이 보수에서 제세공과금을 공제할 수 있다.

제3조(을의 지시권)

을은 갑에게 대하여 차량의 종류, 노선, 운행시간을 지시하고 배치할 수 있으며, 그의 변경 또는 전환에 관하여 갑은 복종하여야 한다.

제4조(수당 및 상여금)

갑이 정규의 근무시간 이상을 초과하여 근무하거나 특별히 위험한 노선에 차량을 운전하는 경우, 을은 이에 대하여 상당한 수당 기타 상여금을 지급하여야 한다.

제5조(사고 등에 관한 책임)

갑이 을 소유의 차량을 운행 중 타인에게 가한 손해에 대하여는 갑이 책임을 진다. 이 경우 을이 갑의 사용자로서 또는 자동차손해배상보장법에 의하여 타인에게 손해를 배상한 경우에는, 갑 또는 그의 연대보증인에게 구상권을 행사한다.

제6조(연대보증인)

갑의 이 계약상의 노무제공에 관한 채무와 전조에 의하여 갑이 부담할 구상채무 및 이에 부수하는 채무에 관하여 A, B는 갑과 연대하여 책임을 지고 A, B간에도 연대하여 책임을 진다. 갑은 을이 요구하는 바에 따라 A, B에 관한 제반서류를 제출하여야 한다.

제7조(계약의 해지)

(1) 이 계약은 다음의 경우에 당연히 해지된다.

1. 갑이 사망한 경우
2. 을이 파산한 경우
3. 갑이 운전면허를 상실한 경우
4. 갑이 제5조의 사고를 발생한 경우

(2) 갑과 을은 다음 각호의 1에 해당하는 사유가 발생한 경우 상대방에 대하여 계약을 해지할 수 있다.

1. 을이 보수금의 지급을 지체하거나 제4조의 상여금의 지급을 지체할 때
2. 을이 근로기준법을 위반하여 노무의 제공을 강요할 때

3. 갑이 노무의 제공을 태만히 하거나 을이 정한 근무규정을 준수하지 아니할 때
4. 갑이 제3조의 지시에 복종하지 아니할 때
5. 갑이 제6조에 정한 연대보증인을 세우지 아니하거나 필요한 서류를 제출하지 아니할 때
6. 갑이 형사상의 소추를 받거나 받을 우려가 있을 때

제8조(자동차정비의무)

(1) 을은 갑이 차량을 운행할 수 있도록 차량을 양호한 상태로 정비하여야 하며, 차량의 정비불량으로 인하여 갑이 제5조의 사고를 일으킨 경우 갑 또는 그의 연대보증인은 어떠한 명목으로도 을에 대하여 책임을 부담하지 아니한다.

(2) 정비불량으로 인하여 차량을 운전하기 곤란할 염려가 있는 경우 갑은 을에 대하여 그 사유를 고하고 차량의 운행을 거절할 수 있다. 단, 을은 이를 귀책사유로 하여 이 계약을 해지할 수 없다.

제9조(운행도중의 제반조치)

갑은 차량의 운행도중 급유 또는 정비가 필요한 경우 을에게 이를 보고하고 을의 지시에 따라 제반조치를 취하여야 한다.

제10조(을의 손해보상의무)

을은 갑이 을의 자동차를 운행하는 도중 갑의 고의 과실없이 입은 갑의 생명 신체 재산 및 정신적 손해를 갑에게 보상하여야 한다.

이 계약을 증명하기 위하여 갑, 을 및 A, B는 서명날인 하고 각각 이 증서를 1통씩 보관한다.

년 월 일

노무인 주 소
(갑) ○ ○ ○ 인
갑의 연대보증인 주 소
A ○ ○ ○ 인
주 소
B ○ ○ ○ 인
사용인 주 소
○○ 주식회사 대표이사 ○○○인

Ⅱ. 도급계약서

도급계약을 체결할 때에는 특히 보수, 재료의 공급, 하자보수 등에 관하여 정확하게 기재해두어야 한다.

도 급 계 약 서

1. 건축할 건물의 표시

시 구 의 지상
목조 기와지붕 평가건 주택 1동
건평 평

위 건물의 설계도 및 도면은 별지에 기재한 바와 같다.
도급대금 금 원

2. 수급인(이하 을이라 함)은 년 월 일 공사에 착수하여 년 월 일까지 완료함과 동시에 도급인(이하 갑이라 함)에게 인도한다.
3. 갑은 년 월 일 도급대금을 지급하여야 한다.
4. 공사에 요하는 기계, 노무, 공임 및 인원은 을이 일체 이를 부담한다.
5. 갑은 을이 필요로 하는 한 부지를 무상으로 사용하게 한다.
6. 공사중 갑은 설계 또는 재료의 변경 등을 청구할 수 있으나 이로 인하여 발생하는 비용은 모두 갑이 부담한다. 또한 이로 인하여 공사완료가 지연됨으로 인한 손해는 갑이 부담한다.
7. 건물을 인도한 후에도 을은 공사의 하자에 대하여 법규가 정하는 바에 따라 책임을 부담한다.
8. 갑은 공사의 하자를 발견한 경우 을에게 상당한 기간을 정하여 그 하자의 보수를 청구할 수 있다.
9. 갑은 하자의 보수에 갈음 또는 그 보수와 동시에 손해배상을 청구할 수 있다. 단, 이 경우에는 민법 제667조의 규정을 따른다.
10. 공사의 하자가 갑의 지시에 의하여 발생하였을 경우는 전 2항을 적용하지 아니한다. 단, 을이 갑의 지시가 부적당한 것임을 알면서도 통고하지 아니하였을 경우에는 예외로 한다.
11. 전 3항에 규정한 하자보수 또는 손해배상은 건물의 인도로부터 1년 이내에 청구하여야 한다.

위 계약을 증명하기 위하여 본 계약서 2통을 작성 각자 서명날인한 후 각각 1통씩 보관한다.

년 월 일

도급인(갑) 주 소
○ ○ ○ 인
수급인(을) 주 소
○ ○ ○ 인

* 도급계약은 일의 완성을 목적으로 하는 계약이기 때문에 반드시 수급인이 그 일을 할 필요는 없고, 제3자에게 일을 맡길 수 있다. 수급인이 제3자와 다시 하는 도급을 하도급이라 한다. 일명 하청이라고도 한다. 따라서 법률규정에서 하도급을 금지하지 아니한 이상, 설사 도급계약에서 하도급을 할 수 없다고 약정하더라도 수급인은 하도급을 할 수 있다. 이런 경우 하도급을 이유로 도급인은 수급인에 대하여 채무불이행 책임을 추궁할 수 있음은 별도의 문제이다.

참고로 건설업법은 건설업의 경우 일정한 업무에 관하여 하도급을 할 수 없도록 특칙을 두고 있다. 다음은 하도급계약의 한 예이다.

하 도 급 계 약 서

주 소
수급인 ○ ○ ○
주 소
하수급인 ○ ○ ○

위 당사자 사이에 수급인을 갑, 하수급인을 을이라 하고 가옥기초공사 하도급을 위하여 다음 계약을 체결한다.

제1조 을은 갑에 대하여 도급인 ○○○가 수급인 갑에게 도급하였던 시 구 동 번지의 주택건축의 기초공사에 한하여 하도급을 하며, 이의 완성을 약속하고 갑은 이에 대하여 보수를 지급할 것을 약정한다.
제2조 이 계약에 관한 기초공사의 범위는 이 계약서에 첨부한 설계도에 의한다.
제3조 도급한 일에 요하는 재료는 모두 갑이 도급인으로부터 이것을 수취하여 을에게 교부한다.
제4조 전조의 재료는 을의 청구에 따라 필요할 때 갑이 이를 을에게 교부한다.
제5조 공사에 필요한 일체의 인원은 모두 을의 감독하에 이를 고용하며, 그 비용도 을이 부담한다.
제6조 을은 년 월 일 그 도급공사에 착수하고, 년 월 일까지 설계도에 기재된 대로 이를 완성하여 인도하여야 한다.
제7조 을은 공사의 재료로 사용하지 못하게 된 것 또는 잉여품이 있을 때에는 전조의 공사완성일에 이를 갑에게 인도하여야 한다.
제8조 갑이 도급공사의 결과에 대하여 급여하여야 할 보수는 금 원으로 하고, 이 도급공사가 완료되고 목적물을 갑이 인도받았을 때에는 갑은 그 보수를 을에게 지급하여야 한다.
제9조 을이 제6조의 기일까지 작업을 완성하지 못하여 목적물을 인도할 수 없을 때에는, 위약금으로 1일당 금 원을 갑에게 지급하여야 한다.
제10조 을은 목적물의 인도 후에도 작업으로 인하여 발생한 하자가 있을 때에는 년간 담보책임을 부담한다.

위 계약의 성립을 증명하기 위하여 본 계약서 2통을 작성하고 각자가 서명날인한 후 각각 1통씩 보관한다.

년 월 일

위수급인(갑) ○ ○ ○ 인
하수급인(을) ○ ○ ○ 인

Ⅲ. 위임계약서

도급계약이 일의 완성을 목적으로 하는 계약인데 대하여, 위임은 일 자체를 그 목적으로 하는 계약이다. 위임계약을 체결할 때에는 일의 범위 및 내용을 명확하게 해두어야 하고, 보수의 지급방법, 비용의 부담 등에 대하여도 명문으로 표기해두어야 안전하다.

위 임 계 약 서

주 소
위임자 ○ ○ ○ (갑)
주 소
수임자 ○ ○ ○ (을)

위 당사자 사이에 위임을 위하여 다음의 계약을 체결한다.

1. 갑은 을에 대하여 그가 소유하는 시 구 동 번지에 소재하는 벽돌 스라브조 단층가옥(건평 평) 1동을 대금 원으로 매각하는 일과 이에 관한 일체의 행위를 하는 것을 위임하고, 을은 이를 승낙한다.
2. 위임사무에 관한 비용은 갑이 부담하고, 을의 청구가 있을 때에는 선급을 한다.
3. 을에 대한 보수는 금 원으로 하고, 위임사무가 완결한 때에 이를 지급한다.
4. 을은 필요한 경우에는 복대리인을 선임할 수 있다.

위 계약을 증명하기 위하여 이 증서를 2통 작성 서명날인한 후 각각 1통씩 보관한다.

년 월 일

위 위임인(갑) ○ ○ ○인
수임인(을) ○ ○ ○인

* 실제로 부동산의 매각을 위한 위임계약의 경우에는 일정액 이상의 대금으로 매각해 달라고 위임하는 경우가 있다. 그리고 수임인에 대한 보수도 부동산이 매각되면 성공보수라 하여 별도로 책정하기도 한다. 이에 관련한 위임계약서의 한 예를 소개한다.

부 동 산 매 각 위 임 계 약 서

○○○를 갑으로 하고 ○○○를 을로 하여 양당사자는 다음과 같이 위임계약을 체결한다.

제1조 위임자 갑은 수임자 을에게 제2조 이하에서 정하는 바에 따라 갑의 소유인 다음 부동산을 타에 매각할 것과, 이에 관한 일체의 행위를 위임하며, 수임자 을은 이를 승낙한다.

기

(부동산의 표시. 생략함)

제2조 을은 전조의 부동산을 　　년 　　월 　　일까지 대금 　　　원 이상으로 타에 매각한다. 만약 위 기간까지 매각되지 아니하였을 때에는 을은 지체없이 그 취지를 갑에게 보고하여야 한다.

제3조 위임사무처리에 관한 비용은 일체 갑의 부담으로 하되, 을의 청구가 있을 때에는 갑은 이를 선급하여야 한다.

제4조 을에 대한 보수는 금 　　　원으로 하고, 부동산이 매각되었을 때에는 성공보수로서 별도로 매각대금의 백분의 　　　에 상당하는 금액을 갑이 위임사무 종료와 동시에 을에게 지급한다.

제5조 을은 필요한 경우에는 그의 책임으로 복대리인을 선임할 수 있다.

이 계약을 증명하기 위하여 본증서 2통을 작성, 서명날인한 후 각각 1통씩 보유한다.

년 　　월 　　일

주 소

위임자 ○ ○ ○ 인

주 소

수임자 ○ ○ ○ 인

위 임 장

본인은 귀하를 대리인으로 정하고 다음의 권한을 위임합니다.

1. 본인이 ○○○로부터 차용할 금 원을 본인에 갈음하여 수령하는 일
2. 복대리인의 선임에 관한 일

년 월 일

위 본인 주 소

○ ○ ○ 인

○ ○ ○ 귀하

* 위임계약서를 작성할 때에도 그러하지만, 대개 간단한 문구로 기재하는 위임장을 작성할 때에는 특히 위임사무의 범위를 명확하게 해두는 것이 중요하다. 예컨대 금전소비대차에 있어서 차용인이 돈 100만원을 차용하기 위하여 대리인을 선임하면서 위임사무의 내용을 단순히 '금전차용에 관한 일' 등과 같이 막연하게 기재해 두었다고 치자. 이를 기화로 대리인이 돈 150만원을 차용한 후 50만원은 대리인이 착복하는 경우가 있을 수 있다. 이러한 경우 채권자가 채무자에 대하여 돈 150만원에 관한 책임을 추궁하면, 채무자로서는 책임을 피하기 어렵게 된다. 차용행위는 실제로 채권자와 대리인 사이에서 있었지만, 그 행위의 효과는 채권자와 채무자에게 귀속하기 때문이다. 따라서 위임장의 내용을 '○○○로부터 금 원을 차용하는 일'과 같이 구체적으로 표시해 두어야 뒷탈을 막을 수 있다. 물론 채무자는 대리인에게 50만원에 대하여 책임을 물을 수 있지만, 그것은 별도의 문제이다.

제7절 화해계약서

화해란 당사자가 그들 사이의 분쟁을 서로 양보하여 종료할 것을 약속하는 계약이다. 예컨대, 갑은 을에게 돈 100만원을 대여하였다고 주장하는데 대하여, 을은 50만원만 빌렸다고 주장하여 양당사자 사이에 분쟁이 있는 경우, 갑과 을이 서로 양보하여 75만원의 대차가 있는 것으로 하여 다툼을 그만두기로 하는 약속이 민법상의 화해계약이다.

화 해 계 약 서

1. 채무자(을) ○○○ 는 채권자(갑) ○○○이 을에 대하여 있다고 주장하는 년 월 일 현재의 외상대금채권액 만원 중 금 만원의 한도에서 채무를 승인하고 갑은 그 여분의 청구를 포기한다.
2. 을은 전조의 승인한 채무액 금 만원을 년 월 일까지 매월 균분하여 갑에게 변제한다.
3. 을은 전조의 월부금의 변제를 1개월 이상 연체한 경우 기한의 이익을 상실하고, 잔금에 대한 월 2부의 비율로 지연손해금을 일시에 지급한다.
4. 갑은 을에 대하여 본계약 외에 별도의 채권을 보유하지 않음을 확인한다.
5. 을이 본계약에서 정한 채무를 이행하지 아니할 때 갑이 을의 재산에 대한 강제집행을 하여도 을은 이의를 하지 아니하며, 이 계약서에 의하여 공정증서를 작성하는데 을은 동의한다.

위의 계약을 증명하기 위하여 이 계약서를 2통 작성하여 서명날인하고 각자 1통씩 보관한다.

년 월 일

주 소
채권자(갑) ○○○인
주 소
채무자(을) ○○○인

제8절 기타의 계약서

Ⅰ. 대물변제계약서

채무자가 채권자의 승낙을 받아 본래의 급부와 다른 급부를 하여 채무를 소멸시키는 방법을 대물변제라고 한다. 채무를 소멸시키기 위해서는 원래의 급부를 해야 할 것이지만, 다른 급부를 하는데 대하여 채권자가 승낙을 해주면 당사자의 의사를 존중하여 채무가 이행되었다고 보아도 별 문제가 없기 때문에 이러한 제도가 마련되어 있다.

예를 들어 갑이 을에게 돈 100만원을 받을 채권이 있는데, 을이 돈 대신에 그가 가지고 있는 중고자동차 1대를 주기로 하고 채권 채무관계를 소멸시키고자 할 때, 갑이 이를 승낙하여 을로부터 자동차를 인도받으면 그것으로 채권이 소멸되는 경우가 바로 대물변제의 모습이다.

실제 거래계에서는 금전소비대차를 하면서 채권담보의 목적으로 대물변제의 예약이라는 방법이 행해지기도 한다. 예컨대, 차용인이 변제일에 본래의 채무를 이행하지 아니하면 특정한 물건에 대한 소유권을 채권자에게 이전할 것을 예약하는 것이다. 이러한 경우 대물변제로 제공될 목적물의 가액이 본래 채무액보다 훨씬 고가이어서, 채권자가 채무자를 착취하기 위한 수단으로 대물변제의 예약이라는 방법이 악용될 소지가 있다. 이러한 폐단을 방지하기 위한 입법조치로 「가등기담보 등에 관한 법률」이 있고, 또 목적물의 예약 당시의 가액이 차용액 및 이자의 합산액을 초과하지 못하도록 민법은 조치를 하고 있다(민법 제607조, 제608조).

대 물 변 제 계 약 서(1)

○○○를 갑, ○○○를 을이라 하여 양당사자는 다음과 같이 대물변제계약을 체결한다.

1. 채무자 을은 채권자 갑에 대하여 부담하는 아래의 채무에 대한 대물변제로 ○○주식회사가 제작한 피아노 1대를 급부할 것을 약속하여 즉시 이를 교부하고, 채권자 갑은 이를 승낙하여 위 피아노 1대를 인도받았다.

채무의 표시

(1) 을이 갑에 대하여 부담하는 년 월 일 현재의 상품대금 원
(2) 을이 갑으로부터 차용한 년 월 일자 금전소비대차계약서에 의한 원금 및 이자 금 원

년 월 일

주 소
채권자 ○ ○ ○ 인

주 소
채무자 ○ ○ ○ 인

대 물 변 제 계 약 서(2)

주 소
채권자 ○ ○ ○ 인
주 소
채무자 ○ ○ ○ 인

상기 당사자간에 있어서 대물변제를 위하여 다음의 계약을 체결한다.

제1조 상기 당사자간에 있어서 체결한 년 월 일의 금전소비대차계약에 의하여 채권자가 채무자에 대하여 가지고 있는 금 원 및 이자금 원의 변제에 갈음하여 채무자는 그가 소유하는 다음 부동산의 소유권을 채권자에게 이전한다.

부 동 산 의 표 시

시 구 소재
1. 가옥(00조 0층) 1동(건평 0 평)

제2조 채권자는 전조의 부동산의 소유권이전에 의하여 전조에 게기한 채권이 모두 소멸한 것을 승인한다.
제3조 상기 당사자간에 있어서 년 월 일의 금전소비대차계약서의 등본을 이 계약서에 첨부한다.

이 계약서의 성립을 증명하기 위하여 본 증서 2통을 작성하여 각자 서명날인하고 각각 1통씩 보관한다.

년 월 일
위 ○ ○ ○ 인
○ ○ ○ 인
입회인(입회인이 있는 경우)
주 소
○ ○ ○ 인

Ⅱ. 동산질권설정계약서

예를 들어 갑이 을로부터 돈 10만원을 빌리면서 그 담보로 시계를 교부하고(이를 입질이라 함, 보통은 시계를 잡힌다라고 함), 갑이 돈을 갚을 때까지 을이 시계를 유치하면서, 만약 갑이 변제를 하지 못하면 을이 시계의 가격으로부터 갑의 다른 채권자보다 우선적으로 변제를 받을 수 있도록 약속을 하는 경우가 있다. 이 때 을이 갑의 시계에 대하여 가지는 권리를 소위 질권이라 하고, 시계를 질물이라고 한다. 동산에 대한 질권은 질권자(을)와 질권설정자(갑) 사이에 질권설정계약(질계약이라고도 함)과 질물의 인도가 있으면 성립된다.

동 산 질 권 설 정 계 약 서

주 소
채권자 ○ ○ ○

주 소
채무자 ○ ○ ○

위 당사자간에 금전의 소비대차 및 동산질권설정을 위하여 다음의 계약을 체결한다.

1. 채무자○○○는 금 원을 질권자 ○○○로부터 차수한다.
2. 전항의 금원의 변제기는 년 월 일로 한다.
3. 제1항의 대금의 이자는 1월 금 원으로 하고 매월 말일 이를 질권자에게 지급하기로 한다.
4. 채무변제의 장소는 변제 당시의 질권자의 주소로 한다.
5. 채무자가 월 이상 제3항의 이자의 지급을 해태하였을 경우에는 제2항의 기한의 이익을 상실한다.
6. 채무자는 그 채무이행의 담보를 위하여 그의 소유인 다음 동산에 대하여 질권을 설정하고 질권자는 그 인도를 받는다.
   (1) ○ ○
   (2) ○ ○
7. 전항의 질권은 원금 및 이자 외에 채무의 불이행으로 인하여 발생하는 손해의 배상, 질권실행의 비용 및 채권보존의 비용을 담보한다.
8. 제6항의 질물을 환부할 장소는 그 당시 질물이 있었던 곳으로 한다.

이 계약을 증명하기 위하여 이 증서를 2통 작성하여 서명날인한 다음 각각 1통씩 보유한다.

년 월 일

위 ○ ○ ○ 인
○ ○ ○ 인

Ⅲ. 채권질권설정서

권리도 질권의 대상으로 할 수 있다. 그러한 질권을 권리질권이라 한다. 양도가 가능한 채권을 질권의 대상으로 할 경우, 이를 채권질권이라 한다. 채권질권을 설정하는 방법은 채권증서가 있으면 이를 교부하면 되고, 채권증서가 없으면 당사자의 질권설정합의가 있으면 성립된다.

채 권 질 권 설 정 계 약 서

1. 대주○○○은 차주 ○○○에게 다음의 약정으로 금 원을 대여하고 차주는 이를 수령하였다.
2. 위 대여금의 이자는 1월당 금 원으로 한다.
3. 차주는 이의 원리금을 년 월 일까지 대주에게 지참하여 변제한다.
4. 질권설정자 ○○○는 차주가 대주에 대한 본건 채무의 이행을 담보하기 위하여 다음의 채권에 대하여 질권을 설정하고 대주는 이에 대한 채권증서를 수령하였다.

질권설정채권의 표시

(1) 채권자 : ○○○(질권설정자)
(2) 채무자 : ○○○(제3채무자)
(3) 채권액 : 일금 원
(4) 채권의종류 : 년 월 일 현재의 상품대금채권
(5) 변제기 : 년 월 일

5. 질권설정자는 전항의 제3채무자에 대하여 지체없이 이의 질권설정을 확정일자 있는 증서로써 통지하거나 승낙을 얻어야 한다.

이 계약을 증명하기 위하여 이 계약서 2통을 작성하여 각자 서명날인한 후 각각 1통씩 보유한다.

년 월 일

주 소
대주(질권자) ○ ○ ○ 인
주 소
차주(질권설정자) ○ ○ ○ 인

* 채권질권을 설정할 때에는 그 채권의 양도방법에 따라야 한다. 따라서 지명채권의 입질로써 제3채무자나 그 밖의 제3자에게 대항하기 위해서는 질권설정을 확정일자 있는 증서로써 통지하거나 승낙을 받아야만 한다. 확정일자라 함은 당사자가 이후에 변경할 수 없는 일자이다. 구체적으로 확정일자는 다음과 같은 경우이다. 즉, 사문서에 공증인 또는 법원서기가 일정한 절차에 따라 확정일자인을 날인한 경우의 일자, 그리고 공정증서에 기입한 일자, 내용증명우편과 같이 공무소가 사문서에 어느 사안을 증명하고 기입한 일자 등이 확정일자이다.

Ⅳ. 채권양도계약서

채권의 양도라 함은 채권을 그 동일성을 유지하면서 이전하는 계약을 말한다. 채권은 재산권의 일종이므로 원칙적으로 양도가 가능하다. 그러나 채권의 성질이 양도를 허용할 수 없는 경우나 당사자가 양도금지의 특약을 한 경우에는 양도할 수 없다.

채권을 양도하는 방법에는 그 채권의 종류에 따라 차이가 있다. 채무자가 특정되어 있는 지명채권을 양도할 때에는 양도인이 채무자에게 통지하거나 승낙을 얻지 아니하면 그 양도로써 채무자나 제3자에게 대항할 수 없다. 특정인 또는 그가 지시(지정)하는 자에게 변제해야 하는 증권적 채권인 지시채권의 양도는 배서하여 교부하는 방법으로 한다. 무기명채권의 양도에는 교부만 있으면 된다. 이하에서는 지명채권의 양도에 관한 계약서의 한 예를 소개한다.

채 권 양 도 계 약 서

채무자 ○○○와 채권자○○○는 채무자가 채권자에 대하여 현재 또는 장래에 부담하여야 할 채무의 담보를 위하여, 채무자가 년 월 일자 매매계약에 의하여 제3채무자에게 대하여 가지고 있는 매매대금채권을 아래의 조건으로 채권자에게 양도하기로 약정한다.

제1조(채권양도통지의무)

채무자는 제3채무자에 대하여 지체없이 확정일자 있는 증서로써 채권양도의 통지를 하여 제3채무자의 승낙을 받아야 한다.

제2조(담보책임)

채무자는 본건 채권양도에 대한 매매물품자체에 대한 것을 제외하고는 제3채무자로부터 채무자에 대항할 사유가 없음을 보증한다. 채무자는 제1조에 의한 통지의 효력발생에 이르기까지 채권자의 권리행사를 방해하는 행위를 할 수 없다.

제3조(통지의무)

채무자는 제3채무자와의 사이에 체결된 계약에 의하여 본건 대금채권의 변제기가 도래할 때는 즉시 이를 채권자에게 통지하여야 한다.

제4조(채권의 반환)

본건 대금채권의 변제기도래전에 채권자 채무자간의 거래가 완료하고 채무자가 채무의 전부를 변제할 때 채권자는 지체없이 본건 채권을 채무자에게 반환하여야 하고, 제3채무자에게 지체없이 확정일자 있는 증서로써 채권양도의 통지를 하여야 한다. 이때 통지에 필요한 비용은 채무자가 부담한다.

년 월 일

주 소

양도인 ○ ○ ○ 인

주 소

양수인 ○ ○ ○ 인

V. 교환계약서

교환이란 당사자 쌍방이 금전 이외의 재산권을 서로 이전할 것을 약정함으로써 성립하는 계약이다. 금전 이외의 재산권이 계약의 대상으로 된다는 점에서, 당사자의 일방이 금전을 지급하는 계약인 매매와 구별된다. 당사자가 교환하는 재산권의 가치가 동일하지 않을 경우 일방이 금전을 지급하는 경우가 있다. 이러한 금전을 보충금이라 한다. 보충금이 있는 교환도 교환의 일종이다. 다만 이 경우에는 보충금에 관하여 매매대금에 관한 규정이 준용될 따름이다. 토지를 서로 교환하는 한 예를 들어 둔다.

교 환 계 약 서

○○○(이하 갑이라 함)와 ○○○(이하 을이라 함) 사이에 하기 토지에 관하여 다음과 같이 계약을 체결한다.

물건의 표시

시 구 임야 평

상기 물건은 갑의 소유로서, 을에게 인도할 토지이다(이하 갑물건이라 함).

시 구 대지 평

상기 물건은 을의 소유로서, 갑에게 인도할 물건이다(이하 을물건이라 함).

제1조(목적)

갑과 을은 각기 그 소유인 전기 갑물건과 을물건과를 교환한다.

제2조(금전의 수수)

이 토지의 교환에 관하여서는 등가교환을 하고, 갑 을 양자 사이에 있어서 금전 기타의 수수는 하지 아니한다.

제3조(하자의 담보 등)

(1) 갑과 을은 각기 갑물건 및 을물건에 관하여 소유권의 완전한 행사를 저해하는 일체의 권리 및 공조공과 기타의 부과금의 미납에 기인하는 일체의 부담을 소유권이전등기를 완료할 때까지 제거하여 상대방에게 하등의 권리행사에 지장을 받지 아니하도록 한다.

(2) 소유권이전등기경료 후 위의 하자 또는 부담이 발견되었을 때에도 같다.

(3) 교환하는 토지에 대한 공조공과 기타의 부과금에 관하여는 년도분에 속하는 것은 교환전의 소유자가 부담하는 것으로 한다.

제4조(소유권이전등기신청)

(1) 교환물건의 소유권이전등기신청은 년 월 일까지에 당사자가 관할등기소에 출두하여 실행한다.

(2) 갑과 을은 이 계약서 이외에 토지교환계약증서를 작성하여 소유권이전등기신청시에 기타 필요한 서류와 같이 각각 상대방에게 교부하여야 한다.

(3) 소유권이전등기에 관하여 양 당사자는 그가 취득하는 물건에 관하여 제3자에게 소유권이전등기신청의 필요가 있을 때에는 상호 이를 승인하여야 한다.

제5조(비용 등)

교환증서작성의 비용 및 소유권이전등기에 소요되는 등록세, 그리고 이에 따른 제반비용은 양 당사자가 서로 취득하는 물건의 분에 따라 부담한다.

제6조(계약의 효력과 주의의무)

(1) 이 계약의 기간 중에 갑물건의 지상에 있는 건물의 멸실 기타 현상의 변화가 있어도 이 계약의 효력은 존속한다. 단, 각자는 선량한 관리자의 주의의무로써 이를 관리하여야 한다.

제7조(손해배상)

당사자 중 일방이 계약을 위반함으로써 상대방에게 손해를 가하였을 때에는 그 손해를 배상하여야 한다.

상기와 같이 토지교환계약을 체결하고 증거로서 이 계약서를 2통 작성하여 각자 서명날인한 후 각각 1통씩 보관한다.

년 월 일

주 소

(갑) ○ ○ ○ 인

주 소

(을) ○ ○ ○ 인

제2장 소송에 관한 문서

제1절 재산관계소송에 관한 문서

Ⅰ. 소 장

소를 제기하고자 할 때에는 원칙적으로 소장이라는 서면을 제1심법원에 제출해야 한다. 소송물가액(소가라고도 함)이 3,000만원 이하의 소액사건은 말로 제기할 수도 있다. 소장은 법원공문서규칙에서 정하고 있는 규격에 합당한 용지로 작성하면 되는데, 법원에서 접수인을 날인할 충분한 여백을 두기 위하여 소장표지를 붙이는 것이 관례로 되어 있다.

(소장의 표지)

소 장
원고 ○ ○ ○ 피고 ○ ○ ○
○ ○ 청구의 소
○○ 지방법원 귀중

(소장의 기본양식)

소 장

원고 ○ ○ ○
주 소
피고 ○ ○ ○
주 소

대여금청구의 소

청 구 취 지

1. 피고는 원고에게 금 10,000,000원과 이에 대한 2020. 4. 15일부터 이 건 소장부본송달일까지는 월 1푼의 비율, 그 익일부터 완제에 이르기 까지는 연 100분의 12의 비율에 의한 금원을 지급하라.
2. 소송비용은 피고의 부담으로 한다.
3. 위 제1항은 가집행할 수 있다.

라는 판결을 구함.

청 구 원 인

1. 원고는 피고에게 다음과 같은 금원을 대여하였습니다.
   1) 대여일자 : 2020. 1. 15.
   2) 대여금액 : 10,000,000원
   3) 변제기 : 2020. 10. 15.
   4) 이자 : 월 1푼(매월 15일 지급)
2. 그런데 피고는 2020. 3. 15일의 이자지급 이후에는 일절 이자를 지급하지 않고 있으며, 원고의 수차에 이른 독촉에도 불구하고 차일피일 미루기만 하므로 원고는 피고에 대하여 원금 10,000,000원과 이에 대한 소장부본송달일까지의 약정이자 및 소장부본송달 익일부터 완제일까지의 연 100분의 12의 비율에 의한 지연손해금을 지급해 줄 것을 청구하고자 본소에 이르게 된 것입니다.

입 증 방 법

1. 차용증서(갑 제 1호증)
1. 내용증명(갑 제 2호증)

첨 부 서 류

1. 위 갑 제 1, 2호증 사본 각 1통
1. 소장부본 1통
1. 납부서 1통

년 월 일

위 원고 ○ ○ ○ 인

○○지방법원 ○○지원 귀중

Ⅱ. 답변서

피고가 제출하는 최초의 준비서면을 답변서라고 한다. 어느 날 갑자기 법원에서 소장과 답변서제출안내서가 피고에게 송달되어 오면, 대개의 경우 피고는 당황하게 된다. 그러나 원고의 청구내용에 관해 다툴 만한 사유가 있으면 피고는 차분한 마음으로 소장의 부본을 송달받은 날부터 30일 이내에 답변서를 제출하면 된다. 만약 이 기간 안에 답변서를 제출하지 않으면 자백한 것으로 보고 법원은 변론없이 판결을 할 수 있다. 그러나 답변서를 제출해 놓은 상태에서 변론준비절차나 변론기일에 출석하지 않으면, 답변서의 내용대로 원고의 주장을 다툰 것으로 처리한다.

피고가 답변서를 제출하면 법원은 사건을 변론준비절차에 부쳐야 한다. 2002년 7월 이전에는 피고가 처음으로 제출하는 답변서에는 간단히 원고의 청구취지나 청구원인을 부인한다는 뜻만 기재하는 것이 일반적이었으나, 현행 민사소송법에 따르면 첫 변론기일을 열기 전에 당사자 사이에 쟁점을 정리하도록 하고 있으므로 피고는 답변서에 방어방법을 구체적으로 적어야 할 필요가 있다.

2010 가합 제　　　　호

답　변　서

원고 ○ ○ ○
피고 ○ ○ ○

위 당사자간 귀원 ○○가합○○○호○○ 청구사건에 관하여 피고는 다음과 같이 답변합니다.

청 구 취 지 에 관 한 답 변

1. 원고의 청구를 기각한다.
2. 소송비용은 원고의 부담으로 한다.
   라는 판결을 구합니다.

청 구 원 인 에 관 한 답 변

1. 청구원인 제1항의 금전차용사실은 이를 시인합니다.
2. 그러나 위 대여금채무에 대하여는 피고가 원고에 대하여 가지고 있던 금 60,000,000원의 상품대금청구권과 2010. 1. 10일 상계하였으므로, 원고의 대여금 채권은 소멸한 것입니다.

따라서 피고는 아무런 지급의무가 없으므로 원고의 청구는 부당한 것으로 마땅히 기각되어야 할 것입니다.

년 월 일

위 피고 ○○○인

○○ 법원○○지원 귀중

* 답변서도 소장과 마찬가지로 표지를 만들고 표지의 좌상부에 사건번호를 기재하여 다른 사건과 구별을 용이하도록 해주면 좋다. 답변서에는 인지를 붙이지 않아도 된다.

Ⅲ. 지급명령신청서

금전 기타 대체물이나 유가증권의 일정 수량의 지급을 목적으로 채권자가 법원에 지급명령을 신청하면 법원은 채무자를 심문하지 않고 지급명령을 내려준다. 이러한 절차를 소위 독촉절차라고 한다. 채무자는 지급명령을 송달받은 날로부터 2주일 내에 이의를 신청할 수 있고, 채무자의 이의가 있으면 통상소송절차로 이행하게 된다.

독촉절차는 채권자가 확실한 증거에 의하여 간이 신속하게 집행권원을 얻을 목적에서 주로 이용하는 절차로서, 통상소송절차에 비하여 채권자에게 매우 유리한 절차이다. 그러나 독촉절차를 이용할 것인지, 통상소송절차를 이용할 것인지의 선택은 채권자의 판단에 맡겨져 있다.

지 급 명 령 신 청 서

채권자 ○ ○ ○
주 소
채무자 ○ ○ ○
주 소

대여금청구 독촉사건

청구금액 : 금 원정
첩용인지액 : 금 원정

신 청 취 지

채무자는 채권자에 대하여 금 원 및 이에 대한 년 월 일부터 완제일까지 연 할 푼 리의 비율에 의한 금 원 및 다음 독촉절차 비용을 지급하라는 지급명령을 구함.

독촉절차비용
1. 금 원정
(내 역)
1. 인지대 : 금 원
2. 송달료 : 금 원
3. 서기료 : 금 원

신 청 원 인

1. 채권자는 채무자에 대하여 년 월 일에 금 원을 변제기 년 월 일, 이자 연 할 푼 리의 약정으로 빌려주었습니다.
2. 그러나 채무자는 변제기일이 지났음에도 불구하고 원금은 물론 이자도 지급하지 아니하므로, 채권자는 위 원금 및 이에 대한 년 월 일부터 완제일까지 연 할 푼 리의 비율에 의한 이자 및 이자상당 손해금의 지급을 구하기 위하여 이 신청에 이르게 된 것입니다.

첨 부 서 류

1. 금전소비대차계약서 사본 1통
1. 법무사 영수증 사본 1통

년 월 일

위 채권자○○○인

○○ 지방법원 ○○ 지원 귀중

Ⅳ. 지급명령에 대한 이의신청서

지급명령은 채무자를 심문하지 아니하고 내려지므로, 채무자로서는 채권자의 주장에 대하여 대항할 기회가 보장되어 있지 못하다. 이러한 채무자의 불리함을 회복시켜주는 방법으로 지급명령에 대한 이의신청이 보장되어 있다.

지급명령에 대한 이의신청서

주 소
채권자 ○ ○ ○
주 소
채무자 ○ ○ ○

위 당사자간의 귀원 00차 제 00호 지급명령신청사건에 관하여, 채무자는 년 월 일 동 지급명령정본을 송달받았는 바, 위 명령에 모두 불복이므로(혹은 금 원 범위에서만 불복이므로) 이의신청을 하고, 원고신청기각을 구하고 원고주장사실을 모두 부인합니다.

첨 부 서 류

1. 이의신청서 부본 1통
1. 납부서 1통

년 월 일

채무자 ○ ○ ○ 인

○○지방법원 ○○지원 귀중

제2절 신분관계소송에 관한 문서

Ⅰ. 사실혼관계존재확인의 소

가족관계의 등록 등에 관한 법률에 의한 혼인신고를 하지 아니한 혼인을 사실혼이라고 한다. 사실혼은 법률혼에 비하여 법적인 보장을 충분하게 받지 못한다. 그러나 연금의 청구 등 일정한 경우에는 사실혼당사자도 법률혼당사자와 동일한 법적 지위를 가질 때가 있다. 그리고 사실혼을 기초로 혼인신고를 할 수도 있으므로, 사실혼관계가 존재함을 법원에 의하여 확인을 받아둘 필요가 생긴다. 이러한 필요에서 인정되는 소송이 사실혼관계존재확인의 소이다.

소 장

원고 ○ ○ ○
생년월일 :
주 소 :
피고 ○ ○ ○
생년월일 :
주 소 :

사실혼관계존재확인의 소

청 구 취 지

1. 원고와 피고는 사실상의 혼인관계가 있음을 확인한다.
2. 소송비용은 피고의 부담으로 한다.

라는 판결을 구함.

청 구 원 인

1. 원고와 피고는 년 월 일 ○○시○○구 ○○○ 소재 ○○예식장에서 결혼식을 거행하고 아이도 1명 출산하여 동거하고 있으나, 피고가 혼인신고를 하지 아니하므로 이 건 소에 이르렀습니다.

첨 부 서 류

1. 가족관계증명서 2부
1. 주민등록표 2부
1. 결혼사진 1부
1. 납부서 1부

년 월 일

원고 ○ ○ ○ 인

○○ 가정법원 귀중

Ⅱ. 혼인무효확인의 소

당사자간에 혼인의 합의가 없었음에도 불구하고 혼인신고가 된 혼인은 무효이다. 혼인에서는 당사자의 혼인할 의사가 무엇보다 중요하기 때문이다. 그리고 혼인당사자간에 일정한 혈족이나 인척관계가 있어도 그 혼인은 무효이다. 혼인의 무효사유가 있을 때, 이를 근거로 잘못된 가족관계를 바로 잡기 위해 혼인무효확인의 소라는 방법이 이용된다.

소 장

원고 ○ ○ ○
주 소:
피고 ○ ○ ○
주 소:

혼인무효확인 청구의 소

청 구 취 지

1. 원고와 피고간의 혼인신고(년 월 일 ○○구청 접수)는 무효임을 확인한다.
2. 소송비용은 피고의 부담으로 한다.
라는 판결을 구함.

청 구 원 인

1. 피고는 원고와 같은 마을에서 자란 사람으로서 평소 원고를 일방적으로 흠모하던 중 원고의 인장을 무단으로 만들어 위 혼인신고를 하였습니다.

2. 원고는 이러한 사실을 모르고 지내왔으나 년 월 일 우연히 가족관계등록부를 열람하고 이러한 사실을 알게 되었습니다.
3. 위와 같이 허위로 된 혼인신고는 무효이므로 그 확인을 구하기 위하여 본소에 이르게 되었습니다.

입 증 방 법

1. 가족관계증명서(갑 제 1호증) 1통
1. 주민등록표(갑 제 2호증) 1통

첨 부 서 류

1. 위 갑 제 1, 2호증 사본 각 1통
1. 소장부본 1통
1. 납부서 1통

년 월 일

위 원고 ○ ○ ○ 인

○○ 가정법원 귀중

Ⅲ. 친생자관계부존재확인의 소

실제로 친자관계가 없음에도 불구하고 가족관계등록부상 친자관계가 있는 것으로 잘못 기재되어 있는 경우, 이 소를 통하여 기재사항을 바로 잡을 수 있다. 반대의 경우에는 친생자관계존재확인의 소를 제기할 수 있다.

소 장

원고(자) ○ ○ ○
생년월일 :
주소 :
피고(가족관계등록부상의 부) ○ ○ ○
생년월일 :
주소 :

친생자관계부존재확인 청구의 소

청 구 취 지

1. 원고는 피고와 친생관계가 없음을 확인한다.
2. 소송비용은 피고가 부담한다.
라는 판결을 구함.

청 구 원 인

1. 원고는 피고의 친생자로서 가족관계등록부에 등재되어 있으나 사실상 원고의 부는 도 군 면 ○○○에 거주하는 소외 ○○○입니다.
2. 원고의 모는 원고의 생부 소외○○○와 사실상의 혼인관계로 동거하던 중 년 월 일 가정불화로 당시 생후 2년 6개월이었던 원고를 데리고 나와 친척집을 전전하다가 원고가 6세 때 피고와 동거하게 되었다고 합니다.
3. 그 후 피고는 원고의 모와 혼인신고를 하는 동시에 원고를 피고의 친생자인양 출생신고까지 하였고, 이러한 사실은 원고가 대학에 입학하면서 어느 날 우연히 원고의 모로부터 듣게 된 것입니다.
4. 사실이 이와 같으므로 원고는 혈통관계를 명확히 하고 잘못된 가족관계등록부의 기재를 바로 잡기 위하여 본소에 이른 것입니다.

입 증 방 법

1. 변론시 적의 입증하겠음.

첨 부 서 류

1. 가족관계증명서 1통
1. 주민등록등본 1통
1. 소장부본 1통
1. 납부서 1통

년 월 일

위 원고 ○○○인

○○ 가정법원 귀중

* 자가 가족관계등록부상 부모 모두 친부모가 아니라고 주장하는 경우에는, 부모 두명을 공동피고로 하여 이 소를 제기하면 된다.

제3장 기타의 문서

제1절 등기부등본

법률행위에 의하여 부동산의 물권을 변동시키기 위해서는 반드시 등기를 해야 한다. 그리고 부동산에 관한 중요한 권리관계는 등기부에 표시되어 있으므로, 그 부동산을 거래의 대상으로 할 때에는 등기부를 열람해서 장래에 발생할 수도 있는 법적 분쟁에 미리 대처해 두는 것이 좋다. 등기부는 표제부, 갑구, 을구의 세 부분으로 구성되어 있다. 표제부는 등기되어 있는 부동산의 위치, 용도, 면적, 재질, 등기를 하게 된 원인 등을 표시하는 부분이다. 갑구는 소유권 및 소유권과 관계되는 사항을 기재하는 부분이고, 을구는 소유권 이외의 권리관계, 예컨대 저당권이나 지상권 등을 기재하는 부분이다. 부동산에 대하여 소유권 이외의 권리가 존재하지 않을 때에는 을구는 없다. 아래에서 소개하는 등기부등본은 최근 등기부의 전산화작업에 따른 등기부인데, 앞의 것은 토지에 관한 등기부의 예이고, 뒤의 것은 아파트에 관한 것이다. 아파트의 경우는 건물과 대지를 별도로 등기하는 것이 아니라 동일한 등기부에 같이 등기한다. 그리고 아파트등기부는 표제부가 두 부분으로 나누어져 있는데, 앞의 부분은 한동의 건물전체에 대한 건물 및 토지에 대하여, 뒤의 부분은 그 건물 중에서 독립된 세대의 건물(전유부분) 및 대지권에 관한 내용이다.

등기부 등본 (말소사항 포함) - 토지

서울특별시 영등포구 여의도동 760-1 고유번호 1911-1995-123877

【표 제 부】	(토지의 표시)				
표시번호	접 수	소 재 지 번	지목	면적	등기원인 및 기타사항
1 (전 3)	1990년 5월 15일	서울특별시 영등포구 여의도동 760-1	대	225m^2	 부동산등기법 제177조의6 제1항의 규정에 의하여 2000년 9월 06일 전산이기

【갑 구】	(소유권에 관한 사항)			
순위번호	등 기 목 적	접 수	등 기 원 인	권 리 자 및 기 타 사 항
1 (전 2)	소유권이전	1990년5월15일 제17070호	1989년12월11일 협의분할로 인한 재산상속	소유자 ○○○ 000000-0000000 서울특별시 도봉구 도봉1동 000-00
2 (전 3)	임의경매신청	2000년6월10일 제26464호	2000년6월9일 ○○지방법원의 경매개시결정(2000타경16687)	채권자 동부농업협동조합 서울특별시 중랑구 중랑2동 000-0 부동산등기법 제177조의6 제1항의 규정에 의하여 1번 내지 2번 등기를 2000년 09월 06일 전산이기

【을 구】	(소유권이외의 권리에 관한 사항)			
접수번호	등 기 목 적	접 수	등 기 원 인	권 리 자 및 기 타 사 항
1 (전 2)	근저당설정	1992년10월15일 제36137호	1992년10월15일 설정계약	채권최고액 금35,000,000원 채무자 ○○○ 서울특별시 영등포구 여의도동 000-0 근저당권자 동부농업협동조합 000000-0000000 서울특별시 중랑구 중랑 2동 000-0
2 (전 2)	지상권설정	1992년10월15일 제36138호	1992년10월15일 설정계약	목 적 견고한 건물 및 수목의 소유 범 위 토지의 전부 존속기간 1992년 10월 15일부터 만 30년 지상권자 동부농업협동조합 000000-0000000 서울특별시 중랑구 중랑 2동 000-0 부동산등기법 제177조의6 제1항의 규정에 의하여 2000년 09월 06일 전산이기

- 이 하 여 백 -

관할등기소 ○○지방법원 등기과

이 등본은 부동산 등기부의 내용과 틀림 없음을 증명합니다.

서기 년 월 일

○○지방법원 등기과 ○○○

* 실선으로 그어진 부분은 말소사항을 표시함.
* 등기부에 기록된 사항이 없는 갑구 또는 을구는 생략함.

발행 번호 19120019101190101010961271CWJ0238729JOG377500711121 발행일 0000/00/00

직인

등기부 등본 (말소사항 포함) - 집합건물

서울특별시 강남구 대치동 615-2의 1필지 한신아파트 제105동 제1층 제103호 고유번호 1911-1996-162497

【 표 제 부 】	(1동의 건물의 표시)			
표시번호	접 수	소재지번, 건물명칭 및 번호	건물내역	등기원인 및 기타사항
1 (전 1)	1994년6월18일	서울특별시 강남구 대치동 615-2, 762 한신아파트 제105동	철근콘크리트조 슬래브지붕 5층아파트 1층 1060.25m² 2층 1060.25m² 3층 1060.25m² 4층 1060.25m² 5층 1060.25m²	도면편철장 제107책제141장 부동산등기법 제177조의6 제1항의 규정에 의하여 2000년 9월 20일 전산이기

(대지권의 목적인 토지의 표시)				
표시번호	소 재 지 번	지 목	면 적	등기원인 및 기타사항
1 (전 1)	1. 서울특별시 강남구 대치동 615-2 2. 서울특별시 강남구 대치동 762	대 대	909m² 13950m²	1994년6월18일 부동산등기법 제177조의6 제1항의 규정에 의하여 000년 09 20일 전산이기

【 표 제 부 】	(전유부분의 건물의 표시)			
표시번호	접 수	건물번호	건물내역	등기원인 및 기타사항
1 (전 1)	1994년6월18일	제1층 제103호	철근콘크리트조 66.07m²	도명편철장 제107책제141장 부동산등기법 제177조의6 제1항의 규정에 의하여 2000년 09월 20일 전산이기

(대지권의 표시)			
표시번호	대지권의 종류	대지권비율	등기원인 및 기타사항
1 (전 1)	1, 2 소유권대지권	1485900분의 2435	1994년6월7일 대지권 1994년6월18일 부동산등기법 제177조의6 제1항의 규정에 의하여 2000년 09월 20일 전산이기

【갑 구】			(소유권에 관한 사항)	
접수번호	등기목적	접 수	등기원인	권리자 및 기타사항
1 (전 1)	소유권이전	1994년6월28일 제33778호	1994년4월26일 매매	소유자 ○○○ 000000-0000000 서울특별시 강남구 대치동 762 한신아파트 105동 103호
2 (전 21)	가압류	1994년9월15일 제45782호	1999년9월13일 ○○지방법원의 가압류결정(99카단8350)	청구금액 금13,477,804원 채권자 ○○새마을금고 서울특별시 강남구 압구정동 000-0
3 (전 23)	강제경매신청	1999년11월10일 제54011호	2000년11월9일 ○○지방법원의 경매개시결정(99타경31475)	채권자 ○○새마을금고 서울특별시 강남구 압구정동 000-0
				부동산등기법 제177조의6 제1항의 규정에 의하여 1번 내지 7번 등기를 2000년 09월 20일 전산이기

【을 구】			(소유권이외의 권리에 관한 사항)	
접수번호	등기목적	접 수	등기원인	권리자 및 기타사항
1 (전 3)	근저당권 설정	1999년6월11일 제28212호	1999년6월10일 설정계약	채권최고액 금26,000,000원 소유자 ○○○ 서울특별시 강남구 대치동 762 한신아파트 105동 103호 근저당권자 주식회사한국주택은행 000000-0000000 서울특별시 영등포구 여의도동 00-0
				부동산등기법 제177조의6 제1항의 규정에 의하여 2000년 09월 20일 전산이기

- 이 하 여 백 -

관할등기소 ○○지방법원 등기과

이 등본은 부동산 등기부의 내용과 틀림 없음을 증명합니다.

서기　　년　월　일

○○지방법원　　　　등기과 ○○○

* 실선으로 그어진 부분은 말소사항을 표시함.
* 등기부에 기록된 사항이 없는 갑구 또는 을구는 생략함.

발행 번호 1912001910119010101096l271CWJ0624727JOG297440711121　발행일 0000/00/00

직인

제2절 영수증

변제로써 채권 채무는 소멸하게 된다. 그러나 변제를 둘러싸고 뒤에 분쟁이 생길 염려가 있으므로 거래의 실제에서는 영수증을 작성 교부하는 일이 보편화되어 있다. 채무자의 입장에서 보면 영수증은 2중변제의 위험을 미리 예방한다는 중요한 의미가 있는 문서이다. 영수증은 변제의 증거를 확보한다는 기능뿐만 아니라, 금전이나 대체물 또는 유가증권의 일정 수량을 수수할 때 증거로서 유익한 자료가 된다.

영 수 증

일금 원정

위 돈을 본인이 귀하에게 년 월 일 대여한 대금의 원금 및 이자로서 틀림없이 영수하였습니다.

년 월 일

주 소

위 영수인 ○ ○ ○ 인

○○○귀하

* 영수증은 그 형식에 특별한 제한이 없다. 거래의 관념상 적합한 방식이면 된다. 그러나 영수증을 작성할 때에는 영수한 목적을 분명하게 표시하는 것이 중요하다. 특히 채무자가 동일한 채권자에 대하여 여러 가지의 채무를 부담하고 있는 경우, 또는 1개의 채무의 변제로써 여러 개의 채무를 이행하는 경우에 변제로써 제공한 급부가 그 채무 전부를 소멸시키기에 부족한 때에 그 변제를 어느 채무에 충당할 것인지를 결정해야 할 필요가 생긴다. 이를 변제의 충당이라고 하는데, 만약 이러한 의사가 분명하지 아니한 경우에는 법에 의하여 충당되는 순서를 정하고 있다. 법에 의하여 이루어지는 충당을 법정충당이라고 한다.

제3절 최고장

일반적으로 최고라 함은 상대방에 대하여 일정한 행위를 요구하는 것을 말한다. 최고는 법률의 규정이 없더라도 필요하다면 얼마든지 할 수 있고, 방식에도 제한이 없다. 기한이 없는 채무나 불확정기한부채무는 채권자의 최고가 있어야 이행지체의 효과가 발생하게 된다. 그리고 법률규정에 특히 규정되어 있는 최고는 그 규정에 의해 특별한 효과가 부여되어 있다(예컨대 제한능력자의 상대방의 최고).

최 고 장

발신 : 주 소
○ ○ ○
수신 : 주 소
○ ○ ○

귀하는 년 월 일 시 구 ○○○에 소재하는 대지 평에 대한 매매계약을 본인과 체결하고, 계약금 원을 매도인에게 지급한 바 있습니다.

그런데 계약상 중도금 원은 동년 월 일 까지 지급하도록 되어 있으나 귀하는 아직 이를 이행하지 아니하고 있습니다. 이러한 귀하의 계약위반은 매수인으로서의 의무를 져버린 중대한 과오라고 생각합니다. 본인으로서는 더 이상 이 계약을 믿을 수 없어 마지막으로 매매대금의 지급을 최고하오니 년 월 일까지 지연된 중도금과 함께 대금전액을 지급하시기 바랍니다.

위 기간내에 채무의 이행이 없으면 별도의 통지없이 위 매매계약은 해제한 것으로 하고, 동 계약서 제4항에 따라 이미 지급한 계약금은 매도인이 반환의무를 지지 않게 됨을 아울러 밝혀두는 바입니다.

년 월 일

매도인 ○ ○ ○ 인

* 위 최고장은 내용증명우편으로 매매대금의 지급을 독촉하는 최고의 한 모습이다. 최고를 하는 방식에는 아무런 제한이 없지만, 이와 같이 내용증명우편으로 최고를 해두면 장래에 발생할 수 있는 분쟁에서 유리한 입장을 차지할 수 있다.

제4절 채무인수서

채무인수라 함은 채무를 그 동일성을 유지하면서 그대로 인수인에게 이전하는 계약을 말한다. 채무인수는 채권자와 인수인 사이의 계약으로 성립하는 것이 원칙이지만, 채무자와 인수인간의 계약으로도 가능하다. 채무자와 인수인간의 계약으로 채무인수를 할 때에는 채권자의 승낙이 있어야 한다. 채무인수가 있으면 원래 채무자는 채무를 면하게 된다. 그러나 채무인수가 있더라도 채무자가 채무를 면하지 아니하게 할 수도 있다. 전자의 경우를 면책적 채무인수라고 하는데, 채무인수의 기본적인 형태이다. 후자의 경우를 병존적 채무인수라고 한다. 아래에서 병존적 채무인수의 한 예를 소개한다.

채 무 인 수 서

귀하의 채무자○○○가 부담하는 다음의 채무에 관하여 인수인 ○○○는 귀하의 승낙을 조건으로 채무인수인이 되어 채무자와 같이 다음의 조건에 따라 채무이행의 책임을 지겠습니다.

다음

1. 채무의 표시
1) 채무액 : 금 원
2) 채무의 종류 : 채무자가 년 월 일 귀하로부터 차용한 대여금반환채무
3) 변제기 : 년 월 일
4) 특약 : 변제기에 완불하지 아니할 때에는 그 익일부터 완불일까지 1일 100원당 전의 지연손해배상을 부가하여 지불하겠음.
2. 채무인수의 조건
1) 인수인은 채권자에게 제1항의 약정에 따라 변제의 책임을 진다.
2) 채권자는 채무자 또는 인수인에게 동시에 혹은 순차로 채무의 전부 또는 일부의 이행을 청구할 수 있다.
3) 채권자의 요구에 따라 인수인은 이 계약의 공정증서에 집행수락문서를 첨부할 것을 승낙한다.

위와 같이 증명하기 위하여 이 증서를 드립니다.

년　　월　　일
주 소
채무인수인 ○　○　○　인

주 소
채권자 ○　○　○　귀하

제5절 조합계약서

제3장 기타의 문서

조합이란 2인 이상이 서로 출자하여 공동사업을 경영할 목적으로 결합한 단체를 말하고, 이러한 조합을 성립시킬 것을 목적으로 하는 계약을 조합계약이라 한다. 일정한 목적을 위하여 구성된 사람의 단체는 크게 사단(또는 사단법인)과 조합으로 나누어 볼 수 있다. 그러나 양자는 그 성질이 사뭇 다르다. 즉, 일반적으로 보아서 사단이 구성원들의 개성보다 단체성을 중시하는 단체라고 한다면, 조합은 구성원들의 개성을 보다 중시하는 단체라고 할 수 있다.

실제 사회에 존재하는 사람의 단체는 그들이 표방하고 있는 명칭에 따라 사단이나 조합이 되는 것이 아니라, 그 단체의 법적인 성격을 규명하여 사단이나 조합으로 평가한다.

조 합 계 약 서

제1조 조합원○○○, 동 ○○○, 동 ○○○는 제2조 이하에서 정하는 바에 따라 각각 출자하여 공동사업을 경영할 것을 약속한다.
제2조 이 조합은○○조합이라 칭한다.
제3조 이 조합의 사무소는　　　시　　○○○에 둔다.
제4조 이 조합은 다음의 사업을 경영할 것을 목적으로 한다.
1. ○○의 제조 및 판매
2. 전호에 부대하는 일체의 사업
제5조 각 조합원의 출자는 다음과 같이 한다.
1. 노무조합원 ○○○
1. 금　원　동 ○○○

1. 금 원 동 ○○○

조합원○○○의 노무출자는 이를 금 원으로 간주한다.

제6조 1. 각 조합원의 금전출자는 이 계약 성립과 동시에 4분의 1을 출자하고, 그 4분의 3은 조합원의 과반수의 결의에 의하여 기일을 정하여 출자하도록 한다.

2. 조합원이 금전출자를 해태한 때에는 100원당 1일 금 전의 비율에 의한 지연손해금을 지급하여야 한다.

제7조 이 조합의 사무집행은 조합원 ○○○에게 위임하되 보수는 없는 것으로 한다.

제8조 업무집행조합원○○○는 매년 6월 및 12월의 말일에 마감의 계산을 하며, 각 익월 15일까지 다음의 서류를 총조합원에게 제출하여 그 승인을 받아야 한다.

1. 재산목록
1. 대차대조표
1. 손익계산서

제9조 1. 각 조합원의 손익분배의 비율은 출자액의 비율에 따른다.

2. 업무집행조합원 ○○○는 전조의 규정에 의한 계산의 승인을 얻었을 때에는 지체 없이 그 이익금을 전항의 비율에 따라 각 조합원에게 배당하여야 한다.

제10조 각 조합원은 수시로 조합의 업무 및 조합재산의 상황을 검사할 수 있다.

제11조 이 조합의 존속기간은 이 계약성립일로부터 만 년간으로 한다.

제12조 조합을 해산한 때는 조합원 ○○○, 동○○○를 청산인으로 한다.

위 계약을 증명하기 위하여 본 증서를 작성, 아래와 같이 서명날인하여 조합사무소에 비치하기로 한다.

년 월 일

주 소
조합원 ○ ○ ○ 인
주 소
조합원 ○ ○ ○ 인
주 소
조합원 ○ ○ ○ 인

제6절 자필증서 유언서

제3장 기타의 문서

17세에 달한 자는 누구든지 유언할 수 있다. 자필증서에 의한 유언은 가장 간단한 유언의 방식이다. 이 방식은 반드시 자필로 적어야 하므로, 타자기로 작성하거나 다른 사람으로 하여금 받아 적거나 하는 것은 안된다.

유 언 서

유언자 ○○○는 다음과 같이 유언한다.

1. 유언자는 다음 부동산을 시 구 ○○○에 거주하는 ○○○ (년 월 일생)에게 증여한다.

   부동산의 표시

   시 구 ○○○ ○○아파트 동 호

2. 시 구 ○○○ 대 평은 장남○○○이 상속한다.
3. ○○은행에 예치한 예금(계좌번호 000-00-00000)은 차남○○○가 상속한다.
4. 도 군 면 ○○○ 임야 평은 처○○○가 상속한다.
5. 유언집행자로 동생 ○○○를 지정한다.

년 월 일

유언자 ○ ○ ○ 인

제7절 구수증서 유언서

제3장 기타의 문서

사망에 임박하였다든지 하는 급박한 사유가 있어서, 다른 방식으로는 유언을 할 수 없을 때에 이용할 수 있는 유언방식이다. 이 방식에는 반드시 2인 이상의 증인이 참여해야 한다. 증인 중 1인이 유언내용을 받아 적어서 이를 낭독한 후, 유언자와 다른 증인이 그 정확함을 승인해야 한다. 그리고 필기자와 증인은 서명 또는 기명날인해야 하고, 급박한 사유가 종료한 날로부터 7일 이내에 가정법원에 검인을 신청해야 한다.

유 언 서

유언자○○○(년 월 일생)는 사망의 위험이 있으므로 년 월 일 유언자의 자택에서 아래 증인 2인 참여하에 다음과 같이 유언을 구수함.

1. 장남 ○○○는 유언자 소유 시 구 ○○○ 소재 대지 평 및 위 지상 가옥 1동 건평 평을 상속한다.
2. 차남 ○○○는 유언자 소유 도 군 ○○○ 소재 전 평을 상속한다.
3. 처 ○○○는 유언자 명의의 ○○은행예금(계좌번호 :) 및 ○○주식회사 주식 주를 상속한다.
4. 유언집행자로 동생 ○○○를 지정한다.

위 취지의 유언자 구수를 증인 ○○○이 필기한 후 유언자 및 다른 증인에게 낭독한 바 모두 이 필기가 정확함을 승인한다.

년 월 일 오전 10시

필기자 증인(유언자의 친구) ○ ○ ○ 인

증인(유언자의 친구) ○ ○ ○ 인

찾아보기

ㄱ

ㅅ

저자약력

강대성

동아대학교 법과대학 졸업
부산대학교 대학원 수료
법학박사
한국 토지법학회 회장 역임
전 경상대학교 법과대학 교수

저자와의
협의하에
인지생략

새 법과 생활 [제3판 보정판]

2010년 8월 15일 1판 1쇄 발행
2013년 7월 10일 2판 1쇄 발행
2016년 2월 10일 3판 1쇄 발행
2023년 2월 20일 3판 보정판 발행

저 자 강 대 성
발행인 김 학 민
조 판 아 람 기 획

07285
발행처 서울특별시 영등포구 선유로3길 10, 617호
도서출판 **탑 북 스**
등 록 2009.12.21 제 2016-000101 호
전 화 02)365-2223 팩스 02)365-2224

정가 **24,000** 원

ISBN 979-11-90247-37-5-93360